犯罪・捜査の英語辞典

山田政美・田中芳文【編著】

A DICTIONARY OF
CRIME AND LAW ENFORCEMENT
LINGO

三省堂

© Sanseido Co., Ltd. 2012
Printed in Japan

装丁　下野ツヨシ

はじめに

　この辞典の出発点は，2005年にこの世を去った警察小説の巨匠 Ed McBain（エド・マクベイン）にある．英語の言語と文化を研究する編著者は，長年にわたって彼の作品を読んできたが，そこに登場する犯罪や警察捜査関係の英語表現が持つ多様性や奥深さに驚嘆し，これは英語の言語と文化を知る上では重要な資料になると考えていた．試みに『エド・マクベイン英語表現辞典』(2005年)[研究助成費出版]として纏めていた(その後 Patricia Cornwell（パトリシア・コーンウェル)の検屍官シリーズを中心にした『パトリシア・コーンウェル英語表現辞典』(2007年)も加わった)．その手ごたえから，いずれ機会があれば少し本格的な辞典に纏めたいと考えていた．

　例えば，87分署シリーズでは珍しい中編作品であり，シリーズのなかで最後に日本語に翻訳された "Merely Hate"(*Transgressions*, Tom Doherty Associates, LLC., 2005, に収録．その邦訳「憎悪」は『十の罪業 Red』(東京創元社, 2009)に収録)をめくっていくと，*vic*（被害者），*suspect*（容疑者），*perp*（犯人）などの一般の英和辞典で容易にわかるもの，*good cop bad cop*（よい警官・悪い警官)[警察の取り調べのテクニック]のように俗語辞典でないとわからないもの，*chain of custody tag*（証拠物件受け渡し札)のように法律用語辞典などを調べてようやく推測できるもの，あるいは *catch a squeal*((警察が，犯罪発生の)通報を受ける)のような俗語の成句表現などが次々と登場する．あるいは，米国 California 州 San Diego 市警察の警官の活躍を描いた James McClure（ジェイムズ・マクルーア)の *Cop World: Inside an American Police Force*(Dell, 1984)を読むと，*attitude ticket*（交通規則違反者の出方次第で警官が切る違反切符)[相手が自分の非を認め，素直に違反をしたことを謝る場合には注意だけで，切符は切らない]のような言い方があることがわかる．同書には，*motor officer*（オートバイで巡回するパトロール警官)[正式には *motorcycle police officer*]の呼称も出てくるが，若干題材が古かったので収録項目には入れなかった．同書からは *ride-along* を収録してある．Los Angeles 市警の部長刑事の経験がある Joseph Wambaugh（ジョゼフ・ウォンボー）のハリウッド

警察シリーズの一つ *Hollywood Station* (Little, Brown and Company, 2006. 邦訳は『ハリウッド警察特務隊』(早川書房, 2009))から，パトカーのことを *shop* と呼ぶことがわかったので収録してある．もっと早くは，New York 市警の女性警官の活躍を描いた Bryna Taubman (ブリナ・トーブマン) の *Lady Cop: True Stories of Policewomen in America's Toughest City* (Warner Books, 1987) には，巻末にわざわざその中に現れる警察俗語の用語解説が数ページ付いていて，この世界で使用される語を理解することの重要性を痛感していた．収録はしなかったが，この中には *DAT* (Desk Appearance Ticket) があった．軽罪違反 (misdemeanor offense) があった場合に警察から渡される，刑事法廷への出頭命令書である．New York のウォール街で失業率の高さや政府の経済政策に抗議するデモが広がり，2011 年 10 月にはデモ隊が近くのブルックリン橋の車道を占拠し，数百人が拘束されたと報じられたが，この場合にも相当数が発行されたという．この命令書を受け取っても，出廷しない者が多いため，警官の間では *disappearance ticket* (不出廷命令書) と呼ばれていることが William Bratton (ウイリアム・ブラットン) と Peter Knobler(ピーター・ノブラー)が描く New York 市警改革物語 *The Turnaround: How America's Top Cop Reversed the Crime Epidemic* (Random House, 1998) には書いてある．本辞典には *bail*(保釈保証人)や *bond* が収録してあるが，Meg Cabot(メグ・キャボット)のユーモアミステリー作品 *Big Bones: A Heather Wells Mystery* (Avon, 2007) を読むと，保釈金を立て替えて支払う業者を *bail bondsman* と呼んで出てくる(bond の項の注記を参照). *bail bond agent* とか *bail agent* とも呼ばれている．米国には 15,000 人が加盟する米国保釈人業者協会(the Professional Bail Agents of the United States (PBUS))がある．

いずれにしろ，このような分野での英語表現を 1 冊に収録した特殊辞典があれば，McBain の作品に限らず，Cornwell や Wambaugh などの警察小説，あるいはテレビドラマとして大ヒットしている *CSI* (『CSI: 科学捜査班』)や *Criminal Minds*(『クリミナル・マインド FBI 行動分析課』)シリーズなどのミステリー作品を読み解く場合にも役立つのではないかと考えたのである．

なによりも，本辞典出版の意義をお認めくださった株式会社三省堂と同社辞書出版部参事の柳 百合さんに感謝申し上げる．特に，外国語辞書第三編集室の村上眞美子さんは，この特殊辞典にいち早く注目くださり，原稿の内容精査はもとより，整理から入力，校正，索引の作成など言葉では言い尽くせないほどのご尽力をいただいた．その的確な判断と助言と緻密で困難な作業がなければこの辞典は出来上がっていなかった．また長年の友人であり理解者である黒澤孝一氏には，構想の段階で多くの助言をいただいた．

　このような辞典は初めての試みであり，調査や検討を重ねたものの，思わぬ不備や誤りがあるかもしれない．また，その後の調査でも収録すべきものが多く残っているものがあるが，読者の方々にご教示をいただいて，機会があればさらに内容を充実させ，いっそう役に立つ辞典に育てたいと考えている．

2012 年 4 月

編著者

この辞典について

キーワード索引

巻末には，キーワード索引を付けた．「英語索引・数字表記索引・日本語索引」の三部からなり，本文中の見出し語（英語）とページは，太い書体で示した．
「日本語索引」は，以下のような場合に役立てることができる．
1. 警官が，身柄を確保した容疑者に向かって「お前には…の権利がある…」と長々と言う場面を映画で見たのだがあれは何だろうか？　正式な言い方があるのだろうか？という疑問があれば，「日本語キーワード索引」でとりあえず「権利」で手掛かりがあるかどうか見てみる．すると，Miranda card の項にたどりつき，疑問は解消される．
2. 「振り込め詐欺」が米国でもあるらしいが，何と呼ばれているのか？　「日本語キーワード索引」で「詐欺」を手掛かりに見てみると，いろいろな手口の「詐欺」にたどりつける．もちろん，「振り込め詐欺」も見つかる．

分野別レベル

広く使われる【俗】（俗語）との境界線が必ずしも明確であるとは限らないものもあるが，特殊な語・表現が使用されている特定の分野を知るための手掛かりとなるように，分野別レベルが示してある．主なものは以下の通り．

【アイルランド俗】	【英・米暗黒街俗】
【アイルランド・英黒人・ティーンエージャー俗】	【英・米・オーストラリア俗】
【暗黒街・警察俗】	【英・米刑務所俗】
【暗黒街俗】	【英・米・南アフリカ暗黒街俗】
【医】（医学）	【英法】
【医・警察】	【英麻薬俗】
【英】	【婉曲】
【英暗黒街・オーストラリア俗】	【婉曲・米刑務所俗】
【英暗黒街・警察・刑務所俗】	【押韻俗】
【英暗黒街・警察俗】	【オーストラリア】
【英暗黒街俗】	【オーストラリア俗】
【英暗黒街・労働者階級俗】	【オーストラリア暗黒街俗】
【英・オーストラリア暗黒街俗】	【オーストラリア刑務所俗】
【英・オーストラリア押韻俗】	【オーストラリア・ニュージーランド俗】
【英・オーストラリア俗】	【オーストラリア・ニュージーランド暗黒街俗】
【英ギャング・警察俗】	【オーストラリア麻薬俗】
【英警察俗】	【化】（化学）
【英刑務所俗】	【科学捜査】
【英口】（イギリス口語）	【カナダ】
【英黒人・麻薬俗】	【カナダ警察俗】
【英黒人俗】	【カナダ刑務所俗】
【英黒人・西インド諸島俗】	【カナダ俗】
【英ストリートギャング俗】	【カナダ・ニュージーランド・米暗黒街俗】
【英俗】	【カナダ・米暗黒街俗】

〔カナダ・米ギャング俗〕	〔米学生俗〕
〔カナダ・米刑務所俗〕	〔米・カナダ〕
〔カナダ・米俗〕	〔米・カナダ刑務所俗〕
〔北アイルランド俗〕	〔米・カナダ俗〕
〔ギャング俗〕	〔米ギャング・黒人俗〕
〔ギャンブル俗〕	〔米ギャング俗〕
〔警察〕	〔米ギャンブル俗〕
〔警察・暗黒街俗〕	〔米軍隊俗〕
〔警察・消防〕	〔米警察〕
〔警察俗〕	〔米警察・暗黒街俗〕
〔警察俗・ケベックフランス語〕	〔米警察俗〕
〔ゲイ俗〕	〔米ゲイ俗〕
〔刑務所俗〕	〔米刑務所・暗黒街俗〕
〔口〕（口語）	〔米刑務所俗〕
〔黒人俗〕	〔米刑務所・麻薬俗〕
〔商標〕	〔米黒人・暗黒街俗〕
〔スコットランド俗〕	〔米黒人ギャング俗〕
〔スコットランド・米俗〕	〔米黒人ゲイ俗〕
〔ストリートギャング俗〕	〔米黒人・刑務所俗〕
〔ストリートギャング・米黒人俗〕	〔米黒人・ストリートギャング俗〕
〔俗〕	〔米黒人俗〕
〔探偵俗〕	〔米黒人・ティーンエージャー俗〕
〔ティーンエージャー俗〕	〔米黒人・麻薬俗〕
〔西インド諸島俗〕	〔米ストリートギャング・黒人俗〕
〔ニュージーランド暗黒街俗〕	〔米ストリートギャング俗〕
〔ニュージーランド刑務所俗〕	〔米俗〕
〔ニュージーランド俗〕	〔米探偵俗〕
〔ニュージーランド麻薬俗〕	〔米ティーンエージャー俗〕
〔犯罪俗〕	〔米犯罪俗〕
〔病院俗〕	〔米弁護士俗〕
〔米〕	〔米法〕
〔米暗黒街〕	〔米麻薬・暗黒街俗〕
〔米暗黒街・アイルランド俗〕	〔米麻薬・刑務所俗〕
〔米暗黒街・警察俗〕	〔米麻薬俗〕
〔米暗黒街・刑務所俗〕	〔弁護士俗〕
〔米暗黒街俗〕	〔法〕
〔米押韻俗〕	〔法医〕
〔米・オーストラリア刑務所俗〕	〔麻薬俗〕
〔米・オーストラリア刑務所・暗黒街俗〕	〔南アフリカゲイ俗〕
〔米・オーストラリア俗〕	〔南アフリカ刑務所俗〕
〔米・オーストラリア・南アフリカ俗〕	〔南アフリカ黒人俗〕
〔米海軍俗〕	〔南アフリカ俗〕
〔米学生・刑務所俗〕	〔薬〕

記号など

[　]　————差し替え可能
(　)　————補足・省略可能，訳語
◼　————見出し語にまつわる説明など
⇨　————参照

Aa

abandonment *n.* 遺棄
- *abandonment of a corpse* 死体遺棄

abate *v.* 〔法〕(不法妨害を)除去する；(訴訟を)却下する；(令状を)失効させる
- *abate a nuisance* (自力で)生活妨害を除去する《不法行為など私的不法妨害(private nuisance)を除去することを指し，たとえば，隣家から伸び出てきた木の枝で被害を受けているとして切り取ってしまうことなど．》

abduct *v.* (暴力によって人を)誘拐する；拉致する
❑ 誘拐犯は abductor, 誘拐された人は abductee. 身代金目的で誘拐する場合は kidnap を使う．⇨ abduction

abduction *n.* ❶誘拐；拉致：だまし・暴力などにより本人の合意なしに連れ去ること．
❷〔法〕婦女誘拐：人身売買・売春などを目的としたもの．
❑ ドキュメンタリー映画 *Abduction: The Megumi Yokota Story*（『拉致：横田めぐみストーリー』）(2006) が話題になった．この最初の部分に，"Megumi Yokota is abducted on her way home from school by North Korean spies."（横田めぐみは学校から帰る途中に北朝鮮のスパイに拉致された）と字幕に現れる．

Abe *n.* 〔米麻薬俗〕エイブ：5ドル分の麻薬．
❑ 米5ドル紙幣に Abraham Lincoln（エイブラハム・リンカーン大統領．愛称は Abe）の顔が印刷されているところから．

abet *v.* 〔法〕教唆(きょうさ)する；幇助(ほうじょ)する (aid)

abettor *n.* 〔法〕教唆(きょうさ)者；幇助(ほうじょ)者

a.b.h. *n.* 〔俗〕人を打ちのめすこと (a beating-up)
❑ もとは actual bodily harm (〔英法〕「身体傷害」) の頭文字語．

abscond *v.* 〔法〕失踪する：訴状の送達・逮捕などの法的手続の適用を回避するために身を隠したり，裁判管轄権のある法域から他の法域に逃亡したりする場合．

abuse *n.* ❶虐待
- *child abuse*　児童虐待
- *sexual abuse of children*　子供に対する性的虐待

❷乱用；誤用；悪用
- *teen drug abuse*　ティーンエージャーの薬物乱用

── *v.* ❶（地位や才能などを）乱用する；悪用する
❷（薬物などを）乱用する
❸（信頼などを）裏切る

Acapulco gold *n.* 〔麻薬俗〕アカプルコゴールド：メキシコ南西部 Acapulco 周辺産の極上のマリファナ．⇨ Acapulco red

Acapulco red *n.* 〔麻薬俗〕アカプルコレッド：Acapulco gold よりは質が劣るマリファナ．⇨ Acapulco gold

accelerant *n.* 〔化〕燃焼促進剤：発火及び燃え広がりを促す物質．
❑ 放火捜査官（arson investigator）が使う語．放火犯（arsonist）が使うグリース（grease），パラフィン紙（wax paper），灯油（kerosene），木炭添加液（charcoal lighter fluid），ペンキ用シンナー（paint thinner），ガソリンなど．⇨ burn patterns, pour patterns

accessory *n.* 〔法〕共犯（者）：accomplice とも言う．
- *an accessory after the fact*　事後共犯《犯行後に犯人（特に主犯）をかくまったり逃亡を助けたりすること．》
- *an accessory before the fact*　事前共犯《犯行の実行自体には加わらなかったが事前に犯人（特に主犯）に犯行の斡旋(あっせん)・相談・助言・協力などをすること．》⇨ principal

── *a.* 〔法〕共犯の

accidentally on purpose *adv.* （殺人事件などの犯罪行為について）偶然に見せかけて故意に行われた：犯罪行為ではなく一般的にも用いられる．これは意味の矛盾することば（ここでは accidentally と on purpose）を並べたもので撞着(どうちゃく)［矛盾］語法と呼ばれるもの．

accomplice *n.* 共犯（者）
- *an accomplice to rape* 強姦の共犯者 ⇨ accessory

accuse *v.* 〔法〕告発［告訴］する；起訴する
- *accuse ... of theft [as a thief]* …を窃盗（罪）で訴える

accused *n.* ((the))(刑事訴訟の)被告（人）
—— *a.* 告訴［起訴, 告発］された
- *stand accused of a long list of crimes* 一連の犯罪で告訴されている

accuser *n.* (刑事訴訟の)告訴人；告発者；原告

ace boon coon *n.* 〔米黒人俗〕一番の親友：ace cool [kool] とも言う.
❑ ace ('best') + boon ('companion') + coon [黒人を指す軽蔑語] の3語を並べて作った語.

acid *n.* 〔麻薬俗〕LSD：lysergic acid diethylamide(リゼルグ酸ジエチルアミド)の acid から. 強力な幻覚剤. これの常習者を acid-head (-head は常習者を表す接尾辞) と呼ぶ. ⇨ LSD

acid rapper *n.* 〔麻薬俗〕LSD をかなり大量に服用する人：rapper〔米俗〕「おしゃべり」の意味の比喩的用法で, acid を服用することを自慢してしゃべる人のこと.

aconitine *n.* アコニチン：トリカブト (aconite) の葉や根に含まれる猛毒.

acquit *v.* 無罪にする；放免する
- *The jury acquitted her of murder.* 陪審員は殺人の容疑について彼女を無罪とした

acquittal *n.* 〔法〕無罪（放免）

action in personam *n.* 〔法〕対人訴訟；人的訴訟 (personal action)：契約違反者・不法行為者などに対する権利者の損害賠償請求訴訟.

action in rem *n.* 〔法〕対物訴訟；物的訴訟 (real action)：他人の所有になっている物をもとの所有者が取り戻す請求をする訴訟.

actor *n.* 〔警察俗〕犯人；ホシ

ADA *n.* ⇨ assistant district attorney

Adam Henry *n.* 〔米警察俗〕むかつくやつ；どあほう(asshole)：ass と hole の頭文字 A と H を警察のコード (police alphabet) で置き換えたもの．この言い方であれば一般市民のいるところでも大っぴらに使うことが可能．

addict *n.* ❶ (薬物の) 常用者；中毒者
- *a heroin addict* ヘロイン常用者
- *a gambling addict* ギャンブル狂

❷〔犯罪俗〕同じ類の詐欺に何度も引っかかるカモ
— *v.* ❶ 麻薬中毒 にする
❷ (ある物事に) 熱中させる

addictionologist *n.* 〔医〕(薬物) 依存 [中毒] 症専門医：addiction specialist とも言う．

adiosis *n* 〔米警察俗〕(人が) 息を引き取ったばかりの状態；今まさに息を引き取る状態にある：New York 州 Suffolk County の警察用語．特に死亡者が出ている交通事故 (fatal) の際に使う．
❑ スペイン語の adiós から．"How's he doing?" "He's in a state of adiosis."（「彼はどんな具合だ？」「息を引き取ったところだ」）

adjourn *v.* (法廷を) 休廷する
- *The court will be adjourned for lunch.* 昼食のため休廷とする
❑ もとはフランス語で「(決められた日まで) 延期する」の意．

Administrative Office of the United States Courts *n.* 合衆国裁判所事務局：1939 年創設．AO と略す．司法府 (Judicial Branch) を支える中心機関．

admissibility *n.* 〔法〕(証拠の) 許容性；証拠能力：証拠として認められる力．

admission *n.* (罪などを) 自認 (すること)；告白；自白
- *by [on] one's own admission* 自白により

ADR *n.* ⇨ alternative dispute resolution

ad seg *n.* 〔刑務所俗〕管理隔離房 (に入れること)：問題のある受刑者を収容する特別な管理を要する独房．性倒錯者・殺人犯・特別に凶暴な者などを入れる．administrative segregation (管理隔離) の短縮．

adulterate *v.* 〔麻薬俗〕(粗悪な)混ぜ物を加えて麻薬の純度を下げる
— *a.* (粗悪な)混ぜ物で純度を下げた

adultery *n.* 不倫；姦通；姦淫
- *be guilty of adultery* 姦通の罪を犯す
- *alleged adultery* 不倫疑惑

❏「不倫する」ことを〔米学生俗〕では scrump, 〔米黒人俗〕では tip out など俗語表現が多い．

advisory opinion *n.* 〔法〕助言的意見：法律問題に対する司法府［裁判所(官)］の見解で拘束力はない．

advocate *n.* 代弁者；(スコットランドでは)法廷弁護士：法廷で訴訟事件の弁論に当たる権限がある．〔英〕では barrister を指す語．
— *v.* 弁護する

affair *n.* 不倫；情事
- *have an affair with...* …と(性的)関係を持つ
- *love affair* 不倫；情事

affidavit *n.* 〔法〕宣誓供述書：略 afft.

affray *n.* ❶(公共の場所で居合わせる人を怖がらせるような)乱闘；けんか
❷〔法〕闘争罪：2人以上の者がことばや暴力により公共の静穏を乱す罪．

AFIS *n.* 自動指紋識別システム：Automated Fingerprint Identification System の略．データベース化された登録指紋を検索し容疑者を探し出す．

❏ 1999年に運用が開始された FBI(〔米〕連邦捜査局)の Integrated Automated Fingerprint Identification System(IAFIS) は24時間稼働し，6,600万人以上の前歴者の指紋が検索できるという．テレビドラマ *CSI: Crime Scene Investigation*(『CSI：科学捜査班』)などにも登場する．

agent *n.* ❶官吏；捜査官
- *FBI agent* FBI 捜査官

❷スパイ；秘密諜報員(a secret agent)

❸〔米俗〕エージェント：ディーラー(dealer)とグルになって同席のカモから金を巻き上げるポーカーなどの賭博師.

aggravated *a.* 〔法〕通常よりもより重い刑を科される ⇨ aggravated assault

aggravated assault *n.* 〔法〕加重暴行：刑が加重される悪質な暴行で,誘拐や未成年者強姦などの犯行に加えて,凶器を使い相手に重傷を負わせようとするとか,警官に対する暴行など.自動車の無謀運転によって身体に危害を与える場合は aggravated assault with a motor vehicle や vehicle assault などと呼ばれる. ⇨ aggravated

agonies *n.* 〔麻薬俗〕麻薬使用中止(drug withdrawal)で現れる極度の不快症状：ふさぎ(〔麻薬俗〕horrors),食欲不振,不眠,いらいら,震え,パニック,痙攣(けいれん),悪寒,発汗など.

aid and abet *v.* 〔法〕教唆(きょうさ)する；幇助(ほうじょ)する：名詞は〔法〕aiding and abetting.

air bandit *n.* 〔米ギャンブル俗〕腕の良いいかさま師：さいころ賭博・スロットマシン・カード賭博などで使う.ときには泥棒用道具の使い手のことも指す. ⇨ crossroader

air gun *n.* エアガン；空気銃

airhead *n.* 〔麻薬俗〕マリファナ中毒者
　□ もとは〔米ティーンエージャー俗〕で idiot, fool の意味.脳がなくて空気しか頭に詰まっていないから.

airmail *n.* 〔米俗〕(高速道路の陸橋や建物の屋上から投げ落とされる石などの)破壊物：出動中のパトカーめがけて建物の屋上から投げ落とされるコンクリート破片やレンガなどにも言う.〔英・米刑務所俗〕では囚人が看守めがけて投げ落とす糞便・生ごみ・物.

air pirate *n.* 航空機乗っ取り犯人；ハイジャッカー(hijacker)
　□ 海賊(pirate)からの造語で,いわゆる「空賊」.この行為は air piracy(空賊行為)と言う.

aka; AKA *n.* 〔俗〕別名；偽名
　• *go aka* 偽名を使う
　── *adv.* 〔俗〕別名は…：also known as の頭文字語.「アカ」または「エイケイエイ」と発音する.しばしば警察関係の記録などで犯人

の別の名(変名・通称・筆名など)を記す場合に用いる．もとは〔警察俗〕．

alcoholic *n.* 大酒飲み；アルコール依存症患者；アルコール中毒患者
— *a.* アルコール依存症の
□ 米国38代大統領(1974-77) Gerald Ford(ジェラルド・フォード)(1913-2006)の夫人 Betty Ford(ベティ・フォード)(1918-2011)はアルコール依存症であったが，1982年に薬物依存の治療機関である Betty Ford Center を California 州の Rancho Mirage に設立した．

Alcoholics Anonymous *n.* 断酒会；アルコール依存者の依存症からの回復を援助する会：1935年米国で設立された．刑務所内でも活動する．略 AA．

algor mortis *n.* 死冷：遺体の体温が低下していくこと．
□ 死後経過時間を判断する際の決め手の一つ．外気温と同じになるのに40時間かかると言われる．死後直後の最初の数時間で1時間ごとに3〜3.5度低下し，その後は1時間ごとに1度ずつ低下し，外気温と同じになるまで低下する．もっとも，状況は現場の気温に左右される．

alibi *n.* 〔法〕アリバイ；現場不在証明
• *have an airtight alibi for that night* その晩の完璧なアリバイがある
— *v.* (他人の)アリバイを証明する
□ ラテン語で「どこか他の場所(elsewhere)」の意．

alimony *n.* 〔法〕別居[離婚]手当：夫が別居または離婚した妻子に支払う．米国では spousal support や maintenance(扶養料)が使われる．

All Clear 〔米警察俗〕オールクリアー；全面制圧完了：急襲[強行突入]の対象とする建築物または地域の制圧に成功し，犯人(たち)による脅威がなくなったことを SWAT(〔米〕特殊火器戦術部隊)内で伝える言い方．

all day *n.* 〔米刑務所俗〕終身刑：all day and night とも言う．

allege *v.* 〔法〕(十分な証拠を出さずに，あるいは立証する前に)強

く主張する
- *the alleged murderer*　殺人犯とされる人物

allegedly *adv.*　(定かではないが) 申し立てによると, 伝えられるところでは：報道記事に多用される.
- *The suspect allegedly tried to hide the evidence by gulping it down.*　容疑者は, 伝えられるところでは, 証拠品を飲み込んで隠そうとしたという

alley apple *n.*　〔米俗〕飛び道具として使う石やレンガ：文字通りは「路地に転がっているりんご」. alley lily, alley rifle とも言う. 投げやすいようにストッキングに入れて使うこともある.

alligator effect *n.*　ワニ皮効果：放火事件で燃焼促進剤 (accelerant) が使用された場合には, 燃焼した材木の表面がめくれ上がったようになり, ワニ皮様の表面になること. この形状から火災原因が放火だと断定することができる. alligatoring (ワニ皮割れ) とも言う.

all points bulletin *n.*　〔米警察俗〕全部署緊急連絡：広域指名手配のことで, APB と略して用いる.
  □ 強盗 (heist) 現場からの犯人逃走の際などに使われる言い方. New York などでは citywide (全市手配) とも言う. ⇨ BOLO, bolo

Almond Joy theory *n.*　〔米警察俗〕アーモンドジョイ理論：容疑者の行動が支離滅裂で理論的に説明がつかないさま, 頭がいかれている者 (nut) なのか頭脳明晰な者なのか判断に苦しむケース.
  □ Almond Joy は, 米国 Hershey 社製のココナッツとアーモンド入りのチョコレートバーで, そのキャッチフレーズが "Sometimes you feel like a nut, sometimes you don't."(「ときにナッツのような感じだったりそうでなかったり」) であったところから, ナッツを掛けたしゃれ.

ALS *n.*　エー・エル・エス；代替光源：肉眼では判別しにくい犯行現場の証拠検体 (指紋・微量な体液・微少な物質など) の検出に使用する鑑識用光源. ボタン [ダイヤル] 操作で光の波長が変えられ, 紫外線・可視光・赤外線の照射が可能. alternate [alternative] light source の頭文字.

alternate light source *n.*　⇨ ALS

alternative dispute resolution *n.* （裁判外での）代替的紛争解決策：裁判によらない和解調停や示談の制度．相手が合意しなければ行うことができない．ADRと略す．米国ではthe American Arbitration Association(AAA)（米国仲裁協会）がある．オーストラリアではexternal dispute resolutionと呼ぶ．

amateur *n.* 〔英暗黒街俗〕警察とトラブルを起こした経歴のない犯罪者

ambulance chaser *n.* 〔口〕交通事故を商売の種にする弁護士；あくどく稼ぐ弁護士；三流弁護士
❏ 救急車のあとを追いかけて，事故の示談や損害賠償請求などを引き受け，被害者からたんまりと金を稼ぐ交通事故を食い物にする弁護士を「救急車追っかけ弁護士」と揶揄(ゃゅ)したもの．

ambush *n.* 待ち伏せ；待ち伏せ攻撃；待ち伏せ場所［地点］
• *walk [fall] into an ambush* 待ち伏せにあう
── *v.* 待ち伏せする

American Arbitration Association (the) *n.* 米国仲裁協会：略AAA. ⇨ alternative dispute resolution

amicus curiae *n.* 〔法〕法廷助言者：ラテン語でfriend of the court（裁判所の友）の意．裁判所に事件についての情報・意見を提出する第三者．

amnesty *n.* 大赦(たいしゃ)
• *give a general amnesty to political prisoners* 政治犯に大赦を行う
── *v.* 大赦を行う

amobarbital *n.* 〔薬〕アモバルビタール：鎮痛薬・催眠薬．乱用されることがある．⇨ Amytal Sodium

amped *a.* 〔俗〕（中枢神経を刺激する）アンフェタミン（amphetamine）を飲んでその影響が出ている；興奮した；落ち着かない；イライラした：amped upとも言う．
❏ 電流の強さを示すamperage（アンペア数）とも関連づけた言い方．アンフェタミンを飲み過ぎた状態はoveramped.

amped-out *a.* 〔麻薬俗〕アンフェタミン（amphetamine）の使用後でどっと疲労を感じている

amphetamine *n.* 〔薬〕アンフェタミン：中枢神経刺激剤．覚醒剤として乱用されることがある．

Amytal Sodium *n.* 〔商標〕アミタールナトリウム：鎮静薬・催眠薬・不安緩解薬などとして使われる米国製の処方薬．ストリートドラッグ（street drug）として乱用されることがある．⇨ amobarbital

analysis *n.* ❶（情勢などの）分析；解析；検討；（問題などの）分析的な検討；綿密な研究
- *DNA analysis* DNA 分析
- *crime scene analysis* 犯行現場分析《現場から証拠を採取して分析的な検討を加えること．》

❷ 精神分析（psychoanalysis）
❏ 語源はギリシャ語で「ばらばらにすること」の意．

angel *n.* ❶〔米警察俗〕（警官と密接な係わりをもっている）有力な人物：警察内の上司，有力な政治家，地域社会のリーダー的人物のことを指した呼び方で，警官の昇任人事や転勤に関与したり，不祥事をもみ消したりしてしまう人物．

❷〔米暗黒街俗〕（信用）詐欺に引っかかりそうな人

angel dust *n.* 〔麻薬俗〕麻酔薬のフェンシクリジン（phencyclidine）を混合したたばこやマリファナ（marijuana）などの喫煙物：麻酔薬のフェンシクリジン自体のことも言う．
❏ しばしば省略して dust とも言う．PCP, horse, PCP on parsley, killer weed などとも呼ばれる．

animus *n.* ❶〔法〕意思；意図
- *a trespass with animus furandi* 窃取の意思を持っての不法侵入

❷〔法〕犯意；悪意

anonymous *a.* 無名の；匿名の；作者［発行者，送り主など］が分からない；（電話などで）名前を明かさない
- *make an anonymous call to the police* 警察に匿名の電話をかける

antagonism *n.* 敵対；抗争；敵意
- *(the) antagonism between firefighters and cops in New*

York　ニューヨーク市の消防士と警官の間の反目

antiburglary; anti burglary; anti-burglary　*a.*　防犯の：泥棒侵入防止用の警報器や録画装置などについて言う．
- *antiburglary equipment*　防犯装置
- *antiburglary strategy*　防犯対策

anticrime; anti-crime　*a.*　犯罪予防のための；防犯の；犯罪反対の
- *anticrime program*　防犯講座
- *anticrime tips*　防犯に役立つ情報

antidote　*n.*　解毒剤
- *antidote to [for] arsenic poisoning*（= *arsenic antidote*）砒(º)素中毒解毒剤

antipathy　*n.*　(根強い)反感；悪感情

antivenom　*n.*　抗毒血清；抗毒薬

APB　*n.*　〔米警察俗〕⇨ all points bulletin

appeal　*n.*　〔法〕上訴
―― *v.*　〔法〕(裁判所に)上訴する
- *appeal a case*（*to a higher court*）(上級裁判所に)事件を上訴する

appellant　*n.*　〔法〕上訴人 ⇨ appellee, appeal

appellate court　*n.*　〔法〕上訴裁判所 ⇨ trial court

appellee　*n.*　〔法〕被上訴人 ⇨ appellant

apple　*n.*　❶〔麻薬俗〕赤い色のカプセル入り催眠薬：もともとは中枢神経系抑制薬で,〔商標〕Seconalの赤いカプセルを指して使ったことから．

❷〔米黒人・麻薬俗〕ヘロイン(heroin)

❸〔英刑務所俗〕事態(situation)：スポーツで現在の得点(score)を尋ねる "What's the score?" の score と apple core(りんごの芯)との韻を踏んだ押韻俗語から．
- *What's the apple?*　どんな様子だ？

apprehend　*v.*　〔法〕(犯人などを)捕らえる；逮捕する；身柄を確保する：一般的には catch, arrest.

apprehension　*n.*　〔法〕逮捕；捕縛；身柄確保

approved school *n.* 〔英〕教護院:文字通りは「(英国内務省の)認可学校」.非行少年を収容補導した内務省認可のかつての施設で,現在は community home と呼ぶ.

AR; A.R. *n.* ⇨ armed robbery

arbitrator *n.* 〔法〕仲裁人:特に紛争当事者の同意を得て指名された人.

armchair detective *n.* 安楽椅子探偵:自らはオフィスなどにいて,事件についての他からの情報などをもとに解決していく探偵.

armed robbery *n.* 〔法〕持凶器強盗;武装強盗:凶器を携帯あるいは使用して行う強盗.量刑が重くなる.略 AR.

armor *n.* 〔米暗黒街俗〕武器

arraign *v.* 〔法〕罪状認否を行う:被告人を法廷に出頭させ起訴状に書かれた罪状の認否を問う.⇨ arraignment

arraignment *n.* 〔法〕罪状認否(手続き):刑事訴訟において,起訴後被告人を召喚して起訴状 (indictment) に書かれた罪状 (charge) の認否を公開の法廷で問うこと,その手続き.

array *n.* ❶〔法〕陪審員候補者名簿
❷〔法〕陪審員の召集[選任];(召集[選任]された)陪審員 (jury) 全員

—— *v.* 〔法〕(陪審を)召集[選任]する;陪審員候補者名簿に載せる:impanel とも言う.

arrest *n.* 逮捕;検挙;拘束
• *You are under arrest.* お前を逮捕する《警官が使う典型的な表現.》
—— *v.* 逮捕する;拘束する;取り押さえる;検挙する
• *He was arrested for domestic violence [for selling illegal drugs].* 彼はドメスティックバイオレンス[違法薬物販売]のかどで逮捕された

arrest warrant *n.* 逮捕状:warrant of arrest とも言う.

arsenic *n.* 〔化〕砒(ひ)素:記号 As.
• *arsenic poisoning* 砒素中毒

arson *n.* 〔法〕放火(罪)

arson investigator *n.* 放火捜査官
　❏ California 州の消防署員には arson and bomb investigator（放火及び爆弾捜査官）の職名がある．
arsonist *n.* 〔法〕放火犯 ⇨ feero, firebug
artillery *n.* 〔米麻薬俗〕麻薬注射用具
　❏ 原義は「大砲」．麻薬を「打つ」と大砲を「撃つ」の意味の shot との言葉遊びから．
artist *n.* 〔米暗黒街・アイルランド俗〕抜け目のない悪党：スリ・空き巣狙い・詐欺師など．
asphyxia *n.* 仮死（状態）；窒息（suffocation）
asphyxiate *v.* 窒息させる；窒息する
asphyxiation *n.* 窒息（死）；窒息（死）させること；仮死（状態）
assassin *n.* 暗殺者：特に重要人物や有名人を金銭目当てや政治的目的で殺害する場合．
　❏ Abraham Lincoln（エイブラハム・リンカーン）(1809-65) や John F. Kennedy（ジョン・F・ケネディ）(1917-63) の場合は assassin の手による assassination（暗殺事件）．
assassinate *v.* 暗殺する
　• *John F. Kennedy was assassinated in 1963.*　ジョン・F・ケネディは 1963 年に暗殺された
assassination *n.* 暗殺（事件）
assassinator *n.* 暗殺者 ⇨ assassin
assassin's special *n.* 〔警察俗〕サイレンサー付きの 22 口径のオートマティック銃：マフィアの殺し屋が好んだもの．
assault *n.* 〔法〕暴行（罪）
　• *commit (a) sexual assault on ...* 　…に性的暴行を加える
　• *an assault on a woman* 　女性に対する暴行
　— *v.* （人に）暴行する；性的暴行を加える
assault and battery *n.* 〔法〕不法な身体接触；暴行：文字通りは「脅迫と暴行」で, assault（脅迫）は危害が加えられるという恐怖心を起こさせること, battery（暴行）は現実に殴打などの身体的接触を意味する．現実には一つの行為でこの両者が成立することが多いためこのような表現が使われることが多い．

assistant district attorney *n.* 〔米法〕地区検事補：地区(首席)検察官(district attorney)の部下．略 ADA．
  ❑ たとえば Los Angeles 裁判区では 900 名もの ADA がいるという．
associate *n.* 〔ギャング俗〕マフィア(Mafia)組織の一員(wiseguy)と行動を共にし，もう少しで組織の一員として認められそうになっている準構成員
assume *v.* 〔法〕(他人の債務を)肩代わりする
Assume the position! 〔警察〕(壁に向かって)姿勢をとれ！：容疑者の身体検査をするとき，壁に向かって両脚を大きく広げ，両手は壁につけて立つように指示するための警官の決まり文句．
  ❑ 警官がさらに用心をする際には，ひざまずかせたり，うつ伏せ(prone out)の姿勢を取らせたりする．
ATF *n.* アルコール・タバコ・火器及び爆発物取締局：Bureau of Alcohol, Tobacco, Firearms and Explosives の略．2003 年に省庁再編により財務省から移管された後も ATF を使っている．米国司法省(Department of Justice)の一部局で，アルコールやタバコの密造(とそれに伴う脱税)の摘発や火器・爆発物の捜査取り締まりを行う．禁酒法時代に Chicago のマフィアを壊滅状態に追い込んだことで知られる．BATF, BATFE とも略す．
at-risk youth *n.* 〔婉曲〕非行少年[少女] (juvenile delinquent)
atrocious *a.* 極悪な；残虐な；凶悪な；非道な
  • *an atrocious murder*　凶悪殺人事件
atropine *n.* アトロピン：イヌホオズキ科(nightshade family)から採る有毒な結晶性アルカロイド．散瞳薬に使われる．また，米国陸軍は有機リン化合物神経ガス中毒の際の応急手当薬として携帯するという．
attack *n.* (武力による)攻撃；襲撃；乱暴；(女性に対する)暴行
  • *a sexual attack on a 13-year-old girl*　13 歳の少女への性的暴行
  ── *v.* (人を)襲う；(敵軍・陣地などを)攻撃する；攻める；〔婉曲〕(女性に)乱暴する(assault)；レイプする(rape)：ときに未遂も含む．

- *attack ... with pepper spray* …をペッパースプレーを使って襲う

attempted *a.* 未遂に終わった；未遂の
- *attempted kidnapping of a 12-year-old girl* 12歳の少女を狙った誘拐未遂事件

attempted crime *n.* 未遂に終わった犯罪 ⇨ completed crime

attest *v.* 証言する；証拠立てる；立証する；(遺言書などの証書が)真正であることを証明する
- *I can't attest to his educational background.* 彼の学歴が間違いないと証言はできない
- *All states require two witnesses to attest a will.* 全ての州は、遺言書が真正であることを証明するためには2人の証人が必要だとする

attestant *n.* 〔法〕証人；認証者

attestation *n.* 〔法〕立証；証言；証拠

attester; attestor *n.* 〔法〕(遺言などの証書作成の)立会い証人

attitude-adjuster *n.* 〔米俗〕警棒：文字通りは「(これを使用して相手の)態度を(警官の思惑通りに)直させるもの」の意. ⇨ baton

attitude adjustment *n.* ❶〔警察俗〕容疑者や犯人に違法な暴力を使って警察の意向に同意させること：文字通りは「態度修正」.この行為に及ぶことを tune 'em up と言う.
- *He needs an attitude adjustment.* やつは態度修正が必要だ(思い切り痛い目に遭わせねばならん)

❷〔婉曲・米刑務所俗〕問題を起こしてじゃまになる囚人に、精神状態を変える(mood-altering)薬物を使用すること

attitude arrest *n.* 〔米警察俗〕不遜(ふそん)な態度につき逮捕 ⇨ contempt of cop

attorney *n.* ❶〔米〕弁護士；法律家
❷代理人 ⇨ attorney-at-law

attorney-at-law *n.* 〔米〕弁護士；法律家 ⇨ attorney

auto banalisé *n.* 〔警察俗・ケベックフランス語〕オートバナリゼ；

(特に小型の)**覆面パトカー**(unmarked police car)：フランス語では voiture banalisée（あるいは voiture-piège）．banalisé は「大衆化された」の意味の形容詞．

auto crime *n.* 　自動車犯罪：自動車そのものの窃盗・車上荒らしなど．

automatic *a.* 　(銃器が)(全)自動式の：引金を引くと弾丸の発射・空薬莢(からやっきょう)の排出・次弾装填(そうてん)・発射可能の一連の動作が行われるもの．⇨ automatic pistol

automatic pistol *n.* 　自動拳銃 ⇨ revolver
automatic rifle *n.* 　自動小銃
autopsy *n.* 　検死；検死解剖；司法解剖：postmortem examination, または単に postmortem とも言う．
- *do* [*carry out, perform*] *an autopsy* 　検死を行う

Bb

babbo *n.* ❶〔米ギャング俗〕ばか者；役に立たない下っ端
❷〔米俗〕愚直で法律をよく守る市民

babe *n.* ベイブ：薬物依存治療（detoxification）に使われる，中毒になったものとは別の薬物．たとえばヘロイン中毒患者によく効くのがメタドン（methadone）．

baby bear 〔米警察俗〕新米警官：bear は〔米俗〕警官．

baby-blues *n.* 〔俗〕警官（policeman）
☐ 標準英語で baby-blue は欧米のベビー服に用いられる，緑がかったうすい青色のこと．その制服の色から．blues（〔俗〕警察）とのことば遊びから．

baby raper *n.* 〔刑務所俗〕子供（特に幼女）を狙う痴漢；幼児レイプ犯（child molester）
☐ 刑務所内での囚人にも犯罪によって階級があり，baby raper は下から2番目．最下位は snitch（ひったくり）．

babysit *v.* 〔麻薬俗〕LSD などの麻薬の体験の手ほどきをする ⇨ ground control

back gate parole *n.* 〔米刑務所俗〕獄中死：裏門から運び出されるので「裏門からの仮釈放」と呼んだもの．back-door parole とも言う．

back up *n.* ❶〔オーストラリア刑務所俗〕(刑務所内でのけんかなどで)頼りになる者
❷〔オーストラリア・米俗〕輪姦（multiple rape, gangbang）：列を作って交代できるように控えている（back up）ことから．
── *v.* ❶〔麻薬俗〕麻薬を注射するときに針を刺しやすくするために静脈を浮き上がらせる
❷〔麻薬俗〕麻薬が血液と混じり合っているかどうか確認するため

に注射器内に血液を吸い上げてみる
❸〔オーストラリア・米俗〕輪姦する (gangbang)
❹〔ニュージーランド刑務所俗〕犯罪を繰り返す
❺〔オーストラリア・ニュージーランド俗〕(ギャングが) 復讐する

bacon *n.* 〔俗〕警官：警官のことを pig と呼ぶことから，豚肉とその製品であるベーコンの関連．軽蔑的な言い方．
 • *I smell bacon.* サツのにおいがする
 • *Bacon burning.* サツが来るぞ

badge *n.* 〔米俗〕警官；〔米刑務所俗〕看守 (correctional officer) ⇨ shield
 —— *v.* 〔米俗〕バッジを見せる：警官が民間施設に (ただで) 入ったり，あるいは情報をとるための心理的作戦としてやること．

badge-heavy *a.* 〔俗〕(警官が) バッジの威光を背景に尊大な態度をとる ⇨ badge

badge on a beaver *n.* 〔警察俗〕婦人警官
 ❏ 長距離トラック運転手のことば．beaver は〔俗〕「女性性器」の意．

bad go *n.* 〔麻薬俗〕麻薬服用後の悪影響：吐き気，呼吸困難，最悪の場合の死など．

bad guy *n.* ❶〔俗〕悪者；悪党；悪漢；ならず者；(映画・テレビのメロドラマに登場する不正直で人をだまし，やましい所もあるようなお決まりの) 悪役
 ❷〔米警察俗〕犯人；容疑者：FBI (〔米〕連邦捜査局) のことば．

bad time *n.* 〔米刑務所俗〕受刑者の生活態度が悪いために刑期に加算される日数：bad time credit とも言う．
 ❏ 逆に受刑者が規則正しい生活を送った場合に刑期から差し引かれる日数は good time credit．

bad trip *n.* 〔麻薬俗〕バッドトリップ：LSD による不快で恐ろしい (あるいは不安にさせる) 経験．
 • *be on* [*have*] *a bad trip* LSD でバッドトリップ中である

bag *n.* ❶〔麻薬俗〕(紙袋・ビニール袋・風船・コンドームなどの) 袋に入れた麻薬
 ❏ 密輸の際に税関を通るために袋のまま飲み込むことを〔俗〕

body-packと呼ぶ．日本の税関では「飲み込み」と呼ばれている．成田国際空港クリニックではこのような人物をbody-packer（飲み込み患者）と呼んでいる．⇨ body-pack

❷〔警察俗〕制服
- *go back into the bag*　（背広組から）制服組に戻される［格下げされる］

—— *v.*　❶〔警察俗〕（遺体を）遺体収容袋（body bag）に入れる

❷〔警察俗〕（証拠品を）証拠品袋（evidence bag）に入れる

❸〔警察俗〕逮捕する

❑ 小動物が袋詰めにして捕えられるところから．

bag bride　*n.*　〔麻薬俗〕クラック（crack）（結晶状の高純度コカイン）中毒の売春婦：麻薬を入れた袋（bag）と，bride（花嫁）を組み合わせた皮肉表現．⇨ skeezer

baghead　*n.*　〔麻薬俗〕ヘロイン中毒者（heroin addict）；シンナー遊びをする者：glue snifferとも言う．

bagman　*n.*　❶〔俗〕大手の麻薬売人：麻薬販売店（bag）を経営する人．bagは袋入り麻薬のことから派生した使い方．

❷〔米・オーストラリア俗〕犯罪で得た金の運び屋：金や麻薬をバッグに入れて持ち歩く者の意．⇨ mule

bail　*n.*　❶保釈
- *be (out) on bail*　保釈出所中である

❷保釈金
- *make [post] bail*　保釈金を納めて出所する
- *be held in bail*　保釈金未納で拘置されている
- *Bail was set at $350,000 for a man charged in a fatal aggravated DUI hit-and-run crash.*　酒気帯び運転によるひき逃げ衝突事故の罪に問われた男に対して保釈金を35万ドルにするという決定が下された

❸保釈保証人（bondsman, bail bond agent, bail agent）

—— *v.*　❶（判事が拘留中の被告人を）保釈する；（保証人が保釈金を払って被告人を）保釈してもらう
- *bail ... out*　保釈金を払って（入獄中の）…に保釈を受けさせる

❷〔俗〕逃げる；ずらかる

bailiff *n.* ❶〔米〕(法廷の雑務をする)廷吏(usher).
❷〔英〕執行吏：sheriff(州長官)の監督下での差し押さえ担当官.

bail jumper *n.* 〔口〕保釈金を払って出所中に逃走してしまう者
❑ この行為をする動詞表現は jump bail, skip bail.

bait *n.* ❶信用詐欺や路上強盗で被害者を油断させるために利用する魅力的なおとりの男［女］
❷〔米ゲイ俗〕同性愛者に対するおとり捜査を行うおとり捜査員：魅力的な若い男性か少年で，公然わいせつ行為を行うように仕向けて逮捕させる役目を果たす．

bale *n.* 〔俗〕(通常は１ポンド分の)マリファナ(marijuana)：もと a full bale of marijuana (ひと包みのマリファナ)と言ったことから．ひと包みは 75 から 500 ポンドまで幅があったとされる．正確な量に関係なく使われる．

ballistic blanket *n.* 銃弾などを防ぐためのブランケット：盾の代わりに広げたり，車両に被せたり，爆弾と疑われるものを包み込んだりするために使う．bomb blanket, Kevlar bomb-blanket とも言う．

ballistics *n.* 弾道学：発射された銃砲弾など飛翔体の運動および動態を扱う．
❑ 米国 CBS 系で 2002 年から放映の人気警察ドラマ *CSI:Miami* (『CSI: マイマミ』)で Emily Procter(エミリー・プロクター) (1968-)演じる Calleigh Duquesne(カリー・デューケン)刑事の専門分野．

ballistic shield *n.* 防弾盾：body bunker や body shield などとも言う．

balloon *n.* ❶〔麻薬俗〕コンドーム：ヘロイン(heroin)・コカイン(cocaine)など粉末状の麻薬を流通・販売目的で運ぶために使われる．⇨ bag
❑ 潤滑剤なしのコンドームが使用される．ときに糸を付けて胃の中に収納したり，膣内や肛門内に詰めたりして密輸する．
❷〔麻薬俗〕ヘロインの売人
❸〔麻薬俗〕少量のヘロイン：実際にコンドームに入っていない場合にも使われる．

balls to spare *n.* 〔警察俗〕度胸があるやつ
❑「あり余るほどの度胸」の意味. balls〔俗〕(度胸, 勇気)はもとは「睾丸(がん), きんたま」のこと. brass balls, bucket of balls とも言う. 反対は b-b balls「度胸のないやつ(BB弾の大きさしか度胸がないこと)」.

ban *n.* (公的な)禁止; 禁止令
- *Oklahoma Governor placed all outdoor burning under a ban.* オクラホマ州知事は野焼きを一切禁止した
- *Los Angeles will put a ban on outdoor smoking.* ロサンゼルス市は屋外での喫煙を禁止するだろう
- *Saudi Arabia lifted its ban on women drives.* サウジアラビアは女性が運転することを解禁した

—— *v.* 禁止する
- *Saudi Arabia bans woman from driving cars.* サウジアラビアは女性が車を運転することを禁じている

bananas *n.* ❶〔米俗〕汚職警官(たち): London の Special Patrol Group(1965-1987 の間活動し, 現在は Territorial Support Group. 重大な民衆の騒動や犯罪を扱っていた)の警官たちを指して呼んだもの.「黄色くて曲がって, ふさになって[一団になって]」いるやつら, とからかった言い方.
❷ パーコセット(Percocet)錠: 黄色い楕円形をした米国製の鎮痛薬. 処方薬で, 乱用されることがあり, このような隠語で呼ぶ.

—— *a.* 〔俗〕気が狂った; 常軌を逸した: この状態になることを go bananas と言う. バナナが熟れすぎて実がやわらかくなってしまうイメージから.

B and E *n.* 住居侵入: breaking and entering [entry] の略. 窃盗などの犯罪を目的として他人の住居の一部を破壊して密かに住居内に不法に侵入すること. B & E, b and e ともつづる. また burglary, housebreaking とも言う. ⇨ burglary

B and E man *n.* 住居侵入犯

bandit *n.* ❶ (旅行者を襲う武装した)山賊; 強盗; ギャング (gangster); 政治的テロリスト
❑ かつて地中海沿岸の山地に出没する盗賊団の一員を指した.

❷〔刑務所俗〕所内のシャワー室で他の受刑者の臀部をじろじろ見ているホモの受刑者

❸〔米俗〕スロットマシン：賭博用のもので〔米〕one-armed bandit とも言う．〔英〕ではこの機械を fruit machine,〔オーストラリア〕では poker machine と呼ぶ．

bang *v.* 〔麻薬俗〕ヘロインを注射する

banger *n.* ❶〔米黒人・刑務所俗〕ナイフ

❷〔米黒人俗〕ギャングの一員：gangbanger の略．

❸〔麻薬俗〕皮下注射器；麻薬を注射する人

banish *v.* （処罰として国外などへ）追放する

・*The law banishes these sex offenders from living in the state of Georgia.* この法律はこれらの性犯罪者をジョージア州には居住できないように放逐するものである

banker *n.* ❶〔警察俗〕麻薬の売買で儲けた金を受け取る［(売人が逮捕された場合には代わって売り上げ代金を）保管している］者

❷〔米麻薬俗〕高利貸し (usurer)

bank robbery *n.* 銀行強盗：銀行の営業時間内の犯行を言い，閉店後の犯行は burglary．以前 bank job と呼ばれていたこともある．

・*commit (a) bank robbery* 銀行強盗をはたらく

□ 米国の歴史に残る銀行強盗犯人には，世界で初めて銀行強盗に成功した Jesse Woodson James（ジェッシー・ウッドソン・ジェームズ）(1847-82), William "Willie" Sutton（ウィリアム・"ウィリー"・サットン）(1901-80)（「なぜ銀行強盗をするのかと」聞かれて，"Where the money is."「そこに金があるから」と答えたことは有名），John Herbert Dillinger, Jr.（ジョン・ハーバート・デリンジャー・ジュニア）(1903-34)（現代の Robin Hood と呼ばれたこともあり，銀行のカウンターをひらりと跳び越えたことから，Jackrabbit のあだ名があった）らがいる．

bar *n.* ❶（法廷で，裁判官席・被告席・弁護士席と一般席との境となっている）仕切りの手すり (railing)

❷法廷

❸〔米〕《通例the》弁護士業；〔英〕《the Bar》法廷弁護士 (barrister) 業

- *the American Bar Association*　米国法律家協会《略 ABA.》

❹〔麻薬俗〕(麻薬の分量)1オンス分の大麻［ヘロイン(heroin), ハシッシュ(hashish)］
- *nine-bar*　9オンス分の麻薬

❺《複数形で》刑務所
- *behind bars*　刑務所に入っている

BAR　*n.*　〔商標〕ブローニング自動小銃：Browning automatic rifle の略．⇨ Browning

barbs　*n.*　〔麻薬俗〕バルビツール剤(barbiturates)
　❑ ストリートドラッグ(street drug)としてしばしば乱用される鎮静薬・催眠薬．⇨ peanut

Barnes man　*n.*　大物の麻薬ディーラー：1970年代から80年代にかけて New York の大物麻薬ディーラーとして悪名高かった Nicky Barnes(ニッキー・バーンズ)(1933-)の名前から．

Barney Fife　*n.*　バーニー・ファイフ：どじで不器用なイメージがつきまとう田舎の警官．
　❑ 米国 CBS 系で1960年から1968年まで放映された，North Carolina 州の小さな田舎町 Mayberry を舞台にした連続ホームコメディー *The Andy Griffith Show*(『メイベリー110番』)に郡保安官代理役で登場した Barney Fife. 喜劇俳優 Don Knotts(ドン・ノッツ)(1924-2006)が演じてそのイメージが定着した．

barrels　*n.*　〔俗〕LSD：blue barrels, purple barrels とも言う．錠剤が円筒形であることから．

barricaded EDP　*n.*　人質犯：New York での呼び方．hostage taker とも．EDP は emotionally disturbed person(情緒不安定者)．文字通りは「バリケードを築いて立てこもった EDP」．⇨ EDP

barrister　*n.*　〔英〕法廷弁護士：訴訟手続きで特に法廷弁論を担当する弁護士．barrister-at-law とも言う．⇨ brief

barrister-at-law　*n.*　⇨ barrister

base　*n.*　〔麻薬俗〕フリーベース(freebase)(高純度コカイン)
　── *v.*　〔麻薬俗〕コカインを吸う

baseball bat therapy　*n.*　〔米警察俗〕ベースボールのバット療

法：野球のバットを使って「態度修正（attitude adjustment）」する，すなわち容疑者などに暴力をふるうこと．

basehead *n.* 〔俗〕フリーベース（freebase）（高純度コカイン）を吸う者

base house *n.* 〔麻薬俗〕フリーベース（freebase）（高純度コカイン）密売［吸引］所 ⇨ rock house

basement dealer *n.* 〔俗〕底面ディーラー：トランプカード束（deck）の底面に不正にしのばせたカードを配るディーラー．【米暗黒街俗】では subway dealer と言う．

❏ トランプカード束の底面に自分の意図する［点数の良い］カードを潜ませ，そのカードを，ひそかにグルのトランプ賭博師（agent）に配って勝たせたり，チップをはずんでくれる客に渡して勝たせたりする．近年のトランプ賭博場ではディーラー監視目的のビデオカメラが設置されている．

basing *n.* 〔麻薬俗〕クラック（crack）（結晶状の高純度コカイン）を使うこと

BATF *n.* ⇨ ATF

Batman and Robin *n.* 〔俗〕バットマンとロビン：パトカーに乗っている二人組の警官．

❏ もとは DC Comics 社から出ているコミック *Batman*（『バットマン』）に，後にはこれをもとにしたテレビ番組・映画に登場する正義の2人．

baton *n.* 警棒（truncheon）：木製以外に，強化プラスチック製・金属製・硬質ゴム製のものもある．nightstick や billy club とも呼ばれている．⇨ cocobola

battering ram *n.* バタリングラム：建造物に突入する際にドアなどを打ち破るために使う丸太様の破壊棒．消防・警察などが用いる．

❏ 昔の城壁破壊用の破城槌（はじょうつい）が発展したもの．ram（雄羊）の名の由来は，木製の破城槌の先端を雄羊の頭にデザインしたものが多かったところから．雄羊同士が発情期に頭をぶつけ合って闘うところからの発案と思われる．⇨ door ram

battery *n.* 〔法〕暴行；不法接触：他人の身体に故意に不法な接触

をすること. ⇨ assault and battery

batting average *n.* 〔米警察俗〕(逮捕した者の) 起訴率：野球の打率の言い方を使ったもの.

batting practice *n.* 〔米警察俗〕容疑者を警棒で打ちのめすこと

BAU *n.* ⇨ Behavioral Analysis Unit

beagle *n.* 〔警察俗〕刑事；警官；私立探偵
❑ 本来の意味は，ウサギ狩り用の猟犬の犬種名ビーグル.

Beamer *n.* 〔俗〕ビーマー：BMW 車. Bee Em, beemer, bimaz, bimmer などいくつかの別の表記形もある.

beans *n.* 〔米黒人・麻薬俗〕ビーンズ：ベンゼドリン (Benzedrine) の錠剤. 中枢神経刺激薬で覚醒剤として乱用された.

bear *n.* 〔米俗〕警官；ハイウェーパトロールの警官
• *feed the bears* 〔米俗〕(警察に出頭して) 交通違反の罰金を支払う；交通違反チケットを切られる《原義は「熊 (警官) に餌を与える」.》
⇨ mama bear

beat *n.* ❶〔警察俗〕警邏(けいら)担当区域；巡邏(じゅんら)区域：警官が徒歩で巡回・哨戒(しょうかい)を受け持つ特定の区域，現在はパトカーで回る場合にも言う.
• *walk one's beat* (警官が) 巡邏区域を徒歩でパトロールする
❷〔俗〕売春婦が商売をする街路
❸〔俗〕未解決犯罪事件
── *v.* ❶〔米俗〕だまし取る (defraud)；盗む
❷〔米俗〕脱獄する
── *a.* 〔米麻薬俗〕(麻薬が) 混ぜ物をされた

beat cops *n.* 〔警察俗〕(2 人以上の) 担当区域巡邏(じゅんら)警官：ある特定の区域の警邏(けいら)を受け持つ警官たちで，その区域の状況も住人も熟知している. ⇨ beat

beef *n.* 罪状 (criminal charge)
• *"What's the beef?" "Murder One."* 「罪状は？」「第一級謀殺だ」

beener *n.* 〔米警察俗〕ビーナー：SWAT (〔米〕特殊火器戦術部隊) 隊員などが懸垂下降 (rappelling) する際に使用する道具カラビナ (carabiner) のこと.

Behavioral Analysis Unit *n.* 〔米警察〕FBI(〔米〕連邦捜査局)の行動分析課:略 BAU.
▢ この課の活躍を描く米国の警察ドラマが *Criminal Minds*(『クリミナル・マインド:FBI行動分析課』).

being on eyeball *a.* 〔刑務所俗〕監視している:女子刑務所で自殺の恐れがある囚人を見張っていること.

belch *v.* 〔米俗〕(警察に)密告する

belcher *n.* 〔米暗黒街俗〕密告者;情報屋 ⇨ informer

bench *n.* ❶《the, しばしば the Bench》(法廷の)裁判官[判事]席;法廷
 • *be [sit, serve] on the bench* 裁判官席に着いている;審理中である
 ❷ [集合的] 裁判官(団);裁判官職
 • *bench and bar* 裁判官と弁護士
 • *President elevated Sotomayor to the federal bench.* 大統領はソトマイヨール氏を連邦裁判事に昇進させた
 • *Butler was the first Wisconsin supreme court judge voted off the bench.* バトラーは評決によって判事を退任させられた最初のウィスコンシン最高裁の判事であった
 • *While on bench, he accepted gifts from the litigants.* (事件の)審理中に,彼は訴訟当事者から贈与を受けた
 • *one's history on the bench* 裁判官としての経歴[これまでの仕事]

bench warrant *n.* 〔法〕裁判所発行勾引状[逮捕状]

benefit of the doubt 《the》 *n.* 〔法〕疑わしきは罰せず(という原則)
 • *give ... the benefit of the doubt* 疑わしい点は…(被告人)に有利に解釈する

bennie; benny *n.* 〔米麻薬俗〕ベンゼドリン(Benzedrine)の錠剤:中枢神経刺激薬.覚醒剤として乱用された.

Benzedrine *n.* 〔商標〕ベンゼドリン:吸入器(inhaler)で使用する硫酸アンフェタミン(amphetamine sulfate)製剤として米国でSmith, Kline & French が製造したもの.中枢神経刺激薬・覚醒

剤として乱用された．

benzo *n.* ❶〔米黒人俗〕ベンツ：Mercedes Benz 車．
❷〔麻薬俗〕ベンゾジアゼピン(benzodiazepine)：中枢神経の信号の流れを抑制し，不安や興奮を抑制するため睡眠薬や抗不安薬に使われる．

bernice *n.* 〔米麻薬俗〕コカイン(cocaine)(の結晶)

Bernie *n.* 〔米警察俗〕バーニー：被害者ではあるが武器を所持していて，いつなんどきそれを使うかもしれない者．
❑ 1984 年 New York の Manhattan の地下鉄で，4 人の強奪犯の若者を撃った Bernhard Goetz(バーナード・ゲッツ)の名から．この男は強奪の被害者であったが，実はリボルバーを不法所持していた．暴力的自警行為(vigilantism)についての議論を全米に巻き起こした事件であった．東海岸地域での用法．

betray *v.* ❶裏切る
❷(秘密を)漏らす

betrayal *n.* ❶裏切り(行為)
❷密告

betrayer *n.* 裏切り者；背信者；密告者

better people *n.* 〔刑務所俗〕知的な受刑者：社会的地位あるいは教養がある．

Betty Bracelets; betty bracelets *n.* 〔英俗〕警官；警察：文字通りは「ベティさんのブレスレット」．ホモが使う，おどけて皮肉をこめた言い方．bracelets は〔俗〕で「手錠」．〔南アフリカゲイ俗〕では Betty Bangles や Betty Blue などと呼ぶ．

BFR *n.* 〔警察俗〕愚鈍器：big fucking rock(ばかでかい石)の略で，原始的な強盗の武器．

BFT *n.* ⇨ blunt-force trauma

bigamy *n.* 〔法〕重婚(罪)

big con *n.* 〔警察俗〕大がかり詐欺：カモが自宅に金を取りに帰ったり銀行で金を引き出したりする必要がある詐欺．

big hat *n.* 〔米俗〕州警官(state trooper)：大きなテンガロンハットが制帽であるところから．

big house 《the》 *n.* 〔米暗黒街俗〕刑務所

❏ もとの意味は「村一番の豪家，大地主の邸宅」．刑務所を意味するようになったのはギャング映画の影響とも言われる．

big house up the river *n.* ❶〔米俗〕米国 California 州にあるサンクエンティン州刑務所（San Quentin State Prison）
❷〔米俗〕米国 New York 州にあるシンシン州刑務所（Sing Sing Correctional Facility）

big store *n.* 〔米暗黒街俗〕（大がかりにだますための）にせのカジノ；にせのブローカーのオフィス：目的を達成すると，さっさとオフィスをたたみ部屋の中は空っぽにしてしまう．

biker *n.* 〔俗〕バイク乗り：通例暴走族の一員．〔オーストラリア・ニュージーランド俗〕では bikie と言う．

biker's coffee *n.* 〔米麻薬俗〕バイク乗りのコーヒー：コーヒーとメタンフェタミン（methamphetamine）（中枢神経系興奮薬）を混ぜたもの．

bill *n.* 〔法〕（起）訴状

billy *n.* ❶〔俗〕こん棒；ブラックジャック（blackjack）：鉛を詰めた革製のこん棒；〔米俗〕警棒
❷〔米刑務所俗〕白人
❸〔英麻薬俗〕アンフェタミン（amphetamine）：Billy Whizz の略．⇨ Billy Whizz

billy club *n.* 〔米〕警棒 ⇨ nightstick

Billy Whizz *n.* 〔英麻薬俗〕アンフェタミン（amphetamine）：中枢神経刺激剤．
　　❏ Billy Whizz（ビリー・ウィズ）は漫画のキャラクターで動きがすばやい．効き目の速さを掛けた．

bind *v.* 〔法〕（通例受身で）（法的に）拘束する；義務を負わせる
* *The ex-cop was bound over for trial in his wife's death.* その警官は妻の死亡に関して出廷を命ぜられた
* *A former city police officer was bound over to Wayne County Court on charges of assaulting a woman.* 元市警官は女性への暴行の罪でウェイン郡巡回裁判所への出廷を命ぜられた

bindle *n.* 〔麻薬俗〕ひと包みの少量の麻薬：正方形の紙を折って包

んである.
　□ もとの意味は「衣類などを入れた包み」.特に,浮浪者が持って歩く携帯用寝具.

bindle paper *n.* 〔警察〕ビンドルペーパー：毛髪や繊維など微細な証拠を包むために使用する薄い紙.8×12インチサイズがよく使われる.袋状にするための効果的な折り方がある.

bird dog *n.* ❶〔米警察俗〕逮捕の標的を定める手はずを備えるたれこみ屋(informer)
　❷〔米俗〕カモになりそうな人についての情報を泥棒に知らせる者
　□ 一般には「鳥猟犬」のこと.

bis; biscuit *n.* 〔米俗〕ピストル；ハンドガン(hand gun)：jammy, oo-wopとも言う.ビスケットを割るときパキンという音からの連想.

bit *n.* 〔英・米暗黒街俗〕刑期：期間の長短に関係なく使う.
　• *two-year bit* 2年の刑期

bitch *n.* ❶〔米刑務所俗〕終身刑の判決：big bitchとも言う.
　❷〔米麻薬俗〕混ぜ物で純度を落としたマリファナを故意に売る売人

bite marks *n.* 噛み跡；噛み傷：被害者の身体などに付けられた加害者が噛んだための傷跡.
　□ 連続殺人犯として悪名高く,1974-78年の間に35人は殺害したとされるTed Bundy(テッド・バンディ)(1946-89)は,被害者の尻などに噛みついていたことで知られる. ⇨ tool marks

bite suit *n.* バイトスーツ：警察犬訓練の際に訓練士が身につける上下の防護スーツ.
　□ 身につける部位によって,バイトスリーブ(腕用)(bite sleeve),レッグスリーブ(脚用)(leg sleeve),プロテクションミット(手用)(protection mitt)がある.

bite work *n.* 〔警察俗〕警察犬の訓練で,犯人に噛みつくことを教えること

black-and-blue *a.* 〔口〕(殴打されて)青黒くなった；青黒いあざができた；打撲傷を受けた
　• *beat ... black-and-blue* …を青黒いあざができるほどぶん殴る

black(-)and(-)white *n.* ❶〔米俗〕パトカー：LAPD（Los Angeles市警）は black and whites と呼ぶが，NYPD（New York市警）では blue and whites と呼ぶ． ⇨ squad car

❷〔米俗〕警官

❷〔俗〕カジノのディーラー：黒いズボンと白いシャツを着ていることから．

black and white fever *n.* ❶〔警察俗〕パトカーの姿を見るとすばやく走り去ること

❷〔警察俗〕パトカーが事故処理をしたり駐車したりしていると，すべての車がスピードを控えるため交通の流れが悪くなること

❏ いずれもパトカーが原因の熱病（fever）にたとえたもの．

black-bag job *n.* 〔俗〕無令状捜査（warrantless search）：捜査員による不法侵入．

black beauty *n.* 〔麻薬俗〕中枢神経刺激剤ビフェタミン（biphetamine）

black gold *n.* 〔麻薬俗〕高濃度のマリファナ（marijuana）：黒っぽいカーキ色のハシッシュ（hashish）を指す black と，Acapulco gold の混交語． ⇨ black tar, Tootsie Roll, tootsie roll

black hat *n.* 〔俗〕ブラックハット：悪意をもってコンピューターやネットワークに進入するハッカー．通例，サイバー犯罪（cybercrime）の前科者．

❏ 西部劇映画の悪役が黒いハットをかぶっていたところから． ⇨ gray hat, white hat

black hole *n.* 〔刑務所俗〕懲戒目的でほかの在監者と離して収監する独房：単に hole，あるいは box とも言う．

❏ 1756年に多数の英国人捕虜が一夜で窒息死したインドの the Black Hall of Calcutta と呼ばれた狭い土牢から．

blackmail *n.* ❶ゆすり；恐喝

❷ゆすられた［強要された］金品

—— *v.* 恐喝する；ゆする；（人を）恐喝して金をゆすり取る；（人を）恐喝して…させる

• *blackmail ... with photographs of them fornicating* …を不倫の写真をもとにゆする

・*Someone blackmailed Italian Prime Minister for $714,000.* ある人物がイタリアの首相をゆすって714,000ドルを取ろうとした

❑ もともとの意味は「違法な税金」で，昔スコットランドで領主が勝手に不当な年貢を要求したことから．

blackmailer *n.* 恐喝者

Black Maria *n.* 〔俗〕(囚人)護送車；霊柩車(hearse)

❑ 語源は不詳．諸説あるが black はこの車の色と合致する．

black stuff *n.* ❶〔麻薬俗〕アヘン(opium)
❷〔麻薬俗〕ヘロイン(heroin)

black tar *n.* 〔麻薬俗〕メキシコから米国に持ち込まれる強力なヘロイン(heroin)：粗製で混ぜものがあるが強力．一般的に注射で使用．shriek, Tootsie Roll とも言う．

blade *n.* 〔米俗〕ナイフ：特に飛び出しナイフ(switchblade)．

blade man *n.* 〔俗〕ナイフを凶器とする犯人

blag *n.* 〔英俗〕(銀行・郵便局を狙う)武装強盗：blackguard(悪党)の短縮から．blague とも書く．

blank *n.* 〔麻薬俗〕麻薬だとして販売される粉末で効力がないもの，または二流品の麻薬：品質証明がないところから blanks(白紙)と呼ぶ．flea powder, Lipton tea, Lipton's などとも言う(Lipton は手軽に飲める安価な紅茶であることから，またその色からの連想)．⇨ lemonade

blanket party *n.* 〔米刑務所俗〕毛布パーティー：ほかの囚人に頭から毛布を掛け，こん棒で殴ったり凶器で刺したりして殺害すること．性的暴行を加えることもある．

blast *n.* 〔麻薬俗〕麻薬の注射[吸入]とその直後の快感；マリファナ(marijuana)(たばこを吹かすこと)とその効き目；クラックパイプの煙

── *v.* 〔麻薬俗〕マリファナたばこを吸う；麻薬を服用する；クラック(crack)(結晶状の高純度コカイン)を吸う

blaster *n.* 〔米暗黒街俗〕ピストル；リボルバー；ショットガン

blaze *n.* 〔麻薬俗〕マリファナ(marijuana)

── *v.* 〔麻薬俗〕マリファナたばこを吸う：blaze up とも言う．

bleat *v.* 〔犯罪俗〕詐欺にあった人が警察に駆け込む［泣きつく］

blind *adv.* 〔俗〕完全に；すっかり (completely, utterly)
- *rob ... blind* 〔俗〕…から大金を奪い取る

blister *n.* 〔刑務所俗〕行動的な生粋のホモ受刑者：他の受刑者を誘う．

blizzard *n.* 〔米弁護士俗〕1人の運転者がいくつもの交通違反をしたかどで出された裁判所への出頭命令通知書のひと束

Blob *n.* 〔米ストリートギャング俗〕シミ野郎：Crips のメンバーが対抗集団 Bloods のメンバーを呼ぶ軽蔑的表現．blob は「インクのしみ」の意味から俗語では軽蔑的な「能なしあほう，でぶ」などの意味で使う．

block *n.* ❶〔英刑務所俗〕懲罰房 (punishment block)
- *down the block* 〔英俗〕懲罰房に入れられて
❷〔麻薬俗〕ハシッシュ (hashish) またはマリファナ (marijuana) のかたまり

blood *n.* 〔黒人俗〕黒人男性：blood brother (同胞) から．

bloodbath *n.* 大量殺人，大虐殺

blood box *n.* 〔オーストラリア・米俗〕救急車 (ambulance) ⇨ blood wagon

blood bucket *n.* 〔米俗〕暴力沙汰の多いバー［酒場］：〔米俗〕bloody bucket, bucket of blood, tub of blood とも言う．

Blood in, blood out. 〔米暗黒街俗〕「殺(や)るか殺られるか」：血の掟(おきて)：刑務所やギャンググループに入るには誰かを殺さなくてはならない，そこから抜け出すには自分が殺されるしかないという法則．

Blood Island *n.* 〔米警察俗〕(イタリアの) シシリー (Sicily) 島
❑ マフィア (Mafia) の組織コーサ・ノストラ (La Cosa Nostra) が支配していた．

bloodman *n.* 〔米俗〕いつなんどき暴力をふるいかねない男

Bloods (the) *n.* 〔米〕ブラッズ：Los Angeles を拠点とし，全米に勢力を拡大したアフリカ系アメリカ人によるストリートギャング集団で，シンボルカラーは赤．対抗勢力 Crips の天敵であり，メンバーは crip killer と呼ばれる．⇨ Crips

blood spatter *n.* 血しぶき：犯罪現場などでの，血の飛び散った痕(あと)．

bloodstain *n.* 血痕(けつこん)

bloodsucker *n.* 〔口〕(人の物を搾取する)強欲非道なやつ，吸血鬼：一般には「吸血動物，ヒル」を指す呼び名．

bloodthirsty *a.* ❶残忍な，流血の状況を好む
❷(小説・映画など)殺傷場面の多い

blood wagon *n.* 〔俗〕救急車(ambulance)⇨ blood box

blotter *n.* ❶〔警察俗〕警察署にある逮捕記録
❷〔俗〕LSDを染み込ませた吸い取り紙：ばれにくく，郵便でも送れる．blotter cube とも言う．
❸〔英黒人俗〕麻薬の売人：shotte とも言う．

blow *n.* ❶〔麻薬俗〕コカイン(cocaine)を吸うこと
❷〔麻薬俗〕コカイン，マリファナ(marijuana)，ハシッシュ(hashish)，クラック(crack)(結晶状の高純度コカイン)
❏「コカインを吸う」ことの表現には，blow blue, blow coke, blow smoke, cork the air, do a line, hitch up the reindeers, go on a sleigh ride, horn, horning, one and one, pop, sniff, snort, sporting, toke and toot などがある．
— *v.* 〔麻薬俗〕麻薬を注射する，マリファナを吸う，クラックを吸う

blow away *v.* 射殺する

blown cover *v.* 〔警察俗〕おとり捜査(undercover)の正体がばれる：be blown cover のように受身形で使う．

blow-off *n.* 〔犯罪俗〕(信用詐欺で)詐欺の被害者が後になって詐欺にかかったと気づいた瞬間

blow someone's cover *v.* 〔俗〕…の秘密［正体］をばらす：身分・本名・仕事の本当の目的などについて公にする．自分の正体を明かすことに使うこともある．元来スパイや警察の俗語．pull someone's cover とも言う．

blow the whistle on *v.* 〔俗〕密告する，内部告発する：スポーツで，審判がホイッスルを吹いて選手の反則行為をやめさせることから．これを行う者は whistle-blower と呼ばれる．

blow up　*v.*　〔米俗〕ドラッグを売ってすばやく金を稼ぐ

blue　*n.*　❶〔俗〕警官, 警察

❷〔俗〕囚人

☐ いずれの意味も制服の色から. 米国 ABC 系の警察ドラマに *N. Y. P. D. Blue*(『NYPD ブルー』)があった(1993-2005 年放映). NYPD(New York 市警)の 15 分署が舞台.

blue boy　*n.*　❶〔俗〕警官, パトカー：boy blue とも言う.

❷〔麻薬俗〕アンフェタミン錠

☐ いずれも, その色から.

blue dot　*n.*　〔麻薬俗〕青点：小さな紙[吸い取り紙]に青い LSD 液を丸く染みこませたもの.

blue flu　*n.*　〔米警察俗〕(警官の)病気スト(sick-out)：インフルエンザ(the flu)を口実にした非公式で個人的な欠勤ストライキ. 文字通りは「警官風邪」.

blue light　*n.*　❶〔俗〕パトカー：屋根の上の青色警告標識灯から.

❷〔米俗〕警官

blue room　*n.*　❶〔米暗黒街俗〕懲罰房

❷〔オーストラリア俗〕警察署の取調室

☐ いずれも気分が落ち込む場所であるところから.

blues　*n.*　❶〔俗〕警察

❷〔米刑務所俗〕受刑者の制服

❸ アンフェタミン(amphetamine)

❹〔オーストラリア刑務所俗〕刑務官

☐ すべて色から.

blue sky　*n.*　〔米麻薬俗〕ヘロイン(heroin)：青空のイメージ, 夢心地になるところから.

blue wall (of silence)　*n.*　〔警察俗〕警察が結束して, 自分たちの違法あるいは不適切な行為を隠すこと：blue curtain とも言う.

☐ 警察内部の不正がはびこっていた米国で, 1960 年代, NYPD(New York 市警)の内部告発をした Frank Serpico(フランク・セルピコ)(1936-)は Knapp Commission Hearing on Corruption(汚職に関するナップ委員会公聴会)で同僚警官の腐敗を証言した

ことが有名で，映画にも描かれた．

bluff *n.* （ポーカーで）ブラフ：（自分の手はさほど良くないのに）はったりで思い切り高く賭けること．相下が勝てそうにないと思って勝負を諦めるのが狙い．

── *v.* ❶（ポーカーで）ブラフをする

❷ブラフをして相手を勝負から下ろす

blunt *n.* ❶〔麻薬俗〕葉巻の中身を出して代わりにマリファナを詰めたもの：葉巻の商品名 Phillies Blunt の名前の一部から．Philly blunt とも言う．

❷〔麻薬俗〕カプセル入りの麻薬：セコナール（Seconal）や，その他の黒いカプセル入りのバルビツール剤．

❸〔麻薬俗〕皮下注射器の針

blunt-force trauma *n.* 鈍器創傷：略 BFT．⇨ blunt trauma, sharp force injury

blunt instrument *n.* 鈍器：警察用語．blunt weapon とも言う．

❑ Roald Dahl（ロアルド・ダール）(1916-90) の短編小説 *Lamb to the Slaughter*（『羊の殺戮(さつりく?)』）に「冷凍した子羊の脚（a frozen leg of lamb）が鈍器として使われた例がある．

blunt trauma *n.* 鈍器創傷：鈍器（blunt instrument）で殴られたことによる創傷［外傷］．

BNDD *n.* 麻薬取締局：Bureau of Narcotics and Dangerous Drugs の略．米国司法省の一局の旧称．現在は DEA．⇨ DEA

bo *n.* 〔米麻薬俗〕ボウ：コロンビア産のマリファナ（marijuana）．Columbo の短縮．

boarding house deceiver *n.* 〔犯罪俗〕宿屋だまし：詐欺師がホテルの宿泊料を踏み倒して逃げる際に，まだ部屋にいるかのように装うために置いておく安物で空っぽのスーツケース．

bobby *n.* ❶〔俗〕英国・オーストラリアの警官：ときには米国の警官についても使う．

❷〔オーストラリア刑務所俗〕刑務官

❑ Bobby は，英国の政治家・首相 Sir Robert Peel（サー・ロバート・ピール）(1788-1850) の愛称．内務大臣として警察制度を整備

し，ロンドン警察を設立したことから．

bobo *n.* ❶〔麻薬俗〕ボウボウ：マリファナ(marijuana)．bobo bush の略．
❷〔米刑務所俗〕刑務所内で製造されたズック靴

body *n.* ❶死体；遺体(dead body)：通例人間の，ときに動物にも言う．⇨ corpse
❷〔英暗黒街俗〕容疑者
❸〔米俗〕(セックスの対象としての)女
❹〔米俗〕セックス；性交

body armor *n.* 防弾チョッキ⇨ bulletproof

body bag *n.* 遺体収納袋：戦場あるいは事故・犯罪現場からの遺体の搬送に用いる．

bodybag *v.* (戦場あるいは事故・犯罪現場で)遺体収容袋(body bag)に(遺体を)入れる

body bunker *n.* 防弾盾：ballistic shield のことで，body shield とも言う．これを持っている警官を bunker man と呼ぶ．

body cavity search *n.* 〔警察俗〕体腔検査：麻薬や盗んだ宝石などを隠し持っていないか，口の中・肛門・膣など体腔(body cavity)のあらゆる隠し場所を徹底検査すること．

Body Farm〘the〙 *n.* ボディー・ファーム；死体農場：1971年に米国の法人類学者(forensic anthropologist)である William M. Bass(ウィリアム・M・バス)博士が Tennessee 州 Knoxville に設立した死体の腐敗(decomposition)を研究する施設．正式名称は The University of Tennessee Forensic Anthropology Center．
❑ 類似の施設は Western Carolina University (North Carolina 州)にもある．

body fluid *n.* 体液：血液・リンパ液・唾液・糞尿・唾液・精液・膣液など．

body identification *n.* (警察などによる)死体確認：遺体の身元確認．

body-pack *n.* ❶〔俗〕ボディーパック：薄いゴムの袋[コンドームなど]に詰めた麻薬を飲み込む・肛門内[膣内]に押し込むなど，身体内部に麻薬を隠して密輸する方法．日本の税関では「飲み込

み」と呼ばれる. ⇨ bag

❷〔警察俗〕死体セット：3体以上の死体.

body-search *v.* (警察などが)ボディーチェック を行う

body snatcher *n.* ❶死体泥棒：body snatching をする者.

❷〔米俗〕遺体を回収し, 死体安置所(morgue)まで運ぶその施設の従業員

body snatching *n.* 死体泥棒：墓をあばいて死体を盗むこと. かつては解剖用に密かに売った.

body trip *n.* 〔麻薬俗〕肉体トリップ：ヘロイン(heroin)などを使用した後の体調変化状態.

boiler room *n.* 〔米俗〕ボイラールーム；騒々しい部屋：たとえば, 違法ノミ行為・証券[不動産]詐欺・信用詐欺・詐欺的勧誘・借金取り立て・架空の寄付の要請などの内容で集中的に電話をかける部屋. 特に 電話によるもぐり証券ブローカーの営業所. boiler shop とも言う.

boiler room fraud *n.* ボイラールーム詐欺：boiler room と呼ばれる部屋から集中的に電話をかけ, 寄付・投資・購入などを持ちかける詐欺. ⇨ boiler room

boiler shop *n.* ⇨ boiler room

BOLO; bolo *n.* 〔米警察俗〕ボロ：be on the lookout の頭文字語. 全部署緊急連絡, 広域指名手配の意, APB(all points bulletin) または citywide(全市手配)とも言う.

bolt-action *a.* (ライフル銃が)手で操作する遊底(bolt)を備えた：オートマティック(automatic)に対する.

bomb blanket *n.* ⇨ ballistic blanket

bomb dog *n.* 爆発物探知犬：explosive detector dog とも言う. 麻薬探知犬は drug dog. これらの探知犬は detection dog や sniffer dog などと呼ばれる.

bomber *n.* 〔麻薬俗〕ボマー：非常に大きくて強力な大麻, バルビツール剤またはアンフェタミン系の麻薬. 原義は「爆撃機」.

bombita *n.* ❶〔麻薬俗〕アンフェタミン(amphetamine)

❷〔麻薬俗〕コカイン(cocaine)とヘロイン(heroin)の混合物

❸〔麻薬俗〕メタンフェタミン(methamphetamine)

❑ bombita はスペイン語で「小さな爆弾」の意味．bombito, bombita, bombido などとも言う．

Bombs 'R' Us *n.* 〔米警察俗〕ボムザラス：爆弾処理班が使う言い方で「電子部品店」のこと．爆弾に使う電子部品はほとんどこの種の店（米国では電化製品ディスカウント店の Radio Shack など）で入手可能．玩具店の Toys "R" Us（トイザらス）をまねた表現で「爆弾はお任せ店」といった言い方．

bonaroos *n.* 〔米刑務所俗〕一張羅；晴れ着
—— *a.* 〔米刑務所俗〕一流の；一級の（excellent, first-rate）：Louisiana 州のケージャン語（Cajun）で，フランス語の bom ('good') から．

bond *n.* （借用）証書
- *bail bond* 保釈保証証書《保釈金の支払いの代わりに，米国では決められた日に出廷しなかった場合には保釈金を支払う旨の証書（bond）を提出するだけでよい．仮釈放される容疑者や関係者に代わってこの保証書を提出する業者を bail bondsman と言う．》

bone out *v.* 〔米黒人俗〕急いで立ち去る：ヤバい状況などから．

bones *n.* ❶〔米刑務所俗〕ギャングの入れ墨
❷〔俗〕さいころ（dice）
- *roll the bones* 賭博をする

boneyard *n.* 〔米刑務所俗〕（家族または配偶者が訪ねてくる）面会室

boob *n.* 〔英・オーストラリア俗〕刑務所：〔俗〕booby hatch（精神科病院）の短縮から．
❑〔俗〕では「墓地」を指す．

boogie *v.* 〔俗〕急いで立ち去る；行く：to pitch a boogie-woogie〔米黒人俗〕「大騒ぎをする」（boogie-woogie は音楽のブギウギ）から派生した言い方．

book *n.* ❶〔俗〕私設馬券屋［ノミ屋］業務（bookmaking operation）：闇で競馬などの賭けを引き受けて配当金を支払う；賭け元業
- *make a book* （競馬などの）賭け元をする
❷ (the) 基準（法）；規範

- *by the book* 〔警官俗〕(警官が)業務を規定手順や原則に従ってきちんとこなす ⇨ clean cop

    ❑ 米国 CBS が 1968-80 年に放映した警察ドラマ *Hawaii Five-O*(『ハワイ 5 − O(ファイブオー)』)はもと海軍士官 Steve McGarrett(スティーブ・マクギャレット)が率いる特別捜査班の活躍を描くが,同僚刑事 Dan に向かって "Book 'em, Danno."(「よし,やつらを捕まえろ,ダノ」)と所内に貼ってある手配写真を見て言う台詞が有名になった.

    ❸〔警察俗〕(地方[地区]警察本署の)業務日誌

    ❹ ((the))〔米俗〕終身刑:本(book) 1 冊を与えられて牢獄にほったらかしにされるというイメージから,終身刑で服役中の者を bookman と呼ぶ.

    ❺ 懲役 1 年(の刑)

    ❻〔俗〕最高刑

    ── *v.* ❶〔ストリートギャング俗〕(急いで)立ち去る;逃げる

    ❷〔警察俗〕逮捕する(arrest);しょっぴく;告発する

- *Book him.* ヤツを逮捕しろ

    ❸〔警察俗〕警察の記録に載せる

- *She was booked for shoplifting.* 彼女は万引きの罪名で警察の記録に載せられた

bookie; booky *n.* 〔俗〕(競馬などの)ノミ屋:bookmaker とも言う.

boost *v.* 〔米暗黒街俗〕盗む:特に,車を盗む;万引きする(shoplift)

── *n.* ❶〔米暗黒街・警察俗〕盗み:特に,自動車泥棒(car theft);万引き

❷〔米暗黒街・警察俗〕盗難車両

boost and shoot *v.* 〔麻薬俗〕麻薬を打ち続けるために盗みをはたらく:麻薬常用者が麻薬購入費用を得るために盗みをはたらき,その金で麻薬を買って打つ.

    ❑ 文字通りは「盗んで(麻薬を)打って」.

booster *n.* ❶〔俗〕泥棒;窃盗犯

❷〔米暗黒街俗〕(特に大がかりなプロの手口を使う)万引き犯;車の窃盗犯

booster bloomers *n.* 〔警察俗〕万引きブルマー：盗んだ品物を中に入れて隠して店から持ち出しても怪しまれないように大きめに仕立て直した女性用ブルマー. booting bloomers とも言う. ⇨ booster box, booster skirts

booster box *n.* 〔俗〕万引き箱：万引き犯（booster）が警備員などに気づかれないように商品を盗むときに使用する箱. 通例, 靴の箱ほどの大きさで, 片側（人目に付かない・監視カメラに写らない側）が開けられたり, 内側に対象物をはさんで保持する仕掛けがついていたり, 盗難防止装置の電波を避けられるように内側にアルミフォイルを貼ったりするなどの細工をする.

booster skirts *n.* 〔警察俗〕万引きスカート：盗んだ品物を中に入れて隠して店から持ち出しても怪しまれないようにゆったりと仕立て直したスカート. ⇨ booster bloomers, booster box

bootleg *n.* ❶ 密輸酒；密造酒
❷（音楽・映像ソフトウェアなどの）海賊盤[版]（ブート盤[版]）
—— *v.* ❶（酒などを）密輸する；密造・販売する
❷（音楽・映像ソフトウェアなどの）海賊盤[版]（ブート盤[版]）を作る
—— *a.* ❶（酒が）密輸された；密造された
❷ 違法に複製された
❏ かつて長靴の脚部に酒を入れたフラスク（flask）を隠して酒を密輸したことから.

bootlegger *n.* 酒類密輸者；密造酒製造者 ⇨ bootleg

boots *n.* 〔米警察俗〕新米警官：新しい靴を支給されるところから. new boot とも言う. 特に Texas 州 San Antonio 警察で使われる.

BOP *n.* (The Federal) Bureau of Prisons（連邦）刑務所局：U. S. Department of Justice の一部局. 犯罪者を刑務所や地域の類似施設に収容して社会の安全を守り, その刑務所等の施設が安全・厳重で人に優しくコスト効率がよく犯罪者の更正に必要な機会を与え得ることを目指す. 1930 年, 当時 11 の連邦刑務所を対象に設立. 現在は約 21 万人の受刑者を対象としている.

bopper *n.* 〔米俗〕ギャングの戦闘員（gang fighter）：武器をぶっぱなして闘う（bop）者.

Borstal Prison *n.* 〔英〕ボーストル刑務所：現在名は HM Prison Rochester. 18-20 歳の男子犯罪者の収容施設 (Young Offenders Institution). 現在名の Rochester は, 英国 Kent 州の都市名. この近くにある村の名が Borstal. 英国内務省刑務局 (Her Majesty's Prison Service) の管轄.

boss *n.* ❶〔米刑務所俗〕看守

❷〔俗〕犯罪の首謀者

❸〔米警察俗〕ボス：警察組織における自分よりも階級が上の上司を指す語.

bottle *n.* ❶〔米麻薬俗〕クラック (crack)（結晶状の高純度コカイン）を入れる小さなボトル：売人のブランドを示すために色付きの栓が使われるなどの細工をしてある.

❷〔俗〕アンフェタミン（を入れる小さなボトル）

bottle baby *n.* 〔俗〕アルコール依存症のホームレス；大酒飲み

❑ 原義は「哺乳瓶育ちの赤ん坊」の意. アルコールの影響で知能年齢も赤ん坊並みになったというもの.

bounce *n.* 〔米刑務所俗〕判決；刑

• *a manslaughter bounce* 故殺の判決

bouncer *n.* 〔俗〕(コンサートホール・レストラン・ナイトクラブなどの) 用心棒

bounty hunter *n.* ❶〔警察俗〕重罪犯 (felon) を追う賞金稼ぎ目当ての一般人

❷〔警察俗〕逮捕数を稼ぐ警官：数を稼ぐあまり, いかがわしい逮捕事例もある.

❑ 文字通りは「賞金ハンター」.

bow and arrow squad *n.* 〔警察俗〕弓矢隊：火器［銃］の所持が認められていない警察の部署・部隊. その仕事を指して, 時に軽蔑的に使う.

bowl *n.* 〔麻薬俗〕アヘンを吸うパイプ；マリファナを吸うパイプ；クラックを吸うパイプ

box *n.* ❶〔米俗〕うそ発見器 (lie detector)

❷〔米〕(刑務所の) 独房：刑務所を指すこともある.

❸〔米刑務所俗〕(刑務所の) 懲罰房

❹〔米刑務所俗〕一定量のマリファナ(marijuana)：もとはマッチ箱一杯分．
❺〔米俗〕(警察の)取調室(interrogation room)
- *put...in the box* 〔米暗黒街俗〕…を殺害する《take... out of the box とも言う．》

box cutter *n.* カッターナイフ；カッター：段ボール箱や箱に封をしたテープなどを切るのに適した薄刃のナイフ．主に日本で開発された，刃を折って使う物を言う．総称は utility knife．
❑ 日常生活道具としてポピュラーだが，2001年9月11日の同時多発テロ事件でこのナイフが武器として使用された形跡があるということで，その後は旅客機への持ち込みが禁止された．それまでは刃渡り4インチ未満の物は持ち込みが許されていた．危険物(hazardous materials)のガイドラインに抵触している一方で，売買商品と考えられていたので，持ち込み禁止対象になっていなかった．

boy *n.* 〔麻薬俗〕ヘロイン(heroin)
❑ 男性的なドラッグとしてのイメージから．

boys in blue *n.* 〔俗〕警察(the police)：制服の色から．bellies in blue, blokes in blue, boys blue, men in blue, gentlemen in blue とも言う．

breach *n.* 〔法〕(法律・約束・義務などの)違反；不履行；侵害；法律違反；違法(a breach of the law)

breach point *n.* 突入地点：SWAT(〔米〕特殊火器戦術部隊)が建物などに強行突入する際の入り口．人為的に作られる(壁の破壊など)場合も，もともとあった開口部(扉・窓など)を利用する場合もある．⇨ entry team

bread *n.* 〔俗〕金(かね)：複数形 breads でも同じ意味で使う．

bread slicing *n.* 〔警察俗〕パン切り：検死官が，死因の特定などの目的で，食パンを薄切りしたような状態に遺体の臓器を層状に切ること．

break *n.* 〔俗〕脱獄
- *make a break* (*for it*) 脱獄を企てる
— *v.* ❶〔米俗〕脱獄する ⇨ break out

❷〔米ストリートギャング俗〕立ち去る；走り去る
break an egg *v.* 〔ギャング俗〕殺(や)る ⇨ whack
breakdown *n.* ❶〔米黒人俗〕ショットガン：銃身(barrel)と銃床(stock)の間が broken になることから．
❷〔麻薬俗〕20ドル分の包みに分割できる40ドル分のクラック(crack)
break-in *n.* 犯罪目的での住居侵入
break out *v.* 〔米俗〕(刑務所から)脱走する ⇨ break
breech *n.* 銃尾；砲尾：銃弾・砲弾をこめる部分．
breecher *n.* 〔米警察俗〕(SWAT(〔米〕特殊火器戦術部隊)の中で)ドアを打ち破るメンバー：slammer とも言う．
breeching tool *n.* 〔米警察俗〕銃身を短く切り詰めたショットガン：SWAT(〔米〕特殊火器戦術部隊)が建物に侵入する際，ドアのちょうつがいを吹き飛ばすために使う．建物に侵入する際に使うその他の道具類をまとめて breeching tools とも呼ぶ．
bribe *n.* 〔法〕賄賂；袖の下
 • *offer* [*give*] *bribes*　贈賄する
 • *accept* [*take*] *bribes*　収賄する
 —— *v.* 買収する；賄賂で抱き込む；買収して…させる；贈賄する
 ❑ もともとはフランス語で，「物乞いに与えたパン」の意．
bribery *n.* 〔法〕贈収賄；贈賄；収賄；賄賂罪
brick *n.* ❶〔麻薬俗〕1キロのヘロイン(heroin)；モルヒネ(morphine)；マリファナ(marijuana)
❷〔麻薬俗〕1キロのヘロイン
❸〔米麻薬俗〕1キロのコカインまたはクラック(crack)
❹〔麻薬俗〕1グラムのヘロイン
❺〔米刑務所俗〕1カートンの紙巻きたばこ
❑ その形がレンガに似ていることから．
bricks *n.* 〔俗〕刑務所の外；シャバ
 • *hit the bricks*　〔米俗〕(特に出所して)シャバに出る
 • *on the bricks*　〔米俗〕出所後に街をぶらついて；〔麻薬俗〕ドラッグを手に入れようと街を歩き回って
bricks and mortar *n.* 〔俗〕レンガとモルタル工事：既存の拘

置所・刑務所施設を建て替え・増築または改装してさらに多くの容疑者・受刑者を収容しようとすること.

bridal suite *n.* ❶〔ニュージーランド刑務所俗〕2人用監房：同性愛を奨励しているように見えることから. 原義は「ホテルの新婚さん用の部屋」.
❷〔米俗〕(深夜残業または宿直者のための)仮眠室

brief *n.* ❶〔法〕訴訟事件摘要書；上訴趣意書；訴訟事件
❷〔英口〕(法廷)弁護士：または, 事務弁護士(solicitor).
── *v.* 〔法〕(弁護士に)訴訟事件摘要書による説明をする：事件の要領書を渡して事件の内容を教える；訴訟事件[弁護]を依頼する.

brig *n.* 〔俗〕刑務所；警察署：もとは〔米海軍俗〕からで, 艦内の営倉のことを指す語.

Broadway *n.* 〔米刑務所俗〕刑務所の一階：囚人が出入りする階で広いことから, 所内が混み合っているときに使用される.

Brodie; brodie; Brody *v.* 〔米俗〕(建物の屋上や橋の上などからしばしば自殺目的で)飛び降りる
❑ 1886年New YorkのBrooklyn Bridgeから飛び降りたが生命をとりとめたとされる, 23歳の酒場の経営者Steve Brodie(スティーブ・ブロディー)から. 200ドルの賭け金が目当てであった. この事件が評判になり, 後にその酒場は繁盛した.

broken *a.* 〔ギャング俗〕(組織のランクで)降等された；地位を下げられた；格下げになった

broom *n.* 〔米警察俗〕署内の清掃を進んで行い下働き的労働をもいとわない警官：一般の職場の場合にも使う. ときにbroom manとも言う.
❑ A new broom sweeps clean.(「新しいほうきはきれいに掃ける(新人はよく仕事をする)」)のことわざから.

brothel *n.* 売春宿

brown *n.* 〔麻薬俗〕(精製が不十分なため色付きの)ヘロイン(heroin)；ハシッシュ(hashish)；アンフェタミン：その色から.

brown bomber *n.* 〔オーストラリア俗〕駐車違反取締警官(parking inspector)：SydneyなどNew South Wales州で使われる言い方. 制服の色のbrownと,「ガタガタのぼろ車」を意味する

bomb から. ⇨ grey ghost, grey meanie

brownie *n.* ❶〔米俗〕交通警官(traffic cop)：薄茶色の制服を着ている.

❷〔米俗〕スピード違反取り締まりに使うレーダー

☐ 本来は，ココアやチョコレートを使った焼き菓子を指す語.

Browning *n.* 〔商標〕ブローニング：米国の銃器メーカー，そのブランド．ブローニング自動ピストル(Browning automatic pistol), ブローニング自動小銃(Browning automatic rifle) (BAR), ブローニング機関銃(Browning machine gun) などで知られる.

☐ 発音は正しくはブラウニングだが日本ではブローニングで通っている.

brown sugar *n.* 〔麻薬俗〕(純度の低い)ヘロイン(heroin)

bub *n..* 〔警察俗〕(警察車両の屋根の)警告標識灯：bubble とも言う.

bubble(-)gum machine *n.* 〔米俗〕パトカーの屋根の上の警告標識灯：bubble machine や，単に bubble とも言う.

☐ 原義は「風船ガム」で，ガムが膨らんだ形に似ていることから.

bubble light *n.* バブルライト；取付け式警告標識灯；赤灯(あかとう)：緊急時に覆面パトカーなどの警察車両の屋根に警官が車の中から腕を伸ばして取り付ける警告標識灯.

☐ 車の中から屋根に付けたり取り外したりする様子が，まるで「泡」が出来たかと思うと消える様に似ているところの連想からか.

buck *n.* 〔英俗〕若いギャング(〔英〕tearaway)：buckess とも言う.

☐〔米俗〕で使われていた語を英国の黒人の若者や不良(hooligan)が取りいれたもの.

bucket 《the》 *n.* 〔カナダ・米ギャング俗〕郡立刑務所(county prison)：〔押韻俗〕の bucket and pail の bucket から．

・*dropped in the bucket* 刑務所に入れられて ⇨ bucket and pail

bucket and pail *n.* 〔押韻俗〕刑務所：pail が jail と韻を踏んだだけのもので，もとの意味と関係はない．lard and pail, mop and pail とも言う. ⇨ bucket

bucket of blood *n.* ❶〔米俗〕無法酒場：米国 Montana 州に

あった酒場 Bucket of Blood から．酒とけんかがつき物の場所．
❷ 救急車 (ambulance)：blood bucket とも言う．

bucket shop *n.* ❶〔犯罪俗〕(株の) もぐり仲買店：インサイダー情報を流すなどと言ってカモから金を巻き上げる．

❷〔俗〕安い航空券を違法に売る旅行会社

❏ 元来の意味は「バケツを使って製造したいかがわしい酒を売るもぐり酒場」．

bucky *n.* 〔英黒人・西インド諸島俗〕(手製の) 銃：米国南部では男同士の親しい呼びかけ語として使われる．

bud *n.* 〔俗〕大麻；マリファナ (marijuana)：つぼみ (bud) を指した言い方から．

buddha monk *n.* 〔米黒人俗〕マリファナの常習者

buddha sticks *n.* 〔麻薬俗〕タイ産のマリファナ (marijuana)：小さな串焼き用の串に巻き付けて売られる．アジア産のため buddha (仏陀) が使われる．

bug *n.* ❶〔俗〕盗難警報機 (burglar alarm)

❷〔俗〕盗聴器

❸ (服などにしのばせる) 隠しマイク

❹〔俗〕隠しクリップ：トランプ賭博詐欺師が好機に使えるよう良いカードを隠し持っておくためにテーブルの下にしのばせておくカード留めクリップ．

❺〔麻薬俗〕コカイン中毒がもたらすかゆみ感

❻〔警察俗〕血も涙もないふるまいをする犯人

❼〔刑務所俗〕気が狂っているやつ：一般社会でもこの意味で用いられる．

❽〔カナダ・米刑務所俗〕手製のコーヒー用湯沸かし器

❾〔米刑務所俗〕けんか (fight)

── *v.* 〔俗〕盗聴器を仕掛ける；盗聴する

bugs *n.* 〔警察俗〕盗聴器類

❏ room transmitter (部屋の中に仕掛けるもの)，phone tap や wiretap, body bug (情報提供者や警官が身体に付けて相手と接触するときに使うもの)，bumper beeper や vehicle locater (ターゲットの車に強力な磁石で付けた発信器)，spike mike や thru-wall device (壁の穴に仕掛けるもの), laser shotgun bug (遠く離れた会話を盗聴できるもの) などを一括して呼ぶ言い方.

buildup *n.* 〔ギャング俗〕(詐欺などの)カモに仕立てる予備工作;(計画中の)犯罪の下準備

—— *v.* 〔ギャング俗〕予備［準備］工作をする：詐欺・強奪のカモとして狙いを付けている犠牲者に対し, あらかじめ好印象・信頼感・友達意識などを与えておくこと.

bull *n.* ❶〔俗〕警官：賄賂のきかない警官を fresh bull と呼ぶ.

❷〔米俗〕刑事：wise bull とも言う.

❸〔米刑務所俗〕看守：night bull とも言う.

bullet *n.* ❶ (ライフル・ピストルなどの)弾丸；銃弾

❑ 大砲の炸裂(さくれつ)する砲弾は shell, 散弾は shot と言う.

❷〔米刑務所俗〕1年の刑期

❸〔麻薬俗〕麻薬1カプセル：bullethead とも言う；〔米麻薬俗〕小売用に包んだヘロインひと包み

❹〔ニュージーランド麻薬俗〕アルミフォイルに包んだ1回分の大麻

bulletproof *v.* 防弾にする；弾丸が通らないようにする

—— *a.* 防弾の；防弾性のある：弾丸が貫通しない.

• *a bulletproof vest [jacket]* 防弾チョッキ

bullpen *n.* ❶〔俗〕収監房；内部が見える収監室：スチール製金網, または鉄棒で作られている.

❷〔米警察俗〕警察署［裁判所］内の犯人収監室

bully *n.* ポン引き (pimp)

bully club *n.* 〔米俗〕警棒 ⇨ bully stick

bully stick *n.* 〔米俗〕警棒

bumper beeper *n.* ⇨ bugs

bum rap *n.* 〔米俗〕いわれのない告発；不当な断罪：bum (でたらめの) + rap〔俗〕(犯罪告発) から.

bunboy *n.* 〔暗黒街俗〕暗黒街のボスに仕えるちんぴらのボディーガード：bun (尻) は, 彼らがホモであることが多いことから. butt buddy とも呼ぶ. 軽蔑的な言い方.

bunco *n.* 〔米暗黒街俗〕❶詐欺：bunko ともつづる.

❷〔米警察・暗黒街俗〕(警察の) 信用詐欺師摘発班：bunco squad,

bunco people とも言う．
— *v.* 〔米俗〕詐取する
　❏ スペイン起源のトランプ賭博を指すスペイン語の banca から．

bunco artist *n.*　〔米俗〕信用詐欺師（confidence trickster）：bunco boy とも言う．

bunker man *n.*　〔米警察俗〕防弾盾（body bunker）を持っている警官

bunkie *n.*　〔米刑務所俗〕同房者：bunkey, bunky とも言う．米国陸軍で bunkmate（隣の寝棚の兵士）の意味で使うことから．

bunko *n.*　⇨ bunco

burglar *n.*　〔法〕不法侵入者；侵入強盗犯；押し込み強盗
　❏ もと夜間の侵入犯についていったが，現在は昼夜の区別なくこの語を用いる．⇨ B and E

burglar alarm *n.*　（防犯用）侵入［盗難］警報器［機］；防犯ベル

burglary *n.*　〔法〕不法目的侵入（罪）；押し込み
　❏ burglary は，密かに侵入して盗む場合に言い，暴力・脅し・武器を伴う強盗行為は robbery と言う．広義には，窃盗などを目的とする他人の車両への侵入（しばしば鍵や窓の破壊を伴う）にも言う．〔英法〕では以前は「夜間」の行為に用いた．⇨ B and E, burglar

burn 〔俗〕
— *n.* 〔麻薬俗〕麻薬の代用品として売られているもの；低品質の［混ぜ物の多い］麻薬
— *v.* ❶〔俗〕だます（cheat）：特にトランプ賭博で．
❷〔麻薬俗〕二流品の麻薬を売りつける；買い手から代金を受け取って約束の品物を渡さないでずらかる；麻薬売買でだます ⇨ burned
❸〔米俗〕射殺する ⇨ whack
❹〔米俗〕電気椅子にかける（electrocute）
❺〔米刑務所俗〕困った状況に置かれる；つきが落ちる

burned *a.*　❶〔麻薬俗〕低品質［にせ］のドラッグをつかまされた ⇨ burn
❷〔米刑務所俗〕困った状況にある

burned out *a.*　〔麻薬俗〕静脈が注射針の刺しすぎでつぶれた：

burned up, burnt out とも言う.

burner *n.* ❶〔米黒人・ティーンエージャー俗〕違法使用されている携帯電話

❷〔米黒人俗〕ピストル

❸〔米刑務所俗〕ナイフ

burn patterns *n.* 燃焼パターン:放火によるものかどうかを確定するために燃焼状況を調べ,燃焼促進剤(accelerant)が使用されたかどうかを確認する.

bus *n.* 〔米俗〕救急車(ambulance)

bush *n.* 〔麻薬俗〕マリファナ(marijuana);〔俗〕コカイン(cocaine)

bushboy *n.* 〔俗〕新入りの若くてあどけない囚人

☐ 原義は,南部アフリカの種族ブッシュマン(Bushman)のこと.

bush gang *n.* 〔刑務所俗〕草刈りなどの構外作業をさせられる服役囚の集団

bush parole *n.* 〔米刑務所俗〕脱獄

business end *n.* 〔俗〕道具・武器の重要機能部分

・*the business end of a rifle* 〔俗〕ライフルの銃口

☐ より広義の意味は「危険な[最も大切な]部分」.

bus ride *n.* 〔米刑務所俗〕バスツアー:(容疑者・被告の)出廷.バスに乗って護送されることから.

bust *n.* ❶〔俗〕逮捕(arrest)

❷〔俗〕(警察の)急襲

— *v.* ❶〔俗〕(特に麻薬容疑で)逮捕する

❷〔俗〕(警察が容疑の場所を)急襲する

❸〔俗〕密告する

bust a cap *v.* 〔米俗〕発砲する

bust balls *v.* 〔俗〕(人を)容赦なく挑発する:balls は「睾丸(こうがん)」のこと.

busted *a.* 〔俗〕(麻薬の容疑で)逮捕された

buster *n.* ❶〔ストリートギャング俗〕ギャングのメンバーになりたがっている若いやつ

❷〔カナダ俗〕万引き犯

bus therapy *n.* 〔米刑務所俗〕バス療法:囚人を家族や担当弁護士

から引き離すために別の施設へ移送すること．グレイハウンドタイプのバスで，窓は黒く遮蔽(しゃへい)されて鉄格子がはまっている．通例長距離の移送で，囚人は手錠を掛けられたままバスのトイレを使うが，食事は与えられない．囚人からは con-air, dog buses, diesel therapy などとも呼ばれる．

bust-out *n.* 〔米俗〕脱獄

butt *n.* （銃床の）床尾

button *n.* ❶〔俗〕警官：制服のボタン列から．buttons とも言う．
❷〔麻薬俗〕メスカリン(mescaline)；ペヨーテ(peyote)：peyote buttons の略．

button *n.* ❶〔警察俗〕警官のバッジ［エンブレム・盾形記章］：1920年代から Chicago などで．他の地域では tin と呼んでいる．New York では potsy．
□ put the button on him は(Chicago 流の言い方で) 'flash the tin'((バッジを見せて)警官であるという身分を証明する)と同じこと．Chicago などでは警官を button man とも呼ぶ．⇨ button
❷〔米刑務所俗〕見張り
❸〔米暗黒街俗〕アメリカマフィア(US Mafia)ファミリーの一員［地位］⇨ button man
── *v.* 〔米刑務所俗〕見張りを続ける

button man *n.* 〔米俗〕(アメリカマフィア(US Mafia)などの)下級構成員：button guy, button player, button soldier とも言う．

buttslam bar *n.* 〔警察俗〕ホモ専用バー：fudge packer bar とも言う．

buy *n.* ❶〔麻薬俗〕麻薬購入
❷〔麻薬俗〕麻薬購入に必要な大金

buy-bust *n.* 〔米警察俗〕麻薬のおとり捜査で麻薬を買ってその場で相手を逮捕(bust)すること：buy-and-bust (operation) とも言う．動詞の形は buy and bust．

buy-down *n.* 〔米俗〕(刑期を短くしてもらうことを条件に)犯罪者が(非合法的手に入れていた)不動産を裁判所などに買い上げてもらうこと
□ 本来の意味は「金利買下げ，バイダウン」で，高金利時などに売

主側が金利を下げたり肩代わりしたりすること．物件の販売促進のために行う．

buzz *n.* ❶〔ティーンエージャー俗〕パトカー
❷〔俗〕ドラッグをやった直後の高揚
—— *v.* ❶〔警察・暗黒街俗〕尋問する；職務質問をする
❷〔警察俗〕(非番のときでも)バッジをちらつかせる：商業施設にただで入場したり，無銭飲食をしたりする．

buzzed driving *n.* 〔米〕ほろ酔い運転
❑ 飲酒運転(drunk driving, impaired driving)に当てはまるもので，"Buzzed Driving is Drunk Driving"(ほろ酔い運転は飲酒運転です)と警告キャンペーンがなされる．米国では感謝祭の日から新年にかけてこの「ほろ酔い運転」による自動車事故が最も深刻になる．

buzzer *n.* 〔米俗〕警官や私立探偵のバッジ：このことから「警官」や「私立探偵」の意味でも使う．

bylaw; byelaw *n.* 〔法〕内規：社則・会則など；(法人の)通常定款；〔英〕(地方自治体の)条例

by-the-hour-motel *n.* 〔俗〕時間ぎめ利用提供のモーテル：売春婦とその客に1時間いくらの料金で場所を提供するモーテル．hot sheet motel とも言う．

by the numbers *adv.* 〔米俗〕(一般にも使われるが，警察の)捜査・逮捕・報告などを(途中の工程をはしょったりせず)きちんと正確に(precisely, correctly)行う

Cc

C *n.* 〔麻薬俗〕コカイン：cocaine の頭文字から．

cabal *n.* ❶(権力などに反対する少人数の)陰謀団；秘密結社
❷(陰謀団の画策による)陰謀；策動
── *v.* 陰謀を企てる(conspire)

caballer *n.* (権力などに反対する)陰謀者 ⇨ cabal

caballo *n.* ❶〔米麻薬俗〕ヘロイン(heroin)
❷〔米刑務所俗〕刑務所内にこっそり麻薬を持ち込むやつ
□ caballo は，スペイン語で「馬」の意．

cabin *v.* (小屋 など狭い所に)閉じ込める；幽閉する

cache *n.* ❶(隠してある)貴重品
❷(貴重品・盗品などの)隠し場所；安全な貯蔵所
── *v.* 隠しておく

cad *n.* 〔米麻薬俗〕1 オンス(28 グラム)の麻薬：Cadillac の略． ⇨ Cadillac

cadaver *n.* (解剖用の)死体：ラテン語から．

cadaver cadet *n.* 〔米俗〕死体愛好者(necrophile)

cadaver dog *n.* 〔米警察俗〕死体捜査犬；死体探索能力がある警官

Cadillac *n.* ❶〔米刑務所俗〕クリームと砂糖が入ったコーヒー
❷〔米刑務所俗〕空部屋になっている独房
❸〔米刑務所俗〕(所内での)簡単な労役
❹〔米刑務所俗〕超高級品
❺〔米刑務所俗〕(紙巻きたばこの銘柄で)キャメル(Camel)；マルボロ(Marlboro)：囚人が一般に吸っている安物たばこより高価だから．
❻〔米刑務所俗〕(独房から独房へとたばこなどの品物をやり取りす

るために使う「輸送」方法としての)**輸送ひも**：シーツを細く裂いたものをつなぎ合わせて長いひも状にし，一方にペーパーバック(本)を重りにして品物をくくりつけ，相手の独房に投げる．ひもは手繰り寄せて回収する．単に car とも言う．

❼〔米刑務所俗〕1 オンス(28 グラム)の麻薬

Cadillac bunk *n.* 〔米刑務所俗〕**キャディラック・寝台**：二段ベッドが普通である刑務所内の一人用ベッド．

cage *n.* ❶〔米刑務所俗〕**一時的な待合区域**：刑務所内に入る前や医療施設や法廷から戻りの際に一時的に待機している，鉄格子が入ったりメッシュ網が張られている場所．

❷〔米暗黒街俗〕独房；懲罰房

cahoots *n.* 〔俗〕共謀；結託
- *go into cahoots with...* …と共謀する
- *in cahoots with...* …と共謀して；グルになって

□ cahoot は，おそらくフランス語の cahute(小屋)から，「ひとつ屋根の下で暮らす」という連想とみられる．

calaboose *n.* 〔俗〕刑務所；留置場

── *v.* 〔米俗〕刑務所にぶち込む

□ スペイン語の calabozo(地下牢)から．

calendar *n.* ❶〔米法〕**訴訟事件表**：正式事実審理予定案件の一覧表．trial docket, あるいは単に docket とも言う．

❷〔米刑務所俗〕(刑務所内で過ごす) 1 年
- *I've been here five calendars.* ここに 5 年入っている

caliber *n.* (銃の)口径；弾径(弾丸の直径)：通例インチを 100 分した小数の形で表す．略 cal.
- *a .45-caliber revolver* 45 口径のリボルバー
- *an automatic pistol of small caliber* 小口径の自動拳銃

California sunshine *n.* 〔米麻薬俗〕LSD：〔英〕では California sunrise.

call *n.* 〔米麻薬俗〕(麻薬を注射してすぐに現れる) 効き目

□ call が持つ「神のお召し」(a summons to a higher spirituality) の意味と，麻薬を打って天にも昇るハイな気分になることを掛けたもの．

call box *n.* コールボックス：街頭・ハイウェー・地下鉄などにある警察や消防に連絡するための非常用電話(ボックス).

call-out *n.* 〔米刑務所俗〕**面接呼び出し**：刑務所内での医者・歯科医・心理学者からの呼び出し, 仕事の割り当てなどのための呼び出し.

camel stop *n.* 〔米警察俗〕キャメルストップ：無認可タクシーのたまり場. 駐車禁止(no parking)・停車禁止(no standing)場所によく車を停めて客待ちをする. NYPD(New York 市警)のことば.

can *n.* ❶〔俗〕(警察署内の)留置場；刑務所
❷〔米暗黒街俗〕金庫
❸〔麻薬俗〕1オンス(28グラム)のマリファナ[モルヒネ]；〔オーストラリア麻薬俗〕注射1回分の容器入りモルヒネ
── *v.* 〔米俗〕刑務所に入れる

canary *n.* ❶〔英・米・南アフリカ暗黒街俗〕情報提供者(informer)：〔英暗黒街俗〕では nightingale とも言う.
❷〔米警察俗〕人質：SWAT(〔米〕特殊火器戦術部隊)で使う語. eagle (同僚の警官), crow (人質を取っている犯人), parrot (身元不確かな人物)もある.
❸〔米・オーストラリア・南アフリカ俗〕囚人：囚人服が黄色であるところから.
── *v.* 〔俗〕自白する

cancel out *v.* 〔米俗〕殺害する

cancel someone's ticket *v.* 〔米俗〕(人を)殺害する；射殺する；暗殺する

C and H *n.* 〔米黒人俗〕コカイン(cocaine)とヘロイン(heroin)の混合薬：頭文字から.

C and M *n.* 〔麻薬俗〕コカイン(cocaine)とモルヒネ(morphine)の混合薬：頭文字から.

candy *n.* ❶〔俗〕安物の宝飾品(jewelry)
❷〔米麻薬俗〕コカイン(cocaine)；ヘロイン(heroin)；クラック(crack)(結晶状の高純度コカイン)

candy cane *n.* 〔米黒人俗〕コカイン(cocaine)
❑ cocaine の意味の candy と, candy cane(ステッキ型のクリスマ

スのキャンディーで紅白縞模様が一般的)との言葉遊び．

candy-flip *v.* 〔米麻薬俗〕LSDとMDMAを混ぜて，あるいは交互に使う

candyman *n.* ❶〔麻薬俗〕麻薬の売人 (pusher)
❷〔米黒人俗〕ポン引き (pimp)

can house *n.* 〔米俗〕売春宿：主に Chicago で使う．can は〔俗〕「けつ (ass)」のこと．

cannabis *n.* カンナビス：大麻の雌しべを乾燥させたもの，また大麻由来の麻薬系薬物の総称．

canned *a.* 〔米俗〕収監された

cannon *n.* ❶〔米警察俗〕スリ犯 (pickpocket)；スリ (⇨ stall)：狙った相手に 'cannon into'(「大砲を撃ち込む」) ことから「ぶつかる」の意のイメージ．
• *on the cannon* 現役のスリである
❷〔米俗〕(大型の) 銃

cannon-coppers *n.* 〔米警察俗〕スリ取締班

cannon mob *n.* 〔米俗〕スリの集団：cannon gang とも呼ぶ．⇨ cannon

canvas *n.* 〔米暗黒街俗〕拘束服 (strait-jacket)：凶暴な囚人の自由を拘束できるキャンバス製の上着．
• *on canvas* 〔英俗〕独房に入れられて《独房の囚人にはキャンバスのマットレスと，キャンバスの上着しか支給されないことから．》

canvass *n.* 〔米警察俗〕聞き込み (捜査)
• *do [play] the canvass (of...)* (…の) 聞き込みをする
— *v.* 〔米警察俗〕(犯行現場・その付近一帯で) 聞き込み (捜査) をする
❏ 刑事には "Get off your ass and knock on doors."(「ぐずぐずしないで，ケツを上げてドアというドアをすべてノックして聞き込みをしろ」) が鉄則．頭文字を取って goyakod (ゴイヤコッド) と略す．

cap *n.* ❶〔米俗〕弾丸；発砲
❷〔米暗黒街俗〕(カモを) 信用詐欺に引っ掛けること
❸〔麻薬俗〕カプセル入りの麻薬

❹〔米刑務所俗〕キャップ１杯のマリファナ：たとえば ChapStick（薬用リップスティックの商標名）のふたの量.
── *v.* ❶〔俗〕発砲する；撃ち殺す
❷〔米学生俗〕顔をこぶしで殴る
❸〔麻薬俗〕(販売用に粉状の) 麻薬をカプセルに詰める：cap up とも言う．

cap a hooker *v.* 〔米警察俗〕(ポン引きが) 売春婦を自分の下で働かせる：cap は capture の略．

caper *n.* 〔米俗〕犯罪；組織的犯罪：特に詐欺や窃盗．
── *v.* 〔米俗〕罪を犯す：特に詐欺や窃盗．

capital punishment *n.* 死刑；極刑 ⇨ capun

capo *n.* ❶〔米暗黒街俗〕マフィア (Mafia) の上層部メンバー
❷〔英暗黒街俗〕ギャングの上層部メンバー
☐ イタリア語の caporegime から．

captain's man *n.* 〔米警察俗〕上司の警部 (captain) のために犯罪者から袖の下を巻き上げて渡す警官

Captain's mole *n.* 〔米警察俗〕班の仲間の警官を監視し，警部 (captain) に報告する役目の警官
☐ mole は「モグラ」(「スパイ」の意味あり)．

capture *n.* 〔英暗黒街俗〕逮捕；留置
• *get a capture* 逮捕留置される
── *v.* 〔英暗黒街俗〕逮捕する

capun *n.* 〔米刑務所俗〕死刑；死刑判決を受けた囚人：capital punishment の略．「キャッパン」と発音する．

car *n.* ❶〔米刑務所俗〕同乗者仲間グループ：金儲け仕事を協力してやったり，他の受刑者たちを一緒に支配したり，所内を共に仕切ったりする者．
☐〔米刑務所俗〕で in the car は「(所内で) 仲がよい」，out of the car は「(所内で) 仲が悪い」の意味．
• *drive the car* (囚人が) 少数の友人グループのために一日分だけのマリファナを買う ((交代でこの役目を果たし，当日この役目でない者は hitch-hiking していると言う.))
❷〔米刑務所俗〕麻薬を共同で隠し持っている受刑者グループ

car banger *n.* 〔米〕車上荒らし犯

car booster *n.* 〔米警察俗〕車上荒らし

carcass *n.* 〔俗〕人の死体:軽蔑的な言い方.〔英〕では carcase. ⇨ corpse

card *n.* (トランプの)カード;ファイルカード

• *play [keep, hold] one's cards close to one's [the] chest = play one's cards close to one's [the] vest* 〔口〕秘密にしておく;隠し立てする;自分の手の内を明かさない
❏ カードプレーヤーが手の内を人に見せないようにする仕草から. 20世紀半ばから使われはじめた. Agatha Christie(アガサ・クリスティー) (1890-1976) の作品 *Pale Horse*(『蒼ざめた馬』) (1961) にも出てくる.

• *pull someone's card* 〔米刑務所俗〕他の囚人についての事実〔情報〕を知ってしまう《他の囚人の記録ファイルカード(以前の記録方法,現在はコンピュータに保存)を見ること.》

cardboard city *n.* 〔英刑務所俗〕(刑務所内の)隔離棟:独房内の備品が段ボール紙(cardboard)製であることから.〔英俗〕では「ホームレスがたむろする地域の段ボール箱のねぐら」.

card mechanic *n.* 〔俗〕カードゲームで客をだますプロの詐欺師

card shark *n.* 〔俗〕いかさまトランプ賭博師 ⇨ card sharp

card sharp *n.* 〔俗〕いかさまトランプ詐欺師:card sharper とも言う.

card sharping *n.* 〔俗〕いかさまトランプ詐欺

card surfing *n.* 〔米犯罪俗〕現金自動預け払い機(ATM)を使用している人の肩越しにキーパッドに打たれる番号を盗み見すること:その結果,使用者の知らぬままにカードが悪用され,預金が引き出される. shoulder surfing と同じ.

carjacking *n.* 〔米俗〕カージャック犯罪
❏ 新車にはスマートキー(smart key)装備などがあって盗みにくいため,信号停車中に車に乗り込んで運転者を押し出して車を乗っ取るもの. 銃やナイフを突き付けて行うこともある. 都市型新犯罪. car-jack は「カージャックする」, car-jacker は「カージャック

犯」．

carnage *n.* （戦場などでの）**大量殺人**；**大量殺戮**(りく)

carpet muncher *n.* 〔警察俗〕**平身低頭し，ごますりをする容疑者**
　❏〔俗〕では，(1) レズ (lesbian)，(2) クンニリングスをするやつ (cunnilinguist)，の意味で使う．

carpet patrol *n.* 〔麻薬俗〕**クラック（crack）中毒者が床にこぼれ落ちたクラックを必死になって探すこと**：動詞としても使う．

carry-out rape *n.* 〔警察〕**誘拐暴行**：誘拐したのち暴行する犯罪．

car thief *n.* **自動車泥棒**

cartridge *n.* （銃の）**弾薬筒；薬莢**(やっきょう)；**(爆破用などの火薬を入れた）火薬筒**
　• *insert a live cartridge* 実砲を詰める
　❏「空砲」は a blank cartridge と言う．

cartwheels *n.* 〔麻薬俗〕**アンフェタミン（amphetamine）；ベンゼドリン（Benzedrine）**：丸く平たい錠剤で文字が刻まれている．

casa *n.* 〔刑務所俗〕**独房（cell）**：スペイン語で「家」の意．

case *n.* ❶（警察などの調査を要する犯罪や事故の）**事件**
　• *a murder-for-hire case* 委託殺人事件
　• *a serial murder case* 連続殺人事件
　• *The case went down.* 事件は解決した
　❷〔法〕**訴訟；訴訟事件；判例；事例**
　• *a criminal case* 刑事事件
　• *drop a case against...* …に対する訴訟を取り下げる
　── *v.* 〔俗〕（犯罪をはたらく前に現場の）**下見をする**
　• *case the joint* 〔俗〕（狙いをつけた家や店などの）下見をする

caseload *n.* 〔警察俗〕**担当犯罪者数**：保護観察中や仮釈放中などの管理を要する処分未決犯罪者の数．

caseload reduction *n.* 〔警察〕**担当犯罪者数削減**：処分未決犯罪者を減らす手段．alternative dispute resolution（裁判外紛争処理）もその対策の一つとされる．⇨ caseload

case manager *n.* 〔米刑務所俗〕**ケースマネージャー**：囚人の矯

正状況報告書(Progress Report)を作成する刑務官.

cases and controversies *n.* 〔法〕事件及び争訟：この二つの語にあてはまる場合に限り連邦裁判所が司法権を行使するべき事件(「事件性の要件」を満たしている)と見なす.

cash register *n.* ⇨ duck pond

casualty *n.* ❶(事故による)死傷者
　❷被害者；被害を受けた物
　❸不慮の災難；災害
　・〔米・カナダ〕*casualty insurance*　災害保険《火災は含まない.》

cat burglar *n.* 〔米警察俗〕こそ泥：夜中に(上階の窓などから)押し入って家人が眠っている間に盗みを働く泥棒. sneak-thief や creeper とも呼ぶ. ⇨ climber

catch *v.* ❶〔米警察俗〕(刑事が)犯罪捜査を行う
　・*Who's catching?*　(刑事のことば)このヤマの担当は誰だ
　・*the Catching Bench*　事情聴取待ちベンチ《事件を訴えに来た人が待機して担当刑事と話ができるまで座って待っているところ.》
　❷〔米警察俗〕電話番をする；警察への苦情の聞き役をつとめる
　❑ "You catch 'em, you clean 'em."(〔警察俗〕「捕まえるならとことんまでやれ」). 警察内の格言的言い方. 犯人を逮捕するなら, その後の書類処理から負傷者の病院移送などすべてをやる覚悟でかかれということ.

catch car *n.* 〔米警察俗〕NYPD(New York 市警)の麻薬捜査班専用車輌(drug squad van)

catcher *n.* 〔犯罪俗〕暴行被害者

catching *n.* 〔米警察俗〕(勤務につく警官が, 捜査開始に先立って, 現場で聴取された被害者からの)聴き取り内容を検討する作業
　── *a.* 〔米警察俗〕(警官が)勤務中[任務遂行中]の；犯罪捜査中の ⇨ catch

cat fight *n.* 〔俗〕キャットファイト：女同士の激しいけんか. 派手で暴力をふるい合う. 警官仲間でよく使う言い方.

cattle-duffer *n.* 〔オーストラリア俗〕家畜泥棒

cause *n.* 〔法〕訴訟(事件)
　・*cause of action*　〔法〕訴訟の理由；訴因

cause célèbre *n.* 〔法〕(大きな議論を呼ぶ)有名裁判事件．(一般に)悪名高い事件

cause of death *n.* 死因；死亡原因 ⇨ NASH

cavalry *n.* 〔警察俗〕(緊急事態に派遣される)警察の増援部隊：西部劇で味方が危ないときに助けに来る騎兵隊から．
- 〔英俗〕*The cavalry are coming.* すぐに助けがやってくる

C. C. ❶〔米警察俗〕正された状況：condition corrected の頭文字．小文字で c. c. とも書く．
　❑ 麻薬の売人が殺害されたときの言い方で，殺害されて当然で「よい殺人」(good murder)という発想．一般人が殺害されたときは殺人(murder)である．
　❷〔麻薬俗〕(新しい固定客を勧誘するために配る)麻薬のお試し品：calling card の頭文字．代わりに与える．
　❸〔俗〕死刑判決を受け執行を待つ死刑囚：capital charge の頭文字．
　❹〔米刑務所俗〕同時執行の刑の宣告：concurrent sentences の頭文字．同一人が同時に複数の刑の宣告を受けること．
　❺〔米刑務所俗〕死刑囚監房：condemned cell の頭文字．

C. C. W. *n.* 〔米警察・暗黒街俗〕武器を隠して所持している：carrying a concealed weapon の略語．

cecil *n.* 〔米刑務所俗〕コカイン(cocaine)：頭文字 C で始まる男子名 Cecil(シーサルと読む)に偽装させたもの．

Cee *n.* 〔俗〕コカイン(cocaine)：頭文字 C の発音つづり．小文字で cee とも書く．

cell *n.* 〔米刑務所俗〕独房；(少人数の)監房

cellie *n.* 〔刑務所俗〕同房者：celly とも書く．cellmate, cell partner とも呼ぶ．bunkie, Bunkie, bunkey, bunky も同じ．

cement kimono *n.* 〔米暗黒街俗〕セメントキモノ：ギャングが死体を処理するのに樽などにセメント詰めにして水中に沈めるやり方．cement cowboy boots, cement overcoat, cement overshoes, cement suit などとも言う．
　❑ この kimono は日本語の「着物」から．被害者の足を無理やりにセメント入りバケツに入れることを footbath と言う．

censorship *n.* 検閲(制度)
- *press [film] censorship* 新聞[映画]検閲(制度)
- *government censorship of information* 政府による情報の検閲

census report *n.* 〔米刑務所俗〕収容囚人点呼:全米の刑務所では1日5回の点呼が実施され,特に午後4時に行われる点呼を指す.この結果は首都 Washington の連邦刑務所へ電話報告される.

Central Intelligence Agency 《the》 *n.* 中央情報局:米国の諜報機関.略 CIA. 1947年 National Security Act(国家安全保障法)により設置.

chain *n.* 〔米警察俗〕つながれた者たち:手錠でつながれて刑務所に入所してくる新規入所者グループを指す言い方.

chain of custody *n.* 〔法〕物証保管の継続性:証拠を提出する場合,その押収から提出まで継続して保管しておかなければならない.chain of evidence とも言う.
- *a chain of custody tag* 証拠物件類受け渡し札(ふだ)《保管されている証拠物件を別の保管先に受け渡す際に添付する認識票.》

chain referral scheme *n.* 無限連鎖講;ネズミ講:金銭を支払って販売組織の会員となり,自分の下に複数の会員を勧誘することにより利益を得る構図. pyramid scheme, Ponzi scheme(ポンジー式投資詐欺術)とも言う.

chalk *n.* ❶〔米犯罪俗〕家庭での密造酒[発酵果物ジュース(pruno)]
❷〔米麻薬俗〕メタンフェタミン(methamphetamine);ベンゼドリン(Benzedrine);メセドリン(Methedrine);コカイン(cocaine);クラック(crack)

chalk fairy *n.* 〔警察俗〕チョークをもった妖精:殺人事件などの犠牲者の周囲に白いチョークで輪郭線(chalk line)を描くことを早まってやりたがる警察関係者.鑑識が遺体の状況を確認するまでは現場には手を付けないのが捜査の原則なので,その前に線を描くことは現場を乱す行為であるとして捜査員はいやがる. ⇨ chalk line

chalk line *n.* 〔警察〕チョークライン;白墨線:殺人事件[遺体発

見，交通事故死〕現場で，犠牲者の位置・姿勢を示して残しておくために警察関係者が白墨で引く遺体の輪郭線．chalk outline とも言う．鑑識が到着して現場の撮影・計測・撮影・証拠検体採取・記録を行うまで，犠牲者は動かさず，輪郭線も引かないのが原則だが，何らかの理由でその前に移動する必要がある場合にのみ（心肺停止に至っておらずすみやかに病院に搬送する必要がある場合など），移動する直前にこの線を引く．チョークを内径線（遺体が地面に接している線）として，白色のテープやロープで外径線を示すこともある．線を引く行為が現場を乱すとしてそれをいやがる現場捜査員も多く，必ずしも常に事件現場で線が引かれるとは限らず，近年はむしろまれになっている．⇨ chalk fairy

chalk the site *v.* 〔米警察〕現場にチョークで印を付ける：現場の遺体の周辺にチョークでラインを引くこと．

challenge for cause *n.* 〔法〕理由付陪審員忌避：理由を示して（たとえば，人種的偏見の持ち主であるなど）特定の陪審員の忌避を申し立てること．

challenge to (the) array *n.* 〔法〕陪審員団忌避：陪審員選定の過程における瑕疵(かし)などを理由として陪審員団全体の質に疑念があると主張すること．

Chance Favors the Prepared Mind. 「幸運は備えある人に微笑む」：リスクの高い作戦を遂行する SWAT（〔米〕特殊火器戦術部隊）隊員の心構えを表す．
　❏ フランスの細菌学者 Louis Pasteur（ルイ・パスツール）(1822-95) の言葉の英訳 "Where observation is concerned, chance favors only the prepared mind."（「観察に関して言えば，備えの十分な人にだけ幸運は微笑む」）から．

chance-medley *n.* 〔法〕偶発的争闘；防衛殺人：争闘中にやむを得ず行なった自己防衛のための殺人．⇨ chaud-medley

change of venue *n.* 〔法〕裁判地の変更：事件を他の郡 (county) または裁判区 (venue) に移すこと．

character *n.* 〔米暗黒街俗〕プロの犯罪者

charlatan *n.* 専門家を騙(かた)る者；山師；ぺてん師

Charlestown Townies *n.* 〔米警察俗〕Boston の Charlestown 近辺出身の白人不良グループ

❏ Charlestown の Bunker Hill には労働者階級のアイルランド系アメリカ人が多い．Boston 警察関係者によると，このグループは街のけんかでは相手をやっつけるのに二人掛かり・三人掛かり・四人掛かり (double-team, triple-team, quadruple-team) で襲う．

Charlie's Angel *n.* 〔俗〕婦人警官：美しくて強い女性3人が活躍したテレビ番組・映画のタイトルから．長距離トラック運転手が使う．「婦人警官」を指す言い方はほかに，badge on a beaver, Dickless Tracy, mama bear などがある．

❏ ドラマ *Charlie's Angels*（『地上最強の美女たち！チャーリーズ・エンジェル』）は，ABC 系で 1976 年 9 月から 1981 年 8 月まで放映．⇨ badge on a beaver, Dickless Tracy, mama bear

chart *n.* 〔警察〕（捜査官に渡される）未解決事件リスト

chase *v.* 〔英麻薬俗〕麻薬を吸う：種類を問わないで使う．chase the dragon（ヘロインを吸う）の短縮拡大表現．

chase paper *v.* 〔米警察俗〕書類を追跡する：容疑者が残した請求書類，公文書類などを使って捜査を進める．

chase the dragon *v.* ❶〔米刑務所俗〕ヘロインが入ってくるのを首を長くして待つ

❷〔米麻薬俗〕ヘロインを熱して吸引する

chase the (white) nurse *v.* 〔米刑務所俗〕モルヒネ (morphine)（など白い粉の）中毒になる ⇨ white nurse

chastisement *n.* 酷評；折檻（せっかん）；懲罰

chaud-medley *n.* 〔法〕激情殺人：争闘中に激情にかられて行なった殺人．⇨ chance-medley

chauffeur *n.* 〔米警察俗〕ショーファー：緊急出動部隊 (Emergency Service Unit) (ESU) の運転担当警官．車両には火器・救助用機材を積載．クレーンが装備された車両もある．NYPD (New York 市警) のことばで，市内各分署に Emergency Service Squad（緊急出動分隊）がある．

cheap education *n.* 〔米警察俗〕警官が容疑者をごく簡単な尋問ですませたり，ごく短時間拘留するだけで釈放したりすること

cheater *n.* 〔俗〕詐欺師；ぺてん師

Check it out. 〔ストリートギャング俗〕俺の言うことをよく聞け
check out *n.* 〔米刑務所俗〕刑務所内で自殺した囚人
　── *v.* ❶〔米暗黒街俗〕出所する
　❷〔俗〕死ぬ：婉曲語法．
　❸〔米刑務所俗〕刑務所内で自殺する
Check this! 〔米刑務所俗〕よく聞け！
cheese eater *n.* 〔米刑務所俗〕密告者；たれ込み屋：チーズを好むrat(ネズミ,〔俗〕「密告者」)と掛けたもの．cheesy rider〔米刑務所俗〕も同じ．
chemical *n.* ❶(マリファナなどと対比して)合成麻薬(synthetic drug)：もともとの意味は「化学薬品」．
　❷〔麻薬俗〕クラック(crack)(結晶状の高純度コカイン)
　❸〔オーストラリア刑務所俗〕(シャンプーなどの)洗面用品
cherries *n.* 〔警察俗〕(パトカーの屋根の)警告標識灯
cherry *n.* ❶〔米刑務所俗〕刑務所の新参者(new prisoner)
　❑ cherryは一般社会では「童貞」を意味し,刑務所の場合,たぶんに肛門性交の洗礼を受けていない者という意味を含む．
　❷(パトカーの屋根にある)警告標識灯 ⇨ cherries
cherry patch *n.* ⇨ duck pond
cherry-top *n.* 〔米俗〕(屋根に警告標識灯がある)パトカー；警官
Chester *n.* 〔刑務所俗〕子供(特に幼女)を狙って性犯罪を行い有罪となった者；幼児姦犯(child molester)：Chester the Molesterの略から．⇨ chicken hawk
Chester the Molester *n.* 〔米学生・刑務所俗〕幼児姦犯；小児性愛者(child molester)；性犯罪者(sex criminal)；児童虐待者(child abuser)；好色男(lecherous man)；変態男(perverted man)
　❑ 米国の漫画家Dwaine B. Tinsley(ドゥワイン・B・ティンズレー)(1945-2000)が*Hustler*誌に描いた漫画*Chester the Molester*(『痴漢のチェスター』)から．
chicane *n.* 詭弁(きべん)；言い逃れ；ごまかし
　── *v.* 詭弁を弄(ろう)する；ごまかしを言う
chicanery *n.* (政治・法律上の)ずるい言い抜け；詭弁(きべん)；ご

まかし：特に訴訟において詭弁を弄(ろう)すること；《通例 複数形で》(法律上の)ずるいやり方

chicken *n.* 〔米刑務所俗〕女子刑務所の新入り囚人

• *pluck the chicken* 〔犯罪俗〕カモから金を巻き上げる：文字通りは「鶏の毛をむしる」.

chicken hawk *n.* ❶〔米警察俗〕子供(特に幼女)を狙って性犯罪を行おうとする男：child molester とも言う；小児性愛者；幼児姦犯；〔俗〕未成年[ティーンエージャー]の少女を誘惑する男；ロリータ趣味の男

❷〔米ゲイ俗〕(10代半ばの)少年を性的対象とする年長の男性同性愛者；少年派のホモ

chicken powder *n.* 〔米麻薬俗〕アンフェタミン(amphetamine)の粉末：静脈注射で使用.

child molester *n.* 児童性愛者：子供(特に幼女)に性的にみだらな行為をする痴漢.

chill *n.* 〔犯罪俗〕殺人；暗殺；死

• *put the chill on...* (1)〔米刑務所俗〕…を威嚇する；落胆させる；不快にさせる (2)〔犯罪俗〕…を殺害する；暗殺する

—— *v.* 〔犯罪俗〕殺す

chill out ❶〔俗〕落ち着く；リラックスする；頭を冷やす：しばしば命令形で使う.

❷〔俗〕ぶらぶら一日を過ごす(hang out)

❸〔米麻薬俗〕(麻薬の売人が)街角やバーで仕事をする

❹〔俗〕ひと休みする；一服する

chi-mo *n.* 〔米警察俗〕チャイモ：児童同性愛者. ⇨ child molester, cho-mo

Chinaman *n.* ❶〔刑務所俗〕刑務所内のランドリーを利用せず流しで自分の服を洗うやつ：旅客船内で中国人が洗濯係として働いていたことから.

❷〔米麻薬俗〕麻薬耽溺(たんでき)[中毒]：特にヘロイン中毒. 中国ではアヘン.

• *have a Chinaman on one's back* 〔麻薬俗〕薬物(特にヘロイン)中毒になっている

❸〔米警察俗〕警官のパトロンで影響力を持つ政治にかかわっている友人

China white; Chinese white *n.* ❶〔麻薬俗〕(東南アジア製で)高品質の強力なヘロイン(heroin)

❷〔麻薬俗〕フェンタニル(fentanyl)

❸〔麻薬俗〕MDMAの錠剤：エクスタシー(ecstasy)として使われる快楽追求麻薬(recreational drug).

CHINS *n.* 〔米警察俗〕監督が必要な子供(child in need of supervision)：Texas州で使われる頭文字語. 犯罪には至らないが, 無断欠席(truancy)や家出などの前歴から, 将来その傾向にある青少年のことを指す.

chip *n.* ❶〔米麻薬俗〕薄めたヘロイン(heroin)

❷〔米麻薬俗〕幻覚剤フェンシクリジン(phencyclidine)をしみ込ませた巻きたばこの小片

❸〔米黒人・ティーンエージャー俗〕盗まれて違法に使用される携帯電話

── *v.* ❶〔麻薬俗〕ときどき麻薬をやる；面白半分で麻薬をやる

❷〔麻薬俗〕麻薬を薄める

❸〔米暗黒街俗〕(わずかな儲けしかない)ちっぽけな犯罪を行う

chip dip *n.* 〔俗〕チップディップ：(ポーカー賭博で)いかさま役の者が, 他人の賭けのチップが置いてある場所(pot)からチップを手にくっつけてひそかに奪い勝たせようとする側にすべり込ませるために手のひらに塗る粘着液.

chipper *n.* 〔麻薬俗〕麻薬をときどき面白半分に使う(dabble in)者：常習者(addict)になってはいない.

chipping; chippying *n.* 〔麻薬俗〕ときどき麻薬をやること

chipping hammer *n.* チッピングハンマー；削(はつ)り槌(づち)：石材加工などに用いる, 頭部の一方が平面で, 一方がとがっている小型ハンマー. chipperとも呼ばれる. 同様の用途で, 圧縮空気を原動力として岩石や金属の切断・縁削りなどに用いる電動工具もある.

❏ ときに犯罪者が使用する凶器となる.

chippy; chippie *n.* ❶〔麻薬俗〕ときどき麻薬をやる者

❷〔麻薬俗〕(ときどき吸いたくなる程度の)麻薬中毒者
— v. 〔麻薬俗〕ときどき麻薬をやる：特にヘロイン．

chirp n. 〔米警察俗〕カモから手を引くようにとスリが相棒に出す合図

chiv n. 〔英暗黒街俗〕(武器としての)ナイフ(knife)；匕首(あいくち)：ロマニー語(Romany)から．shiv ともつづる．
— v. 〔俗〕(ナイフ・カミソリで)切る[刺す]

chiva n. 〔米麻薬俗〕ヘロイン(heroin)：メキシコ系アメリカ人の使うスペイン語から．「チーバ」と発音する．⇨ geeba

chloral hydrate n. 〔薬〕抱水クロラール：水溶性の無色の結晶で催眠薬・鎮静薬．しばしば knockout drops として悪用される．⇨ Mickey Finn

cho-cho n. 〔米刑務所俗〕チョウ・チョウ：刑務所内の売店で購入したアイスクリームやその他のスイーツ類．chocolate からか．

chocolate frog n. 〔オーストラリア俗〕密告者(informer)

choirboy n. ❶〔米俗〕新米警官
❷〔米暗黒街俗〕新米泥棒
□ 原義は「少年聖歌隊員，クワイアボーイ」．

choir practice n. 〔米警察俗〕警官仲間のパーティー：人里離れた場所での乱痴気騒ぎ．

choke hold n. 窒息締め：背後から腕を回すなどして首を締めつけること．警官が抵抗する容疑者を制圧するための方法として使用される．頸動脈や気管を圧迫するため容疑者の生命に危険が及ぶことがあり，批判的意見も多い．sleeper hold とも呼ばれる．

choker n. ❶〔俗〕刑務所
❷〔アイルランド俗〕独房

chokey n. ❶〔俗〕刑務所
❷〔英暗黒街俗〕独房
❸〔俗〕刑務所に入れること
❹〔俗〕刑務所の懲罰食：パンと水．

cho-mo n. 〔米暗黒街俗〕チョウモ：児童性愛者．⇨ child molester, chi-mo

choo-choo n. 〔警察俗〕バン型[箱形]警察車両(police van)：

choo-choo-train(汽車ぽっぽ)からの連想.

chop *v.* ❶〔俗〕(車・バイクを)改造する

❷〔俗〕殺す

❸〔米暗黒街俗〕銃撃する

❹〔麻薬俗〕混ぜ物をして麻薬の純度を落とす

chopper *n.* ❶〔俗〕西洋かみそり:折り畳み式で日本かみそりより幅が広い. open razor, cut-throat razor とも呼ばれる.

❷〔ギャング俗〕トンプソン・サブマシンガン:John T. Thompson (ジョン・T・トンプソン) (1860-1940)が考案した短機関銃.;機関銃射手

❸〔米刑務所俗〕突き刺す武器

❹〔米黒人俗〕銃器類

chop shop *n.* 〔口〕解体修理工場:盗難車などの解体・修理・密売をする施設.

chop wound *n.* 〔医〕割創:重量のある刃器(出刃包丁・日本刀・なたなど)で叩き切った場合に生じる創. 鋭的損傷と鈍的損傷が混在し,しばしば骨の粉砕を伴う.

chow hall *n.* 〔米刑務所俗〕食堂:chow は food と同じ.

Christmas lights *n.* (パトカーの屋根の)警告標識灯

Christmas tree *n.* ❶〔警察俗〕(パトカー・レッカー車・消防車などの上に並んだ)警告標識灯

❷〔米刑務所俗〕手製ナイフ

chronic offender *n.* 犯罪常習者:重大犯罪を繰り返し起こし,更正の見込みがないものを指す.

chucker-out *n.* 〔英俗〕(劇場・パブ・コンサートホールなどで不正入場者や迷惑客を追い出す)用心棒;追い出し係:〔米俗〕では bouncer,〔オーストラリア俗〕では chucker-outer.

chump; chumpie *n.* ❶〔俗〕すぐだまされるやつ

❷〔米刑務所俗〕ふにゃふにゃ野郎:ホモであるだの意気地なしであるだのと呼ぶに等しい男の同囚者への軽蔑語. 面子(めんつ)を保とうとしてけんかへの拍車を掛ける語.

church arson *n.* 教会放火:教会に対する放火または爆破事件. 特に米国南部で,白人過激派がアフリカ系アメリカ人教会に対し

て行うもの.

CIA *n.* ⇨ Central Intelligence Agency

CID *n.* the Criminal Investigation Department: London 警視庁 (the Metropolitan Police Service) や米国の警察機構の中に置かれている刑事捜査部の略.

cipher *n.* 暗号 (code); 暗号文; 暗号を解く [組む] 鍵
— *v.* (通信を) 暗号にする; 暗号化する (encode)

circling the drain *a.* 〔米警察俗〕(交通事故負傷者などが) 今にも死にそうな

circumstantial evidence *n.* 〔法〕情況証拠; 間接証拠 (indirect evidence): 間接的な推定的証拠 (presumptive evidence). ⇨ direct evidence

citizen *n.* ❶〔米俗〕一般市民: 犯罪者に対比して. または警官以外の一般人.
❷〔ギャング俗〕若いギャングのメンバー
❸〔刑務所俗〕刑務所仲間の内で尊敬されている者

citizen's arrest *n.* 〔法〕市民による逮捕: 重罪を犯した現行犯などを, 警官でない一般市民が逮捕状なしで逮捕すること.

City of London Police ⟨the⟩ *n.* ロンドン市警察: London の the City (住民は約 8,600 人) を管轄する.

citywide *n.* 〔米警察俗〕全部署 (緊急) 連絡; 全部署手配; 広域指名手配: 本部からの司令の際に New York などで使われる表現. ⇨ all points bulletin, BOLO

civil *a.* 民事の; 私法 (上) の
• *a civil case* 民事事件

civil action *n.* 〔法〕民事訴訟: civil suit とも言う.

civilian *n.* 〔米警察俗〕警官以外の一般人; 民間人

civil penalty *n.* 〔法〕民事罰: 法違反に対する制裁金で, civil fine とも呼ばれる. たとえば, 交通違反切符・駐車違反切符.

clamp *v.* 〔英〕(駐車違反車両に) 車輪止め (wheel clamp) をはめて動けなくする:「車輪止め」のことを 〔米〕では Denver boot と言う.

clandestine *a.* 内々の; 秘密の; こそこそした

• *a clandestine meeting [negotiation]* 秘密会議[交渉]

clavo *n.* ❶〔米刑務所俗〕隠匿場所

❷〔米刑務所俗〕刑務所内で隠したり貯めたりしているもの

❸〔米刑務所俗〕値打ちもの(特には麻薬)を隠し持っている収監者.

☐ clavo とは元来カロ語(Calo)(米国南西部でメキシコ系の若者が話す隠語・英語まじりのスペイン語)で,「泥棒」(thief)の意.

clean *v.* ❶〔英俗〕(ギャンブル・詐欺・窃盗で)相手の金をすべて奪う

❷〔米暗黒街俗〕盗んだ財布・ハンドバッグの中身をすべて出す

—— *a.* ❶〔俗〕潔白な

❷〔俗〕武器を所持していない

❸〔麻薬俗〕麻薬を所持していない;麻薬を使用していない

❹〔米暗黒街俗〕監視されていない

clean cop *n.* 〔米警察俗〕正直な警官:業務をきちんとこなし,違法行為や賄賂の受け取りをしない.

☐ このような警官は(He's) by the book.(規則通りに任務を遂行している)と表現される.

clean gun *n.* ❶〔米警察俗〕(犯罪者が所有する)登録されていないため履歴が不明な銃

❷〔米警察俗〕(警官が所有する)登録された銃

clean job *n.* 〔オーストラリア・米俗〕完璧な仕事:殺人や暴力犯罪について言う.

clean up *v.* ❶不正[腐敗・暴力(など)]を一掃する

❷〔俗〕きれいな身体にする:麻薬の使用をやめる.

❸〔俗〕大儲けをする

cleanup *n.* ❶(社会悪などの)一掃;浄化

❷〔米俗〕(警察の)手入れ

click *n.* ❶〔俗〕ギャング

❷〔米黒人俗〕銃

—— *v.* 〔米刑務所俗〕集団で襲う

cliftie *v.* 〔オーストラリア俗〕盗む

climb *n.* ❶〔英暗黒街俗〕上階の窓などからの押し込み(cat burglary)

❷〔米麻薬俗〕マリファナたばこ

climber *n.* 〔英暗黒街俗〕上階の窓などからの押し込み泥棒(cat burglar)

clink *n.* 〔俗〕刑務所；留置場：Londonの SouthwarkにあったClink 刑務所から．

clip *v.* ❶〔米俗〕射殺する ⇨ whack
❷〔俗〕不正に金を取る；だまし取る
❸〔米俗〕拘禁する
❹〔米麻薬俗〕麻薬に混ぜ物をする

clique *n.* ❶(極めて排他的な小さなグループでの)徒党；派閥
❷〔英俗〕若者のギャング：軽蔑的．また click ともつづる．

clique up *v.* 〔米俗〕小規模の徒党を組む

cloak-and-dagger *a.* 〔米俗〕陰謀の；諜報の；スパイ活動の
❑「外套を身にまとい，その内側に短剣を隠し持った」というイメージから．
• *cloak-and-dagger operations* [*devices*] 諜報活動[機器]

clock *v.* ❶〔米黒人ギャング俗〕偵察する
❷〔米黒人俗〕金が欲しくて(街で)麻薬をさばく：「クラックの売人」を〔麻薬俗〕clocker(24 時間(around the clock)待機している)と呼ぶことから．

clodhopper *n.* 〔英俗〕警官：copper との押韻俗語．

clog *n.* 〔米黒人俗〕銃

clout *n.* 〔米俗〕スリ犯；万引き犯
—— *v.* 〔米・オーストラリア俗〕盗む；奪う

Club Fed *n.* 〔米俗〕米連邦刑務所(federal penitentiary)
❑ 警備が最低限のカントリークラブ的刑務所で，主に金や名声のあるホワイトカラー犯罪者を収容する．いろいろな特典が認められている．フランスの会員制リゾートクラブ Club Med(地中海クラブ)との語呂合わせ．

Club (The) *n.* 〔商標〕ザ・クラブ：米国 Winner International, Inc. 製の自動車盗難防止用のハンドルロック．James E. Winner, Jr.(ジェームズ・E・ウィナー・ジュニア)が愛車の Cadillac が盗まれたことから発明．

clusterfuck *n.* 〔米警察俗〕善意の警官が寄り集まって,結局はまずい処理になったり台なしにされたりした事件
❑ Too many cooks spoil the broth.(料理人が多すぎるとスープをだめにする)のことわざといったところ.文字通りは「馬鹿の集まり」.

coat *v.* ❶〔俗〕殴りつける
❷〔俗〕逮捕する

coat party *n.* 〔米刑務所俗〕コートパーティー:囚人に頭からコートを被せて殴りつけること.

coat puller *n.* 〔オーストラリア刑務所俗〕脱獄者

Cobray M-11 *n.* 〔商標〕コブレイ M-11:米国 MAC (Military Armament Corporation) 製の小型サブマシンガン.MAC 11 とも言う.1971 年より製造.75 年の同社倒産後は,RPB Industries, SWD Inc. が製造.38(9ミリ)口径弾を使用し T 字型の無骨な外形である.通称は Ingram で,設計者は Gordon B. Ingram(ゴードン・B・イングラム)(1924-91).

Coca-Cola *n.* 〔俗〕⇨ cocaine

cocaine *n.* コカイン:coca の葉から採った有機塩基;粉末状コカイン:塩酸コカイン粉末で白色.局所麻酔薬.中枢神経興奮作用があり,興奮と多幸感を得られるが,精神的依存性があり麻薬として乱用される.
❑ C, coke, blast, cola, ivory flake, rock, star dust, snow, blow, toot, leaf, flake, happy dust, nose candy, lady, white girl などとも言う.

cocaine blues *n.* 〔俗〕コカインの効果が切れたときに現れる気のふさぎ症状:穴居人(caveman)であるかのような現実離れした感覚になることから caveman blues とも言う.

cocaine cowboys *n.* 〔米麻薬俗〕覚醒剤を売って儲けた大金できんぴか生活を送る人たち

COCOA *n.* ココア:SWAT(〔米〕特殊火器戦術部隊)が犯人グループを急襲する場合にあらかじめ考慮しておくべき項目を示す頭文字.掩蔽(えんぺい)・隠蔽(cover and concealment), 監視(observation), 緊要地形(critical terrain), 障害物(obstacles), 接近・脱出

経路 (avenues of approach and escape) から．

cocobolo *n.* 〔米警察俗〕警棒：以前はこの中央アフリカ産の黒色の堅い木で作られていたことから．

❑〔俗〕では1940-50年代には「黒人」の意味で使われた．⇨ baton

COD *n.* 死因：cause of death の頭文字．

code *n.* ❶法典
  • *criminal code* 刑事法典
  ❷情報伝達の記号(体系)；略号；コード
  • *a secret code* 暗号

Code 4 *n.* 〔米警察〕コード4：「(さらなる警官の)応援必要なし」
  • *The officer raised the four fingers of his right hand to other cover units. "Code Four."* その警官は，他の応援班に向かって右手の指を4本立てて見せた．「コードフォーです」

Code 1 *n.* 〔米警察〕コード1：「通常警戒せよ」．パトカーや救急車などの緊急車両が一般車両と同様の状態で走行すること，あるいはそうするよう指示する場合の符丁．サイレンを鳴らすことも警告標識灯を点滅させることもしない．⇨ Code 2, Code 3

Code R *n.* 〔ニュージーランド刑務所俗〕コードR：レイプ (rape)．

Code 7 *n.* 〔米警察俗〕コード7：「食事時間中」あるいは「コーヒータイム」．パトロール中の場合は，軽食屋[ファストフード店]などに入ってドーナッツを食べる．

Code 3 *n.* 〔米警察〕コード3：「緊急事態発生」．パトカーや救急車などの緊急車両がサイレンを鳴らし警告標識灯を点滅させて走行すること，あるいはそうするよう指示する場合の符丁．⇨ Code 1, Code 2

Code 2 *n.* ❶〔米警察〕コード2：「直ちに現場へ急行」．パトカーや救急車などの緊急車両が警告標識灯を点滅させるのみでサイレンを鳴らさずに走行すること，あるいはそうするよう指示する場合の符丁．⇨ Code 1, Code 3
  ❷〔カナダ俗〕刑務所からの脱走

Code X *n.* 〔米警察俗〕コードX：性交渉 (sexual encounter)．LAPD (Los Angeles 市警) の俗語で，勤務を終えた男女ペアの警官がセックスをすること．

coercion *n.* 強制；強要 (compulsion)
coffin *n.* 棺；ひつぎ；棺桶
　── *v.* （遺体を）棺に入れる；納棺する
coin *n.* 〔俗〕金；銭(ぜに)
coin wrestler *n.* 〔米警察俗〕コイン格闘家：観光客が噴水池に投げた硬貨を取るために夜間に池に飛び込むホームレスなど．
coke *n.* 〔麻薬俗〕コカイン (cocaine)
　── *v.* 〔麻薬俗〕コカインを吸う
coke bar *n.* 〔俗〕コークバー：「コカインやクラックが大っぴらに使われているバー・クラブのこと．coke joint とも言う．
coke blower *n.* 〔麻薬俗〕コカイン使用者：「コカインを肺まで吸い込む」ことを blow coke ということから．
coke broke *n.* 〔麻薬俗〕コカイン破産：コカイン常用癖がたたって所持金が底を突くこと．
cokespoon *n.* 〔俗〕コカイン吸入用小型スプーン：嗅いだり，吸ったりするためにコカインを入れて鼻に持っていくもので，鼻の穴の直径ほどの大きさ．flake spoon とも言う．
coke up *v.* ❶〔麻薬俗〕コカインを吸う
　❷〔麻薬俗〕麻薬をやる
coke whore *n.* 〔米麻薬俗〕コカインをもらう代わりにセックスでお返しをする女または男 ⇨ bag bride
cokie; cokey *n.* 〔麻薬俗〕コカイン中毒者
　── *a.* 〔麻薬俗〕コカイン中毒の
cola *n.* 〔米麻薬俗〕コカイン
cold case *n.* 〔米警察俗〕未解決殺人事件 (homicides of long standing)：殺人捜査課 (homicide squad) には未解決殺人事件班 (cold case squad) がある．
cold gun *n.* ❶〔米警察俗〕所持許可証のない銃
　❷〔警察俗〕手を加えて製造番号や本来の特徴などを消した銃
　❑ 販売経路やもとの所有者を調べることができない．
cold turkey *n.* 〔俗〕禁断症状をやわらげるための薬での治療をしないでいきなり完全に麻薬を絶つこと：このような麻薬使用者と，毛をむしり取られ，死んだ冷たい青白い七面鳥の連想から．

・*go cold turkey*　（麻薬を）いきなりやめる
collar　*n.*　❶〔米俗〕逮捕：New York では捕まるギャング側を 'pinch' と呼ぶ．
　❷〔米俗〕警官
　❸〔米俗〕逮捕者
・*have [get] one's collar felt*　〔英ギャング・警察俗〕パクられる
・*give [make] the collar*　逮捕する
　── *v.*　〔俗〕逮捕する
collars for dollars　*n.*　〔米警察俗〕（事件のため出廷し，そのための時間外手当がもらえるように）犯人逮捕の数を増やすこと，その警官 ⇨ collar
Colombian　*n.*　〔麻薬俗〕南米コロンビア産のマリファナ (marijuana)：Colom, Colombo とも言う．Colombian green, Colombian red などの呼び方もある．誤ったつづりの Columbian も使われる．
Colombian necktie　*n.*　〔俗〕コロンビアンネクタイ：ボスを裏切った者に対する罰として，その喉を切り裂き，切り口から舌を引き出す殺害方法のこと．もとは1950年代南米コロンビアの麻薬戦争で生まれたもの．麻薬王 Pablo Escobar（パブロ・エスコバル）が考えたともいう．単に necktie と呼んだり，Sicilian necktie とも呼ぶ．これにならった Colombian necklace の表現も生まれた．
・*Gave him a Colombian necktie.*　やつにネクタイをやったぜ
Colombian roulette　*n.*　〔麻薬俗〕コロンビアンルーレット：産地の南米コロンビアで麻薬の包みを飲み込み米国に入国後体外へ出すやり方の密輸．身体の中で包みが破れた場合は死に至る危険がある．一般には bodypacking（日本の税関では「飲み込み」）と呼ぶ方法．⇨ body-pack
colors　*n.*　❶〔米俗〕ギャングの記章：Los Angeles や New York などのストリートギャングが所属団体を示す色に染めたバンダナ・ヘッドスカーフ・ビーズなど．
　❷〔米刑務所俗〕ギャングの入れ墨
Colt Detective Special　*n.*　〔商標〕コルト・ディテクティブ・スペシャル：米国の銃器メーカー Colt Firearms 社が1927年に開

発した38口径リボルバー．私服警官・私立探偵・麻薬取締官の護身用として使用される．

column *n.* 〔ストリートギャング俗〕南米コロンビア産のマリファナ（marijuana）

Combat Zone; combat zone *n.* 〔米俗〕Bostonのダウンタウンの売春や犯罪などで悪名高い地域：風俗営業施設がひしめき，麻薬売人がたむろしている．一般に都市部の過密地区（inner city）についても用いる．

come down on *v.* 〔俗〕襲撃する
❷〔俗〕（禁断症状から）麻薬がひどく欲しくなる

commission *n.* （罪を）犯すこと；犯行
- *be charged with the commission of an offence against the Immigration Control and Refugee Recognition Law* 入管法（出入国管理及び難民認定法）違反の罪で起訴される

commissioner *n.* （警察の）長官
- *New York City Police Commissioner* NYPD（New York市警）警視総監

common informer *n.* （警察に情報を売る）情報屋；たれこみ屋：単にinformerとも言う．

common-law *a.* 慣習法上の：正式の結婚ではないが同棲している事実上の夫婦関係に言う．
- *(a) common-law marriage* 慣習法上の結婚

commute *v.* 〔法〕減刑する
- *commute a death sentence to a life sentence* 死刑を終身刑に減ずる

Company 《the》 *n.* 〔米俗〕ザ・カンパニー：the Central Intelligence Agency（CIA（〔米〕中央情報局））のこと．スペイン語で「会社」（Compañía）の略語がCía. であることから．

complaint *n.* ❶苦情（申し立て）；不服（申し立て）
❷〔米法〕訴追請求状；告訴状；告発状
❸〔法〕訴状：原告の最初の訴答．
- *Independent Police Complaints Commission (IPCC)* （英国・ウェールズ（Wales）の）警察苦情処理独立委員会

completed crime *n.* 実行された犯罪 ⇨ attempted crime

compliance *n.* (企業の)法令遵守；コンプライアンス
- *corporate compliance* 企業コンプライアンス《企業が法律や規則などに従って活動すること.》

❑ 米国では 2001 年の Enron Corp.(Texas 州 Houston のエネルギー卸売り会社)倒産により，強力な企業コンプライアンスと規制の必要性が求められるようになった．

complicity *n.* 〔法〕共謀(関係)
- *complicity (with another) in a murder* (…との)殺人共犯関係

composite picture *n.* モンタージュ写真

compound *v.* ❶〔法〕(金銭と引き換えに)(犯罪を)見逃す[起訴しない]

❷(負債などの問題を要求額より低い額で)示談にする

con *n.* ❶〔犯罪俗〕ぺてん；詐欺；詐取；信用[取り込み]詐欺：con game の短縮．
- *be on the con* 取り込み詐欺に手を染めている

❷〔俗〕詐欺師：con artist の短縮．

❸〔俗〕囚人：convict の短縮．前科者(ex-convict)の意味でも使う．con man とも言う．

Con-Air *n.* 〔米刑務所俗〕米連邦刑務所(Bureau of Prisons)が囚人の移送に使う飛行機：機体の横に1本オレンジ色の線が入っている．

con artist *n.* 〔俗〕詐欺師 ⇨ confidence man

concentration camp *n.* 強制収容所：特にナチスドイツによるユダヤ人収容所．

concrete ranger *n.* 〔米警察俗〕コンクリートレンジャー：本来の Texas Ranger(Texas 州警備隊員)と対比して，ハイウェーを逃走する麻薬の売人を追跡する仕事に追われる現代版の Texas Ranger を指す言い方．country ranger とも言う．

condemn *v.* 有罪の宣告をする
- *He was condemned to death.* 彼は死刑を宣告された

condemnation *n.* 〔法〕有罪宣告；有罪判決

condom carrier *n.* 〔米俗〕麻薬を詰めたコンドームを体内に飲み込んで国境を越えて密輸する者 ⇨ Colombian roulette

confess *v.* (罪を)白状する; 自白する

confession *n.* 自白; 白状

confidence game *n.* 〔米〕(相手の信頼[お人よし]につけこむ)信用[取り込み]詐欺: con trick とも言う.

confidence man *n.* (金品をだまし取る)詐欺師; ぺてん師; 信用[取り込み]詐欺師
　❑ 19世紀半ばからの言い方で古風. 今は con artist [man] のほうが普通. 女性は con woman.

confidence-queen *n.* 〔米学生俗〕女詐欺師(female confidence trickster)

confidence trick *n.* 〔英〕信用[取り込み]詐欺 ⇨ confidence game

confidence trickster *n.* ⇨ confidence man

confidential *a.* 機密の; 内密の; (書類にスタンプで押して)マル秘

confinement *n.* 監禁; 禁錮; 拘束
　• *be put in solitary confinement*　独房に監禁される

confiscate *v.* (財産を)没収する; 押収する; 差し押さえる
　• *Police confiscated illegal drugs in Memphis.*　警察はメンフィスで違法麻薬を押収した

confrontation *n.* 〔法〕対面; 対審: 法廷で, 被告人が検察側証人と対面し, 反対尋問すること. または証人が被告人と対面し犯人と同一であるか確認すること.

con game *n.* ⇨ confidence game

con job *n.* 〔米俗〕信用[取り込み]詐欺 (confidence game)

con man *n.* ⇨ confidence man

connect *v.* 〔麻薬俗〕(売人と打ち合わせて)麻薬を手に入れる

connected *a.* 〔米俗〕マフィア (Mafia) とつながりがある; 犯罪シンジケートの一員である: well connected の省略表現.
　• *Don't mess with him, he's connected.*　あいつにちょっかいを出すのはよせ, マフィアとつながっているからな

connection *n.* ❶〔俗〕(麻薬など禁制品の)流通ルート；密輸［密売］組織

❷〔俗〕麻薬取り引き

❸〔俗〕麻薬の売人：単に nec とも言う．

❹〔米刑務所俗〕囚人が持ち込み禁止品を刑務所内へこっそり持ち込むのを手助けする賄賂のきく看守

connection dough *n.* 〔米麻薬俗〕麻薬の値段：dough〔俗〕= money．

conspiracy *n.* 〔法〕共謀．共同謀議(罪)：2人以上の者が不法な行為を行う，または適法な行為を不法な方法で行うことを相談し合意すること．

• *in conspiracy with...*　…と共謀して；…と徒党を組んで
• *a conspiracy to overthrow the U.S. government by force* 米政府を暴力によって転覆させようという陰謀

constable *n.* ❶〔英〕巡査：警察職制の最下級で，sergeant(巡査部長)の下．呼びかけにも使う．

❷〔米〕保安官(peace officer)：sheriff よりも権限が小さな町が管轄区域．

constabulary *n.* 〔英〕(一地区の, 一管区の)警察隊；《集合的》警官

— *a.* 警官の；警察(隊)の

constitutional court *n.* ❶(ドイツ・フランスなどの)憲法裁判所：合憲性に関する判断を下す裁判所．

❷(米国の)憲法上の裁判所：憲法第3条に基づいて設立されているので Article III courts(第3条裁判所)とも呼ぶ．連邦最高裁判所・連邦控訴裁判所(the Court of Appeals)・連邦地裁(district court)・国際通商裁判所(the Court of International Trade)が含まれる．

contact *n.* ❶〔米俗〕(警察への)たれこみ屋

❷〔米俗〕(特に麻薬が手に入る)確かな筋

contact high *n.* 〔麻薬俗〕受動陶酔：麻薬を吸う人たちと同室にいたりして，麻薬を吸っている人の煙や匂いを嗅がされてしまうこと．

contact wound *n.* 〔医・警察〕接射創：銃口が皮膚に直接触れているときに銃が発射されて生じる銃創で, 弾が撃ち込まれた部分が煤(ﾌﾞｰ)で黒く焦げ, 射入口は星形か十字形で 'stellate' と呼ばれる. ⇨ starring

containment officers *n.* 〔米警察俗〕封じ込め警官たち：SWAT(米特殊火器戦術部隊)のこと.

contamination of evidence *n.* 証拠の汚染：故意に, あるいは偶然に異物を証拠に混ぜ込ませてしまうこと.

contempt *n.* 〔法〕(裁判所・議会などに対する)侮辱(罪)

contempt of cop *n.* 〔米警察俗〕警官侮辱罪：容疑者を尋問する際の警官側の都合のよい理屈.〔法〕contempt of court(裁判所侮辱罪)にならって作った表現で, 実際には法律上存在しない罪.
❏ 警官が, 相手の違反・行動が気に食わないとの理由だけで逮捕することがあり, これを attitude arrest と呼ぶ. ⇨ attitude arrest

contempt of court *n.* 〔法〕裁判所[法廷]侮辱(罪)

contraband *n.* ❶密売買(品)；密輸(品)；輸出入禁止品
❷〔米刑務所俗〕刑務所内への持ち込み禁止品
❸禁止[不正]取り引き；密売買；密輸
— *a.* (輸出入)禁止[禁制]の
・*contraband goods* (輸出入)禁制品
・*contraband weapons of mass destruction* 輸出入禁止の大量破壊兵器

contract *n.* 〔犯罪俗〕(報酬目当ての)殺人の契約；殺害命令
・*take [put] out a contract on...* 〔俗〕人に金を支払って(…を)殺害する
— *v.* 〔俗〕特定の人物を殺すために雇う：もと〔暗黒街俗〕.

contract killer *n.* 〔犯罪俗〕殺人請負人；殺し屋；ヒットマン ⇨ contract

contract killing *n.* 〔犯罪俗〕請負殺人 ⇨ contract

contravene *v.* (法律などに)違反する
・*contravene safety regulations* 安全規則に違反する

convict *n.* 〔法〕有罪の判決を受けた者
— *v.* 〔法〕有罪と決定する

- *Two U.S. hikers were convicted of spying in Iran.* イランで 2 名の米国人ハイカーがスパイ罪で有罪と決まった
- *The jury convicted the defendant of manslaughter.* 陪審員は被告を殺人罪で有罪と決した

conviction *n.* 有罪判決
- *He has eight previous convictions.* 彼は前科 8 犯である

cook *n.* 〔麻薬俗〕違法麻薬製造者
 —— *v.* ❶〔麻薬俗〕(粉末の麻薬［特にヘロイン］を水に溶かし)加熱して注射できるように「料理」する
 ❷〔米俗〕殺害する

cooker *n.* ❶〔俗〕フリーベース(freebase)(高純度コカイン)を製造する者
 ❷〔俗〕アンフェタミン(amphetamine)を製造する者
 ❸〔米麻薬俗〕料理容器：通例はびんのキャップで，この中にヘロインと水を入れて熱し，それを注射するもの．
 ❹〔米麻薬俗〕(違法麻薬製造の仕事で)麻薬の純度をテストする役の者
 —— *v.* 〔英麻薬俗〕静脈に麻薬を注射する

cookie *n.* ❶〔米麻薬俗〕加工済のクラック(crack)の大きなかたまり：これを売るときには細かく割り，rock と呼ぶ．
 ❷〔米麻薬俗〕クラックを混ぜて入れた巻きたばこ
 ❸〔米暗黒街俗〕警官のバッジ

cookie cop *n.* 〔米俗〕警備員

cooking freebase *n.* 〔麻薬俗〕純化のための調理法：吸いやすいようにコカインから塩酸塩を取り除く方法．粗雑なやり方の場合は，コカインと重曹(baking soda)を混ぜて火であぶる．念入りにする場合は，重曹を水で溶かし沸騰させ，そこにコカインを加える．冷却させるとコカインベースが油膜になって表面に浮いてくる．

cool car *n.* 〔米俗〕逃走用の車：強盗が犯行現場から使って逃走した車を乗り捨てて，その後の逃走に使う車．

cooler *n.* ❶〔米俗〕(いかさま賭博師が札(ふだ)を都合よくあらかじめ並べて積んである)トランプ束(deck)

❷〔米俗〕隔離独房；懲罰用独房
❸〔米俗〕死体保管所 (morgue) ⇨ icebox
❹〔麻薬俗〕コカインをしみ込ませた巻きたばこ

cooling-off period *n.* ❶冷却期間：連続殺人犯による犯行と犯行の間の期間．
❷冷却期間：銃器業者が購入者に銃を手渡すまでに取る期間．
❸待機期間 (waiting period)：これを置くことで，購入者が銃を使って衝動的暴力行為に及ぶことがないようにする「頭を冷やす」期間．

cool-off *v.* ❶〔俗〕(犯人や争いに巻き込まれた者が) ほとぼりが冷めるまで潜伏する
❷〔俗〕ギャンブラーの運が尽きる
❸〔俗〕(盗品が警察から) 手配品扱いされなくなる

coop *n.* ❶〔俗〕刑務所
❷〔俗〕警察署
❸〔米警察俗〕勤務中の警官がサボっている場所：モーテルあるいはパトカーの中など．chicken coop (鶏小屋) から．
❹〔米暗黒街俗〕(犯人などの) 潜伏場所；アジト
—— *v.* 〔米警察俗〕(警官が) 勤務中にモーテルの一室やアパートの地下室，ガールフレンドの部屋など人目につかない所でサボる：特に NYPD (New York 市警) で使われる表現．

cooping *n.* 〔米警察俗〕クーピング；サボリ：警官が勤務中に居眠りすること．⇨ coop

cop[1] *n.* ❶〔俗〕警官
❷〔英俗〕逮捕
❑ It's a fair cop.（〔英俗〕見つかっちまったか，見事にやられた，まんまとつかまった）悪事を見つけられて観念したときのおどけた言い方．もとは犯人が警官に対して「逮捕されるのももっともである」というときの言い方．
❸〔米刑務所俗〕看守

cop[2] *v.* 〔麻薬俗〕(麻薬などを) 入手 [購入] する：古フランス語 caper (= seize) から．

cop a plea *n.* 〔米暗黒街俗〕弁護士

—— *v.* 〔米警察俗〕司法取り引き(plea bargain)をする：plea-cop とも言う．

cop a sneak *v.* 〔米暗黒街俗〕逃げ出す；人目を忍んで逃げる

cop bar *n.* 〔米警察俗〕非番警官がたむろするバー：Boston では Irish bar(アイリッシュバー)，New York では watering hole(文字通りは「水飲み場」)と呼んでいる．

cop burnout *n.* 〔米警察俗〕警官燃え尽き症候群：ベテラン警官の，仕事や組織上のフラストレーションなどから起こる憂鬱状態．

cop house *n.* 〔米俗〕デカの家；警察署(police station)：cop factory とも言う．

copilot; co-pilot *n.* ❶〔麻薬俗〕アンフェタミン(amphetamine)：中枢神経刺激剤(central nervous system stimulant)，トラック運転手などが居眠り防止のために飲む．通常は複数形で使う．もとの意味は「副操縦士」．

❷ LSD 使用時の付添人

cop killer *n.* ❶〔米俗〕防弾チョッキ(bulletproof vest)も貫通する違法な銃弾：Kevlar 製の真鍮(しんちゅう)・スチール・ベリリウム(beryllium)鉄などでできているもの．または，テフロン加工されたもの．cop killer bullet とも言う．

❷〔米俗〕飛行士眼鏡(aviator sunglasses)：警官が好んで掛ける．

cop out *v.* ❶〔米暗黒街俗〕司法取り引きをする

❷〔俗〕告白する；密告する

copper *n.* ❶〔俗〕警官：刑務所では「看守」を指す．

❷〔俗〕(警察への)密告者：刑務所では「看守への密告者」を指す．

copper-chopper *n.* 〔俗〕警察ヘリコプター

copper's nark *n.* 〔俗〕(警察への)密告者：単に nark とも言う．

cop's cop *n.* 〔米警察俗〕おまわりの中のおまわり：真の警官の意．NYPD(New York 市警)での誉めことば．

cop shop *n.* 〔英・オーストラリア俗〕警察署：〔英〕では特に子供が使う．

Copspeak *n.* コップスピーク：警察・警官(cop)が使う専門語や俗語などのことば．cop ＋ -speak(「…語」の意味の連結形)から．

cop'stang *n.* 〔米警察俗〕コップスタング：警察車両のフォードマ

スタング (Ford Mustang) の愛称.
❑ この車は，複数の排気多岐管と大きい4シリンダーのキャブレターが付いている強力エンジンの大型乗用車.

copycat *n.* 模倣犯：（比較的最近の）広く知られた事件などをそっくりにまねた手口で犯罪を行う者.
— *a.* （広く知られた犯罪の）まねをした；模倣の
- *The Pennsylvania attack was a copycat crime.* ペンシルヴェニアでの襲撃事件は模倣犯罪だった

❑ 元来は，親猫のしぐさを子猫がまねるように「何でもまねする人」，特に小学校などでの「まねっ子」を意味する軽蔑的な口語表現. 1995年公開の映画 *Copycat*（『コピーキャット』）（ヒロインは Sigourney Weaver（シガニー・ウィーバー）(1949-)）により，模倣犯の意の英語 copycat が広く知られるようになった. マスメディアの自殺報道に影響された自殺を copycat suicide（正式には Werther effect（ウェルテル効果））と言う.

copycat syndrome *n.* 模倣犯シンドローム：過去に行われた犯罪をそっくりにまねするためだけに犯罪を行う現象［傾向］.
❑ 1982年鎮痛解熱剤の Tylenol に青酸カリを混入する事件が全米を震撼させた. これに続いて同種の毒物を薬品や食品に混入させる事件が20件近くも起こり，*The New York Times* は copycat syndrome の表現を紹介した. ⇨ copycat

cor. *n.* ⇨ coroner

cordon *n.* 非常［警戒］線：ロープを張ったり，警官が横並びで壁を作ったりする；交通遮断線：パトカーを並べて道路をふさいだりもする.
- *set up a cordon* 非常線を張る
- *throw a (security) cordon around a hotel* ホテルの周囲に警戒線をめぐらす
- *break [go] through the police cordon* 警察の警戒網を突破する

— *v.* 非常線を張る；立入りを禁止する；交通を遮断する
- *Police cordoned off the drug-infested neighborhood and made house-to-house searches.* 警察は麻薬のはびこるこ

の地区を立入り禁止にして一軒一軒探索をした

corner *n.* 〔米刑務所俗〕**囚人仲間**：気のあった者が角(ｶﾄﾞ)(corner)に集まるイメージから．

corner boy *n.* 〔俗〕**街角でたむろする怠け者**(idler)：麻薬の売買をしたり盗みを働いたり，悪いことは何でもやる．年齢に関係なく使う．corner chap とも呼ぶ．

coroner *n.* (変死人や在監死亡者の死因を調べる)**検死官；コロナー**：略 cor．
❏ 米国のいくつかの州ではこの呼称は廃して medical examiner と言う． ⇨ medical examiner

corpse *n.* (通例，人間の)**死体；遺体**(dead body)
── *v.* 〔俗〕**死ぬ**：corpse it とも言う．

corpse cop *n.* 〔米警察俗〕**殺人課刑事**(homicide detective)

corpus delicti *n.* ❶〔法〕**罪体**：犯罪を構成する実質的事実．ラテン語で 'body of the crime' の意味．複数形は 'corpora delicti'．
❷犯罪の明白な証拠：特に死体を指す言い方．

correctional board *n.* 〔法〕**仮釈放審査委員会**：parole board とも言う．

correctional officer *n.* ⇨ correction(s) officer

correction(s) officer *n.* **矯正官；看守**

corredores *n.* 〔米麻薬俗〕**コカインの売人のもとで働く者たち**：スペイン語の corredor ('broker') から．

corset *n.* 〔米警察俗〕**コルセット**：防弾チョッキ(bulletproof vest)． ⇨ Kevlar

cosmetics *n.* 〔米ギャンブル俗〕**化粧品**：いかさまトランプ賭博で，何のカードか裏から見ただけで分かるように付けたマーク．裏面の模様の一部に加筆する．

cotton *n.* 〔米麻薬・刑務所俗〕**コットン**：ベンゼドリン(Benzedrine)など薬物を染みこませた綿．鼻に詰めて成分を吸い込む．

counselling *n.* 〔オーストラリア刑務所俗〕**カウンセリング**：看守による暴力のこと．皮肉を込めた言い方．

counselor *n.* **弁護士；訴訟代理人** ⇨ attorney

counterfeit *v.* (文書や通貨などを)**偽造する**

countersniper *n.* カウンタースナイパー：狙撃しようとしている犯人を狙う警察の狙撃手．

country club *n.* 〔米刑務所俗〕警備が厳しくないホワイトカラー向けの刑務所：企業や金融関連犯罪の受刑者を収容．刑務所の標準仕様よりも居心地が良い造りになっている．一般に「スポーツや社交を楽しむ郊外にある会員制クラブ」を指す語を使ったもの．

county attorney *n.* 〔米法〕郡検事；郡法務官

county hotel *n.* 〔米刑務所俗〕郡刑務所(county prison)：the county とも言う．
　□ 裁判の前に被告人を一時的に拘置したり，軽罪の者が短期間収容されたりする．⇨ pen

county mountie *n.* 〔米俗〕(地元の)警官：Mountie は，もともとカナダの騎馬警官を指す言い方．

courtesy flush *n.* 〔米刑務所俗〕儀礼的水洗：独房に別の囚人と一緒に収容されていたり，トイレで他の囚人の使用者がいるとき，排便のたびに水を流して臭いが出ないようにすること．

court term *n.* 〔法〕(裁判所の)開廷期：term of court とも言う．英国では現在は sittings と呼ばれる．
　□ 米国最高裁判所では 10 月第 1 週の月曜日から(通例)翌年 6 月まで．この制度をとっていない裁判所もある．英国では law term とも呼んだが，廃止され sittings 制度になった．

cowboy *n.* ❶〔俗〕警官
　❷〔俗〕普通の犯罪者
　❸〔米刑務所俗〕他の刑務所ギャングとのつながりのない囚人；新入りの囚人

coyote *n.* 〔米俗〕コヨーテ：メキシコから米国への不法入国者．

cozzer *n.* 〔俗〕警官：イディッシュ語・ヘブライ語の chazar (〔俗〕で警官(pig)) から．

CPR *n.* 礼儀・プロ意識・尊敬：NYPD(New York 市警)が 1996 年から使用しているスローガン "courtesy, professionalism, respect" の頭文字．パトカーの車体に書かれていて，CPR の部分は赤字で目立つようになっている．

Crab *n.* 〔米ストリートギャング俗〕カニ野郎：Bloods (1972 年に Los

Angelesで設立されたストリートギャング(street gang)で赤の衣服を着用)のメンバーが対抗集団Crips(Los Angelesのアフリカ系アメリカ人のギャング)のメンバーを呼ぶ軽蔑的表現. ⇨ Bloods, Crips

crack *n.* 〔麻薬俗〕クラック(crack)：高純度に精製した結晶状で丸薬大のコカイン. コカインを重曹(baking soda)の水溶液の中で混ぜ, 熱して作る. 鼻から吸う(sniff)のではなく喫煙の形で煙を吸い込む. 強い幻覚作用があり, 依存性が強い. ⇨ freebase

crack house *n.* 〔麻薬俗〕クラックを吸ったり密売したりする場所：crack den とも言う.

crackie *n.* 〔米黒人俗〕クラック常用者

crackola *n.* 〔米黒人・麻薬俗〕クラック：crack ＋意味を強めるはたらきの接尾辞 -ola から.

crank *n.* 〔俗〕アンフェタミン(amphetamine)：中枢神経刺激剤；クラック(crack)；ヘロイン(heroin)
❏ 人を crank up(やる気にさせる)するところから.

cranked up *a.* 〔麻薬俗〕アンフェタミン(amphetamine)などを使ってハイになった

crap one's pants *v.* 〔俗〕ひどく怯える
❏ 文字通りは「ズボンの中でうんこをする」. 恐怖心で括約筋(sphincter muscle)が弱まることから.

crash *v.* ❶〔麻薬俗〕麻薬の酔いからさめる：自らの努力や, 警官の姿を見たショックなどで.
❷〔麻薬俗〕(アンフェタミン(amphetamine)のような強い薬物をやって)酔いつぶれる：crash out とも言う.
❸〔米暗黒街俗〕侵入する
❹〔米刑務所俗〕脱獄する：crash out とも言う.

crate *n.* 〔米刑務所俗〕たばこ１カートン

crazy *n.* 〔麻薬俗〕コカイン(cocaine)

crazy fence boys *n.* 〔米刑務所俗〕脱獄を企んでいる囚人たち

cream *n.* 〔俗〕現金：cash rules everything around me(現金は周囲のあらゆるものを支配する)の頭文字から.

creeper *n.* ❶〔米暗黒街・警察俗〕空き巣狙い；こそ泥 ⇨ cat bur-

glar
❷〔英俗〕客の衣類から金品を盗み取る売春婦（またはその仲間）

creeping and tilling *n.* 〔米黒人俗〕レジ（till）から現金を盗むこと：仲間がレジ係の気をそらしている隙にレジを開けて奪う．

crew *n.* ❶〔俗〕ギャング
　❷〔俗〕不良（hooligans）
　❸〔米俗〕落書き集団
　❹〔俗〕麻薬の売人

crib *n.* 〔米刑務所俗〕独房（cell）

crib burglar *n.* 〔犯罪俗〕空き巣狙い：crib =〔俗〕an apartment or house.

crim *n.* 〔オーストラリア・ニュージーランド俗〕犯罪者：criminal の短縮．

crime against nature *n.* 反自然的犯罪：広義には同性間・異性間の，または獣に対する反自然的性行為をいい，狭義には同性愛者の性行為（sodomy）を指す婉曲的かつ古風な言い方．同性愛者に向かって使うのは軽蔑的であり注意が必要．
　❏ より狭義には獣姦［肛門性交］（bestiality [anal intercourse]）を暗示するが，フェラチオ（fellatio）を示すこともあり，米国では州によって何を指すかその定義が異なるあいまいな表現．

crime-buster *n.* 〔俗〕刑事；警官：タブロイド紙でよく使われる大げさな言い方．

crime dog *n.* 〔米警察俗〕熱血警官

crime laboratory *n.* （警察の）科学捜査研究所：いわゆる「鑑識」．

crime laboratory specialist *n.* 科学捜査官；鑑識課員：crime lab specialist, crime lab technician とも言う．

crime magnet *n.* 〔米警察俗〕次々と事件に出くわす警官
　❏ 文字通りは「事件マグネット」．

crime scene *n.* 犯行現場 ⇨ secondary crime scene, primary crime scene

crime scene card *n.* 犯行現場カード：許可された者以外の犯行現場への立ち入りを制限することを告げるカード．

crime scene contamination *n.* 犯行現場破壊汚染行為：起訴するために必要な犯行現場の物的証拠[痕跡]を，故意ではなく壊したり汚したりしてしまう行為．

crime scene investigation *n.* 犯行現場（科学）捜査 ⇨ CSI

crime scene investigator *n.* 犯行現場（鑑識）捜査官：crime scene technician とも言う．

crime scene kit *n.* 犯行現場捜査用キット：fingerprinting kit(指紋採取用), casting kit(足跡採取用), laser trajectory kit, gunshot residue kit(発射残渣採取用), serology kit(毛髪など血清学的検体採取用), hazmat kit(危険物質検出用), sexual assault kit(精液採取用) などが含まれる．

crime scene tape *n.* 犯行現場を囲うテープ：黄色地のビニールテープに黒文字で "POLICE LINE DO NOT CROSS"(警察警戒線,「これより中への立入禁止」)などと書かれている．

❑ 木挽(こびき)台[ウマ] (sawhorse, sawbuck) がバリケードとして使われることもある．

crime scene technician *n.* ⇨ crime scene investigator

crime scene unit *n.* 犯行現場（科学）捜査班：犯行現場に残された物的証拠の収集と保全を行う．略 CSU．

Crime Stoppers *n.* クライム・ストッパーズ：地域住民・メディア関係者・企業などが，犯罪を解決するために協力する民間組織．匿名の電話で犯罪に関する情報を警察に提供，有力情報と認められれば謝礼金(最高 1,000 ドル)を受け取る．

❑ Crime Stoppers International, Inc. の本部は米国 Texas 州 Arlington にあり，米国内の各州に支部を持つほか，オーストラリア，カナダ，ジャマイカ，メキシコ，プエルトリコなどの国々に支部がある．*Crime Stoppers 800* (『クライム・ストッパーズ800』) はテレビの 30 分番組で，1989 年秋に放映を開始して 1991 年まで続いた．ホスト役は Edwin Hart(エドウィン・ハート) と現職の警官 (Larry Gross(ラリー・グロス) 刑事[1989-90], Marete Edillo(マレーテ・エディロ) 巡査[1990-91]) だった．Fox テレビの人気番組 *America's Most Wanted* (『米国最重要指名手配犯』) の焼き直しであったが，この番組では犯人逮捕や犯人自白に至る情報の提供が

あった場合にはその通報者に対して賞金が提供された．

crimey *n.* 〔米暗黒街俗〕共犯者

criminal insanity *n.* 〔法〕心身喪失：犯行当時，被告は自分の行為及びその善悪について判断する能力に欠ける精神錯乱状態にあったと言うこと．⇨ McNaghten Rules

Criminal Investigation Department (**the**) *n.* 〔英〕(London 警視庁の)刑事部：略 CID．米国の警察機構の中にもこの名称で置かれている．⇨ Scotland Yard

criminalist *n.* 犯罪学者

Crip *n.* 〔ストリートギャング俗〕Crips のメンバー

Crips (**the**) *n.* クリップス：Los Angeles を拠点とし，全米に勢力を拡大したアフリカ系アメリカ人によるストリートギャング集団．暴力性で知られシンボルカラーは青．対抗勢力は Bloods．⇨ Bloods, Crab, C walk

cross-bar hotel *n.* 〔米暗黒街俗〕刑務所(prison)：文字通りは「鉄格子(のはまった)ホテル」cross-bar Hilton とも言う．⇨ gray-bar hotel, Graystone College

crossfire *n.* 〔米犯罪俗〕詐欺師2人がカモに聞こえる程度の声量でする秘密めいた会話：カモがそれを耳にして誤って詐欺師を信用してしまうような内容のもの．もとはヴォードヴィル(vaudeville)でのことばのやり取りを指したもの．

crossroader *n.* ❶〔米ギャンブル俗〕(カモを求めて)賭博場を渡り歩くいかさま師：交差点に立って四方をキョロキョロと見て獲物を求めたり，獲物がいたら追いかけて交差点を渡ったりする姿のイメージから．

❷〔米俗〕泥棒：大半は定住せずにあちらこちら渡り歩くことから．

cross the line *v.* 〔米警察俗〕警察の任務を非道義的にやり始める：「一線を越える」の意．

cross tops *n.* 〔米警察俗〕アンフェタミン(amphetamine)の錠剤：錠剤に X の文字が刻印してある．

crowbar *n.* バール；かなてこ：強盗がドアや窓をこじあけて侵入する際に使用する．jemmy, jemmy bar とも言う．

❑ 黒くて先端が二つに割れた外形がカラスの足先に似ているた

め.

cruise car　*n.*　〔米俗〕パトカー（patrol car）

cruiser　*n.*　〔米俗〕パトカー（patrol car）

cruiser with berries flashing　*n.*　〔米警察俗〕警告標識灯を点滅させて走っているパトカー

crystal　*n.*　❶〔麻薬俗〕純粋なコカイン；コカインの結晶

❷〔麻薬俗〕アンフェタミン（amphetamine）またはメタンフェタミン（methamphetamine）製剤各種の粉末

❸〔麻薬俗〕フェンシクリジン（phencyclidine）

❹〔米麻薬俗〕アンプル入りの液状メセドリン（Methedrine）⇨ crystal meth

crystal meth　*n.*　〔麻薬俗〕メタンフェタミン（methamphetamine）の粉末状結晶

CSI　*n.*　❶犯行現場科学捜査（crime scene investigation）

❷犯行現場（鑑識）捜査官（crime scene investigator）：日本の警視庁「特別捜査官」の一つの「科学捜査官」とは職務内容が異なる．
❑ 米国 CBS 系で 2000 年 10 月から放映されている人気警察ドラマに *CSI:Crime Scene Investigation*（『CSI: 科学捜査班』）がある．

CSI effect　*n.*　CSI 効果：映画・テレビの犯罪ドラマの影響で，犯罪科学捜査に対して一般大衆が過剰な信頼を抱くこと．ドラマでは科学捜査によって事件が鮮やかに解決するため，そういうものだと信じた人が陪審員になると，必要以上に科学的な証拠を要求したりする．CSI syndrome とも言う．
❑ また，犯罪を企てる者が科学捜査ドラマを参考にして証拠が残らないように工夫したり，法医学専攻を希望する学生が増加したりといった影響も出ている．

CSI syndrome　*n.*　⇨ CSI effect

CSU　*n.*　⇨ crime scene unit

cubehead　*n.*　〔麻薬俗〕LSD 常用者：特に角砂糖に LSD を垂らしたものを使う．単に cubie とも言う．
❑ -head は「麻薬の常用者」を意味するときに使う接尾辞．

cuffed and stuffed　*a.*　〔米警察俗〕逮捕されて押し込まれた：逮捕したことを面白おかしく表す言い方．Texas 州 Austin の警察で

使われた．cuffed は handcuffed, stuffed はパトカーの後部座席に詰め込まれたことを表す．

cuff man *n.* 〔米警察俗〕手錠を掛ける任務の警官：NYPD(New York 市警)のことば．手錠を掛けなければならない容疑者が多数いる場合にもっぱら手錠掛け役の警官．この場合は簡易プラスチック手錠(flex cuffs)を使う．

culprit *n.* ❶犯罪者
❷〔法〕(在廷)被告人：正式事実審理を待つ被告人．

cut loose *v.* 〔米刑務所俗〕拘束を解く(容疑者などを釈放する)；自由の身になる

cutter *n.* ❶〔米俗〕検死官(coroner)；監察医(medical examiner)；法病理学者(forensic pathologist)
❷〔米俗〕人斬り野郎：武器や刃物の扱いのプロ．
❸〔米俗〕(麻薬の)増量剤：純粋薬を手に入れた売人が cut(〔俗〕薄める)してかさを増して売るため．
❹〔米俗〕ピストル；リボルバー：特に殺傷力の強いコルト銃．

cutting corners *n.* 〔米警察俗〕警官が正確を求められるペーパーワークを怠ったり，逮捕や捜索に必要な令状を取る仕事に手抜きをしたりすること：もとは〔米軍隊俗〕．
☐ 一般には「近道をする，安易な方法を取る」の意味のイディオム．

Cuzz; cuz *n.* 〔ストリートギャング・米黒人俗〕Crips のメンバー：Crips(Los Angeles のアフリカ系アメリカ人ギャング)のメンバー同士がお互いを呼ぶときにも用いる．いとこ(cousin)の意．また，coz, cuh, cus などの呼び方もある．⇨ Crips

CW *n.* 〔米警察俗〕密告者：confidential witness の頭文字．FBI(〔米〕連邦捜査局)の用語．

C walk *n.* 〔米ギャング俗〕C ウォーク：Crips (Los Angeles のアフリカ系アメリカ人ギャング)のメンバーに特有な，大股での駆け足．

CYA 〔米警察俗〕身持ちをよくしておけ：Cover Your Ass.(ペーパーワークを正確にきちんとしておけ)．麻薬捜査官が第一に守るべきルール．
☐ 一般には〔俗〕「言い訳(とアリバイ)を用意しておけ」の意味で使

われる. 文字通りは「ケツをちゃんと隠しておけ」.

cybercrime *n.* サイバー犯罪：コンピューターやインターネットを利用した犯罪.

cyclops *n.* 〔米警察俗〕ヘッドライトの１つが切れて点灯していない車：ギリシャ神話の一つ目の巨人 Cyclops(キュクロープス)の名から.

cylinder *n.* (輪胴［回転］式ピストル(revolver)の) **回転弾倉**；輪胴；シリンダー

Dd

D *n.* ❶〔米暗黒街俗〕拘留；留置：detention の略. d, dee とも書く.
❷〔俗〕刑事：detective の略. もとは〔オーストラリア・ニュージーランド俗〕. d, dee とも書く.

DA *n.* ❶〔米法〕地区検察官；地区検事：district attorney の頭文字. ⇨ district attorney
❷〔米俗〕麻薬常用者（drug addict, dope addict）：また D.A., d.a. とも書く.

dab *n.* ❶《複数形で》〔英俗〕指紋（fingerprints）：原義は「軽く叩く」で，指紋採取のため粉を刷毛で軽く叩くように塗るところから.
❷〔英麻薬俗〕指先を突っ込んで附着させた少量のコカインなどの粉末

daddy *n.* ❶〔米俗〕ヒモ（pimp）
❷〔英刑務所俗〕同房受刑者に脅しなどの手を使って支配的にふるまうリーダー；少年院のリーダー

damage action *n.* 〔法〕損害賠償請求訴訟（action for damages）

damper *n.* ❶〔米・カナダ刑務所俗〕（懲罰用の）隔離独房；独房：気持ちを静める（damp down）ところ.
❷〔俗〕レジ（cash register）：強盗が金を盗むのもちょろいものだと思っているのに反して期待をくじく（damp）頑丈な機器だから.

dance hall; dancehall *n.* 〔米刑務所俗〕処刑室（execution chamber）；死刑執行前に待機する独房または廊下：処刑の瞬間に全身が dance（ダンス）をしているように見えるところから.

D and D *v.* 〔米俗〕無銭飲食をして逃げる：dine and dash の略.
— *a.* 〔英俗〕酔って暴れている：逮捕の正式な理由. drunk and

disorderly の略.

dart-out accident 〔米警察俗〕飛び出し事故：駐車している車の列の間から子供が飛び出して交通事故に遭うことが多い.

date-rape drug *n.* デートレイプドラッグ：(デート中に)飲食物に混入させ, 女性を意識不明にして暴行する目的で悪用する中枢神経抑制薬. GHB, Rohypnol, Special K など.

dauber *n.* 〔米俗〕盗難車を塗りかえてしまう塗装工
❑ 一般には「壁を塗る人」の意

D. B. *n.* 死体 (dead body)：d. b. とも書く.

d.c. *n.* 〔米刑務所俗〕死刑囚監房 (death cell)

DCDS *a.* 〔米警察俗〕現場で死亡確認された：誰の目にも死亡が明白な状態を指す. Deceased Confirmed Dead at Scene の略. ⇨ DOA, DRT

D.D. *n.* ⇨ dying declaration

d-dog *n.* 〔米俗〕麻薬探知犬

DEA *n.* 米国麻薬取締局：米国司法省 (Department of Justice) の一部局. Drug Enforcement Administration の頭文字. Richard Nixon(リチャード・ニクソン)(1913-94) 大統領の下で 1973 年に設立.

dead as a dodo *a.* 〔俗〕完全にくたばった
❑ dodo は Mauritius 島などに生息していた飛べない鳥で 17 世紀に絶滅した. d 音による頭韻 (alliteration) で, 他のものを比較の引き合いに使った表現. dead as a doornail (ドア飾りの鋲(びょう)), dead as dogshit (犬のふん) も同義.

dead as a doornail *a.* ⇨ dead as a dodo

dead-copper *n.* 〔オーストラリア俗〕(警察への)情報提供者；密告者

dead man *n.* 〔米警察俗〕死刑囚監房棟 (death row) にやって来たばかりの死刑囚

dead man walking *n.* デッドマン・ウォーキング：死刑囚が死刑執行に向かっていることを指す表現.
❑ Helen Prejean(ヘレン・プレジャン)原作で 1995 年の米国映画 *Dead Man Walking*(『デッドマン・ウォーキング』)若いカップル

を惨殺し，死刑執行を目前にした囚人に手を差し伸べる修道女の物語）から使われるようになった言い方．

dead on arrival *n.* ❶到着時死亡(者)

❷〔英俗〕ヘロイン (heroin)：heaven dust, hell dust などと死後の世界を指す語で呼ばれるところから．

―― *a.* 病院到着時死亡の ⇨ DOA

dead president *n.* 〔米俗〕札(さつ)；1ドル；(複数で)金(かね)(money)：紙幣に過去の大統領の肖像が使われていることから．

dead time *n.* 〔米刑務所俗〕停止期間：刑期に算入されない拘禁期間．刑務所内で他の受刑者との接触を禁じられる期間．

deal *n.* 取り引き；〔麻薬俗〕麻薬取り引き

• *cap the deal* 〔俗〕取り引きをまとめる
• *Let's make a deal.* 取り引きをしよう《警察が容疑者に取り引き (plea-bargain) を持ち掛けるときの言い方．》

―― *v.* ❶《deal upで》〔法〕司法取り引きをする

❷〔俗〕薬(やく)を売る［売買する，さばく］；売人をやる

dealer *n.* 〔麻薬俗〕麻薬密売人；売人；ディーラー：卸売り役で，この下に小売り役の pusher(また pusherman) がいる．

death row, Death Row *n.* 〔米刑務所俗〕死刑囚収容棟；死刑囚監房棟

deck *n.* ❶〔米麻薬俗〕(ヘロイン・コカインなど粉末の) 麻薬の小さな包み：bag とも呼ぶ．

❷〔米刑務所俗〕紙巻きたばこの1箱：刑務所内で通貨代わりとされる．

decomp *n.* 〔米警察俗〕腐敗が始まった (decompose) 死体 ⇨ rice, maggot farm

decoy *n.* 〔米警察俗〕おとり捜査員：decoy duck とも言う．

❏ 原義は「カモ猟の際におとりとして用いられる，生きた，または模型のカモ」．

decoy duck *n.* ⇨ decoy

DeeWee *n.* 〔米警察俗〕ディーウィー：酒や薬物による酩酊運転 (Driving While Intoxicated) の略語 DWI の発音つづり．NYPD (New York 市警) のことば．

defendant *n.* 〔法〕被告；被告人

defense *n.* ❶〔法〕弁護；擁護；答弁（書）；抗弁

❷〔法〕(the) 被告側：被告人とその弁護人. ⇨ prosecution

defense wounds *n.* 防御創：刃物などで攻撃を受けた際に, 自分の身体を守ろうとして受けた傷.

defensive wounds *n.* 防御創 ⇨ defense wounds

Demerol *n.* 〔商標〕デメロール：米国製の鎮痛・鎮痙用 meperidine 製剤. 合成麻薬.

❏ Andrew Dolan（アンドルー・ドーラン）が 2009 年に著した *The Sudden Death of Michael Jackson: The Medical Facts About The Causes of Death*（『マイケルジャクソンの突然死：その死因に関する医学的事実』）には, 彼の死因と関係があると考えられる薬品名としてこの Demerol のほかに Diprivan, Ativan, Versed, Valium, Xylocaine, Anexate, Xanax などが出てくる.

demon *n.* 〔オーストラリア俗〕刑事；(特に白バイに乗る) 警官

dentition *n.* 歯生状態：歯の数・種類・状態など；歯列

❏ 歯は死体が白骨化しても生前の状態と変わらないため, DNA とともに故人を特定する捜査の決め手となる. ⇨ forensic odontology

Denver boot *n.* 〔米俗〕デンバーブーツ：車輪固定具のこと. 常習的な違法駐車車両を固定して動けなくするために使用する. 単に boot とも言う（〔英〕wheel clamp）. ⇨ clamp

deputy do-right *n.* 〔米黒人・暗黒街俗〕警察；警官：単に do-right とも言う.

derrick *n.* （名人級の）万引き犯：一般には, 船への貨物を吊り上げる「起重機」の意.

derringer *n.* デリンジャー（式ピストル）：Philadelphia の鉄砲鍛冶(じ)（gunsmith）Henry Deringer（ヘンリー・デリンジャー）(1786-1868) が考案した, 口径が大きく銃身の短い 2 連のポケットピストル Deringer をまねて, 他の会社が製造したもの. 小文字の d を使い, r を重ねることによって区別している. 商品の名前では大文字の D も使われ, IAR, Inc. が製造する Remington Model 1866 Double Derringer が知られている.

Desert Eagle *n.* デザートイーグル：イスラエルの軍需産業 IMI (Israel Military Industries) 製の大型ピストル．Minnesota 州 Minneapolis の Magnum Research でも製造．意味は「砂漠のワシ」．

❑ *The Matrix*(『マトリックス』)，*Charlie's Angels*(『チャーリーズ・エンジェル』)，*Pulp Fiction*(『パルプ・フィクション』)などの映画で使われて有名になった．また，コミックブックシリーズ *Danger Girl*(『デンジャー・ガール』)の中でも使われた．

desertion *n.* 〔法〕遺棄：配偶者・被扶養者に金銭的支援を怠るなど，義務を意図的に放棄すること．

designer drug *n.* 〔薬〕デザイナードラッグ：ヘロインやコカイン薬物とは多少異なるように分子構造を変え，違法にならないように合成した薬物．

desk *n.* 〔米警察俗〕犯罪捜査担当者：通例 Washington, D.C. にある FBI(〔米〕連邦捜査局) 本部で使う語．

desk cowboy *n.* 〔米警察俗〕(現場に出ないで支援する) 警察職員：desk pilot とも言う．

desk jockey *n.* 〔米警察俗〕(現場に出ないで) デスクワークをする警官

❑ 〔俗〕では「事務員 (clerk)」．

Desoxyn *n.* 〔商標〕デソキシン：米国製の中枢神経興奮剤．一般名は methamphetamine (メタンフェタミン)．乱用による事故が多い．

detainee *n.* 〔法〕(政治的理由による) 被拘禁者；被抑留者

detention *n.* 〔法〕拘置；留置；拘禁

detention centre *n.* 〔英〕短期収容所：不法入国者・難民・裁判や判決待ちの者などを対象とする．

deuce *n.* ❶〔米警察俗〕酔っ払い；酒気帯び運転者

❷〔米刑務所俗〕2 年の刑期：deuce-burger とも言う．一般にはトランプの2の札，ダイスの2の目を表す語からの「2」の数字．deuce を含む語はすべてこの数字関連語．

Deuce (**the**) *n.* 〔米警察俗〕(New York の) 42 番街 (Forty-second street．通称 Forty-Deuce)：Manhattan の 6 番通りと 9 番通りに

挟まれた42番街．1990年代初めまではポルノ映画館やポルノ書店が軒を並べていた．家出少年・少女が集まり，かつて全米で最も犯罪率が高いところと言われた．

deuce and a quarter *n.*　❶〔米黒人・ティーンエージャー俗〕ビュイック　エレクトラ(Buick　Electra) 225の通称：General Motors製の大型セダン．1959-90年発売．この通称は60年代から，全長が225インチ(5,715 mm)あったところから付けられた呼び名．

❷〔米黒人俗〕225馬力のエンジンを持つ車：deuce-25とも言う．

❸〔米刑務所俗〕2年から25年間の刑期

deuce-deuce *n.*　〔米俗〕22口径の拳銃

devastator *n.*　〔米警察俗〕破壊弾：先端が爆発する小口径弾．

dex *n.*　〔米俗〕デックス：中枢神経刺激薬〔商標〕Dexedrine．覚醒剤として乱用される．⇨ dexies, dexy

dexie; dexi *n.*　〔俗〕デクシー：：中枢神経刺激薬〔商標〕Dexedrine．覚醒剤として乱用される．〔オーストラリア麻薬俗〕ではdexoと言う．⇨ dexies, dexy

dexies, dexy *n.*　〔米麻薬俗〕デクシーズ；デクシー：中枢神経刺激薬〔商標〕Dexedrine．覚醒剤として乱用される．

diamond *n.*　〔英俗〕菱形をしたアンフェタミン(amphetamine)錠剤；MDMA錠剤

dick *n.*　〔米俗〕警官；刑事；デカ；おとり捜査員(undercover investigator)：detectiveの短縮．また，deekとも言う．

• *a private dick*　私立探偵 ⇨ private badge
• *Dick Tracy*　ディック・トレイシー《同名の米国漫画・テレビドラマなどに登場する主人公の刑事．》

Dickless Tracy *n.*　〔米暗黒街俗〕婦人警官

❑ ディック・トレーシーは，米国の漫画家Chester Gould(チェスター・グールド)(1900-85)の漫画(1931)などに登場する，あごの張った非情の刑事．そのDick Tracyとdick(ペニス)を掛け，その 'dick' が「ない」(-less)と言ったもの．またTracyはよくある女性名．また，dickless Tracy, dickless tracyとも書く．

dictionary *n.*　〔米刑務所俗〕弓のこの刃(hacksaw blade)：Texas

州刑務所で使われるが, 語源不明.

diddler *n.* 〔米・カナダ俗〕子供に性的ないたずらをする者；〔米刑務所俗〕子供に性的いたずらをして入所している者：short eyes とも言う.

diener *n.* 〔南アフリカ俗〕警官：オランダ語の dienaar ('servant') が語源のアフリカーンス語（南アフリカ共和国の公用語）で,「奉仕する人」の意味の語. 特に Western Cape で使われる.

diesel *n.* 〔英刑務所俗〕（刑務所の）紅茶：味・色がディーゼル用燃料油を思わせるところから.

dig *n.* 〔麻薬俗〕麻薬の注射：注射針が静脈に 'dig into' するところから.
—— *v.* 〔英麻薬俗〕麻薬を静脈に注射する

digger *n.* ❶〔米暗黒街俗〕スリ犯
❷〔英麻薬俗〕静脈注射で麻薬を使用する者
❸〔カナダ・ニュージーランド・米暗黒街俗〕独居房

Dil-Dil *n.* 〔米麻薬俗〕ディル・ディル：ストリートドラッグ（street drug）として乱用される米国製の麻薬性鎮痛薬〔商標〕Dilaudid.

Dilly 《the》 *n.* 〔英暗黒街・警察俗〕ザ・ディリー：London 中心近くの大通りで, 男娼が好む地区として知られている.

dime *n.* ❶〔麻薬俗〕10 ドル分の麻薬；10 ドル分のクラック（crack）（結晶状の高純度コカイン）または マリファナ（marijuana）
❷〔米刑務所俗〕10 年の実刑

dime bag *n.* 〔米麻薬俗〕10 ドル分の麻薬
—— *a.* 〔米麻薬俗〕街で売りさばき役の：麻薬組織の序列の最低ランクの役を指して使う.

dime dropper *n.* 〔米俗〕密告者；たれ込み屋 ⇨ dime
dime on *v.* 〔米黒人俗〕密告する
dinger *n.* 〔米俗〕警報器：わざと目に付くように設置された, 侵入者を感知するもの, あるいは, 銀行の外に設置されたもの.

dinosaur *n.* ❶〔米警察俗〕（捜査手法が）時代遅れの警官：軽蔑的な言い方.
❷〔米麻薬俗〕年輩高齢のヘロイン常用者

dip *n.* 〔米俗〕スリ犯: 特に,スリ二人組のうちの財布を抜き取る役. 設定役 (setup) がカモにぶつかり, カモがよろけた隙に dip がすり取る. カモのポケットに手を突っ込む (dip) ところから.
  —— *v.* 〔米俗〕金品をする
  • *dip into pockets* 懐に入っている物をすり取る

dipper *n.* 〔俗〕スリ犯

direct evidence *n.* 〔法〕直接証拠: 犯罪現場に残された物的証拠や目撃者の証言など. ⇨ indirect evidence, circumstantial evidence

dirty *a.* ❶〔米刑務所俗〕(検尿で) 麻薬使用の形跡がある
  ❷〔米刑務所俗〕(看守が) 不法行為をしている: 囚人との性行為, 性行為や金と引き換えに持ち込み禁止品を見逃すなど.
  ❸〔米麻薬俗〕麻薬中毒の; 麻薬を持っている

dirty cop *n.* 〔米刑務所俗〕汚れた看守: 'dirty' な行為をする看守.

dirty dishes *n.* 〔米暗黒街俗〕人を罪に陥れるため警察がこっそりと置く証拠品

Dirty Harriet syndrome *n.* 〔米警察俗〕ダーティーハリエット症候群: 新人婦人警官が男性警官に引けを取らないところを見せようとやりすぎたり, ことさらタフな振る舞いをしたりすること. Jane Wayne syndrome とも言う.
  ❏ Connie Fletcher (コニー・フレッチャー) 教授 (Loyora University Chicago ジャーナリズム専攻) が 1991 年に著書の *What Cops Know* で使った表現. ⇨ Jane Wayne syndrome

Dirty Harry syndrome *n.* 〔米警察俗〕ダーティーハリー症候群: 張り詰めた状況にある新人警官がタフガイらしく行動しようとするあまり過度の暴力をふるうこと. John Wayne syndrome とも言う.
  ❏ Clint Eastwood (クリント・イーストウッド) (1930-) が主演した刑事物の映画シリーズの主人公の刑事 'Dirty Harry' から. ⇨ Dirty Harriet syndrome, John Wayne syndrome

dis; diss *n.* 〔ストリートギャング俗〕軽視; 侮辱: disrespect の短縮. 動詞としても使う. この行為がしばしば殺人に発展する.
  —— *v.* 〔俗〕放免する ⇨ discharge

discharge *n.* 〔法〕放免；釈放；出所；免責
　── *v.* 〔米刑務所俗〕(刑務所から)放免する
discovery *n.* 〔法〕開示(手続き)；〔米法〕証拠開示(手続き) ⇨ pleading
dismissal without prejudice *n.* 〔法〕再訴可能な訴え却下
Disneyland *n.* 〔米暗黒街俗〕管理や規則が厳しくない刑務所：皮肉を込めて，正反対のとても管理や規則が厳しい刑務所を指す場合もある．
Disneyland East *n.* 〔米警察俗〕司法省(Department of Justice)：Washington, D.C. にある．FBI(〔米〕連邦捜査局)のことば．
disorderly conduct *n.* 〔法〕治安紊乱(びん)行為：治安・公衆道徳を乱し，社会に害を与える恐れのある行為．
dissenting opinion *n.* 〔法〕反対意見：判決を導いた多数意見と反対の立場に立つ少数意見．判決に付記される．
distraction thieves *n.* 〔米警察俗〕気散らし泥棒：空港など人の多い場所で，わざと現金を落としたり，大声で議論し合ったりして人の気を散らし，その隙に財布や手荷物類を盗むスリの一団．
district attorney *n.* 〔米法〕地区(首席)検察官；地区(首席)検事：州がいくつかの裁判区(judicial district)に分かれている場合の各々の裁判区の首席検事．公訴の提起・維持を任務とし，各々の裁判区で住民による公選で選出．略 DA．
disturbance of the peace *n.* 〔法〕平和攪乱(らん)(罪)；公共の静穏妨害：過度の騒音によって他人に不快感を与える行為など．
divorce *n.* ❶〔米警察俗〕(DV で起こる)夫婦間の発砲事件
　❷〔米俗〕組織のスリ構成員が投獄されること
DMZ *n.* 〔米警察俗〕(都市部で)犯罪率の高い地域とそうでない地域の境界の通り：もとは軍事用語で，demilitarized zone(非武装地帯)の略語．
DOA *n.* ❶病院到着時死亡(者)：dead on arrival の頭文字．
　❷〔米麻薬俗〕命取りの麻薬：快楽追求麻薬(recreational drug)の PCP の別称．効きめが強く，危険．

——— *a.* 病院到着時死亡の ⇨ DCDS, DRT, GOA

do a bunk *v.* 〔俗〕逃げる；隠れる：英国 Lincolnshire の方言で bunk（逃げる）の名詞を使った表現．

do a ghost *v.* 〔米ストリートギャング・黒人俗〕その場から立ち去る；消える

do a runner *v.* 〔英暗黒街・労働者階級俗〕（警察の手を逃れて）逃亡する；姿をくらます：もとは無銭飲食をして逃げることを指す言い方．

docket *n.* 〔法〕事件要録；事件記録；事件表；〔米法〕未決訴訟事件表；〔英法〕判決一覧表 ⇨ calendar, trial docket

Doctor Feelgood; Dr. Feelgood *n.* ❶〔麻薬俗〕覚醒剤となる薬物を患者の望むとおりに処方する医師

☐「よい気分（good feeling）を与える医師」という表現そのものは, 米国のブルースピアニスト Piano Red（ピアノ・レッド）（本名 William Lee Perryman）（ウイリアム・リー・ペリマン）(1911-85) のレコード *Dr. Feelgood and the Interns*（1962）から．後に〔麻薬俗〕で使われるようになったもの．

❷〔麻薬俗〕ヘロイン（heroin）

dog *n.* ❶〔暗黒街俗〕警官

❷〔オーストラリア俗〕私服の鉄道公安官

❸〔オーストラリア・米俗〕密告者

dogcart *n.* 〔オーストラリア俗〕パトカー

dog-driver *n.* 〔西インド諸島俗〕警官：野良犬を追い払うことから．皮肉った呼び方．

dog food *n.* 〔米麻薬俗〕ヘロイン（heroin）

doghouse *n.* ❶〔米刑務所俗〕刑務所の監視塔（watchtower）；刑務所内の保護拘置室

❷〔米俗〕盗んだ車を短期間隠しておくために住宅街に借りた小さな車庫

dog squad *n.* 〔オーストラリア俗〕おとり捜査班

dog watch *n.* 〔米警察俗〕深夜から早朝にかけての交替勤務：この時間帯には街には警官と野良犬しかいないから．

doin' doors *n.* 〔米警察俗〕ドアの蹴破り：悪徳警官が麻薬取り引

き現場に令状なく押し入って金をせしめたり麻薬を強奪したりすること．drug raid とも言う．

dolly *n.* 〔米俗〕合成鎮痛薬（methadone）の〔商標〕Dolophine のカプセル剤の別称；（一般に）合成モルヒネ（morphine）

dolly-mixtures *n.* 〔英警察俗〕（犯人の顔・犯行現場などの）写真：dolly-mixtures（小さなお菓子の詰め合わせ）の mixtures と pictures の韻を踏ませた押韻俗語．

dome light *n.* 〔米警察俗〕（パトカーの屋根の）警告標識灯：車内灯を指すこともある．⇨ gumballs

domestic violence *n.* ドメスティックバイオレンス：配偶者や内縁関係にある者の間で起こる身体的あるいは性的暴力行為で，同居の有無は問わない場合もある．略 DV．別の呼び方に intimate violence がある．

❏ これを扱うのは domestic violence court，被害者の女性を庇護する施設は domestic violence shelter．対象者を明確にした言い方の wife beating（妻への虐待），husband beating（夫への虐待），あるいは spousal abuse（配偶者への虐待）もある．child abuse（児童虐待）や elder abuse（老人虐待）などを含めた言い方は family violence（家庭内暴力）と呼ぶ．⇨ intimate violence

doolan *n.* 〔オーストラリア俗〕警官：アイルランド系移民の職業として多いのが警官で，そのアイルランドに多い姓が Doolan であることから．

doom *v.* 〔米俗〕殺害する：doom out とも言う．

door *n.* 〔米刑務所俗〕ドア：刑期の終了．

doorkickers *n.* 〔米警察俗〕ドアキッカーズ：SWAT（〔米〕特殊火器戦術部隊）の強行突入班（entry team）．扉を蹴破って強襲するところから．

door poppers *n.* 〔米俗〕ドアポッパー：全面が同じ目（5 か 6）のいかさまさいころ．バレた際にドアを勢いよく開けて（pop open）逃げるところから．

door ram *n.* ドアラム；扉破りの槌(?)：鉄製の円筒に持ち手（handle）が付いたもので，建物のドアや壁をぶち破る工具，SWAT（〔米〕特殊火器戦術部隊）などの強行突入班（entry team）や消防

士が使用. battering ram とも言う. ⇨ battering ram

door shaker *n.* 〔米警察俗〕**警備員**：警官が軽蔑して呼ぶ言い方. ドアをガタガタして施錠してあるかどうかを確認することしかしないから. ⇨ no-badge, rent-a-cop

dope pusher *n.* 〔麻薬俗〕麻薬の売人：dope peddler とも言う.

dope testing *n.* ドーピングテスト；薬物検査

doping *n.* ドーピング：スポーツ競技や競馬などで, 好成績を得ようと不正に薬物などを使用すること.

double-deuce *n.* 〔米ストリートギャング俗〕ニイニイ：22口径の拳銃.

double jeopardy *n.* 〔法〕二重の危険：同一犯罪で被告人の刑事責任を再度問うこと. 合衆国憲法修正第5条では次のように禁止する.「いかなる人も, 同一の犯罪について生命や身体の危険に二度さらされることはない」(nor shall any person be subject for the same offense to be twice put in jeopardy of life or limb).

doubler *n.* 〔英暗黒街俗〕ダブラー：提供された賄賂を受け取り, その上で逮捕する汚職警官.

do up *v.* ❶〔米麻薬俗〕麻薬を打つ；(麻薬を打つために)腕に駆血(くけつ)帯(tourniquet)を巻く

❷〔俗〕奪う

❸〔俗〕殺す

down *n.* 〔米刑務所俗〕ヘロイン(heroin)

downer *n.* 〔米麻薬俗〕鎮静薬；バルビツレート(barbiturate)：中枢神経抑制作用がある. down とも言う. ⇨ upper

down trip *n.* 〔米麻薬俗〕(麻薬による)不快な幻覚

DP *n.* 〔警察俗〕精神障害者；情緒不安定者：(emotionally) disturbed person の頭文字. ⇨ EDP

dragnet *n.* ドラグネット：(警察の)捜査網, 警戒網. 原義は「引き網, 底引き網, 地引き網」.

❏ 米国のラジオ・テレビ(1951-59, 67-70年, NBC)の警察ドラマシリーズに *Dragnet* (『ドラグネット』)があった. LAPD(Los Angeles市警)の Joe Friday(ジョー・フライデー)刑事を中心に, 警察の捜査を実録風に描いた, 米国で最も有名で影響力のあった, 勧

善懲悪の警察ものドラマ (police procedural).

draped *a.* 〔米黒人俗〕金の宝飾品を身にまとう

Dr. Dead *n.* 〔オーストラリア刑務所俗〕刑務所医 (prison doctor)

DRE *n.* 〔米警察〕薬物識別専門官 (Drug Recognition Expert)：運転者などに表れている症状からその運転者が使用した薬物のタイプを突き止める訓練を受けた警官.

❑ LAPD (Los Angeles 市警) が最初に養成を開始したもので, 同市警には Drug Recognition Expert Unit (薬物識別専門官課) がある.

dresser *n.* 〔米俗〕改造バイク；改造車：装飾性などを高めるためオプションパーツやアクセサリーパーツなどを数多く組み付けたもの.

drive-by *n.* 〔米俗〕走行中の車からの狙撃

❑ 米都市ギャング抗争で典型的なもの. 盗難車を使うことが多い. 'drive-by' the victim [place] (被害者 [特定の場所] の「そばを車で通り過ぎる」) ことから. ride-by とも言う.

driving while black *n.* 〔警察俗〕黒色運転 (停止指導)：法律違反をしていない黒人運転者に警官が停車を命じる行為. 動機は単に人種的偏見によるいやみやいじめ. 停車させて職務質問・車内捜索・ボディーチェックを行い, ときに微罪で拘束したりする. 略 DWB.

❑ driving while intoxicated (酔っ払い運転) のもじり.

drop *n.* ❶〔米警察俗〕(誘拐事件で, 犯人が指定した) 身代金を置く場所

❷〔俗〕(スパイ活動・犯罪計画で別の仲間が受け取るために) 連絡メモ・金などを残しておく場所

— *v.* ❶〔米麻薬俗〕(麻薬 (特に LSD やバルビツール) を) 飲み込む：喉を通して飲み込む (drop down one's throat) ことから.

❷〔英俗〕(特に銃で) 殺す

❸〔米暗黒街俗〕逮捕する

drop a dime (on) *v.* 〔米俗〕(警察に) 密告する：(1970 年代の料金で) 公衆電話に 10 セント硬貨 (dime) を入れて警察に犯罪に関する情報などを伝えたことから. ストリートギャングなどが用

いる. put a dime on とも言う. ⇨ dime dropper

drop gun *n.* 〔米警察俗〕警官が持ち歩いている非公式の銃：事件現場に置いて，容疑者の犯行を不当に立証したり警官の発砲を正当化したりするために使う. 不法行為. throwdown gun, throwdown weapon, throwdown とも呼ぶ.

drop tin *v.* 〔米警察俗〕警官バッジを見せる：tin は〔米俗〕「警官のバッジ」.

Dr. Seuss *n.* 〔米刑務所俗〕スース博士：緑色がかった，小麦粉入り炒り卵.

❏ Dr. Seuss(Theodor Seuss Geisel(セオドア・スース・ガイゼル)(1904-91))の絵本 *Green Eggs and Ham*(『緑の卵とハム』)から.

DRT *a.* 〔米警察俗〕あそこで死んでた：dead right there の略, DOA (dead on arrival 病院到着時時死亡)のもじりで，事件現場で既に死亡が確認できる状態になっていたの意. ⇨ DCDS, DOA

drug dealer *n.* 麻薬密売人：最も一般的な語. ほかに，bag man, baller(特に Los Angeles 地域で), Barnes man(大物の売人であった Nicky Barnes の名から), clocker, mother, missionary, player などで呼ばれる.

Drug Enforcement Administration 〈the〉 *n.* 麻薬取締局：米国司法省(Department of Justice)内の一機関, 略 DEA. 旧称 BNDD.

drug kingpin *n.* 〔米警察俗〕麻薬の親玉：麻薬密売組織のボス. kingpin はボウリングのヘッドピンのこと. drug baron とも言う.

drug lord *n.* 〔米警察俗〕大物麻薬売人

drug pipeline *n.* 〔米警察俗〕麻薬の密輸ルート

drug raid *n.* ⇨ doin' doors

drug runner *n.* 〔麻薬俗〕運び屋：販売元から小売人へ，ときには客に直接手渡す.

drug smuggling tunnel *n.* 麻薬密輸用トンネル：drug tunnel とも言う.

❏ 米国とメキシコやカナダとの国境などで作られる.

drugstore; drug store *n.* 〔米警察俗〕ドラッグストア：街で売

買されるクラックやヘロインなどの麻薬製造に使われるアパート．⇨ crack house

drugstore stuff *n.* 〔米麻薬俗〕一般の薬局（drugstore）で購入できる麻薬性鎮痛薬

drum *n.* 〔俗〕ブタ箱（prison cell）：語源不明，ただし部屋と空洞のドラムを重ねたイメージからか．

drum *v.* 〔俗〕空き家から盗む

drummer *n.* 〔俗〕空き巣狙い

drumming *n.* 〔英暗黒街俗〕セールスマンを装って空き巣に入る家を探し歩くこと

dry dive *n.* 〔米警察俗〕水無しダイビング：ビルの屋上からの身投げ．⇨ jumper

dry firing *n.* 〔米警察俗〕空砲発砲：弾を詰めないで目標を狙って銃の発射練習をすること．

dry run *n.* 〔刑務所俗〕カラ走り：刑務所から法廷への，手間暇がかかる割には成果の出ない出頭．
  ☐ 元来は軍事用語で「実弾なしの射撃演習」の意．

DT; d.t. *n.* 〔米警察俗〕刑事；デカ：detective の略語．20世紀末には特に麻薬取締官を指して使われるようになった．

d-tubocurarine *n.* 〔薬〕d-ツボクラリン：南米産ツヅラフジ科コンドデンドロン属のつる植物（Chondodendron tomentosum）の浸出液から得られるアルカロイド，またはその塩化物．神経筋接合部をはたらかなくして筋肉を弛緩させる骨格筋弛緩（しかん）剤で毒矢のやじりに塗るクラーレ（curare）の主な有効成分．

duck *n.* 〔米警察俗〕放棄された盗難車：車内の金目のものだけでなく，タイヤ・エンジン・シートやワイパーまでもが盗まれる．タイヤが無くなったその車体の様子から．sitting duck（うずくまったアヒル）とも言う．

duck pond *n.* 〔米警察俗〕入れ食いスポット：何の苦労もせず多数の違反切符を切れる場所．hole, cherry patch, cash register とも言う．

duke man *n.* 〔米警察俗〕財布を抜き取る役のスリ犯の犯行を人目に触れないように身体を張って隠す役の相棒：duke は〔俗〕で「手」

の意味で,「手の動きを隠す役目の男」ということ.

dumping ground *n.* 〔米警察俗〕(貧乏で犯罪の温床となっている)スラム街：懲戒の必要があると見なされた警官が巡回させられる.

❑ dumping ground は「ゴミ捨て場」の意味.

dump job *n.* 〔米警察俗〕死体が遺棄された殺人事件：犯行現場とは別の場所へ遺棄されるため難事件となる.

Dumpster diving *n.* 〔米・オーストラリア俗〕ダンプスターダイビング：他人のクレジットカード番号などの情報を得るために, Dumpster と呼ばれる屋外設置の大型ごみ収集箱をあさること. 〔英〕では skipping(この種の大型ごみ収集箱を skip と呼ぶことから)と言う.

❑ 一般には, レストランの裏に置いてある Dumpster から残飯をあさったり, 不要品として人が捨てた物をあさったりする行為を指す.

dump truck *n.* 〔米刑務所俗〕公選弁護人：弁護件数が多すぎてダンプカーの積載部からザーッと積荷を放出するかのように十把ひとからげに囚人の訴えを扱うことから.

dunker *n.* 〔米警察俗〕手口も犯人も分かっていてすぐに解決できる殺人事件：バスケットボールで, 易々とシュートを決めるダンクシュート(dunk shot, slam dunk)ができる選手(dunker)の連想から. 反対は whodunit.

durag *n.* 〔米ストリートギャング俗〕頭に巻いたバンダナ：〔米黒人俗〕から. do-rag, dew-rag, doo-rag, rag などともつづる.

dust *n.* 〔米麻薬俗〕粉末状麻薬

dusted *a.* 〔ストリートギャング俗〕PCP でラリっている

DV *n.* ⇨ domestic violence

DWB *n.* ⇨ driving while black

DWHUA *n.* 〔米警察俗〕いかれ頭運転：Driving with Head Up Ass の頭文字. DWI(酩酊運転)のもじり.

DWI *n.* 〔米法〕(酒・薬物による)酩酊運転：Driving While Intoxicated の頭文字. DUI (Driving Under the Influence) とも言う.

dye pack *n.* 染料入り札束：銀行強盗に手渡す札束の中にうま

く隠し込んだ追跡用染料入りのボールが入った札束．銀行出入り口のセンサーに反応して通常は10秒後に破裂し，札も強盗も鮮紅色に染まる．

dying declaration *n.* 〔法〕臨終の供述：人が死期が迫ったことを認識して行う口頭または書面による供述で，伝聞証拠（hearsay evidence）となる．略 D.D.

Ee

E *n.* 〔俗〕快楽追求麻薬(recreational drug)MDMA：その通称 ecstasy の略語．E-ball とも言う．
　── *v.* 〔英俗〕MDMA を服用する

eagle *n.* 〔米警察俗〕イーグル：SWAT(〔米〕特殊火器戦術部隊)隊員の自らに対する呼称．
　❑ eagle(ワシ)の他に，人質は canary(カナリア)，人質を取っている犯人は crow(カラス)，信用できるかどうかわからない人物は parrot(オウム)と呼ぶ．

Eagle *n.* 〔米警察俗〕イーグル：一匹狼の犯罪者［警官］．

early riser *n.* 〔米刑務所俗〕早期釈放を許可された囚人

earner *n.* ❶〔俗〕儲けになる仕事
　❷〔英警察俗〕(定期的に提供される)賄賂

eastly *n.* 〔ストリートギャング俗〕醜いやつ

eat one's [the] gun *v.* 〔米警察俗〕(警官などが)銃口をくわえて引き金を引いて自殺する

ecstasy *n.* 〔麻薬俗〕エクスタシー：快楽追求麻薬(recreational drug)MDMA の俗称．love-drug と呼ばれていたこともある．

EDP *n.* 〔米警官俗〕(警察から判断して)情緒不安定者：emotionally disturbed person の頭文字．自殺する可能性がある人から人質犯人(hostage-taker)まで，精神的に問題がある人を広く指す politically correct(政治的に公正な)表現．
　❑ California 州の警察が使用する無線コード(radio code)では精神障害者(mental case)の被疑者を 5150 で表す．"This fifty-one fifty's trashed on PCP."(「この 5150 は PCP でラリッてるんだ」)．
　⇨ 5150

egg *n.* ❶〔俗〕クラック(crack)(結晶状の高純度コカイン)

❷〔オーストラリア俗〕快楽追求麻薬 (recreational drug) MDMA の錠剤

eight *n.* 〔麻薬俗〕ヘロイン：heroin の h がアルファベットの 8 番目であることから；1/8 オンス (3.5g) のヘロイン

eightball *n.* ❶〔麻薬俗〕1/8 オンス (3.5g) の麻薬；クラック (crack) とヘロイン (heroin) の混合麻薬；クラックとヘロインで風味を付けた巻きたばこ (cocktail)

❷〔米刑務所俗〕囚人仲間；8 年の刑期

18th Street Gang *n.* エイティーンス・ストリート・ギャング：Los Angeles を拠点とする主にメキシコ系のメンバーによる全米最大のストリートギャング集団．1959 年結成．

eight-piece *n.* 〔米麻薬俗〕1/8 キロのクラック (crack)

eight track *n.* 〔米黒人俗〕1/8 オンス (3.5g) のクラック (crack)：'track' は 'crack' と韻を踏んだ押韻俗語．

eighty-six *v.* 〔米俗〕殺す；殺害する

❑ もとはレストランやバーでの俗語で，nix (拒否する) と韻を踏んだ押韻俗語．数字で 86 と書いたり，eight-six と言ったりする．注文品が品切れであるとか，問題の注文客には応じないなどを意味する．punch one's ticket, snuff out とも言う．

elbow *n.* 〔米麻薬俗〕マリファナ 1 ポンド (0.45kg)：重さのポンドの略記 lb. をそのまま読んだ場合のつづり．

electric lips *n.* 〔米警察俗〕エレクトリックリップス：建物内に身を隠して立てこもっている犯人にハンドマイク (bullhorn) で話しかけて交渉を行う警官．SWAT (〔米〕特殊火器戦術部隊) の用語．mouth marine とも言う．

Elementary, my dear Watson.「初歩的な推理だよ，ワトソン君」：探偵 Sherlock Holmes が親友の Dr. Watson に自分の推理の内容を説明した際の決めぜりふ．Conan Doyle の小説の中には実際には書かれていないが，映画やテレビではよく使われる．

❑ 映画 *The Return of Sherlock Holmes* (『帰ってきたシャーロック・ホームズ』(1929)) では次の会話がある："Amazing, Holmes!"(「すばらしい，ホームズ！」) "Elementary, my dear Watson, elementary."(「初歩的な推理だよ，ワトソン君，初歩的なね」)

elephant *n.* ❶〔英俗〕ヘロイン（heroin）；マリファナ（marijuana）

❷〔麻薬俗〕ヘロイン；フェンシクリジン（phencyclidine）：elephant dope, elephant tranquilizer とも言う．「象」を 'knock out' するほど強力だから．

embezzle *v.* 〔法〕横領する；使い込む

embezzlement *n.* 〔法〕横領；使い込み

emergency search *n.* 〔法〕（令状なしの）緊急捜索

emergency services *n.* （警察・消防および救出・救急医療などの）緊急時公共機関：略 ES．国によって別々の三機関があったり，単一機関で扱ったりするところがある．

employee crime *n.* 被雇用者による犯罪：雇用されている者による勤務先の企業などに対する犯罪．

employee theft *n.* 被雇用者による窃盗：雇用されている者が自らの勤務先の品物やサービスを盗むこと．⇨ inventory shrinkage

empty *v.* 〔オーストラリア刑務所俗〕突然別の刑務所へ移送される

empty can trick *n.* 〔米俗〕ガス欠手口：ガス欠のふりをして，手助けをしようと近づいたドライバーから金品を奪う．

empty suit *n.* ❶〔米ギャング俗〕影の薄いやつ：犯罪組織の一員と行動を共にし，その仲間に入りたがっているが，これといって取り柄がない者．

❷〔米警察俗〕空っぽスーツ：役に立たない警官．女性警官を蔑視する男性警官が使うことが多い．

□〔俗〕では「役立たず，口先だけの者」．

enforcer *n.* ❶（法律などの）執行者：警官など．

❷〔米俗〕（脅しや暴力を使ってギャング一味の思い通りにさせようとする）悪漢；（上からの指示通りに殺しを実行する）殺し屋（thug）

entrance wound *n.* ⇨ entry wound

entrapment *n.* ❶わな（にかけること）

❷〔法〕おとり捜査：犯意のなかった者を誘惑して犯罪をさせること．

entry team *n.* 突入チーム：SWAT（〔米〕特殊火器戦術部隊）の

強行突入班. 武器を持った立てこもり犯などの支配下にある建物などに押し入って制圧する. doorkickers とも言う. ⇨ breach point

entry wound *n.* 〔医〕射入銃創：銃弾が体内に侵入した射入口の傷. entrance wound とも言う. ⇨ exit wound

equalized *a.* 〔米警察俗〕武装した (armed)
❏ equalizer には〔米俗〕で「銃, (こん棒, ナイフ, 爆弾などの)武器」の意味がある.

ERA *n.* 〔米警察俗〕ラム打率：SWAT (〔米〕特殊火器戦術部隊) や消防が ram (槌(つち)) を何回打ち付けてドアを突き破ることができるのかの率. 少ないほど手際がよい. Earned Ram Average の頭文字.
❏ ERA (earned run average)「(投手の)防御率」に掛けた言い方. ⇨ battering ram

ES *n.* ⇨ emergency services

escape *n.* 脱獄；脱走
—— *v.* 脱獄する；脱走する

esclop *n.* 〔俗〕エスクロップ；警察：police の逆読み俗語 (back slang). ecilop や, e も c も発音しない slop もある.

Escobedo rule *n.* エスコビード準則：1964年に米国で行われた裁判の原告 Escobedo に適用された規則. 合衆国最高裁判所が Escobedo 対 Illinois 州の裁判で採用. 被疑者と弁護人を接見させず, 被疑者に対し黙秘権の存在を告知せずに得られた供述は, その被疑者の不利な証拠とはならないとするもの. ⇨ Miranda

espionage *n.* 〔法〕スパイ行為；諜報
❏ フランス語で「スパイ行為」の意. the Espionage Act は〔米〕「スパイ行為処罰法」.

essay *n.* 〔ストリートギャング俗〕ヒスパニックの仲間：スペイン語を借りた ése も使う.

estimated time of death *n.* 死亡推定時刻：略 ETD.

ESU *n.* 緊急事態対応警察部隊：一般の警察では対応できない特別な緊急事態に対応する警察部隊. Emergency Service Unit の頭文字.

ETD *n.* ⇨ estimated time of death
Everything is everything. 〔米ティーンエージャー俗〕「すべて問題なし；すべて計画通りだ」
　□ ストリートギャングなどのことば．"How things are going?"（「調子はどうだい？」）などの応答表現．

evidence bag *n.* 証拠品収納袋：犯罪現場で証拠収集専門技官 (evidence collection technician) が使う証拠品収集キット (evidence collection kit) のひとつ．ビニール製の透明のものや紙製のものがある．
　□ 証拠品の入れ物には，他に封筒 (envelope)，箱 (box)，広口瓶 (jar) などがある．

evidence collection kit *n.* 証拠品収集キット ⇨ crime scene kit

evidence collection technician *n.* 証拠収集専門技官：犯罪現場で物的証拠を収集・保管する警官．

exacts *n.* 〔米探偵俗〕確実情報：依頼対象者に関するごく普通の事実．住所・電話番号・生年月日など．

ex-con *n.* 〔俗〕前科者 (ex-convict)

excusable homicide *n.* 〔法〕免責される殺人：加害の意図なく誤って犯した殺人，または正当防衛のための殺人．⇨ chance-medley

exhibit *n.* 〔法〕証拠物件

exit wound *n.* 射出銃創：銃弾が体を貫通した射出口の傷．⇨ entry wound

Expect the Unexpected! 「思いがけないことを予想せよ！」：絶えず警戒することで，起こり得るいかなる事態に対してもSWAT（〔米〕特殊火器戦術部隊）隊員は心の準備をしておく必要があるという考え方．

explorer's club *n.* 〔米麻薬俗〕LSD仲間：麻薬の幻覚症状（トリップ）を共に体験する (go on a trip) ことを「探検クラブ」としゃれたもの．

ex post facto *a.* 〔法〕事後の；遡及的な
　── *adv.* 〔法〕事後に；遡及的に

❑ ラテン語から．ex post facto law は「刑事事後法」(実行時に犯罪とされていなかった行為を遡って刑罰の対象とするもので，合衆国憲法では禁止している)．

expressive crime *n.*　情動型犯罪：精神的な苦しみが原因で起こった犯罪．犯人が利益を得るための詐欺や強盗などの犯罪は instrumental crime．

extortion *n.* 〔法〕強要；強奪；(官吏の)財物強要罪

extortioner *n.* 〔法〕強要者；強奪者；財物強要罪を犯した官吏

extrication specialist *n.*　救出専門家：extrication technician とも呼ぶ．⇨ Jaws of Life

eye *n.*　❶〔米俗〕私立探偵 (private detective)
　　❑ 1850年米国で設立された私立探偵社・警備会社の Pinkerton National Detective Agency (ピンカートン探偵社) が使用した "The Eye That Never Sleep" "We Never Sleep" のロゴから，the Eye でこの探偵社，この社の探偵や警備員を指すようになり，後には一般に eye が私立探偵を指して使われるようになった．
　❷〔米刑務所俗〕直腸 (rectum)；肛門 (anus)：back eye とも言う．

eyeball *v.* 〔米警察俗〕アイボール (レーダーを使用しないでスピード違反車両の) 速度を見積もる：ハイウェーパトロール (highway patrol) のことば．

eyeball van *n.* 〔米警察俗〕張り込み用の警察車両：窓には one-way glass (マジックミラー) や監視機器を備えてある．

eyeball witness *n.* 〔米警察俗〕犯罪の目撃者 (eyewitness)

eyefuck *v.* 〔米警察俗〕(法廷や街で) 証人をにらみつける：hairy eyeball, evil eye とも言う．

eye in the sky *n.*　❶〔米俗〕ヘリコプター搭乗の交通監視警官；警察のヘリコプター (police chopper)
　❷〔米俗〕カジノに設置されている監視用のマジックミラー (two-way mirror) の上方に隠して設置された監視所 [カメラ]

eyewitness *n.* 〔法〕目撃者；目撃証人 ⇨ witness
　── *v.*　目撃する

Ff

face the heat *v.* 〔刑務所俗〕責任をとる:take the heat とも言う.

factory *n.* ❶〔麻薬俗〕秘密のドラッグ製造所
❷〔米俗〕ドラッグを注射するための器具
❸〔英俗〕警察署

fade *v.* 〔犯罪俗〕殺害する

fag factory *n.* 〔米警察俗〕(特に男性同性愛者がたくさんいる)刑務所
❑ fag は「男性同性愛者」で, fag factory [joint] は「男性同性愛者が集まる場所」を表す.

fall *n.* 〔米俗〕逮捕(arrest)
 • *take [get] a fall* パクられる
 • *I've taken four falls.* おれはこれまで4回もパクられた前歴がある
 —— *v.* 〔米俗〕逮捕される

fall guy *n.* ❶〔米俗〕他人の罪をかぶる者;身代わり ⇨ scapegoat
❷すぐにだまされる者;カモ:fall bitch, fall-gink とも言う.
❑ fall に〔英・米暗黒街俗〕「逮捕・有罪判決」の意味があることから. Teapot Dome Scandal(米国 Wyoming 州にある旧海軍用連邦政府所有の石油埋蔵地で採掘権をめぐる汚職により Harding(ハーディング)政権(1921-23)のスキャンダルになった)で, 実際に Albert Bacon Fall(アルバート・ベーコン・フォール)(1861-1944)がすべての罪をかぶって刑に服したので, 姓に合わせて文字通り 'fall guy' と言われた.

false advertising *n.* 〔法〕虚偽広告:deceptive advertising と

も言う.

false arrest *n.* 〔法〕違法逮捕 ⇨ false imprisonment

false confession *n.* 虚偽の自白：世間から注目されたい場合が多い.

false impersonation *n.* なりすまし：他人を欺いて利益・特権などを奪うために別人格を演じること.

false imprisonment *n.* 〔法〕不法監禁 ⇨ false arrest

farebeat *n.* 〔米警察俗〕地下鉄無賃乗車：New York の軽犯罪.

fast change scam *n.* 〔米警察俗〕つり銭急がせ詐欺：急いでいるふりをしてレジ係を慌てさせ，つり銭を余計に渡す羽目に陥らせる. quick change scam とも言う.

FAT *n.* 〔米警察〕ファット：Fugitive Apprehension Team（逃亡者捕縛チーム）の略. NYPD (New York 市警) にも置かれている.

fatal *n.* 死亡者のある自動車事故 (Motor Vehicle Accident)

FBI 《the》 *n.* （米国）連邦捜査局 (Federal Bureau of Investigation)：1908年に司法省 (Department of Justice) の一局として創設. John Edgar Hoover（ジョン・エドガー・フーバー）(1895-1972) が長官時代の1924年に再編成され全米に56支局がある. 特に複数の州にかかわる犯罪を取り扱う.

── *a.* （米国）連邦捜査局の

feather bed *n.* 〔刑務所俗〕敷物のある独房

Fed; fed *n.* ❶〔米俗〕《通例複数形で》FBI（〔米〕連邦捜査局）のメンバー：Federals とも言う.

❷〔オーストラリア俗〕連邦警官

❸〔アイルランド・英黒人・ティーンエージャー俗〕警官

❏ federal の短縮.

Federal Witness Protection Program 《the》 *n.* （米国）連邦証人保護プログラム：組織犯罪の被告を告発する証言を行うことで，組織から生命の危機を招く報復を受けそうな証人（およびその家族）を将来にわたって保護するための連邦政府のプログラム. Organized Crime Control Act (of 1970) で定められた. 証言者（およびその家族）は，証言と引き替えに過去を隠した人生を送れるよう，新しい名前・社会保障番号・離れた土地での住まい・必

要経費などが与えられ,新しい生活を営むための種々の援助・庇護を受けることになり,将来にわたって身の安全が保証される.法廷だけでなく,上下両院における証言者の場合もある.

feds *n.* 〔米刑務所俗〕連邦刑務所:Federal Bureau of Prisons が運営.連邦法違反者を収容する.カナダでは Correctional Service of Canada の管轄.

Feeb *n.* 〔米俗〕FBI(〔米〕連邦捜査局);FBI 捜査官:Feebee, Feebie, Phoebe とも言う.

feed one's habit *v.* ❶〔麻薬俗〕麻薬(通常はヘロイン)を自分に注射する

❷〔麻薬俗〕麻薬(やアルコール)を常用する

feed the warden *v.* 〔米刑務所俗〕ウンコをする:文字通りは「刑務所長を食べさせる」.

feero *n.* 〔米刑務所・暗黒街俗〕放火魔;放火犯:fiero とも書く.arsonist, firebug とも言う.fire の発音をもじったものという説がある.

felony *n.* 〔法〕重罪:殺人(murder);強盗(armed robbery);強姦(rape);放火(arson)など.⇨ misdemeanor

fence *n.* 〔俗〕故買屋:盗品を買い上げて販売する者.

— *v.* (盗品を)故買屋に売る

❑ 泥棒と品物の買い手の間との「垣根」(fence)の役割を果たすところからか.

fence parole *n.* 〔米刑務所俗〕フェンスパロール:刑務所の塀を乗り越えて決死の脱獄を試みること.文字通りは「塀越え仮釈放」.

field kit *n.* 〔警察〕フィールドキット:犯罪現場で捜査員が使用する道具一式.

Field 《the》 *n.* 〔米警察俗〕ザ・フィールド:NYPD(New York 市警)のことばで,緊急出動部隊(ESU)のための機材倉庫・隊員訓練施設がある Brooklyn の Floyd Bennett Field のこと.

fifi *n.* 〔米刑務所俗〕大人のおもちゃ:男性囚人がマスターベーションをするためにタオルを水に浸して柔らかくして使うもの,など.fifi bag とも言う.フランスの道化芝居や空想物語などに出てくるセクシーな女性の名前からか.

fifty cent bag *n.* 〔米麻薬俗〕マリファナ 50 ドル分
　── *n.* 〔米刑務所俗〕麻薬 50 ドル分
5150 *n.* 〔米警察俗〕(問題の人物は)精神障害者(mentally disturbed person)：California 州 Los Angeles の警察無線で本部とパトカーの間での通信語．この数字は California Welfare and Institutions Code(California 州福祉と施設条例)で言及されている条例番号．fifty-one fifty と読む．⇨ EDP
fifty-six; 56 *n.* 〔米警察俗〕土日を返上して勤務し，その代わりに取る休暇：56 時間の休暇であることから．
filicide *n.* 自分の子供を殺すこと
fin *n.* 〔カナダ・米暗黒街俗〕5 年の実刑：もとは〔英〕「判決」から．
finger *n.* ❶〔俗〕(警察への)たれ込み屋；情報提供者
❷〔米警察俗〕特定された容疑者［被疑者］
　── *v.* (面通し(lineup)の際に，あるいは犯罪者たちの顔写真集(mug book)を見せられた際に)容疑者として名指し［特定］する
finger lid *n.* 〔麻薬俗〕フィンガーリッド：指を重ねて示すポリ袋入りマリファナの量；たとえばツーフィンガードリッド(two-fingered lid)といえば，袋の下面から指 2 本分の量入り．もともと lid はマリファナ 1 オンス分のことでマリファナを缶入りたばこの缶のふた(lid) 1 杯分ということ．
fingerprint *n.* 指紋
　• *lift the fingerprints* (鑑識が)指紋を採取する
　── *v.* 指紋を採取する
fink *n.* 密告者；たれ込み屋(rat, squeal)
　── *v.* 〔米俗〕(味方などを)密告する，たれ込む：fink on や fink out とも言う．
　❑ finger man(密告者)の finger の短縮・変形から，という説のほかに諸説がある．
firebug *n.* 〔米俗〕放火魔 ⇨ arsonist, feero
Fireman's Friend; fireman's friend *n.* 〔米警察俗〕放火魔 ⇨ firesetter
firesetter; fire setter *n.* 〔警察俗〕放火魔 ⇨ Fireman's Friend
fireworks *n.* ❶〔米俗〕発砲

❷〔米俗〕警告標識灯を点灯させた警察車両

❸〔米俗〕信号炎管 (roadside flares)：前方に事故現場などがあることをドライバーに知らせるため道路上に置く．

first flops　*n.*　〔ギャンブル俗〕おもりが埋め込まれたいかさまさいころ (loaded dice)：ある面が出る確率が非常に高くしてある．first flop dice, dead number dice とも言う．

First Man Up　*n.*　〔米警察俗〕第一到着警官：犯罪現場に最初に到着した警官．first officer とも呼ぶ．

first officer　*n.*　⇨ First Man Up

first responder　*n.*　第一到着者：目撃者以外で現場に最初に到着した警官．広義には消防士・緊急医療サービス (EMS) のスタッフなども含む．

fish　*n.*　❶〔カナダ・米刑務所俗〕新入り：greenie, virgin とも言う．

❷〔米刑務所俗〕新人看守：fish cop, fish hack とも言う．

❸〔米警察俗〕信用詐欺 (con game) の被害者

fishing　*n.*　〔ギャンブル俗〕フィッシング：ブラックジャックで好都合なカードが自分に回ってくるようにシャッフルすること．

fit　*n.*　〔米麻薬俗〕麻薬を注射するための器具（注射針，スプーン，スポイトなど）

fit up　*v.*　〔米刑務所俗〕ヘロインを注射する

five by five　*a.*　❶〔米俗〕正常である (good)；順序正しい (in order)

• *Everything's five by five.*　万事問題はない

❷〔米警察俗〕（無線で）そちらの通信ははっきりと聞こえている (you are coming in loud and clear)：単に five by とも言う．

❏ 5×5 = square（正方形．形容詞として使って「公正な，きちんとした」の意味がある）であることから．

five cents　*n.*　〔麻薬俗〕5ドル分の麻薬：紙に包んであれば five-cent paper，袋に入っていれば five-cent bag と呼ぶ．

five-oh; 5-0; five-o　*n.*　❶〔米黒人・ティーンエージャー俗〕警察：Hawaii 5-0 とも言う．米国 CBS テレビ系の警察ドラマ *Hawaii Five-O*（『ハワイ 5-0（ファイブオー）』）より．

❷〔米警察俗〕警察車両として使用される排気量5.0リッター

V8 OHV のフォードマスタング (Ford Mustang)
❸ 〔米麻薬俗〕50 ドル分の結晶コカイン
❹ 〔米刑務所俗〕看守
❺ 〔米ギャング・黒人俗〕おまわりが来るぞ！：警告の叫び声．

fix *n.* ❶ (the) 〔犯罪俗〕買収；裏取り引き：賄賂・脅しにより恩典 [免罪] を得ること．
❷ 〔犯罪俗〕八百長（試合）
❸ 〔犯罪俗〕賄賂；お目こぼし料
□ スリ集団が仕事をしやすいように地元警察（の職員）にいくばくかの金などを渡しておくことが，かつての米国では珍しくなかった．
❹ 〔警察俗〕固定化したポスト [地位，署内階級]
—— *v.* ❶ 〔麻薬俗〕(自ら) 麻薬の注射を打つ
❷ 〔俗〕(特に，スポーツや政界で賄賂で買収して) 抱き込む [偽証させる]
❸ 〔俗〕殺害する

flake *n.* 〔麻薬俗〕コカイン；《複数形で》〔麻薬俗〕フェンシクリジン (phencyclidine)；PCP
—— *v.* 〔米暗黒街俗〕(警察が) 有罪にするためにでっち上げの証拠をこっそり置く：警官が家宅捜索の際に自らこっそり持ち込んだ麻薬を捜査対象の部屋に置き，それを発見したふりをして麻薬所持容疑の証拠としてしまうなど．

flak jacket *n.* 〔俗〕防弾チョッキ (bulletproof vest)：Kevlar（米国 DuPont で開発された樹脂の登録商標）製品．
□ 第二次大戦で飛行機乗員たちが着用していた胸部保護ジャケットの通称から．対空砲火の破片から身を守るためのもので，鋼鉄板を綿の詰め物をした覆いでくるんだ胸当て．

flash *n.* 〔俗〕(麻薬による) 陶酔 (感)
—— *v.* ❶ 〔俗〕(ヘロインを注射した直後に [またはヘロイン使用をやめようとしているときに]) 気分が悪くなって吐く
❷ 〔俗〕他人にいきなり性器 [乳房] を見せる ⇨ flasher

flashback *n.* (LSD の使用をやめた後の) フラッシュバック；幻覚の再現現象：LSD を使用したときの幻覚状態を LSD trip と呼

ぶ．LSD 以外の麻薬でも同じ現象を体験する者もある．

flash bang *n.* 閃光弾：閃光（強烈な白色光）を発して相手の視覚を一時的に麻痺させるための手榴弾状の爆発物．
❏ SWAT（〔米〕特殊火器戦術部隊）などの高リスク侵入（high-risk entry）の際に使用する．⇨ stun grenade

flasher *n.* 〔米俗〕露出狂

flash money *n.* ❶〔俗〕麻薬の売人が買い手を信用させるために見せる現金
❷〔警察俗〕見せ金：おとり捜査の警官が相手に見せて，自分が警官ではないと思わせるために使う．'flash' は「ちらっと見せる」こと．

flash powder *n.* 〔米警察俗〕メタンフェタミン（methamphetamine）：一般には，かつて写真のフラッシュをたくときに使われた閃光粉のこと．これに見た目が似ているところから．⇨ methamphetamine

flash roll *n.* ⇨ flash money

flash the tin *v.* 〔警察俗〕（警官が立入禁止区域へ入る際や自分の身分を明かすとき）警官バッジ（tin）を見せる：このことを Chicago では put the button（警官バッジを着ける）などと言う．

flash wad *n.* ⇨ flash money

flats *n.* ❶〔米俗〕一面だけが削ってあり，特定の数が出やすいように加工したいかさまさいころ：flat dice とも言う．
❷〔米暗黒街俗〕刑務所で独房が複数階にわたって並んでいる一番下の階［1 階］の独房群

flea powder *n.* 〔麻薬俗〕効き目が弱い［混ぜものをした］ドラッグ［またはヘロイン（heroin）］：文字通りは「ノミ取り粉」．

flex cuffs *n.* 〔警察俗〕簡易手錠として使われる耐久性のあるプラスチック製のしなやかなひも：暴動の際など，通常の手錠がすぐに使えなかったり，手錠の数が不足したりしている場合に使用する．flex-cuf ties や riot cuffs とも呼ぶ．1965 年に導入され，PlastiCuffs や FlexiCuffs とつづって呼ばれることもある．NIK PublicSafety 社から Flex-Cuf の商品名で販売されている．

flex-cuf ties *n.* 〔警察俗〕⇨ flex cuffs

flick-knife *n.* 〔英〕（ボタンを押して刃を飛び出させる）飛び出し

ナイフ

flip *v.* 〔米暗黒街俗〕密告する；裏切る：flip on とも言う．

flipped-out *a.* 〔俗〕(麻薬やアルコールの影響で)自制心を失った

flipper *n.* 〔米俗〕友人のことを密告して自分の刑が軽くなるように交渉する犯人

floater *n.* 〔警察俗〕水死体；溺死体

flood *n.* 〔米警察俗〕フラッド：事件現場で突然銃撃戦が始まり，先入していた SWAT (〔米〕特殊火器戦術部隊) 隊員救出のために突入しなければならない緊急事態のこと．

flue *n.* ❶〔米犯罪俗〕詐欺でだまし取る金を入れた封筒
❷〔英刑務所俗〕看守：看守を指す〔俗〕screw と韻を踏んだ押韻俗語．

fly *v.* ❶〔刑務所俗〕脱獄する
❷〔米麻薬俗〕向精神薬 (psychotropic) を使う：その結果ハイな状態になることから．
❸〔米警察俗〕転勤する

flying *n.* 〔米警察俗〕フライング：NYPD (New York 市警) のことば．通常の勤務部署を一時的に離れ，他の部署の応援任務につくこと．

flying squad ⟨the⟩ *n.* 〔英〕(警察の)特別機動隊：緊急時に即応するための機動力を備えた別働隊．

fly the coop *v.* 〔米俗〕脱獄する；逃亡する：clear the coop, flee the coop, jump the coop とも言う．

foot post *n.* 〔警察俗〕巡邏(じゅんら)担当区域
❏ 一般には「徒歩で配達する郵便配達人」．⇨ beat

forensic *a.* ❶ 法廷の；法廷に関する；法廷で用いる
❷ (犯罪解明のための)科学捜査の；法医学的な ⇨ forensics
• *forensic evidence* (犯罪の)法医学的証拠《血液・精液・毛髪・DNA 検査・(銃の)射撃特徴など．》

forensic anthropology *n.* 法人類学：人類の形質・遺伝・生理などを研究する形質[自然]人類学 (physical anthropology) の一分野．法的問題に形質[自然]人類学の成果を取り入れる．

❏ 犯罪捜査では，死体の一部の骨から被害者の全身形態を推定する場合などに応用される．

forensic ballistics *n.* 法弾道学：犯罪に火器が使用された場合の分析を行う科学．

forensic odontology *n.* 法歯学：歯や噛み跡から遺体の身元を割り出す科学捜査の一分野．歯科法医学，法歯科医学とも呼ぶ．
⇨ dentition

forensics *n.* （犯罪）捜査科学；科学捜査
- *criminal forensics* 犯罪科学捜査
- *environmental forensics* 環境鑑識学
- *Nuclear Forensics and Attribution Act* 〔米〕核物質捜査特定法

❷ 科学捜査研究所；鑑識課

forensic scientist *n.* 科学捜査官

forger *n.* 〔法〕偽造者[犯]；捏造(ねつぞう)者

forgery *n.* 〔法〕文書偽造（罪）；偽造文書

Fort Hair Spray *n.* 〔米俗〕フォート・ヘアー・スプレー：NYPD (New York 市警) 62 分署の愛称．映画 *Saturday Night Fever*（『サタデーナイトフィーバー』）（米 1977 年）で有名になった．

Fort Surrender *n.* 〔米俗〕フォート・サンレンダー：NYPD (New York 市警) 66 分署の愛称．

for your safety and ours お前と我々の安全のために：逮捕した容疑者に手錠を掛ける際の警官のことば．

four-five; four five *n.* 〔米ストリートギャング俗〕ヨンゴー：0.45 口径のピストル．この口径の正式な読み方は forty-five．

459; Four-Five-Nine *n.* 〔米警察俗〕（警察無線のコードで）強盗事件：California 州 Los Angeles の警察無線で本部とパトカーの間での通信語．この数字は実際には California Penal Code (California 州刑法) の条例番号．
- *a dude with 459* 強盗の前科があるやつ

four minute job *n.* 〔米刑務所俗〕シャワー：文字通り短時間で済ませる「4 分間の仕事」．

four-to-four *n.* 〔米警察俗〕午後 4 時から翌朝の 4 時までの巡邏

(じゅう)勤務：途中ファストフード店やバー(午前4時閉店)で休憩したりもする．

frame *v.* 〔俗〕フレーム：うその証拠や証人によって罪をでっち上げ無実の人間に濡れ衣を着せる．frame on, frame up とも言う．

free *n.* 〔米刑務所俗〕自由な世界；塀の外

freebase *n.* フリーベース：純度を高めたコカイン．加熱して吸入する．
── *v.* (コカインから不純物を取り除いて)フリーベースを作る；(コカインを)フリーベースにして吸入する

free ride *n.* 〔米警察俗〕フリーライド：逮捕後(執行猶予，告発取り下げなどで)刑に服することなく釈放される人．もとの意味は「無賃乗車」．

freeway *n.* 〔米刑務所俗〕フリーウェー：学生寮(dormitory)タイプの刑務所の建物の廊下．廊下側に置かれたベッドは騒音と人目に触れることで最悪．

freeway dancer *n.* 〔米警察俗〕フリーウェーダンサー：暗い主要高速道路を走って横断する者．

free world *n.* ❶〔米刑務所俗〕刑務所の外の世界(の暮らし)
❷(刑務所内での手作り(hand rolled)のものでなく)工場製の(tailormade)紙巻きたばこ

freeze *n.* ❶〔麻薬俗〕コカイン：吸った後にしびれと気持ちが鎮まる感じがあることから．
❷〔麻薬俗〕(コカインを吸った後に味わう)しびれ感

Freeze! 〔俗〕動くな！：容疑者などに向かって使う．Don't move! や Stay where you are! なども使う．

freon freak *n.* 〔米麻薬俗〕フレオンガス(freon gas．フロンガスとも言う)をスプレー缶から吸引する人：frost freak とも言う．

fresh *a.* 〔警察俗〕(人が)かっこいい；世の中の動きに遅れてない：犯罪の被害者になりやすい人物を指して使うが，現在は phat と言うほうが多い．

fresh fish *n.* 〔米刑務所俗〕新入りの囚人：特に，これまでに刑務所に入ったことがない者．

fresh kill *n.* 〔警察俗〕新たな殺人

friend *n.* 〔米ギャング俗〕フレンド（友だち）：a friend of ours の言い方で Mafia ファミリーの正式な一員であることを表すが，マフィア映画の中だけのことば．
- *This is my friend Vinny—he is a friend of ours.* おれのフレンドのヴィニーだ．ファミリーのメンバーだ

friendly fire *n.* 〔米警察俗〕友好射撃：仲間の警官から誤って銃を撃ち込まれること．軍事用語として，味方に被害を与える誤爆のことを響きのよい表現に言い換えたもの．

frisk *n.* 〔俗〕衣服の上からのボディーチェック：pat down とも言う．
— *v.* ❶〔俗〕(警官が)ボディーチェックを行う（down）：不審者の身体を衣服の上からすばやくなでて武器・盗品・麻薬などを隠し持っていないか調べる．もとは〔英暗黒街俗〕．
❷〔俗〕(特に，眠っている人や無力な人から) 物を盗む：put the frisk on とも言う．

frisking *n.* 〔俗〕ボディーチェック ⇨ frisk
front *v.* 〔俗〕(麻薬の大量取り引きで) 事前に金を支払う
fruit hustler *n.* ❶〔米俗〕ホモの売春者
❷〔米俗〕ホモを食い物にするホモの犯罪者

fry *n.* 〔米麻薬俗〕クラック（crack）（結晶状の高純度コカイン）
— *v.* ❶〔米麻薬俗〕LSD でトリップする
❷〔米暗黒街俗〕電気椅子で処刑する（electrocute）：標準英語の「フライにする」から．

fudge packer bar *n.* ⇨ buttslam bar
fugitive *n.* 逃亡者：逮捕・訴追・投獄を免れようと逃げている者．
□ 米国ドラマ *The Fugitive*（『逃亡者』）は，1963 年 9 月から 1967 年 8 月まで ABC 系で放映されて大ヒットした．また 2000 年 10 月から 2001 年 6 月まで CBS 系で放映された．1993 年には，Harrison Ford（ハリソン・フォード）(1942-) 主演で映画化された．

full dresser *n.* 〔俗〕満艦飾的改造バイク［車］⇨ dresser
full dress hog *n.* 〔俗〕満艦飾的改造バイク ⇨ dresser
full float *n.* 〔米警察俗〕車輪がなくなったまま回収された盗難車

funky chicken *n.* 〔米警察俗〕ファンキーチキン：頸動脈絞め (sleeper hold) の技を掛けられて気絶寸前になってもがく者, (死の一歩手前の) 断末魔の苦しみの中で必死になってもがく者.
 • *do the funky chicken*　警官が容疑者の首［頸動脈］を背後から絞めて拘束し気絶寸前までもっていく ⇨ choke hold
funny money *n.*　❶〔英・米暗黒街俗〕にせ金 (counterfeit money)：funny, funny paper とも言う.
　❷〔英・米暗黒街俗〕不法に取得した金
fuzz; fuz *n.*　〔俗〕警察 (the fuz(z) = the police)；警官 (policeman)；〔米俗〕刑事 (detective)
　❑ 語源については, FBI (〔米〕連邦捜査局) 捜査官や税務官がひげ (fuzz) を生やしていたことから, など諸説がある.

Gg

gag *v.* ❶〔米刑務所・麻薬俗〕だます
❷〔米刑務所・麻薬俗〕にせの麻薬を売る
gagger *n.* 〔米刑務所・麻薬俗〕にせ麻薬の売人
gambling cheater *n.* 〔俗〕いかさまギャンブル師；トランプ賭博詐欺師：カード配布係 (dealer) と共謀して不正を行い，カモから賭け金を巻き上げる者．
gaming *n.* 〔米黒人俗〕信用詐欺 (confidence trick) をはたらくこと
gamma hydroxybutyrate *n.* 〔薬〕ガンマヒドロキシブチレート；γ-ヒドロキシ酪酸：デザイナードラッグ (designer drug) で催眠導入剤．デートレイプドラッグ (date-rape drug) として悪用される．略 GHB．
ganef *n.* 〔米俗〕こそ泥：ヘブライ語の gannabh ('thief') から．gonef, gonof など多くのつづりがある．
gangbanger *n.* ❶〔米刑務所俗〕刑務所内の好戦的なギャングの一員
❷〔米俗〕ティーンエージャーのギャング
gang-banging *a.* 〔米ストリートギャング俗〕ティーンエージャーギャングの構成員で(ある)
gangland *n.* ❶暗黒街；犯罪者の世界；ギャングの町
❷ギャングたち (gangsters)
—— *a.* 暗黒街の；ギャングの
• *a gangland boss* 暗黒街のボス
gangster lean; gangsta lean *n.* 〔米黒人俗〕片方のひじを窓から出して身体を窓際に寄せた気取った運転スタイル
gank *n.* ❶〔俗〕ばか；ちょろいカモ

❷〔麻薬俗〕にせ物のクラック（crack）
── *v.* 〔米俗〕盗む；巻き上げる；奪う
garden room *n.* 〔米警察俗〕モルグ；死体安置所
garrot(t)e; garotte *n.* ❶（スペインの）絞首刑具
❷首絞め強盗：人の背後から首を絞める．
── *v.* ❶絞首刑に処する
❷（人の）首を絞めて金などを奪う
garrot(t)er *n.* ⇨ mugger
gash *n.* 〔米警察俗〕レイプ被害者の白人女性
❑〔俗〕では女性性器（vagina）を指す．〔米ゲイ俗〕では肛門性交の際の肛門（anus）．もともとは「割れ目，裂け目」の意味を持つ語．
gas man *n.* 〔米警察俗〕ガスマン：SWAT（〔米〕特殊火器戦術部隊）の作戦で催涙ガスなどの化学物質の使用を担当する隊員．
gat *n.* ❶〔俗〕ピストル；銃
❷〔米刑務所俗〕刑務所内で作られたナイフ
── *v.* （銃を）撃つ；発砲する（shoot）
・*gat up* 銃で武装する；〔米暗黒街俗〕銃を使って金品を強奪する
❑ Gatling gun（初期の機関銃のガトリング銃）の頭の3文字から．
gate fever *n.* 〔英刑務所俗〕出所熱：釈放日が近づいたときに囚人が経験するそわそわする不安感．
gate happy *a.* 〔米刑務所俗〕（受刑者が）刑期満了［釈放］日が近づいてうれしくて興奮している
gate money *n.* 〔米刑務所俗〕州刑務所を出所の際に渡される小額の金：州が支給し，州によって$10から$200までの差があるが，全く支給しない州もある．
❑ 一般的な意味は「（競技会などの）入場料総額」．
gateway drug *n.* 入門薬物：アルコールやマリファナなどを指し，これに味をしめてより強力な麻薬を使用するようになってしまう．
gather *n.* 〔英暗黒街俗〕刑事
gatter *n.* 〔南アフリカ刑務所俗〕警官；看守
❑ 南アフリカ英語では「カッター」の発音に近い．
gattes *n.* 〔南アフリカ黒人俗〕警察

❏ 南アフリカ英語では「カッテス」の発音に近い.

gauge *n.* 〔米黒人・ストリートギャング俗〕散弾銃；ショットガン：12-gauge (12番散弾銃) の略.

GBH *n.* ⇨ grievous bodily harm

GBMI *a.* ⇨ guilty but mentally ill

G-check *v.* 〔米黒人俗〕奪う：G は gangster の略.

gear *n.* 〔俗〕麻薬：特に大麻やヘロイン.

gear up *v.* 〔米黒人ギャング俗〕自前のギャングの服装になる

gee *n.* ❶〔米麻薬俗〕ジー：液状の麻薬を入れたスポイト (eye dropper) の先端に注射針を取り付ける際，針が安定するようにアダプターの役目をさせるもの. gear (用具) の頭文字 g から.
❷〔米刑務所俗〕(腕力もあり，人の扱いも巧みで) 一目置かれているリーダー的囚人：guy の頭文字 g から.

geeba *n.* 〔米学生俗〕ジーバ：マリファナ. マリファナを指す cheeba (chiva から) の 'chee' をわざと 'gee' に言い換えたもの. ⇨ chiva

gel *n.* 〔俗〕LSD：gel caps, gel tabs の呼び方もある.

gendarme *n.* 〔俗〕警官：フランス語の gendarme ('police officer') から. 複数形 gendarmes で「警察」.

get a divorce *v.* 〔米警察俗〕(パトロール警官が) 新しい相方(あいかた)を得る

getaway *n.* ❶ (犯人などの) 逃走；逃亡：もともとは英国暗黒街のことば.
• *make a [one's] getaway* (囚人などが) 逃走する
❷〔米ギャング俗〕逃走用の車や列車
━━ *a.* 逃走用の
• *a getaway car* 〔米〕逃走用の車
❏ 1972年に米国で映画 *The Getaway* (『ゲッタウェイ』) が製作された. 銀行強盗とその妻が組織や警察から必死で逃亡する姿を描いた作品で，監督 Sam Peckinpah (サム・ペキンパー) (1925-84)，主演 Steve McQueen (スティーブ・マックィーン) (1930-80). 原作は Jim Thompson (ジム・トンプソン) (1906- 不明) の同名小説. 1994年にはリメーク作品が作られた.

get-back *n.* 〔米俗〕仕返し
get busy 〔米警察俗〕人から金を強奪する
get-down *v.* ❶〔米警察俗〕(刑務所内で)殴り合いのけんかをする
❷〔米麻薬俗〕麻薬を注射する
❸〔米黒人・ストリートギャング俗〕けんかする；殴り合う
get paid *v.* 〔米黒人・ストリートギャング俗〕まんまと大金を盗む
get to the bottom of *v.* …の真相を究明する；…を解決する
ghetto bird *n.* 〔米警察俗〕事件の多い地域の上空を飛んでいる警察ヘリコプター：スポットライトとPAシステム(拡声装置 public address system)を装備している．特に Los Angeles で使われる言い方．〔黒人俗〕でも使われる．
ghost *n.* ❶〔米警察俗〕ゴースト：麻薬取締官．私服で「見えない」(invisible)［取締官とは分からない］から．
❷クラック常用者
❸〔米麻薬俗〕LSD
gift *n.* ❶〔ギャング俗〕賄賂(bribe)
❷〔米俗〕ギフト：性風俗店で，特別なサービスに対する代金を指す符号．
• *Do you have a gift for me?* ギフトがもらえるの？
gifting circle *n.* 〔犯罪俗〕(慈善団体・社交団体に偽装した)ネズミ講式販売(pyramid scheme[selling])：gifting club とも言う．
⇨ Ponzi scheme
gig *n.* ❶〔米ギャング俗〕(犯罪の)仕事：詐欺などの金になる仕事．
❷〔米刑務所俗〕(監獄に入っている)刑期
❸〔ストリートギャング俗〕集まり(gathering)
gimme *n.* 〔米警察俗〕ギミー：(強盗の武器としての)拳銃(handgun)．
❏ 強盗犯が被害者に銃を突きつけて "Gimme your money."(「金を出せ」)というところから．gimme は give me の発音つづり．
gimmicks *n.* 〔麻薬俗〕麻薬注射用の器具
gimmie *n.* 〔米麻薬俗〕巻きたばこの形にして吸うマリファナとクラックの混合物
ginger *n.* 〔オーストラリア俗〕客の財布を盗む売春婦

girl *n.* 〔麻薬俗〕コカイン
❑ 女性的なドラッグとしてのイメージから，対照的に，人を「ノックダウン」する男性的なイメージのあるヘロインを boy と呼ぶ．

G-joint *n.* 〔米俗〕連邦刑務所（federal prison）
❑ G は government の略．

gladiator farm *n.* 〔米刑務所俗〕完璧な保安警備態勢が敷かれた刑務所：gladiator school とも言う．
❑ gladiator は，もとは「古代ローマの剣闘士」を指す語だが，ここでは「凶暴な囚人」のこと．

gladiator fight *n.* 〔米刑務所俗〕（看守にとってはエンターテインメントの意味がある）服役囚同士の殴り合い［取っ組み合い］：観客のために命を賭けて戦ったローマ時代の剣闘士同士の戦いの連想から．

glass beat *n.* 〔米警察俗〕ガラス通りの巡邏(じゅん)：大きなガラス窓やショーウィンドーの並ぶ通りのパトロール．

glass house *n.* ❶〔米俗〕警察署
❷〔ストリートギャング俗〕1977-78 年型のシボレー車：窓ガラス部分が大きいことから．

Glass House *n.* ❶《the》〔米〕ザ・グラスハウス：LAPD（Los Angeles 市警）の本部庁舎の愛称．
❷〔米俗〕グラスハウス：Los Angeles の郡刑務所．

GOA *a.* 〔警察俗〕（病院）到着時には既に死亡：gone on arrival の略．DOA（dead on arrival）とも言う．

go downtown *v.* 〔米警察俗〕逮捕される；尋問のため警察へ連れて行かれる
• *You're going downtown if you don't get some straight answers out of you right now.* すぐにまともな返答がなければ，お前を連行するぞ

go for a ride *v.* 〔米暗黒街俗〕車で連れ出されて殺される：通例，死体は車で運ばれて殺害現場よりはるかに離れたところに捨てられる．

going *a.* 〔ギャング俗〕殺される運命にある

gold *n.* ❶〔米俗〕金バッジ：刑事や警察幹部（ranking officer）の

バッジ ⇨ tin

❷〔麻薬俗〕極上のマリファナ(marijuana)・クラック(crack)・ヘロイン(heroin)

gold tin *n.* 〔米警察俗〕金メッキの錫(♯)バッジ：刑事のバッジ．ヒラの制服警官のバッジ tin に対して言う．gold shield, gold star とも言う．

- *get the gold tin* 刑事に昇進する

good behavior *n.* 〔法〕法にかなった行い；失行のないこと；善行

good cop bad cop *n.* 〔米警察俗〕いい警官・悪い警官：二人組の一方の警官は高圧的態度，もう一方の警官は同情的態度で取り調べるテクニック．nice cop tough cop とも言う．

- *play the good-cop-bad-cop game on...* …にいいデカいやなデカのテクニックで揺さぶりをかける

goodfella *n.* 〔米俗〕ギャング；犯罪組織の一員

good guy-bad guy technique (**the**) *n.* 〔米警察俗〕いい人・悪い人手法：容疑者に対して，警官の1人は親切で同情を寄せる態度をとるが，もう1人は脅す態度をとって取り調べをするテクニック．⇨ Mutt and Jeff, good cop bad cop

good people *n.* ❶〔米ギャング俗〕(特別な腕前を発揮してきた)犯罪から足を洗った人々

❷〔米暗黒街俗〕(犯罪集団の)まとめ役

❸〔米俗〕信頼できる(1人の)人

- *He was a good people.* 彼は信頼できる人だった

good time *n.* 〔米刑務所俗〕(服役態度が真面目なため)刑期を減じられる日数：good time credit とも言う．⇨ bad time

goofball *n.* 〔麻薬俗〕バルビツール剤；精神安定剤：医療目的以外に陶酔感を味わうことが目的で使う．

gooner *n.* 〔米刑務所俗〕矯正官(corrections officer)

gopher *n.* 〔米俗〕❶いかさまに簡単にひっかかるカモ

❷(ポーカーで)大当たりができると思ってプレーする客

❸金庫破り

go up on a bomb *v.* 〔米警察俗〕(爆発物処理班が処理のため

に）爆弾に近づく

gow *n.* 〔米麻薬俗〕アヘン (opium)；(広義に) 麻薬

goyakod *n.* 〔米警察俗〕ゴイヤコッド：聞き込み(捜査業務) "Get off your ass and knock on doors."（「ぐずぐずしていないで，ケツを上げてドアというドアをノックして聞き込みをしろ」）の短縮. ⇨ canvass

grand jury *n.* 〔米法〕大陪審；起訴陪審：刑事事件で起訴を相当とするに足るだけの証拠があるかどうかを審査する.
❑ 英国では1933年に廃止. ⇨ petty jury

grand larceny *n.* 〔米法〕重窃盗(罪)：規定額以上の値段の物品(など)を奪った窃盗(罪). 重罪(felony)とされる. 規定額は州・裁判区 (jurisdiction) によって異なる. ⇨ petty larceny

grandma scam *n.* 〔米〕振り込め詐欺：孫になりすまして祖父母に電話をして金をだまし取る「オレオレ詐欺」「なりすまし詐欺」と呼ばれるもの. 日本の警視庁は手口の多様化で「振り込め詐欺」に統一した. granny scam, grandparent scam とも呼ぶ. 犯人は telephone scammer と呼ばれる.

grand theft *n.* 〔法〕重窃盗(罪) ⇨ grand larceny

grand theft auto *n.* ❶〔法〕盗品が自動車である重窃盗(罪) (grand larceny)
❷〔俗〕自動車泥棒
❸〔麻薬俗〕葉っぱ；マリファナ (marijuana)：1960年代, 1970年代に好んで使われた.

grass-eater *n.* 〔米ギャング俗〕(小額の賄賂を受け取る)袖の下警官：この 'grasseating' と呼ばれる行為とことばは, 1960年代のNYPD (New York市警)の腐敗状況の調査のため1970年4月に設立された the Knapp Commission の聴取の際に明らかになった. 現在ではもはやこの語は使わない. ⇨ meat-eater

grasshopper *n.* ❶〔俗〕警官
❷〔俗〕密告者
❑ 1は「警官」の意味のcopper, 2は「密告者」の意味のshopper との押韻俗語.

graveyard shift *n.* 〔俗〕(三交代制の)深夜勤：三交替制勤務で

午前0時から8時までの当番，その当番の者たち．また graveyard watch とも言う．

❑ 深夜であることから，亡霊が出る「墓地」(graveyard) を引き合いに出したもの．警官に限らずその時間帯に勤務をする他の職種，また売春婦やギャンブラーについても言う．

graybar hotel *n.* 〔米俗〕灰色格子館：刑務所の別称．灰色の壁と鉄格子からの命名．Gray Bar Hotel, Graybar Hotel とも書く．また Graybar Motel とも言う．

gray hat *n.* 〔俗〕グレーハット：たいていの場合は善意の目的で，しかしときどき悪意をもってコンピューターシステムに進入するハッカー．⇨ black hat, white hat

Graystone College *n.* 〔俗〕刑務所：文字通りは「灰色火山岩大学」．graybar hotel とも言う．⇨ cross-bar hotel

grease *n.* 〔俗〕賄賂；目こぼし料；みかじめ料 (protection money)

— *v.* ❶ 賄賂を使う (bribe)

❷〔俗〕賄賂をもらった見返りを与える

❸〔米俗〕金庫に侵入するためにニトログリセリン (nitroglycerin) を使う

greenshoe *n.* 〔米警察俗〕新米警官：〔俗〕で green に「未熟な」の意味があることから．実際には警察学校の生徒 (cadet) 時代は，olive-black 色の靴を履いている．

greenie *n.* ❶〔米警察俗〕交通違反の切符 (traffic ticket)：警官が手元に残す控えコピーの色から．

❷〔麻薬俗〕アンフェタミン錠剤：2000年代に入ってから，快楽追求麻薬 MDMA を指す新しい用法が加わった．

green onion *n.* 〔カナダ警察俗〕Montreal (モントリオール) の駐車違反取締警官 (meter maid)：その制服の色から．Toronto (トロント) では blue hornet と呼ばれる．

green room (**the**) *n.* 〔米俗〕ザ・グリーン・ルーム：California 州 San Francisco の北郊外にある，サンクエンティン州刑務所 (San Quentin State Prison) 内の処刑用ガス室 (gas chamber)．その壁の色から．

greens *n.* 〔オーストラリア刑務所俗〕囚人服：その色から．

grey ghost *n.* 〔オーストラリア俗〕駐車違反取締警官(parking inspector)：New South Wales, Victoria, West Australia 州で使われる言い方．grey bomber とも言う．制服の色から．⇨ brown bomber, grey meanie

grey meanie *n.* 〔オーストラリア俗〕駐車違反取締警官(parking inspector)：Victoria 州で使われる言い方．制服の色から．⇨ brown bomber, grey ghost

G-ride *n.* ❶〔米黒人・ストリートギャング俗〕《ときにg-rideで》十代のちんぴら(gangster)が好む[好んで盗む]車；ナイスな車；改造車：(少し)古い車のサスペンションをいじって車高を低くした(ときに高くした)車；盗難車を改造した車

❷〔米警察俗〕盗難車：hot roller とも言う．

❸〔米警察俗〕自動車窃盗

❏ G は gangster の頭文字，ride は「自動車」の意．

grievous bodily harm *n.* ひどい身体損傷：犯罪行為によって身体に受けた重傷．略 GBH．

grift *v.* 〔米俗〕(金を)だまし取って生計を立てる：特に，手軽にその場でできる信用詐欺(short com)の手口で．

── *n.* 〔米俗〕頭を使った犯罪：詐欺・いかさまギャンブルなど．

• *on the grift* 〔犯罪俗〕だましで生計を立てて《詐欺師やいかさまギャンブラーなどの仕事について言う．》

grifter *n.* 〔米俗〕金をだまし取って生計を立てる者

grip *v.* 〔英ストリートギャング俗〕盗む

ground control *n.* 〔麻薬俗〕LSDによる幻覚(hallucination)を経験している間の手ほどきや面倒を見てくれる人：空港での「地上管制」にたとえた言い方．そのような仲間は ground crew と呼ぶ．LSDを使用することは trip や travel にたとえられ，それにちなんだ言い方をしたもの．⇨ babysit, travel agent

grounder *n.* 〔米警察俗〕短期間に単純な捜査で解決する殺人事件

❏ grounder は，「野球のゴロ」の意．簡単にさばいてアウトが取れるところから．反対に「難事件」の場合は mystery, puzzle, queer one, whodunit と言う．

G-smack *n.* 〔米黒人俗〕警察：G は〔米黒人俗〕「ギャングの一員」(gangster)，smack は「殴る」ことで，「ギャングを殴りつけるやつ」の意．

GSR *n.* ⇨ gunshot residue

guilty but mentally ill *a.* 〔米法〕有罪ただし精神疾患：刑事被告人は犯罪行為に対して法的には責任はあるが，精神疾患に対する医療処置を受けるよう勧めるもの．評決の常套句．略 GBMI．

gumballs *n.* 〔米警察俗〕(パトカーの屋根の，回転または点滅する)警告標識灯(beacons)：形が gumball(球形のチューインガム)に似ていることから．gumball lights, gumball machine とも言う．
── *v.* 〔米警察俗〕(パトカーの)警告標識灯が点滅する

gumheel *n.* 〔米刑務所俗〕警官：ゴム底の靴(gumshoes)を履き，音を立てないことから．⇨ gumshoe

gump *n.* ❶〔米刑務所俗〕ホモの看守：女性の受刑者のことばで，女囚を襲うようなそぶりを見せない看守のことを言う．
❷〔米刑務所俗〕受け身役のホモの囚人
❸〔米警察俗〕女装をしている男娼：ホモ男性を相手にする．

gumshoe *n.* 〔米俗〕私立探偵；刑事；警官：原義は，ゴム底の靴(gumshoes)．また gumboot, gumfoot, gumshoer とも言う．⇨ gumheel
── *v.* 〔米俗〕調査する；操作する；パトロールする

gun *n.* ❶〔米麻薬俗〕(麻薬使用者が用いる)皮下[静脈]注射器[用具](injection paraphernalia)
❷〔米刑務所俗〕握りこぶし；上腕(bicep)
❸〔米俗〕スリ犯
❹〔米刑務所俗〕入れ墨を入れる器具
── *v.* 〔麻薬俗〕(自分に)麻薬を注射する

gun meltdown *n.* 銃溶融：押収した銃などの小火器を鋳物工場で溶かして再び使用されることを防ぐこと．

gunner *n.* 〔米刑務所俗〕女性看守を見ながらマスターベーションする男性囚人：gun〔俗〕(性的興味を持って人をじっと見る)から．

gun run *n.* 〔米警察俗〕犯人が銃を所持していると分かっている場合の警察の出動

gunrunner *n.* 〔俗〕銃砲類の密輸人
gun running *n.* 〔俗〕銃砲類の密輸入
gunshot residue *n.* 発射残渣(ざん)：発砲すると銃口から出てくる火薬・炭素その他の化学物質などの粉末のことで，「硝煙反応」で確認されるもの．銃を使用した者の手や衣服に付着している．略 GSR．
gunshot wound *n.* 銃創：銃弾による傷．略 GSW．
gutter *n.* 〔麻薬俗〕麻薬を注射する静脈(vein)
gymnasium punk *n.* 〔刑務所俗〕刑務所の新入りで，大人数の囚人からホモのセックス(肛門性交)の相手にされる者：同意があるとは限らない．
gypsy bankroll *n.* 〔米警察俗〕麻薬取り引き捜査(buy-bust)で捜査官が使うドル札の束で，上部にのみ本物の札が重ねてあるもの ⇨ buy-bust, Vegas bankroll

Hh

H *n.* 〔麻薬俗〕ヘロイン (heroin)：Big H, the H とも言う.

habeas corpus *n.* 〔法〕身柄提出令状；人身保護令状：writ of habeas corpus とも言う.
- ❏ "You shall have the body (in court)."（「身柄を（法廷において）確保せねばならない」）の意のラテン語.

habit *n.* 〔麻薬俗〕麻薬常用癖；習慣的麻薬摂取

hairbag *n.* ❶〔米警察俗〕年期の入った［経験豊富な］警官；ベテラン警官
❷〔米警察俗〕信頼できない頼り甲斐のない新米警官
❸〔米警官俗〕犯人 (perpetrator)
- ❏〔俗〕では「いやなやつ」の意.

hairy eyeball *n.* ⇨ eyefuck

half a hard-on with a suitcase *n.* 〔ギャング俗〕女性の弁護士 ⇨ hard-on with a suitcase

Halligan Tool *n.* ハリガンツール：緊急時に建物のドアなどをこじ開けて侵入口を作るために，叩き壊したり切断したり取り外したりなど，いろいろな用途に対応する機能（ハンマー・つるはし・バールなどの）を備えた万能棒のような金属の工具．SWAT（〔米〕特殊火器戦術部隊）隊員や消防士などが使用する．Hooligan Tool（フーリガンツール）とも言う．
- ❏ FDNY (New York 市消防局) の Hugh A. Halligan (ヒュー・A・ハリガン) が考案. ⇨ hooly tool, H-tool

hammer *n.* ハンマー；金槌(かなづち)
- ❏ 犯罪者が使用する凶器の一つ. ⇨ chipping hammer

handcuffs *n.* 手錠

hand mucker *n.* 〔米俗〕手業師(てわざし)：賭博で，トランプのカード

をすり替えるいかさま.

hanger banger *n.* 〔米俗〕女性の肩掛けのバッグから財布を抜き取るスリ犯(cutpurse)

hanging paper *n.* 〔米警察俗〕にせ札を使うこと

hard drug *n.* 習慣性麻薬:ヘロイン・モルヒネ・コカインなど中毒性の強い幻覚剤で非合法薬物. ⇨ soft drug

hard-on *n.* 〔米俗〕見下げ果てたやつ;タフで攻撃的なやつ

hard-on with a suitcase *n.* 〔米ギャング俗〕(犯罪組織お抱えの)弁護士(mob lawyer):原義は「かばんを持った手ごわいやつ」. ⇨ half a hard-on with a suitcase

hard time *n.* 〔俗〕長く厳しい刑期[獄中生活]

hard-time *a.* 〔米刑務所俗〕攻撃的な;他に脅威を与える

hard-timer *n.* ❶〔米刑務所俗〕長期刑の受刑者
❷〔刑務所俗〕刑務所生活に苦しんでいる受刑者

hardware *n.* 〔俗〕銃器;弾薬;金庫破りに使う道具類

Harry Jones *n.* 〔麻薬俗〕ハリー・ジョーンズ:ヘロイン(heroin). ありふれた男性名で頭文字がHのHarryをheroinの婉曲語とした言い方. heroinは男性的な麻薬と考えられていることとも関係がある.
❑ cocaineは女性的と考えられている. ⇨ boy, girl

hash marks *n.* 〔米警察俗〕手首の内側についた傷:自殺を図った証拠で,ためらい傷(hesitation marks)のこと.

Has Mr. Green shown up? 〔弁護士俗〕加害者は金を持っているのか?
❑ 札(さつ)が緑色をしているところから.

hat *n.* 〔米俗〕賄賂
• *I'll give you a hat.* 帽子を進呈しよう《賄賂を提供することの暗号表現.》

haul *n.* 〔米俗〕強盗;強奪

have a fit *v.* 〔米刑務所俗〕ヘロインを注射する

have juice *v.* 〔米刑務所俗〕にらみをきかす;(看守に)コネがある:have [get] a juice-cardとも言う.

hawk *n.* ❶〔米黒人俗〕看守

❷〔米刑務所俗〕当局者がやって来ることを仲間に知らせる役目の囚人

HBT team *n.* 〔米警察俗〕HBT チーム:「人質を取ってバリケードを築いて立てこもるテロリスト」対策チーム,つまり SWAT(〔米〕特殊火器戦術部隊)のこと.HBT は Hostage, Barricaded, Terrorist の頭文字.⇨ SMT, SWAT, TAC squad

head *n.* ❶〔俗〕長期受刑者
❷〔米黒人俗〕路上犯罪のカモになりそうな白人

headhunter *n.* ❶〔米ストリートギャング俗〕コカインを買う金欲しさに売春をする女
❷〔米警察俗〕(警察内部の)監察官
❸〔オーストラリア暗黒街俗〕自分よりも羽振りがよく金を持っている犯罪者を食いものにする犯罪者

head shop *n.* 〔米警察俗〕麻薬の道具類(drug paraphernalia)を扱う専門店

headshot *n.* 〔米黒人・ティーンエージャー俗〕頭部に撃ち込まれた銃弾

heap-clouting *n.* 〔米暗黒街俗〕自動車窃盗:heap は〔俗〕で「自動車」,clout は〔米俗〕で「盗む」の意味.

hearsay evidence *n.* 〔法〕伝聞証拠

heartbreak hotel *n.* 〔俗〕刑務所

heart check *n.* 〔米刑務所俗〕刑務所ギャング(prison gang)に殺人などを指示して忠誠心を試すこと

heat *n.* ❶〔米警察俗〕銃
❷〔米警察俗〕被疑者へのプレッシャー
• *put the heat on...* …にプレッシャーをかける
❸ (the)〔米俗〕警官;警察

heater *n.* 〔米警察俗〕拳銃
• *pack a heater* 拳銃を携行する

heater case *n.* 〔警察俗〕際立って世間の注目を浴びている(動機不明の)事件

heavies *n.* 〔米警察俗〕重大犯罪:地元の警察ではなく FBI(〔米〕連邦捜査局)が捜査を担当する誘拐やハイジャックなど.

heavy *n.* 〔俗〕凶悪犯
— *a.* 〔俗〕銃を所持している

heavy hitter *n.* 〔俗〕暴力的な犯人

hedge *n.* 〔英暗黒街俗〕通りで不法に商売・ギャンブルを行なっている者の周囲に集まる群衆

heeled *a.* 〔俗〕銃で武装した；銃を所持した：well-heeled とも言う．もとは闘鶏の足に鉄の蹴爪(けづめ)(spur)をつけることからの連想．

heist *n.* 〔米暗黒街俗〕(押し込み)強盗；窃盗
— *v.* ❶〔米暗黒街俗〕強奪する；盗む
❷〔英俗〕盗む：特に万引きをする．

heister *n.* 〔俗〕強盗；泥棒：〔英俗〕heist man とも言う．プロの場合は〔米俗〕heist artist とも呼ぶ．⇨ heist

hemorrhoid *n.* 〔米警察俗〕痔野郎：本当にとことん嫌な上司のこと．

Henry Classification System *n.* ヘンリー式指紋分類システム：Scotland Yard(London Metropolitan Police)の長官の Sir Edward Henry(サー・エドワード・ヘンリー)(1850-1931)が1901年に発表．指紋を5タイプに分けたもので，1990年代まで使われ，今日の指紋分類の基準となった．それまでの指紋分類は3タイプで，これは1892年刊行のSir Francis Galton(サー・フランシス・ゴールトン)(1822-1911)の著書(指紋分類とその法医学への応用を説いた世界初の本)によっていた．

heroin baby *n.* ヘロインベビー：ヘロイン中毒の母親から生まれた，ヘロイン依存の赤ん坊(heroin-addicted baby)．類似の表現にコカイン依存の crack baby がある．

he-she; he/she *n.* 〔俗〕ヒーシー：同性愛者・両性愛者から服装倒錯者(transvestite)・女装趣味の男性まで指す．⇨ shim

hesitation cut *n.* ⇨ hesitation marks

hesitation marks *n.* ためらい傷：自殺しようとしたときにできた致命傷ではない浅い傷．法医学用語では逡巡(しゅんじゅん)創と呼ぶ．hesitation cut, hesitation wounds とも言う．
❏ 殺人事件の犯人が犠牲者を拷問した結果この傷がついたり，殺

人を自殺に見せかけるためにこの傷をつける場合もある．⇨ hash marks

hesitation wounds *n.* ⇨ hesitation marks

HIDTA *n.* 麻薬取り引き集中地域 (High Intensity Drug Trafficking Areas)
　❏ 現在米国内に 28 の地域がある．この地域の取り締まりを行うプログラムは Anti-Drug Abuse Act of 1988 (1988 年薬物乱用防止法) によって認められ，Office of National Drug Control Policy (国立薬物管理政策事務局) が管理運営を行っている．米国麻薬取締局 (DEA) がこのプログラムの実施において重要な役割を果たしている．

High Court *n.* ❶〔米法〕最高裁判所 (Supreme Court)
　❷〔英法〕高等法院 (High Court of Justice)

high priced spread *n.* 〔米警察俗〕高級売春婦：spread は，ハードコアポルノで使われる spread beaver (広げて見せた女性の陰部) から．

high-risk entry *n.* 〔米警察〕高リスク侵入：銃などの武器を使って抵抗を受ける可能性が高い場所へ突入すること．

high-risk victim *n.* 高リスク犠牲者 [被害者]：生命に危険のある犯罪に巻き込まれる危険性がある日常生活を送っている人．たとえばコールガール．⇨ low-risk victim, moderate-risk victim

high roller *n.* ❶〔米ストリートギャング俗〕金持ちの薬(ｸｽﾘ)の売人 (dealer)：もとはギャンブルで「大ばくちを打つ羽振りのいい人」のこと．Los Angeles のギャングが使う表現．
　❷〔米俗〕高級売春婦

hijacking *n.* ハイジャック：輸送中の貨物などを奪う目的に飛行機・列車・バスなどを乗っ取る犯罪．

hinky *a.* 〔米警察俗〕(人が) 疑わしい (suspicious)；うさんくさい (weird)

hit *n.* ❶合致：コンピューターによる指紋照合で一致したときなどに間投詞のように発する語．Strike や Match や Bingo とも言う．
　❷〔暗黒街俗〕(殺し屋による) 殺害

❸ 〔米暗黒街俗〕暗殺のターゲット
❹ 〔麻薬俗〕麻薬の一回分(single dose); 薬(ﾔｸ)[ヘロイン]の(一回の)注射;(マリファナたばこの)一服; ハイの状態になること
❺ 〔米暗黒街俗〕逮捕(arrest)
— v. ❶〔米暗黒街俗〕殺す; 消す ⇨ whack
❷ 〔米暗黒街俗〕強奪する
❸ 〔米麻薬俗〕静脈(vein)に麻薬を注射する; マリファナを吸う

hitch n. 〔米俗〕実刑(prison sentence)

hit man n. ❶〔俗〕雇い入れ[契約]殺し屋
❷ 〔米暗黒街俗〕ピストル強盗犯(hold-up man)
❸ 〔俗〕(暴力はふるうが致命傷を与えない)強盗犯

hitmobile n. 〔米犯罪俗〕ヒットモービル: 契約殺人(contract murder)に使用される車. 伝統的に黒色のセダンが使われることが多い.

hit squad n. 〔米俗〕暗殺者[殺し屋]集団

hit the hammer v. 〔米警察俗〕(パトカーの)サイレンを鳴らす
  □ Ed McBain(エド・マクベイン)(1926-2005)の作品 *Tricks*(『魔術』)などに登場する表現.

hit the wire v. 〔米刑務所俗〕脱走を図る: Los Angeles の刑務所での看守のことば.「金網(wire)を破る」こと.

hog n. ❶〔米麻薬俗〕合成ヘロイン(heroin)(angel dust, phencyclidine hydrochloride)
❷ 〔米麻薬俗〕(自分よりも)麻薬を多く使うやつ
❸ 〔米刑務所俗〕タフな受刑者
❹ 〔米俗〕警官: 軽蔑的な呼び方. the hog は「警察」(the police). 'pig' の発展的表現.

hoist n. ❶〔英暗黒街俗〕《the》万引き行為; 家宅侵入行為
❷ 〔英暗黒街俗〕万引き犯; 押し込み強盗犯
❸ 〔米俗〕ピストル強盗; ハイジャック
— v. ❶〔暗黒街俗〕万引きする
❷ 〔俗〕家宅侵入する
❸ 〔米暗黒街俗〕武装強盗する
❹ 〔英暗黒街俗〕逮捕される(get hoist): この場合は「持ち上げて運

び去る」意味.

holdin-down *a.* 〔米ストリートギャング俗〕縄張り[シマ]を支配下に収めている：動詞の hold down から.

holding *a.* ❶〔米麻薬俗〕(売買目的で)麻薬を所持している
❷〔米警察俗〕銃を所持している
❸〔米暗黒街俗〕(相手が)武器を所持している

hold-out *v.* 〔米俗〕(いかさまトランプ賭博で)(札($\frac{*}{*}$)を)隠し持つ：強い札をあらかじめ抜き取っておく.

hold the bag *v.* ❶〔英暗黒街俗〕(共犯者は罪を問われないで自分だけが)犯行の全責任を負わされている
❷〔麻薬俗〕(売買目的で)大量の麻薬を所持している

holdup *n.* ❶〔俗〕(銃を突きつけての)強盗(robbery)
❷〔俗〕ピストル強盗犯(robber)：hold-up man とも言う． ⇨ hit man

hole *n.* ❶〔米警察俗〕地下鉄(subway)；地下鉄の駅
❷〔米麻薬俗〕販売用のストックとして持っている麻薬の隠し場所
❸〔警察俗〕(交通違反者を簡単に捕まえて切符を切ることができる)穴場 ⇨ duck pond
❹〔英刑務所俗〕((the))独房：black hole とも言う．規則を破った者などが入れられる．

hole up *v.* 〔英暗黒街俗〕身を隠す

holler *n.* 〔米俗〕(警察への)苦情
── *v.* 〔俗〕(共犯者を)裏切る

hollowpoint *n.* ホローポイント：銃弾の先端(point)が凹み(hollow)になっているもの．相手に命中した際に圧力で弾頭が拡がるため，身体を突き抜けず体内傷が大きくなり殺傷力が増す．

homeboy *n.* 〔米黒人俗〕若い黒人またはヒスパニック系のストリートギャングのメンバー

homegirl *n.* 〔俗〕ギャングの女性メンバー

home guard *n.* ❶〔米暗黒街俗〕詐欺師にだまされた悪印象がある土地にそのまま住んでいる被害者
❷〔米暗黒街俗〕(移動せずに)同じ土地で犯行を重ねる詐欺師

homicide *n.* ❶〔法〕殺人 ⇨ justifiable homicide, excusable

homicide
　　❑ 英米法では，犯罪となる殺人は murder（謀殺罪）と manslaughter（故殺罪）に区別するのが一般的．
　　❷ 殺人犯
　　❸ (警察の) 殺人 (捜査) 課 (homicide squad)
　　❹ 〔米麻薬俗〕ヘロイン (heroin) とコカイン (cocaine)，あるいはその一方と他の処方薬を混ぜたカクテル

homicidomania *n.* 殺人を犯したいという異常な願望
honk *n.* 〔米麻薬俗〕麻薬の吸入
　　── *v.* 〔米暗黒街俗〕殺す
hood *n.* ❶〔米黒人俗〕地元；本拠地
　　❷〔米刑務所俗〕自分の住んでいたところ出身の友人
　　❸〔米俗〕ギャングのメンバー
　　❹〔俗〕悪党；ごろつき
　　❺〔オーストラリア俗〕警察
　　❑ 1 と 2 は neighborhood の短縮，3 と 4 は hoodlum の短縮．
hoof it *v.* 〔米刑務所俗〕禁制品を直腸内に隠す ⇨ slam
hook *n.* ❶〔俗〕(スリ集団の中で実際に盗む役目の) スリ犯
　　❷〔オーストラリア俗〕老練な窃盗犯
　　❸〔アイルランド俗〕詐欺師
　　❹〔米黒人・暗黒街俗〕警察
　　❺〔麻薬俗〕中毒
　　── *v.* ❶〔英暗黒街俗〕盗む；スリをはたらく
　　❷〔俗〕詐取する
　　❸〔米俗〕逮捕する
　　❹〔麻薬俗〕(人を) 麻薬中毒にする
hook 'n' bookin' *a.* 〔米警察俗〕(犯人に) 手錠をはめて確保している
Hooligan Tool *n.* フーリガンツール ⇨ Halligan Tool, hooly tool, H-tool
hooly tool *n.* 〔米警察俗〕フーリーツール：建造物への強制的立入り (forcible entry) の際に SWAT (〔米〕特殊火器戦術部隊) 隊員などが使用する万能棒のような金属の工具．H-tool とも言う．⇨

Halligan Tool, Hooligan Tool

hoop *n.* 〔オーストラリア麻薬俗〕(麻薬を注射する前に腕を縛る)駆血(けつ)帯

hoopty *n.* ❶〔俗〕(特に最新モデルの)車
❷〔米黒人俗〕(ばらばらなりそうな)ボロ車

hooride *n.* 〔米黒人俗〕廃車になりそうな車
── *v.* 〔米黒人俗〕銃撃する；暗殺する

hop *n.* 〔俗〕(アヘン, ヘロインを含む)不法薬物

hopped up *a.* 〔麻薬俗〕薬物でハイの状態になっている

Hoppe's *n.* 〔商標〕ホップス：銃手入れ用製品(gun care product). Frank August Hoppe (フランク・オーガスト・ホップ) (1875-1921) が1903年に創業した The Frank A. Hoppe Company 製. 彼が最初に作った Hoppe's Nitro Powder Solvent No. 9 (9種類の化学薬品から製造) が知られる.

hork *n.* 〔米学生俗〕盗む；無断で借りる

horse *n.* ❶〔米刑務所俗〕現金や麻薬を刑務所にそっと持ち込む者：面会者・見学者・看守など. mule とも言う.
❷〔刑務所俗〕運び屋：買収されて手紙・たばこ・麻薬などを運ぶ者, 特に看守.
❸〔麻薬俗〕ヘロイン (heroin)

horse cop *n.* 〔米俗〕騎馬警官

horsed out *a.* 〔俗〕ヘロインでハイの状態になった

horse race *n.* 〔米警察俗〕比較的人目に付きやすい場所でセックスをしているカップル

hose *v.* ❶〔米俗〕(機関銃を)発砲する；撃ちまくる
❷〔米俗〕(制裁のため)ゴムホースで叩く；罰を与える：もとは〔警察・暗黒街俗〕.
❸〔警察俗〕(警察が)高圧水銃で攻撃する
❹〔米俗〕だます (cheat)；カモにする (victimize)

hose down *v.* 〔俗〕撃ち殺す

hostage *n.* 人質
• *The man took two people hostage at gunpoint.* その男は銃を突き付けて2人を人質に取った

Hostage Rescue Team *n.* 人質救出班：人質事件に対応するFBI（〔米〕連邦捜査局）テロ対策チーム．1983年創設．略 HRT．

hostage-taker *n.* 人質犯：人質を取っている犯人．

hostile witness *n.* 敵意を持つ証人：自分を証人として召喚した側に協力しない証人．

hot *a.* 〔俗〕（犯人など警察・麻薬組織からの）お尋ね者の；（隠れ家として）危険な；やばい；（品物が）盗品の
- *a lot of hot stuff* たくさんの盗品
- *hot rocks* 盗品の宝石

hot dogs *n.* ❶〔米刑務所俗〕釈放の際に刑務所から支給される靴 ❷〔暗黒街俗〕（警察による逃亡犯の）追跡．：警察犬の bloodhound（ブラッドハウンド）が使われることから．

hotel detective *n.* （ホテルの）警備員
❑ Raymond Chandler（レイモンド・チャンドラー）(1888-1959) のハードボイルド小説の中でよく使われた語．house officer, house detective, security officer, special officer など，いろいろな呼び方がある．

hot gun *n.* 〔俗〕盗品の銃

hot prowl *n.* 〔米警察・暗黒街俗〕住人のいる家に忍び込む押し込み：この犯人は hot-prowl man や hot-prowl burglar などと呼ぶ．
❑ 動詞としては hot-prowl a mansion（マンションに押し込みをはたらく）のように使う．⇨ prowler

hot rod *n.* 〔米警察俗〕改造銃：発射しやすくしたり，安全装置類を取り外したりしたもの．

hot roller *n.* 〔米警察俗〕盗難車：特に盗んだ者が運転しているところを警官が発見した場合に言う．hot は「盗んだばかりでほやほやの」の意．⇨ hot short

hot seat *n.* ❶〔俗〕（死刑用の）電気椅子
❷〔俗〕（裁判所の）証人席
❸〔俗〕（警察の取調室で）拘束された者が座る席

hot sheet *n.* ❶〔米警察俗〕盗難車リストの最新版：パトロール警官が，勤務を開始する前に目を通すそのパトロール地区で最近盗難にあった車のリスト；（捜査中の）盗品［盗難車］リスト．

❷〔米黒人俗〕重要な敵と見なされる敵対グループのメンバーのリスト

hot-sheet *a.* 〔俗〕ベッドシーツがぬくぬくで：宿泊客としてチェックインしないで，現金払いで部屋を使用させるセックス目的のホテルやモーテルのことを指して a hot-sheet hotel [motel] と言う．

hot short *n.* 〔俗〕盗難車：特に犯行現場からの逃走用に盗んだ車．hot は「盗んだばかりでほやほやの」の意，short(ときに shot)は〔俗〕で「自動車」の意．⇨ hot roller

hot shot *n.* ❶〔警察俗〕(警察の緊急連絡で) ただ今発砲あり
❷〔麻薬俗〕命取りになる麻薬注射：文字通りは「熱い注射」．不純物入りの，または 致死量の麻薬(特にヘロイン)注射．

Houdini *n.* 〔麻薬俗〕マリファナ(marijuana)：現実から逃避する(escape)ところから．
- *do a Houdini* 〔米警察俗〕消える；姿を消す《しばしば殺されて［消されて］姿が見えなくなること．単に Houdini を動詞として使っても同じ意味を表す．》
☐ 魔術師・脱出名人芸人 Harry Houdini(ハリー・フーディニー) (1874-1926)の名から．

hound dog *n.* ❶〔米俗〕地方または州の警察(官)
❷〔米俗〕セックスのことで頭がいっぱいの男
── *v.* 〔俗〕セックスの相手を探しに出る；犯人を追跡する
☐ hound dog(ハウンドドッグ(＝グレーハウンド))は猟犬．

house *n.* 〔米暗黒街俗〕独房

housebreak *n.* 押し込み強盗
── *v.* 押し込み強盗をはたらく ⇨ housebreaking

housebreaker *n.* 家宅［住居］侵入者；押し込み強盗犯
☐ もともとは昼間の犯行について言ったが，現在は区別しない．
⇨ B and E, burglar

housebreaking *n.* 家宅［住居］侵入；押し込み(強盗)；家宅［住居］侵入罪 ⇨ B and E

housedog *n.* 〔刑務所俗〕刑務所内で力を持っているグループにべったりの囚人

❏ 原義は「番犬」．看守が使うことば．

house mouse *n.* ❶〔刑務所俗〕こもり屋：独房から出ようとしない非行動的なホモ受刑者．

❷〔警察俗〕署内住み付き族：警察署の外ではめったに仕事をしない内勤一筋の警官．

❷〔刑務所俗〕独房などの清掃係の囚人

❏ 原義は「ハツカネズミ」．家ネズミの一種である．

H-tool *n.* 〔米警察俗〕H ツール：建造物への強制的立入り（forcible entry）の際に SWAT（〔米〕特殊火器戦術部隊）隊員などが使用する万能棒のような金属の工具．hooly tool とも言う．⇨ Halligan Tool, Hooligan Tool

hubcaps *n.* 〔米警察俗〕盗難車特別捜査班

❏ 原義は「自動車のホイールキャップ」．

huffer *n.* 〔米俗〕シンナーなどを吸うやつ：家庭用・工業用の化学薬品を快楽目的で吸う者を指す．

❏ 原義は「フーフーと音を立てて呼吸する人」．

huffing *n.* 〔麻薬俗〕アンパン：ポリ袋に入れたシンナーなどを吸うこと．

hugger-mugger *n.* 〔俗〕ブスの女性にことば巧みに接近して抱きしめ財布をすりとる者：hug と mug のそれぞれの意味から．

❏ この語の一般的な意味である「乱雑，混乱，無秩序」とは関係のない使い方．ミステリー作家 Robert B. Parker（ロバート・B・パーカー）(1932-2010) の作品に *Hugger Mugger*（『ハガーマガーを守れ』）がある．

husband and wife *n.* 〔米押韻俗〕ナイフ：knife と wife が韻を踏むところから．さらには前半の husband だけでこの意味で使われる．

husher *n.* 〔米警察俗〕判事と検事が法廷でひそかに会話をする際に用いられる装置

hustle *v.* ❶〔俗〕（街頭で）詐欺や窃盗をする

❷〔麻薬俗〕麻薬の買い手を確保しようと一生懸命になる

❸〔米俗〕強引に物を売りつける

❹〔俗〕物乞いをして人から金品を手に入れる

❺〔米俗〕売春婦として働く

hustler *n.* ❶〔ストリートギャング俗〕(ストリートギャング集団には属さないが)単独で窃盗・麻薬販売・詐欺などを行なって街頭で金を稼ぐ者

❷〔米俗〕売春婦;男娼

hustling *n.* ❶〔犯罪俗〕街頭窃盗;ハンドバッグ持ち去り

❷〔米俗〕売春の仕事

hydraulic *n.* 〔オーストラリア俗〕手癖の悪いやつ:物を持ち上げる「油圧ジャッキ」の hydraulic jack のだじゃれ.

hydrogen cyanide *n.* 〔化〕シアン化水素:(収穫前の)アーモンドの香りを持つ猛毒の物質. 液体は液化青酸・気体は青酸ガスと言う. いずれも通常「青酸」と呼ばれる.

hype *n.* ❶〔米暗黒街俗〕釣り銭詐欺:店での支払いの際に, 自分が店員に実際に渡した紙幣よりも高額の紙幣を渡したと主張して釣り銭を多く得る詐欺.

❷〔米暗黒街俗〕かたり;詐欺;信用詐欺(con game)

❸〔米暗黒街俗〕(信用)詐欺師;釣り銭詐欺師

❑ 以上は hyperbole(誇張)から.

❹〔米麻薬俗〕皮下注射;麻薬静脈注射;皮下注射器

❺〔米麻薬俗〕麻薬常用者

❑ 以上は hypodermic(皮下の)の略.

Ii

IAD *n.* 〔米〕警察内部調査部, 警務部：署内の汚職などを暴く任務の部署, Internal Affairs Division の頭文字. IAU(Internal Affairs Unit の頭文字)とも言う.
　❏〔英〕では Independent Police Complaints Commission (IPCC)(独立警察苦情調査委員会)が扱う.〔カナダ〕では Professional Standards Branch(職務基準局)がある.

IAFIS *n.* ⇨ AFIS

IBIS *n.* 〔米〕統合型発射痕特定システム：Integrated Ballistic Identification System の頭文字. 弾丸・薬莢(やっきょう)に付いた線状痕からそれを発射した銃を特定するためのデータベース. BATFE (Bureau of Alcohol, Tobacco, Firearms, and Explosives)(アルコール・たばこ・火器・爆発物取締局)が 2000 年に開発.

IBM *n.* 〔米警察俗〕(組織犯罪集団の)**イタリア系マフィア**(Mafia) **の一員**：警察や FBI(〔米〕連邦捜査局)の用語で, Italian business man の頭文字.

ice *n.* ❶〔俗〕ダイヤモンド
　❷〔米麻薬俗〕コカイン：かたまり(rock)状のもの；吸引できるアンフェタミン[メタンフェタミン]
　── *v.* ❶〔俗〕殺す
　❷〔米暗黒街俗〕独房に入れる

icebox *n.* ❶〔米刑務所俗〕モルグ(morgue)；死体保管所 ⇨ cooler
　❷〔米俗〕刑務所
　❸〔俗〕棺；ひつぎ

ice-cream *n.* 〔米麻薬俗〕コカイン(cocaine)；モルヒネ(morphine)；ヘロイン(heroin)；クラック(crack)

ice-cream man *n.* 〔米黒人・麻薬俗〕クラックの売人
iceman *n.* ❶〔米暗黒街俗〕ダイヤモンド窃盗犯
 ❷〔俗〕殺し屋
ID *n.* 身分証明書；ID カード：identification の略.
 • *a fake ID* 偽造 ID
identification card *n.* ⇨ ID
identification parade *n.* 〔英〕(警察で行う面通しのための)容疑者の整列 ⇨ lineup
Identikit *n.* 〔商標〕アイデンティキット：犯人のモンタージュ画(Identikit picture)を作製するための, 顔の各部分(目・鼻・口など)を分けた手描きの絵(drawings)のセット. 写真ではない. ⇨ Photofit
 ❑ Identification kit の短縮による命名で, 本来の表記は Identi-Kit. 小文字でモンタージュ画またはモンタージュ写真一般に用いられることもある. 日本の「モンタージュ(写真)」は合成した顔写真. LAPD(Los Angeles 市警)の Hugh C. McDonald(ヒュー・C・マクドナルド)が 1940 年に開発.
identity *n.* 正体；身元
identity card *n.* ⇨ ID
identity parade *n.* ⇨ identification parade
illing *a.* 〔俗〕(行為[考え方]が)凶暴な：動詞の ill〔俗〕「凶暴なふるまいをする」から.
impaired driving *n.* 飲酒運転 ⇨ buzzed driving
impeachment *n.* 〔法〕弾劾；告発
 ❑ 米国では大統領が 'high crimes and misdemeanors'(重大な犯罪と軽罪)を犯すと議会が告発・罷免(ひめん)する. 下院の提訴により上院の 3 分の 2 以上の多数により有罪となれば罷免される.
impostor *n.* 詐欺師；ぺてん師
imprison *v.* 刑務所に入れる；収監する
 • *imprison ... for burglary* 押し込みのかどで…を収監する ⇨ imprisonment
imprisonment *n.* 投獄；拘禁；禁錮(期間)；収監
 • *He was sentenced to five years' imprisonment.* 彼は 3 年

の禁錮刑を言い渡された ⇨ life imprisonment

in-and-out book *n.* 〔米警察俗〕(警官の) 転属記録簿

in banc *a., adv.* 〔法〕所属裁判官全員による法廷で；全員法廷で；大法廷で

in camera *adv.* 非公開で：傍聴人などすべてを退室させて審理を進めること．
　☐「室内で」の意のラテン語．

inch *v.* 〔米学生俗〕盗む：pinch（盗む）と韻を踏んだ〔押韻俗〕half-inch の略．

inching *n.* 〔米警察俗〕インチ切り：1インチ刻みで手と脚を切り落とすことで，ジャマイカの麻薬売人たちが使う報復手段．

incised wound *n.* 切創(せっそう)：鋭い刃のあるもので切ってできるもの．

index dealer *n.* 〔ギャンブル俗〕インデックス・ディーラー：トランプのカードを配るときに，自分が裏向けに置くカード（hole card）が何であるかをグルのトランプ賭博師（agent）に盗み見させるディーラー．
　☐ index とはトランプカードの斜め上と下に書いてあるマークと数字．

indictment *n.* 〔法〕正式起訴（状）
　• *bring in an indictment against ...* …に対する起訴状を提出する
　☐ indictment の c は発音しない．

indirect evidence *n.* 〔法〕間接証拠 ⇨ circumstantial evidence, direct evidence

infash *v.* 〔米警察俗〕密告する；こっそり教える（inform）

information *n.* ❶（警察などへの）通報；密告
　❷〔法〕告発（状）；告訴（状）
　❸〔法〕略式起訴

informer *n.* ❶（警察へ密告して報酬を受け取る）情報屋；たれこみ
　❷〔法〕略式起訴者：略式起訴状（information）を提出する者．informant とも言う．

injunction *n.* 〔法〕差止め命令：ある行為を差止め［または禁止する］裁判所の命令．

ink *n.* ❶〔俗〕入れ墨
　❷〔米俗〕（警察・刑務所が所有する）犯罪記録
　── *v.* 〔米俗〕入れ墨を彫る
　・*be freshly inked* 入れ墨を彫ったばかりで

inmate *n.* （刑務所・精神科病院などの）在監者；同房者；入院患者

innocent bystander *n.* 罪のない傍観者：犯罪に無関係だが巻き込まれて負傷したり殺されたりする人．

inquest *n.* 〔法〕審問；検死審問

insanity defense *n.* 〔法〕精神障害の防御：刑事被告人の精神障害が犯行原因であったと主張する積極的防御方法．

in service *a.* 〔米警察俗〕（いつでも出動できるようにパトカーで）待機中：指令室からパトカーへの無線での指示を受けた場合の返答．⇨ out of service

inside *a.* 〔俗〕刑務所の塀の内側の ⇨ outside
　── *adv.* 〔俗〕刑務所に入って

inside job; inside work *n.* 〔俗〕内部の手引きによる犯行

inside man *n.* ❶〔俗〕犯罪に関わっている者：情報提供などをして犯行を手助けする．
　❷〔米暗黒街〕詐欺団の首謀者

instigate *v.* （訴訟・調査などを）起こす；開始する
　・*how to instigate a legal action against a credit card company* クレジットカード会社相手に訴訟を起こす方法

instrumental crime *n.* 利益型犯罪：犯人が明白な利益を得るような犯罪で強盗・窃盗・詐欺などを指す．⇨ expressive crime

intelligence *n.* 諜報；情報［諜報］機関；諜報活動（intelligence service）

intelligence agent *n.* 諜報（部）員

internal affairs *n.* 警察の内部問題：賄賂を受け取るなどの警察の腐敗．

❏ 一般には「内政問題」の意.

Interpol *n.* インターポール；国際刑事警察機構：International Criminal Police Organization の通称.

❏ 加盟国は 190 か国. 1923 年に創設された International Criminal Police Commission(国際刑事警察委員会)が始まりで, 1956 年に現行名と組織になった.

interrogation room *n.* （警察の）取調室

interview room *n.* 〔警察俗〕（警察の）取調室(interrogation room)

❏ 英国出身の作家 Arthur Hailey(アーサー・ヘイリー)(1920-2004)の *Detective*(『殺人課刑事』)に, interrogation room を interview room と呼ぶのは "official 'soft speak'"（公式の婉曲的な言い方)であると書かれている.

in the bag *a.* 〔米警俗〕制服で勤務している

❏ 通常は私服で捜査に当たっている NYPD(New York 市警)の経済犯罪を扱う Special Fraud Squad(特殊詐欺犯罪班)が使う言い方. 同市警では bag は通例冬の制服を指す俗語.

in the line of duty *adv.* 職務の一環として：特に, 軍隊や警察の当然の職務の場合について言う.

intimate partner violence *n.* 夫婦や恋人間の暴力：身体的攻撃・精神的虐待・強制的性交・家族や友人や情報などからの隔離など.

intimate violence *n.* インティメイトバイオレンス：血縁の有無に関係なく同居している者の間での暴力. ⇨ domestic violence

intrigue *n.* ❶陰謀；策謀

❷不義；密通

• *be drawn into political intrigue* 政治的な陰謀に引き込まれる

inventory shrinkage *n.* 在庫減少：万引きや従業員の窃盗が原因. ⇨ employee theft

investigation *n.* 捜査

• *make a full investigation into the murder* その殺人事件の十分な捜査をする

- *be under investigation*　捜査中である

investigator　*n.*　(警察などの)捜査員

involuntary manslaughter　*n.*　〔法〕非故意殺(罪):故意によらない殺人で,過失致死など. ⇨ manslaughter

Irish confetti　*n.*　〔ニュージーランド俗〕(暴動などで投げつける)レンガ・砂利・石:アイルランド人を軽蔑した言い方の一つ. Belfast confetti とも言う.

Irish karate　*n.*　〔オーストラリア俗〕ショットガンを使用すること:アイルランド人を軽蔑した言い方の一つ.

iron out　*v.*　〔俗〕殺す

iron pile　*n.*　❶〔米暗黒街俗〕刑務所
❷〔米暗黒街俗〕(刑務所内のリクリエーション施設で)ウエートリフティング用具が使用できる場所:weight pile とも言う.

issue　*n.*　係争;論争
- *at issue*　係争中で[の];論争中で[の]

ivory flake　*n.*　〔米麻薬俗〕コカイン

Jj

jack *n.* ❶〔俗〕刑事 (detective);警官 (police officer)

❷〔米俗〕泥棒 (thief);強盗 (mugger):jack-roller の短縮. ⇨ jack in the box, jack-roller

jack (and jill); Jack (and Jill) *n.* ❶〔押韻俗〕キャッシュレジスター:till(レジ) と Jill の韻を踏ませたもの.

❷〔押韻俗〕(通例複数形で) ヘロインの丸剤:pill と Jill の韻を踏ませたもの.

□ もともと Jack and Jill は,英国の伝承童謡 *Mother Goose*(『マザーグース』)の中に入っている「山に水を汲みに行く男の子と女の子の名前」で,一般に若い男女のこと.

jack-boy *n.* 〔米警察俗〕ジャックボーイ:武装強盗犯 (armed robber)のこと.

jacked (up) *a.* ❶〔米麻薬俗〕ドラッグやアルコールの影響に苦しんでいる:もともと jack (up) は,〔麻薬俗〕「麻薬を打つ」.

❷〔米麻薬俗〕薬(ﾔｸ)を使ってハイになって;(アルコールで) 酔っ払って

jacket *n.* ❶〔米暗黒街俗〕(警察・刑務所保管の)ある犯罪者に関する過去の犯罪記録

❷〔米暗黒街俗〕受刑者に関する(悪い)評判

❸〔米暗黒街俗〕実刑

• *a three-year jacket* 3年の実刑

❹〔米暗黒街俗〕犯罪の目撃者

jack in the box *n.* 〔米暗黒街俗〕ジャック・イン・ザ・ボックス:住居侵入 (breaking and entering) のこと. jack には「泥棒」,box には「家」の意味があり,「家の中にとんでもない泥棒がいた」といったところ. また, jack-in-the-box には「びっくり箱」の意味

がある． ⇨ jack

jack-roll *v.* ❶〔米俗〕（酔っ払いや麻薬常用者などを専門に）**金品を奪う；スリをはたらく**

❷〔南アフリカ俗〕**女性を誘拐しレイプする**：女子学生が狙われることが多い．

jack-roller *n.* ❶〔米俗〕（酔っ払いや麻薬常用者などを狙う）**強盗犯；スリ犯**

❷〔南アフリカ俗〕（女性を狙った）**誘拐・強姦犯**

Jack the Ripper *n.* 切り裂きジャック：1888 年にロンドンで売春婦を殺害した連続殺人犯（serial killer）のあだ名．事件は迷宮入り．

❏『検屍官』シリーズで有名なミステリー作家 Patricia Cornwell（パトリシア・コーンウェル）(1956-) がこの事件の謎に挑んだ作品に *Portrait of a Killer: Jack the Ripper ― Case Closed*（『切り裂きジャック』）がある．

jail *n.* 刑務所；拘置所

* *He was in and out of jail all the time.* あいつはいつも拘置所に入ったり出たりしていた
* *be sent to jail* 拘置所に入れられる
* *be freed from jail* 釈放される

❏ 米国では prison を「刑務所」に，jail を「拘置所」にという使い分けをすることが多く，jail は通例「未決囚や軽犯罪囚を拘留するところ」を指す．⇨ prison

── *v.* （人を）刑務所に入れる；拘置する

jailbreak *n.* 脱獄

jailer; jailor *n.* （刑務所の）看守

jailhouse lawyer; jail lawyer *n.* 〔米暗黒街俗〕獄中弁護士：他の受刑者に法的知識を与えたり相談に乗ったりする法律に詳しい受刑者．

jailing *n.* ❶〔米刑務所俗〕刑務所暮らしに慣れること

❷〔俗〕刑期

❸〔俗〕（受刑者の家族や友人の）定期的面会

❹〔俗〕ズボンを下着が少し見えるほど下げてはくこと；腰パン：

1990年代に黒人の若者やそれをまねる白人の間で流行した．現在では sagging が一般的な言い方．

jake *n.* ❶〔米俗〕制服警官；New York のパトロール警官：コーヒー（〔俗〕jake にこの意味がある）をたくさん飲むことから．
❷〔米俗〕犯罪の被害者になりうる人：田舎に多くあった人名 Jacob に「田舎者」の意味があるから．

jammed *a.* 〔米暗黒街〕逮捕された

jammie *n.* 〔警察俗〕不良品の銃：弾が詰まって（jammed）発射されないことがあるところから．

jamming *n.* 〔米警察俗〕職務質問；職質：挙動不審者を止めて話しかけ，それによって犯罪を未然に防ぐ業務．LAPD（Los Angeles 市警）のことば．

jam sandwich *n.* 〔英俗〕パトカー：jam-jar に〔英俗〕で「車」の意味があることと，白い車体にオレンジ蛍光色のラインが1本入っていて横から見たジャムサンドを連想させるところから．子供やホームレスが使う言い方．

Jane Doe *n.* ジェーン・ドウ：裁判などで本名［身元］不明の女性に用いる仮名．；(特に名を出すほどもない普通の)**女**；**某女性** ⇨ John Doe

Jane Wayne syndrome *n.* 〔米警察俗〕ジェーン・ウェイン症候群：特に新人婦人警官が自分を過信し，ヒロイン気取りになること．Dirty Harriet syndrome とも言う．⇨ John Wayne syndrome

Jaws of Life *n.* 〔商標〕ジョーズ・オブ・ライフ：事故で大破した自動車などに閉じこめられた人を救出するために使われる油圧式のこじあけ機．米国 Hale Products Inc. の登録商標．これを使って救出活動をする人を extrication specialist［technician］(救出専門家［技術者］)と呼ぶ．
❑ jaws of death（瀕死の状態）から救い出すことから命名された．

jay; j *n.* 〔麻薬俗〕大麻たばこ：この意味で使う joint の頭文字 j を指す呼び方から．また jaybird, j-bo とも言う．

jemmy *n.* 〔英〕住居侵入者が使用する短いバール（crowbar）⇨ jimmy

――― *v.* 住居侵入の際に短いバールを使う

Jewish bankroll *n.* ⇨ gypsy bankroll, Vegas bankroll

Jewish lightning *n.* 〔俗〕保険金目当ての放火（arson）：特に New York でユダヤ人への偏見が強かった頃に生まれた言い方．Jewish bonfire, Jewish fire sale, Greek lightning などとも言う．
❑ Jewish のつく語はいずれも差別・偏見から生まれた語．⇨ Mexican lightning

jigger *n.* ❶〔米刑務所・暗黒街俗〕見張り（役）：警官などがやって来ることを知らせる警告表現で 'Jesus' の婉曲語 "Jigger!"（「気をつけろ！」）から．

❷〔米俗〕銀行強盗

――― *v.* 〔米刑務所・暗黒街俗〕見張りをする

Jim Jones *n.* 〔英俗〕ジム・ジョーンズ：コカインやフェンシクリジン（phencyclidine）が混ぜられたマリファナ．
❑ カルト宗教団体 Peoples Temple（人民寺院）の教祖 James Warren Jones（ジェームズ・ウォーレン・ジョーンズ）(1931-78) にちなむ．1978 年 11 月にガイアナのコミューン Jonestown でシアン化合物（cyanide）入りの甘味清涼飲料を教徒たちに飲ませて集団自殺を実行し，909 名（うち子供は 276 名）が死亡した事件を起こした（Jonestown Massacre と呼ばれる）．この事件から混ぜ物をしたマリファナについて使った言い方．

jimmy *n.* 〔米〕住居侵入者が使用する短いバール（crowbar）⇨ jemmy

――― *v.* 短いバールを使って住居侵入する

jitterbug *n.* 〔刑務所俗〕若い囚人
❑ 一般には「うぶな若者，青二才」を指す俗語．「ひどく神経質なやつ」の意味もある．

jive bitch *n.* 〔米俗〕トラブルメーカー（troublemaker）
❑ bitch は本来「雌犬」の意味で，人に使って軽蔑的意味を持つ．

job *n.* 〔俗〕(特に強盗などの) 犯罪行為；犯行
• *do a job* 〔英暗黒街俗〕(特に強盗などの) 罪を犯す
• *pull a job* 〔俗〕強盗（など）を実行する

jocker *n.* 〔刑務所俗〕自分よりも若くて弱い囚人を狙う同性愛者の

囚人

John Bates *n.* 〔米俗〕ジョン・ベイツ：スリや詐欺師に引っかかりやすい中年男．単に Bates あるいは Mr. Bates とも言う．
❑ masturbates（マスターベーションをする）のごろ合わせで Mr. Bates を造語したものか．

John Doe *n.* ジョン・ドウ：裁判などで本名［身元］不明の男性に用いる仮名．；(特に名を出すほどもない普通の)男；某男性 ⇨ Jane Doe

john elbow *n.* 〔俗〕警官：「ひじ」を使って犯人を捕まえるところから．

john law; johnnie law *n.* 〔米俗〕(特に古参の)警官；警察：John Q Law や jonnie law とも言う．
❑ 俗語で「男性」の意味の John と「法律」の意味の law から「法律男」というような意味で．

John Q Public *n.* 〔米俗〕法律を守る一般市民：米国第6代大統領 John Quincy Adams（ジョン・クインシー・アダムズ）(1767-1848) をもじった言い方．John Citizen, John Q., John Q. Businessman, John Q. Citizen, John Q. Voter, John T. Nobody などとも言う．

John Squad (the) *n.* 〔警察俗〕覆面の風俗犯罪取締班 (undercover vice squad)

John Wayne syndrome *n.* 〔米警察俗〕ジョン・ウェイン症候群：特に新人警官が自分を過信し，ヒーロー気取りになること．Dirty Harry syndrome とも言う．
❑ 数多くの戦争映画のヒーロー像を演じた米国人俳優 John Wayne（ジョン・ウェイン）(1907-79) の名から．⇨ Jane Wayne syndrome

joint *n.* ❶〔麻薬俗〕マリファナたばこ：マリファナをたばこに加えること (joining) からの呼び方．
❷〔麻薬俗〕麻薬を使用するための器具：アヘン吸引用パイプ，皮下注射器など．麻薬を器具につなぐこと (joining) からの呼び方．
❸〔米俗〕拳銃
❹〔米黒人・刑務所俗〕懲役；実刑 (prison sentence)

joint handle *n.* 〔刑務所俗〕ムショ名：新入り受刑者に他の受刑者が付けるあだ名．その人の罪状から付けられることが多い．付けられないのは，先輩から愛されていない［信じられていない］証拠と言われる．

jolt *n.* ❶〔米暗黒街俗〕実刑 (prison sentence)
- *a five-year jolt* 5年の実刑

❷〔米麻薬俗〕麻薬の注射；1回分の麻薬

❸〔米麻薬俗〕麻薬の効き目 (kick)

— *v.* 〔米麻薬俗〕麻薬を打つ

joyriding *n.* （未成年者が）無断で面白半分に他人の車両を乗り回す行為：使用後は返却する意志がある点で自動車窃盗 (G-ride) とは異なる．

judgment *n.* 〔法〕判決；裁判；審判

judicial district *n.* 〔法〕裁判（管轄）区 ⇨ district attorney

judiciary 《the》 *n.* 〔法〕（国の統治機関の）司法部；司法組織；裁判所制度；《集合的に》裁判官 (judges)

jug *n.* 〔米俗〕刑務所

— *v.* ❶〔米俗〕逮捕する；刑務所に入れる

❷〔警察俗〕頸静脈 (jugular vein) を切ろうとする

juggle *v.* 〔麻薬俗〕薬(ﾔｸ)を買うため（の金を稼ぐために）に薬を売る：ジャグラー (juggler) が両手で器用に物を扱うことからの連想．

juggler *n.* 〔麻薬俗〕薬(ﾔｸ)を買うため（の金を稼ぐために）に薬を売る人；（街で麻薬を売る）売人

❑ 原義は「曲芸師」．

jug up *v.* 〔米刑務所俗〕（刑務所内での）食事をする

jug-up *n.* 〔カナダ刑務所俗〕飯時(ﾒｼﾄﾞｷ)

juice *n.* ❶〔米暗黒街俗〕刑務所内密造酒

❷〔麻薬俗〕麻薬：刑務所内では精神安定薬ラーガクチル (Largactil) のことを指して使う．

juiced *a.* ❶〔俗〕酒に酔った

❷〔ストリートギャング俗〕（車が）サスペンションが油圧で動き車高が自由に変えられる

jumper *n.* 〔米警察俗〕ジャンパー：飛び降り自殺をするとか，列車に飛び込み自殺をするなどと脅す者．

jump-out squad *n.* 〔米俗〕ジャンプアウト部隊：警邏(けい)中の覆面パトカーから一斉に飛び出して麻薬の売人逮捕に向かう警官隊．

junk *n.* 〔麻薬俗〕麻薬：特にヘロイン(heroin)．

jurisdiction *n.* 〔法〕裁判権；裁治管轄権

jury tax *n.* 〔米俗〕司法取り引き(plea bargain)を拒否したため被告に余計にかぶさる刑期

justice of the peace *n.* 〔法〕治安判事：小規模な民事事件の裁判などを担当するパートタイムの裁判官．

justice's warrant *n.* 〔法〕治安判事発行逮捕状

justifiable homicide *n.* 〔法〕正当殺人：正当防衛のための殺人，または死刑執行官の死刑執行など．

Just Say No *n.* 「ひとことだけ，ノーと言いなさい」：1980年代に米国で行われた麻薬撲滅運動，そのスローガン．
  ❑ 米大統領夫人 Nancy Reagan(ナンシー・レーガン)(1921-)が，青少年に麻薬に手を染めないようにと熱心な運動を展開したときのスローガンとして有名．1980年代から1990年代初め頃まで盛んであった．

juvie; juvey *n.* 〔米俗〕少年裁判所(juvenile court)；少年院(juvenile detention facility)

Kk

kanga *n.* 〔オーストラリア刑務所俗〕看守(warder):〔オーストラリア俗〕で「看守」を意味する screw(「合鍵」の意味から)があるが,その押韻俗語 kangaroo screw の頭部分.

kazoonie *n.* 〔刑務所俗〕掘られ役:受動役のホモの囚人.肛門を意味する〔俗〕kazoo から.

KC *n.* ⇨ King's Counsel

keep *n.* 〔米警察俗〕キープ:刑務所(prison).

keeper *n.* 〔米警察俗〕キーパー:(逮捕者が後に)刑事告訴に持ち込まれることになる逮捕.

keeping six *n.* 〔犯罪俗〕見張り;後方警戒:金庫破りの隠語で,警官や邪魔者の到来を警戒する役目の者.
❑ six は軍隊用語で「6時の方向,背後,後方」を指す.

keeping the peek *n.* 〔刑務所俗〕(看守が見回りに来ることを警戒する)見張り

keg *n.* 〔米麻薬俗〕(不正取り引きのための)麻薬錠剤 50,000 錠入りの円筒形容器:barrel とも言う.

keister; keester *v.* 〔米刑務所俗〕(非合法薬物などを)直腸[尻の穴]の中に隠す:ドイツ語の kiste(box, case の意)から.ass-keister とも言う.
❑ コンドームにヘロインを詰めたり,現金・タバコ・猥褻(わいせつ)写真などをラップに包んで肛門から挿入して,全裸の身体検査をもくぐり抜けて刑務所内にそれらを持ち込む.

Kentucky windage *n.* 〔米俗〕ケンタッキー流偏差調節:ライフル銃の照準調整を直感で決めること.
❑ ライフルマン(rifleman)や狙撃手(sniper)が,長距離で当てにくい目標を撃つときに,現代的な照準器や測距儀を使わず,自分の

経験や生来の射撃の才能［勘］に頼って（無意識のうちに）風による弾丸の偏流［偏差］や重力の影響をも考慮に入れた射撃方向設定を行うこと．

ketamine *n.* ケタミン：非バルビタール系の速効全身麻酔薬．塩酸ケタミン（ketamine hydrochloride）として静脈注射または筋肉注射で使用する．幻覚剤として乱用されることがある．

Kevlar *n.* 〔商標〕ケブラー：ナイロンより軽いが，非常に強く耐熱性の高い合成繊維で，防弾チョッキ（bulletproof vest）の素材とされる．⇨ corset

key *n.* ❶〔米麻薬俗〕薬（ﾔｸ）1 キログラム：kilogram の第 1 音節の発音から．マリファナなど．

❷〔米刑務所俗〕タバコ 1 箱：やり取りに使い，それが key（カギ）となって 'open doors'（機会を与える）［つまり便宜を図ってもらう］するものだから．

❸〔米刑務所俗〕看守：看守が所持している key（鍵）からで，turnkey とも言う．

khaki *n.* 〔米俗〕郡警官（county police officer）：制服がカーキ色であるから．

kibbles & bits *n.* 〔麻薬俗〕クラックのくず
❑ 米国 Del Monte Foods 製のドッグフード〔商標〕Kibbles 'n Bits（キブルズ・アン・ビッツ）に似ているところから．

kick *n.* ❶〔米麻薬俗〕向精神薬
❷〔麻薬俗〕麻薬の突然の強力な効き目
— *v.* ❶〔警察俗〕蹴り出す：容疑者を拘禁状態から解放する，無罪放免にする．
❷〔麻薬俗〕習慣性薬物の使用をやめる
❸〔米黒人・暗黒街俗〕殺害する

kick back *n.* 〔米麻薬俗〕（長期間やめていた薬物の）使用再開
— *v.* 〔米ストリートギャング俗〕リラックスする；暇つぶしをする

kick it *n.* ❶〔米麻薬俗〕麻薬中毒
❷〔米麻薬俗〕ヘロインの注射
— *v.* ❶〔米刑務所俗〕セックスをする
❷〔米刑務所俗〕ぶらぶらして時を過ごす（hang out）

kick-sick *n.* 〔麻薬俗〕麻薬の禁断症状 ⇨ sick
kick the habit *v.* 〔麻薬俗〕麻薬(通常はヘロイン)をやめる: boot the habit, break the habit, bust the habit などとも言う.
kidnap *n.* 誘拐；拉致 ⇨ abduction
  —— *v.* 誘拐する；拉致する
kill *v.* 殺す
  • *She was killed in a 14-vehicle accident.* 彼女は14台が巻き込まれる自動車事故で死んだ
King's Counsel *n.* 〔法〕(英国の)勅選弁護士：上位の法廷弁護士(barrister)で大法官の推薦により指名される. 略 KC. 女王在位の場合は, Queen's Counsel と呼ぶ.
king's habit *n.* 〔英麻薬俗〕コカイン
kinky *a.* 〔米暗黒街俗〕盗品の：特に車について使われることが多い. 一般英語の kink(ねじれる)から. bent とも言う.
  • *kinky goods* 盗品
kit *n.* ❶〔麻薬俗〕麻薬
  ❷〔麻薬俗〕麻薬注射用具：注射器やスプーンなど.
  ❸〔英刑務所俗〕所内へこっそり持ち込まれた物品
  ❹〔英刑務所俗〕手紙
kitchen cop *n.* 〔米刑務所俗〕キッチンコップ：Washington, D.C. の本部からの指示で, 囚人の1週間分の食事メニューを作成したり, キッチンや食堂(mess hall)で囚人の列の後ろに立って, 食べ物が平等に行き渡るように(食べ物をくすねないように)監視する看守. food cop とも言う.
kite *n.* 〔米刑務所俗〕(所内にひそかに持ち込まれたり服役者同士でこっそり取り交わされたりする)手紙, メモ
kitty kitty *n.* 〔米刑務所俗〕女性の矯正官[看守](correctional officer)：原義は「キュートな子猫」.
klep *n.* 〔俗〕泥棒(thief)：kleptomaniac の略. klepper とも言う.
  —— *v.* (物を)盗む(steal)
klepto *n.* 〔俗〕窃盗癖のある人；異常なまでに犯行を繰り返す万引き犯：kleptomaniac の略.
  ☐ klept- はギリシャ語で「盗み」の意味.

kleptomaniac *n.* 窃盗癖のある人

Knapp Commission〔**the**〕*n.* ナップ委員会：1970年代初期にNYPD(New York市警)にはびこった汚職を調査するために設置された委員会．正式名はCommission to Investigate Alleged Police Corruption(警察組織内部汚職疑惑調査委員会)．John V. Lindsay(ジョン・V・リンゼイ)市長によって5人の委員で構成された．内部告発をしたのが外勤巡査Frank Serpico(フランク・セルピコ)と巡査部長David Durk(デイヴィッド・ダーク)．委員長の名前がWhitman Knapp(ホイットマン・ナップ)であった．

knock *v.* ❶〔米俗〕逮捕する(arrest)
❷〔米・オーストラリア俗〕殺す(kill)
❸〔英俗〕盗む(steal)

knock and announce rule *n.* 〔法〕ノックと告知のルール：警官が捜査令状(search warrant)を執行しようとする時には，ドアをノックして，住人に警察であること，その権限や目的を知らせることを定めた法規．合衆国憲法修正第4条(Fourth Amendment)「不当な逮捕・捜査・押収の禁止．安易な令状発行の禁止」による．⇨ no-knock warrant

knocked *a.* 〔米警察俗〕逮捕された(arrested)：〔米俗〕で「泥酔した」の意でも用いる．

knockout drops *n.* 〔米俗〕ノックアウト薬：相手が抵抗できないよう意識を失わせるために，こっそり飲み物に混入する薬剤．特に，睡眠薬・鎮静薬などとして使用される抱水クロラール(chloral hydrate)．⇨ mickey finn

knockout drug *n.* ⇨ knockout drops

knot *n.* 〔米黒人俗〕分厚い札束
 • *I'm keeping a knot [fat knots] in my pocket.* ポケットには札束がどっさり入っている

Kojak light *n.* 〔米警察俗〕コジャック灯；取付け式警告標識灯：覆面パトカーなどが緊急時に屋根の上に装着する赤色，ときに青色の警告標識灯．bubble lightとも言う．
　☐ 米国テレビの警察ドラマ *Kojak* (『刑事コジャック』)(1973-90)の主人公Lieutenant Theo(dore) Kojak(シーオ(ドア)・コジャッ

ク警部)から,New York の Manhattan を舞台に活躍する私服のベテラン刑事で Telly Savalas(テリー・サバラス)(1922-94)が演じた.番組後半,犯人逮捕に向かうときだけ,Kojak はこの警告標識灯を屋根に装着して現場に急行した.

kojak with a Kodak　*n.*　〔米俗〕スピード違反取り締まりのためレーダー測定の任務を行う警官：テレビドラマの刑事名とカメラメーカーの名前から.

Kools; kools　*n.*　❶〔麻薬俗〕フェンシクリジン (phencyclidine)
❷〔麻薬俗〕マリファナを混ぜて作った紙巻きたばこ
❑ 米国製たばこの〔商標〕Kool との言葉遊び.

LI

L *n.* ❶〔米俗〕LSD
❷〔米俗〕マリファナ(marijuana)：ラップやヒップホップで特に使われる．また el とも言う．〔米黒人俗〕で loc を使うが，〔米麻薬俗〕locoweed(マリファナ)の短縮．
❸〔米刑務所俗〕終身刑(life sentence)

labdick *n.* 〔スコットランド俗〕警官：スコットランドの Lothian and Borders Constabulary の略と「警官」の意の dick から．

lady *n.* 〔麻薬俗〕コカイン：white lady(コカイン)の短縮．

lag *n.* ❶〔俗〕囚人
❷〔オーストラリア刑務所俗〕3 か月の刑
—— *v.* ❶〔俗〕刑務所に入れる
❷〔オーストラリア俗〕密告する

lagger *n.* ❶〔オーストラリア俗〕密告者(informer)
❷〔俗〕前科者(ex-convict)

lagging *n.* ❶〔英暗黒街俗〕実刑
❷〔俗〕3 年以上の実刑

lagging station *n.* 〔英刑務所俗〕長期刑の囚人用刑務所

lajara *n.* 〔米警察俗〕ラハラ；警官：New York のヒスパニックやプエルトリカンの俗語．NYPD(New York 市警)に多かったアイルランド系の警官の典型的な姓 O'Hara と，スペイン系の姓 Jara の起源の La Jara(米国各地にもある地名)とを掛けたもの．

lam *n.* 〔米俗〕脱獄
—— *v.* 〔米暗黒街俗〕脱獄する

LAPDese *n.* 〔米〕ロス市警語：LAPD(Los Angeles 市警)内部の俗語や専門語．

la pinta *n.* 〔米俗〕刑務所：メキシコ系アメリカ人(Chicano)が使

うスペイン語俗語から．

larceny *n.* ❶〔法〕窃盗(罪)：米国では使っているが，英国ではすでに古風な語で，現在は theft が用いられる．⇨ grand larceny
❷〔米暗黒街俗〕盗みの性癖

lard and pail *n.* 〔押韻俗〕ブタ箱；ムショ：jail と韻を踏んだ pail を使ったもの．

latent fingerprint *n.* 〔警察〕潜在指紋：肉眼では見えない指紋．極微細の粉末(アルミニウム粉・蛍光粉など多種)をヒト分泌物に付着させることで指紋を検出する．刷毛で粉末を打ちつけるなど方法は数種類ある．⇨ patent fingerprint, plastic print

Latin Kings *n.* ラテン・キングズ：米国の，主にヒスパニック系のメンバーによるストリートギャング集団．シンボルカラーは黄．

launder *v.* 〔俗〕(不正に得た金などを銀行やカジノなどを通して)合法的に見せる；マネーロンダリングを行う
❏ 犯罪によって汚れた金であることから，この行為 laundering は「資金洗浄」や「資金浄化」などと訳されている．⇨ smurfing

law *n.* ❶〔俗〕((the))警察
❷〔俗〕警官；私立探偵
❸〔米刑務所俗〕看守

lawboy *n.* 〔俗〕法の執行官(law enforcement officer)：lawman とも言う．

lawbreaker *n.* 法律違反者

law-dog; law-hound *n.* 〔米俗〕警官：law-hound とも言う．

law enforcement center *n.* 法執行センター：警察センター，警察本部の意．略 LEC．⇨ law enforcement officer

law enforcement officer *n.* 法執行官：警官や保安官など，法の執行に当たる者．

law shop *n.* 〔俗〕警察署：law station とも言う．

lawyer *n.* 弁護士；法律家
── *v.* 弁護士として働く

lay chickie *v.* 〔米俗〕(窃盗や暴行の犯行で)見張り役をする

lead *n.* 〔米俗〕弾丸；銃弾

lead-chucker *n.* 〔米俗〕銃：lead-pusher, lead-spitter, lead-sprayer などとも言う.

lead cocktail *n.* 〔俗〕(犠牲者の体内にある)弾丸; 銃創: lead poisoning とも言う.

LEC *n.* ⇨ law enforcement center

leg irons *n.* (囚人用の)足かせ(shackles)⇨ Oregon boot

legislative court *n.* 〔米法〕(憲法ではなく)法律によって創立された裁判所 ⇨ constitutional court

lemac *n.* 〔米刑務所俗〕キャメル(〔商標〕Camel)のたばこ: 逆読み俗語(back slang).

lemon *n.* 〔米麻薬俗〕レモン: 質の悪い麻薬. lemonade とも言う.

lemonade *n.* 〔米麻薬俗〕レモネード: 質の悪い麻薬. lemon とも言う.

lemon and lime *n.* 〔押韻俗〕レモンアンドライム: 犯罪. crime と韻を踏んだ lime を使ったもの.

libel *n.* 〔法〕文書誹毀(ひき)(罪): 文書による名誉毀損のこと.
  —— *v.* 〔法〕名誉毀損文書を公にする

lick *n.* ❶〔米暗黒街俗〕窃盗(theft); 強盗(robbery):「強盗」の意味の場合〔米黒人俗〕では licks として使う.「強打」(blow)の意味の一般語 lick から.
  • *hit a lick* 強盗をはたらく
  ❷〔米俗〕酒類小売店(liquor store): liquor の短縮.
  —— *v.* 〔米俗〕射殺する

lie box *n.* 〔米警察俗〕うそ発見器(lie detector)

lie detector *n.* うそ発見器 ⇨ lie box, polygraph

life imprisonment *n.* 〔法〕終身刑

life on the installment plan *n.* 〔米俗〕分割払い式禁錮刑: 禁錮刑と禁錮刑の間に出所期間があり, 最終的には終身刑となるもの.

life sentence *n.* 〔法〕終身刑(の宣告): 仮釈放になる場合がある.

lift *v.* ❶〔暗黒街俗〕リフト: 盗む, 万引きする, スリをはたらく, 誘拐する.
  ❷〔警察俗〕逮捕する

lifter *n.* 〔俗〕リフター：置き引き犯,万引き犯,スリ犯.

light bar *n.* ライトバー：パトカーの屋根の上に設置された警告標識灯列.

light up *v.* 〔米麻薬俗〕コカインを吸う；マリファナを吸う

likely *adv.* 瀕死の状態で；一刻を争う状態で：likely to die の略.

limb of the law *n.* 〔オーストラリア俗〕法律の手先；警官

line *n.* ❶〔米暗黒街俗〕麻薬取り引きに使われる街の通り

❷〔麻薬俗〕ヘロインを注射する静脈（vein）

❸〔麻薬俗〕（鼻からストローで吸引するために鏡面などに線状に並べた）粉末コカインの1本線分

・*do a line* コカインを吸う《do (a few) lines とも言う.》

❹〔米刑務所俗〕小さなマリファナたばこ：また，コカイン1回分（a dose）を指すこともあるが，所内ではヘロインやマリファナほど流行らないのは，ハイになっている時間が短く，またコカインが高価であるため.

liner *n.* 〔英黒人俗〕警官：面通しのために，犯罪人を一列に並ばせる（line up）ことからか. ⇨ lineup

line screw *n.* 〔米刑務所俗〕看守

lineup *n.* 〔米警察〕ラインナップ：面通しをするために容疑者たちを並ばせた横一列. 容疑者を無関係な者複数の中に混ぜて整列（line up）させ，別室から事件現場の目撃者などにのぞかせて，どの人物が犯人かを特定させるもの.〔英〕では identification parade, identity parade と言う.

・*Police had the kid view a lineup, but he said he couldn't identify the man.* 警察は少年に面通しをさせたが，彼は問題の男が特定できないと言った ⇨ one-way mirror, photo lineup

Lipton's *n.* ⇨ blank

Lipton tea *n.* ⇨ blank

liquid courage *n.* 〔米俗〕飲酒の勢いでの勇気：loudmouth soup とも言う. この勢いで腕力を誇示しようとする者を beer muscles と呼ぶ.

lit *a.* ❶〔俗〕酔っ払った

❷〔米麻薬俗〕麻薬で極端にラリった

❸〔米ギャング俗〕撃たれた
litigant *n.* 〔法〕訴訟当事者：原告(plaintiff)または被告(defendant)．
lit up *a.* ⇨ lit
load *v.* 〔オーストラリア暗黒街俗〕(警察が)にせの証拠を置く
loan shark *n.* 〔俗〕高利貸し
lockdown *n.* 〔刑務所俗〕ロックダウン：(囚人全員を)独房へ入れること．
lockpicking *n.* ピッキング行為：錠を使ったり破壊したりしないで，ピッキング道具(lock picks)を使って錠前を開ける手法．
　❏ オーストラリアの New South Wales, Queensland, Western Australia では, Locksmith Licence(錠前屋ライセンス)を持たない者がこの種の道具を所有することは違法．
lockup *n.* ❶〔米俗〕刑務所
❷〔オーストラリア・米刑務所俗〕懲罰房(punishment cell)
❸〔米刑務所俗〕看守
❹〔米俗〕逮捕
lockup look *n.* 刑務所ルック
　❏ いわゆる costume と呼ばれる横縞の囚人服姿，あるいはオレンジ色のジャンプスーツとスニーカー姿．
log *a.* ❶〔麻薬俗〕大型マリファナたばこ
❷〔米麻薬俗〕フェンシクリジン：幻覚性の強い麻酔薬．
LOG *a.* 〔俗〕ふところがさびしい：low on green(からけつの)の略．
　❏ green は「札(さつ)」の意．
LOG motion *n.* 〔米弁護士俗〕LOG 申請：弁護依頼人が費用が工面できるまで訴訟手続き延期(continuance)をすること．⇨ LOG
loid *n.* ロイド：(クレジットカードなどの)プラスチックの薄片．押し込みに入るときドアの端に差し込んでエール錠(Yale lock)式シリンダー錠をあけるために使う．Celluloid(セルロイド)の略．
LoJack *n.* 〔商標〕ロージャック：米国製の盗難車両回収システム The LoJack Stolen Vehicle Recovery System. 自動車に無線トランシーバーを設置してあり，この電波を追跡する．近年は自動車以

外に積荷の安全確保や，仮釈放者や，アルツハイマー病患者の徘徊追跡などの業務へ拡大している．

lollipop gangsters *n.* 〔米警察俗〕新世代のマフィア (Mafia)：親が築いた組織を引き継いでいるが，親の世代とは違い，非情さに欠け組織の力は弱い．FBI (〔米〕連邦捜査局) が使う表現．

loo *n.* 〔米俗〕警部補 (lieutenant)：lieutenant の発音の略．

loot *n.* 〔米・オーストラリア俗〕警部補 (lieutenant)：lieutenant の発音の略で，'lieut' の部分のつづり直し．

low on green motion *n.* ⇨ LOG motion

low rider *n.* ❶〔麻薬俗〕恐ろしい幻覚に陥って参っている麻薬中毒者：気分がハイになる (ride high) 者の反対語．
❷〔米刑務所俗〕他の囚人から目こぼし料 (protection money) を脅し取る囚人

low-risk victim *n.* 低リスク犠牲者[被害者]：犯罪に巻き込まれる危険性が低いライフスタイルの人．たとえばドアに施錠する・麻薬類に手を出さない・暗がりや人里離れた所へは立ち入らないなど．⇨ high-risk victim, moderate-risk victim

LSD *n.* 〔麻薬俗〕エル・エス・ディー：ドイツ語 Lysergsäure Diathylamid (= lysergic acid diethylamide)」の略．リゼルグ酸ジエチルアミド．スイス Basel の Sandoz Laboratories の Dr. Albert Hofmann (ドクター・アルベルト・ホフマン (1906-2008)) が 1943 年に発見した物質で，非常に強力な幻覚剤．1960 年代に広まった．

lude *n.* 〔米麻薬俗〕鎮静薬：鎮痛薬・催眠薬〔商標〕Quaalude の略．

Luma-Lite *n.* 〔商標〕ルマ・ライト：潜在指紋 (latent fingerprint) を調べるのに使われる交互灯の鑑識用光源 (forensic light source)．発明者は Dr. J. E. Watkin (ドクター・J・E・ワトキン)．⇨ ALS

lush roller; lushroller *n.* ⇨ lush worker

lush worker *n.* 〔米俗〕(地下鉄車内で酔っ払って) 眠り込んだ人を狙った泥棒[スリ]；介抱ドロ：lush roller とも言う．lush (〔俗〕「酔っ払い」) はドイツ語 Löschen ('strong beer') からか．⇨ skin worker, worker

Mm

M *n.* ❶〔麻薬俗〕モルヒネ：morphine の頭文字．em とも言う．

❷マリファナ：marijuana の頭文字．

❸快楽追求麻薬 MDMA：MDMA の頭文字．

Mace *n.* 〔商標〕メース：米国製の催涙ガス用神経麻酔剤液，そのスプレー．暴徒・痴漢撃退用．M (ethylchloroform) (chloro)ace(tophenone) の短縮．

―― *v.* 《通例 mace で》(人に)メースを発射する

□ 強盗などの武器として悪用されることもある．

machinery *n.* ❶〔米麻薬俗〕麻薬注射器具

❷〔米麻薬俗〕マリファナ（marijuana）

❸〔俗〕リボルバー

mack *n.* ❶〔米暗黒街俗〕ポン引き（pimp）：この意味の mackerel〔米暗黒街俗〕(フランス語の maquereau('pimp') から)の略．

❷〔米黒人俗〕ポン引きが新たに売春婦にするために女性に掛ける甘い口説きことば

mackman *n.* 〔米黒人俗〕ポン引き（pimp）：成功者は mack daddy, MacDaddy, macdaddy と呼ぶ．

made *a.* ❶〔俗〕正式にマフィア（Mafia）の一員になった ⇨ made man

❷〔麻薬俗〕薬物（通例ヘロイン）がすっかり身体中に回った

made man *n.* 〔米暗黒街俗〕マフィア（Mafia）の正式メンバー：made guy とも言う．

mafias *n.* 〔米刑務所俗〕(典型的にマフィアのメンバーが掛けるような)ダークサングラス

mafioski *n.* 〔英俗〕ロシア人犯罪者：mafia ＋接尾辞 -ski（ロシア系の姓の語尾）から．

maggot *n.* 〔米警察俗〕犯罪者；特に薬物の売人（drug dealer）

maggot farm *n.* 〔米警察俗〕腐乱死体（decomposed body）⇨ decomp

magistrate *n.* 〔法〕治安判事；下級判事：軽微な犯罪を扱う．米国では magistrate judge と呼ぶのが正式．Justice of the Peace（米国では結婚式の立ち会いもする．略 JP．）とも呼ばれる．

Magna Brush *n.* 〔商標〕マグナ・ブラシ：潜在指紋（latent fingerprint）を採取するための道具．"pen magnetic applicator" と呼ばれるようにペン型で，指紋採取で通常使われるブラシのような毛（bristle）はない．Herbert Leon MacDonell（ヘルベルト・レオン・マクドネル）が1961年に開発．単に Magna とも言う．

mail fraud *n.* 〔米〕郵便を利用した詐欺：連邦法（United States federal law）違反で重い罰が科せられる．

mainline *n.* ❶〔米刑務所俗〕総収容者数：懲罰房（punishment cell）に入れられている者を除く．単に line とも言う．
❷〔米麻薬俗〕主静脈：中毒者が麻薬（通例ヘロイン）を注射しやすい部位の静脈（vein）．main, mainliner とも言う．
❸〔米麻薬俗〕主静脈への麻薬注射：mainline bang とも言う．
── *v.* 〔俗〕麻薬（通例ヘロイン）を静脈注射する：この意味では，ride the mainline, rock the mainline, bust the mainline, burn the mainline, hit the mainline などの言い方も使われる．⇨ skin-pop

main man *n.* ❶〔米俗〕ヒモ；ポン引き（pimp）
❷〔俗〕（刑務所の）看守のボス
❸〔俗〕大手の麻薬供給人

major crime *n.* 重要犯罪：警察には重要犯罪担当部局（Major Crimes Division）がある．

make *n.* 〔米俗〕（容疑者の）身元確認：指紋・顔写真・その他の警察資料に基づく特定作業．
・*run a make on ...* 〔米警察俗〕…の身元を割り出す
── *v.* 〔米警察俗〕容疑者を特定する；通りで人を呼び止めて捜索する

make-believe cop *n.* 代用警官：ボランティアで職務を遂行

する警官．交通整理などを行い，拳銃は所持していない．

making bank *n.* 〔ストリートギャング俗〕金稼ぎ：しばしば街頭での強奪や詐欺などの非合法なやり方で稼ぐこと．

malice aforethought *n.* 〔法〕計画的犯意：謀殺罪(murder)が成立する．非謀殺の場合は故殺罪(manslaughter)と呼ばれる．

mama bear *n.* 〔米俗〕(特にハイウェーパトロールの)婦人警官 ⇨ bear

mama coca *n.* 〔米俗〕コカイン

Mamas and the Papas (the) *n.* 犯罪家族：犯罪行為を繰り返しながら，それから糧を得て生活をしている家族．1960年代米国で活躍したフォークロックグループ名 The Mamas and the Papas のもじり．

M & M *n.* 〔米俗〕9mm拳銃：1982年自衛隊が採用した自動拳銃．日本でライセンス生産

M & Ms *n.* 〔麻薬俗〕エム・アンド・エムズ：快楽追求麻薬(recreational drug)として使われる錠剤で，アンフェタミン・バルビツール剤やMDMAなどのエクスタシー(ecstasy)として知られているもの．米国製のチョコレート菓子の商品名を使ったもの．

Man of Honor *n.* 〔ギャング俗〕Mafiaファミリーの正式な一員

manslaughter *n.* 〔法〕故殺；非謀殺：計画的犯意(malice aforethought)なく行われた殺人．⇨ malice aforethought

man (the) *n.* ❶〔俗〕看守；警官

❷〔俗〕(大手の)麻薬売人

❸〔俗〕(ちゃんとした実業家になりすます，犯罪組織の)ボス

Maori pyjamas *n.* 〔ニュージーランド俗〕マリファナ：marijuanaのふざけた発音から作った語．

marble cake *n.* 〔犯罪俗〕マーブルケーキ二人組：白人と黒人の二人組詐欺師．菓子のマーブルケーキの模様からの命名．⇨ Oreo team

mark *n.* 〔英暗黒街俗〕泥棒・強盗が目を付けた品物・場所；スリが目を付けた獲物；詐欺師が目を付けたカモ：簡単に獲物やカモになる物［者］を easy mark と言う．

marker *n.* ❶〔俗〕賭けで負けた金［または前貸ししてもらった金

(advance)〕の借用証書(I.O.U.).

❷〔米黒人俗〕詐欺などにカモをひきつける餌

❸〔米暗黒街俗〕金

mass murder *n.* 大量殺人：一つの場所で4人以上を殺害するもの.

master key *n.* 〔警察俗〕マスターキー；大槌(おおつち)(sledge hammer)：ハンマーの代わりに，鉄管にセメントを詰めて使うなどで，ドアをぶち破るバタリングラム(battering ram)として使用する代用物も指す. ⇨ battering ram

matchbox *n.* ❶〔米麻薬俗〕(約) 10 グラムのマリファナ：実際にマッチ箱を使っていたとことから.

❷〔英暗黒街俗〕簡単に盗める相手

maureen *v.* 〔南アフリカゲイ俗〕殺害する

max *n.* ❶〔米暗黒街俗〕(服役しなければならない) 最長刑期：maximums とも言う.

❷〔カナダ・米俗〕重警備の刑務所

— *v.* 〔米暗黒街俗〕刑期満了を迎える；最も刑期の長い刑を科す

• *max out* 〔米刑務所俗〕(模範囚としての刑期短縮もないまま) 刑期満了を迎える

maytag *n.* 〔米刑務所俗〕(他の囚人の洗濯をする) 弱い囚人：洗濯の仕事は服従のしるし．米国製の洗濯機〔商標〕Maytag のもじり．

— *v.* 〔米刑務所俗〕(弱い囚人を肛門性交で) 犯す

❑ Maytag は米国の家電メーカーで，前身の会社名は The Maytag Washing Machine Co..

MCA *n.* バイク事故：motorcycle accident の略語. ⇨ MVA

McGruff the Crime Dog *n.* 犯罪防止犬マックグラフ：非営利組織 The National Crime Prevention Council (全国犯罪防止協議会) が展開する犯罪防止キャンペーンのシンボルキャラクター.

McNaghten Rules 《the》 *n.* 〔法〕マクノートン準則：スコットランド人 Daniel M'Naghten (ダニエル・マクノートン)(1813-65) が精神障害を理由に殺人罪から無罪放免となった結果，英国裁判官が 1843 年に制定した刑事責任の定義.「精神障害があり理性を欠いた状態で行われた犯行と立証されれば刑事責任を問われな

い」というもの. ⇨ criminal insanity

MDMA *n.* メチレンジオキシメタンフェタミン (methylenedioxymethamphetamine)：エクスタシー (ecstasy) と呼ばれるもので，かつては医療に使用された．少量でも危険性が高い．覚醒剤として乱用された．快楽追求麻薬 (recreational drug) と呼ばれるものの一つ．

ME *n.* ⇨ medical examiner

meat-eater *n.* ❶〔米警察俗〕肉食警官：積極的に賄賂を要求する袖の下警官．ささやかな賄賂を受け取って満足する警官（⇨ grass-eater）の反対語．

❷〔米警察俗〕武力衝突に参加する SWAT（〔米〕特殊火器戦術部隊）隊員 ⇨ warrior

meat-gazer *n.* 〔米警察俗〕男性トイレをのぞき見する者：meat は〔俗〕「ペニス」の意味．

meat wagon *n.* ❶〔米俗〕救急車 (ambulance)：live meat wagon とも言う．

❷〔米俗〕霊柩車 (hearse)

❸〔俗〕護送車

❹〔米警察俗〕遺体を死体保管所 (morgue) へ搬送する警察車両

Meccano Set; meccano set *n.* 〔ニュージーランド刑務所俗〕メカノ・セット：持ち運び可能な，銀色に塗られたスチール製の絞首台 (gallows) のこと．必要な場所に持ち込んで設置できる．かつて英国にあった玩具メーカー Meccano 製の金属製組み立て玩具の名から．かつてニュージーランドの Mt Eden Prison で使われた．

mechanic *n.* ❶〔米俗〕いかさまトランプまたはさいころ賭博師

❷〔米俗〕(雇われ) 殺し屋

Medeco lock *n.* 〔商標〕メデコ錠：米国製の堅牢な錠．⇨ Schlage

Medicaid fraud *n.* メディケード詐欺：医師・薬剤師・保険会社が低所得医療補助者に対して過剰または不正な金額を請求する詐欺的行為．

❏ Medicaid は米国の，民間の医療保険に加入できない低所得者

などに対する医療扶助制度で，費用は州と連邦政府（米公衆衛生局（United States Public Health Service））が負担する．

medical examiner *n.* 〔米法〕検死官（coroner）；監察医（medical examiner）：検死解剖（autopsy），検死（inquest）などに当たる．略 ME. coroner という呼称を使っている州もある．

medicolegal investigator *n.* 法医学的調査官：検視局（Office of the Chief Medical Examiner, 略は OCME）に報告される困難な事例の死因調査・解明に当たる．

melt *v.* 〔米警察俗〕メルト：監視中の容疑者が失踪する．FBI（〔米〕連邦捜査局）のことば．

member of the deer family *n.* 〔警察俗〕名前不詳の被害者：身元不明の人物を John Doe（男性），Jane Doe（女性），Baby Doe（幼児）と呼ぶところから．

merchandise *n.* 〔米暗黒街・刑務所俗〕違法品：特に薬（ヤク），盗まれた武器，密輸品．

mermaid *n.* 〔ニュージーランド俗〕マーメイド：トラック計量所（weigh station）勤務の警官．からかって 'cunts with scales'（うろこがある女［人魚］＝計量器を持った嫌なやつ）という発想から．

meter maid *n.* メーターメード；婦人警官：パーキングメーターのある所を巡回して駐車違反車を取り締まる．すでにこの呼称は古くなった．⇨ parking attendant

meth *n.* 〔俗〕⇨ methamphetamine, methadone

methadone *n.* メタドン：合成鎮痛薬．ヘロインの解毒・治療に使われる．

methamphetamine *n.* メタンフェタミン：中枢神経興奮剤．粉末を溶かして静脈に注射する．覚醒剤として乱用され，日本で古くからヒロポン（商品名）と呼ばれてきた．

Metro Tux *n.* 〔米警察俗〕メトロ班のタキシード：制服姿で飲酒をしてはならないのが規則だが，LAPD（Los Angeles 市警）の Metropolitan Division（都心課）の警官が制服の上着だけを白い T シャツに着替えて飲酒をするときの服装．

Mexican lightning *n.* 〔米警察俗〕メキシコの稲光：保険金目当ての放火（arson）のことで，米南西部や西部でメキシコ人への偏

見が強かった頃に生まれた言い方. ⇨ Jewish lightning

Mexican valium *n.* 〔米麻薬俗〕メキシコ製バリウム：デートレイプドラッグ(date-rape drug と)して使われる精神安定剤〔商標〕ロヒプノール(Rohypnol)のこと.

mickey *n.* 〔俗〕ミッキー：mickey finn の短縮形.
❑ slip ... a mickey [a Mickey Finn]は「飲み物にこっそり鎮静薬(特に抱水クラロール(chloral hydrate))を入れて…を意識朦朧(もうろう)とさせる」の意味. ⇨ mickey finn

mickey finn *n.* ❶〔俗〕ミッキー・フィン：こっそり飲み物に混ぜるノックアウト薬, またその飲み物. 単に mickey とも言う. ⇨ date-rape drug, knockout drops, mickey

❷〔米麻薬俗〕(筋肉・神経などの)抑制薬(depressant)
❑ 米国 New Orleans のブードゥー教徒(voodoo)からそのレシピを教わったとされる Chicago の酒場の主人 Mickey Finn から.

Mickey Mouse *a.* 〔米俗〕質の劣る；粗悪な；ちゃちな
❑ 米国のミステリー作家 Ed McBain(エド・マクベイン)(1926-2005)の作品では, ちゃちな鍵(lock)を表現するのによく使われる.

Mickey Mouse security guard *n.* 〔米警察俗〕(軽蔑的に)警備員 ⇨ door shaker, no-badge, plastic badge, rent-a-cop, sweetchuck

microdot *n.* 〔麻薬俗〕マイクロドット：小さな四角い吸い取り紙に小円状にしみこませた少量の LSD, または LSD 錠剤.

MI 5 *n.* 英国軍事情報部 5 課：Military Intelligence Section 5. Home Office(内務省)が所轄. 現在の公式名称は Security Service(SS)(英国情報局保安部).

mind-bender *n.* 〔米俗〕マインドベンダー：幻覚剤(の使用者). mind-expander, mind-explorer, mind-tripper, mind-opener などとも言う.

mind-tripper *n.* 〔米俗〕マインドトリッパー：幻覚剤(の使用者). tripper だけでもこの意味がある. ⇨ mind-bender

mini-bennie *n.* 〔米俗〕中枢神経系刺激薬〔商標〕ベンゼドリン(Benzedrine)の錠剤またはカプセル：幻覚剤として使われる.

Minto bar *n.* 〔ニュージーランド俗〕ミントバー：警官が使う長い警棒．ニュージーランドでの人種差別運動 HART (Halt All Racist Tours) の政治運動家 John Minto (ジョン・ミント) (1953-) が率いたデモ隊の鎮圧に使われたことから，その姓と，お菓子の〔商標〕Minties と milky bar の名前とを掛け合わせて作った語．両手で扱えるように取っ手が付いた police baton と同じもの．

minute *n.* 〔刑務所俗〕短期刑：通例1年以下のもの．⇨ all day

Miranda *n.* ❶ミランダ：米国 Arizona 州 Phoenix で誘拐とレイプで有罪とされた移住メキシコ人 Ernesto Miranda (アーネスト・ミランダ) (1941-76) の姓．合衆国最高裁判所は Miranda 対 Arizona 州の裁判 (1966) で，Miranda が尋問中に弁護士と相談する機会を与えられなかったという理由で，下級裁判所の有罪判決は違憲として無罪を宣告した．以後は，身柄を拘束された被疑者の尋問に先立ってミランダ警告 (Miranda warning) を告知しなければならなくなった (Miranda rule)．
❷ミランダ警告[規則，カード] ⇨ Miranda card, Miranda rule, Miranda warning

Miranda card *n.* ミランダ・カード：被疑者者が尋問の前に告知されなければならない憲法上の権利 (Miranda Rights) を印刷したカード．警官などが常時携行し，逮捕直後の犯人などに対してその内容を読み上げて聞かせる．⇨ Miranda, Miranda warning

Miranda Rights *n.* ミランダ権利：被疑者が尋問の前に告知されなければならない憲法上の権利．黙秘権があること，弁護士の立ち会いを求める権利があること，などを読み上げられる．⇨ Miranda, Miranda card, Miranda warning

Miranda rule *n.* ミランダ規則：Miranda Rights を容疑者に告知する規則．⇨ Miranda, Miranda card, Miranda warning

Miranda warning *n.* ミランダ警告：被疑者を尋問する前に憲法上の権利を告知すること；通例逮捕時に Miranda card を読み上げて行う．内容は，黙秘する権利があること・供述すれば不利益な証拠となりうること・弁護人の立ち会いを求める権利があること・弁護人を依頼する資力がなければ公費で弁護人を付してもらうことができること．

❑ ミランダ警告の一例（機関により異なる）．You have the right to remain silent. Anything you say can and will be used against you in a court of law. You have the right to speak to an attorney, and to have an attorney present during any questioning. If you cannot afford a lawyer, one will be provided for you at government expense.（あなたには沈黙を守る権利があります．あなたの話すことは法廷であなたに不利になるものとして使われる可能性があります．あなたは弁護士と話す権利があり，また尋問の間弁護士の立会いを求める権利があります．もし弁護士を雇う経済的な余裕がなければ，公費によってあなたのために弁護士が任命されます）．

Mirandize *v.* 〔米警察俗〕（逮捕者に）警官が（Miranda warning に従った）諸々の権利を伝える ⇨ Miranda warning

misdemeanor *n.* 〔法〕軽罪：米国では州によって異なるが，たとえば1年以下の拘禁や罰金にとどめられるもので，これより重い場合は felony と言う．

❑ 英国では1967年に misdemeanor と felony との区別が廃止． ⇨ felony

misdemeanor murder *n.* 〔米警察俗〕軽い殺人：あまり重要でない人物の殺人のことを皮肉った表現．犠牲者の人種・社会的地位などからメディアの注目度が低いものを指した言い方．⇨ redball

MI 6 *n.* 英国軍事情報部6課：Military Intelligence Section 6. 国外での諜報活動機関．現在は Secret Intelligence Service（SIS）（英国情報局秘密情報部）だが，MI 6 も使われる．外務英連邦省（Foreign and Commonwealth Office）が所管する．

Miss Emma *n.* 〔米麻薬俗〕エマ嬢：モルヒネ（morphine）のこと．頭文字をよくある女性の名に言い換えたもの．

Miss Emma Jones *n.* 〔米麻薬俗〕エマ・ジョーンズ嬢：モルヒネ（morphine）中毒のこと．

❑ jones, または Mr. Jones には「麻薬（特にヘロイン）中毒」の意味がある．

missile *n.* 〔麻薬俗〕ミサイル：フェンシクリジン（phencyclidine）．

爆発的な効き目から．

missile basing *n.* 〔麻薬俗〕フリーベース（freebase）とフェンシクリジン（phencyclidine）の混合液

Missile X *n.* 〔警察俗〕ミサイルX(ミサイルクロス)：電話を受けたがその情報が犯人逮捕に至らなかったケースを記録しておくオレンジ色の小型カード．

missing person *n.* 行方不明者；失踪者：24時間以上行方が不明な場合．LAPD（Los Angeles市警）にはMissing Persons Unit（失踪者班）がある．

Miss Man *n.* 〔米黒人ゲイ俗〕ミス・マン：警察．the manには「警官」の意味がある．

Miss Morph *n.* 〔麻薬俗〕モーフ嬢：モルヒネ（morphine）のこと．❑ morphineの略語にはmorf, morph, morphoがある．⇨ morf

mistrial *n.* 〔法〕審理無効：陪審評決前に無効と宣言され終了させられる．

MO *n.* 〔警察〕（犯行の）手口：ラテン語 modus operandi の略．⇨ modus operandi

moan and wail *n.* 〔押韻俗〕うめきと泣き叫び：刑務所のこと．wailとjailの韻を踏ませたもの．

mob *n.* ❶〔米俗〕(しばしばthe Mobで)マフィア（Mafia）❷〔俗〕ギャング；犯罪組織

mob justice *n.* 犯罪組織（mob）が，罪を犯したと組織が考える者を処罰すること

moderate-risk victim *n.* 中リスク犠牲者［被害者］：犯罪に巻き込まれる危険性が中程度の［可能性がなくもない］人．たとえば人里離れた暗がりで見知らぬ人の車に同乗させてもらう場合など．⇨ high-risk victim, low-risk victim

modus operandi *n.* 〔警察〕（犯行の）手口：略MO．❑ ラテン語で manner of operating の意．

moe *n.* 〔刑務所俗〕服役中の既婚の同性愛者：homoの短縮つづり．刑務所内では'married'（同性愛関係にある）状態の者を指して使われる．

mole *n.* ❶〔米刑務所俗〕モグラ：地下トンネルを掘って脱獄する囚

人のことで，tunnel rat とも呼ばれる．

❷〔米警察俗〕二重スパイ

moll *n.* 〔俗〕ギャングのガールフレンド

moll buzzer *n.* 〔暗黒街・警察俗〕女性を狙うスリ：moll buzzard, moll worker, dame buzzer とも言う．

Molotov cocktail *n.* モロトフ・カクテル：火炎瓶のこと．旧ソ連の外務大臣 Vyacheslav Mikhailovich Molotov（ヴャチェスラフ・ミハイロヴィチ・モロトフ）(1890-1986)にちなむ侮蔑的命名．米国では firebomb, 英国では petrol bomb とも言う．

money bus *n.* 〔警察俗〕現金輸送車（armored truck）

monster *n.* ❶〔米麻薬俗〕モンスター：コカインなどの強力な麻薬．

❷〔米刑務所俗〕《the》ザ・モンスター：エイズ（AIDS）．

mooner *n.* 〔米暗黒街俗〕病的犯罪者：特に，満月の時期に活動する犯罪者．

□ 昔ヨーロッパでは「月光にあたると気が狂う」という俗信があり，今でも「満月が人間の心に影響するため，その日には犯罪率が高まる」と考える人も少なくない．

mop and pail *n.* 〔押韻俗〕刑務所：bucket and pail, lard and pail とも言う．

□ 原義は「モップとバケツ」．jail（刑務所）と pail の韻を踏ませたもの．

mope *n.* 〔米警察俗〕犯罪者；犯人

mopery *n.* 〔米警察俗〕取るに足らない犯罪

morf *n.* 〔麻薬俗〕モルヒネ：morphine の略．morph, morpho とも言う．

morgue *n.* モルグ；（身元不明遺体の）死体保管所 ⇨ cooler, icebox

morgue wagon *n.* 〔米警察俗〕遺体を死体保管所（morgue）まで搬送する警察車両：meat wagon とも言う．

morning wake-up *n.* 〔麻薬俗〕目覚ましの一服：パイプから吸う最初のクラックの一服．

mother's day *n.* 〔米黒人俗〕（政府からの）社会福祉手当金小切手

到着日：いわゆる貧困線（poverty line）以下の低収入者対象．特に女性が強盗の被害に遭うことが多い．

motor *n.* 〔米刑務所俗〕モーター：所内で非合法的に用いられる入れ墨具（tattoo gun）．

mounted police *n.* 騎馬警官隊

Mountie《the》 *n.* 〔カナダ俗〕マウンティー：王立カナダ騎馬警官隊（the Royal Canadian Mounted Police, 略 RCMP）（フランス語名は Gendarmerie royale du Canada, 略 GRC）の隊員．
❑ "The Mounties always get their man."（「マウンティーズはいつでも悪いやつをつかまえる」）のスローガンが有名．

mouthpiece *n.* 〔俗〕弁護士（lawyer）

Mr. Big *n.* 〔俗〕（犯罪の）首謀者；黒幕

Mr. Stranger Danger *n.* 〔米警察俗〕危険なよそ者：手当たり次第に性犯罪を行う者，子供を誘拐し殺害する者．顔見知り犯ではないことが多い．

mud *n.* 〔麻薬俗〕（特に質の悪い）アヘン（opium）；ヘロイン（heroin）

mug *v.* ❶〔俗〕（もとは背後から首を絞めて）路上強盗をする
❷〔米警察俗〕（逮捕後，裁判や刑務所での身分証明用に）犯人の写真を撮る

mug book *n.* 〔米警察・暗黒街俗〕犯罪者の写真ファイル

mugger *n.* 〔俗〕路上強盗（犯）：もとは「背後からの首絞め強盗犯」．⇨ mug

mugging *n.* 〔俗〕路上強盗行為 ⇨ mug

muggle *n.* 〔俗〕マリファナ紙巻きたばこ：マリファナを混ぜてあるたばこ．

mug room *n.* 〔米警察俗〕（犯人の）顔写真の撮影・写真保管室

mug shot *n.* 〔米警察俗〕顔写真：裁判や刑務所で使用したり，前科記録（criminal record）に残したりするために警察署内などで撮影する犯人の写真．mug photo, mug picture とも言う．⇨ rogues' gallery

mule *n.* ❶〔米麻薬俗〕（麻薬などの）運び屋；売人：国外からの運び屋にも，特定の地域や刑務所内だけの売人の場合も指す．とき

には，麻薬売買とは無関係の人を利用する場合にも使う．

❷〔米刑務所俗〕現金や麻薬を刑務所内にそっと持ち込む者：刑務所面会者または看守．packhorse とも言う．

❸〔米警察俗〕プロの自動車泥棒（car thief）：puller とも言う．

Mum's the word. 〔俗〕黙っていろ；他言無用：「沈黙が合い言葉」の意．

❏ mum は，唇を固く閉じたときの音を表す擬声語．

munchies *n.* 〔俗〕（マリファナを吸ったために感じる）空腹感：munchie は〔俗〕「スナック，軽食」の意味．

murder *n.* 〔法〕謀殺：計画的犯意（malice aforethought）をもって実行された殺人．

❏〔米〕の場合，罪が重いほうから first-degree murder（第一級謀殺），second-degree murder（第二級謀殺），third-degree murder（第三級謀殺）がある．

—— *v.* 〔法〕謀殺する；殺害する

murder book *n.* 〔米警察俗〕マーダーブック：殺人事件の捜査で得られたデータや写真などをすべて集めたもの．

murderer *n.* 〔法〕謀殺者 ⇨ murder

mushfake *n.* 〔米刑務所俗〕禁制品；密売品（contraband）：麻薬など．

mushroom *n.* 〔米警察俗〕マッシュルーム：警察と犯人，あるいは犯罪者同士の撃ち合いなどに巻き込まれて死亡した人．

❏ 事件現場へどこからともなく出てきて報道のトピックになったかと思うと，すぐに忘れ去られてしまうところから．

mustard chucker *n.* 〔米俗〕マスタードぶっかけ屋：誤ってマスタードをかけてしまったふりをして謝罪し，マスタードを拭き取りながら財布などをすり取る手口での犯行．

muster room *n.* 〔米警察〕マスタールーム：勤務シフト開始時に警官を集めて，査閲・点呼・指示等を行う部屋．

mutt *n.* 〔米警察俗〕犯人；容疑者

Mutt and Jeff *n.* 〔米警察俗〕マットとジェフ（法）；飴と鞭(むち)：警察が容疑者から話を聞き出すために使うテクニックで，二人組の尋問刑事たちが同情的な[人の良い]役割と暴力的な役割とをそ

れぞれ演ずるもの．Mutt and Jeff act, Mutt and Jeff routine, the good guy-bad guy technique とも言う．

❏ 米国の漫画家　H. C. Fisher（H・C・フィッシャー）(1885-1954) の漫画 *Mutt and Jeff*（『マットとジェフ』）(1907) の登場人物である大男と小男にちなむ．Mutt は背が高くやせた男，Jeff は背が低く太った男．一般には「体つきがまったく違う夫婦や友だち 2 人・ばかな二人連れ・どたばたコンビ」なども意味する．mutt and jeff で「マットとジェフの役割で被疑者の供述を引き出す」の意味で動詞としても使う．⇨ good guy-bad guy technique

MVA　*n.*　自動車事故：motor vehicle accident の略語．⇨ MCA

mystery　*n.*　〔米警察俗〕ミステリー：発生後 48 時間経過しても解決できない殺人事件．⇨ puzzle, whodunit

Nn

nab *n.* 〔英俗〕警官
　── *v.* 〔英暗黒街俗〕逮捕する
nail *v.* ❶〔英俗〕銃撃する；殺す
　❷〔俗〕逮捕する（arrest）
narc *n.* ❶〔俗〕麻薬
　❷〔俗〕（おとり）麻薬捜査官（narco man）
　❸〔俗〕（警察への）情報提供者
　── *v.* 〔俗〕（麻薬の売人や使用者のことを）警察に密告する
　❏ いずれも nark とも書く．
narco *n.* ❶〔米俗〕麻薬取締官（narco man）
　❷〔麻薬俗〕麻薬；麻薬常用者；麻薬の売人
narco squad *n.* 〔米麻薬・暗黒街俗〕（警察の）麻薬取締班
nark *n.* ⇨ narc
NASH *n.* 〔科学捜査〕ナッシュ：死因（cause of death）の法律上の4つの分類を指す natural, accidental, suicidal, homicidal 頭文字から．インフォーマルな言い方．
NCIC *n.* 　全米犯罪情報センター：National Crime Information Center の頭文字．FBI（〔米〕連邦捜査局）管轄の機関．盗品（車両，自動車のナンバープレート，銃，証券，船舶，シリアルナンバーがふってある各種物品），指名手配者，身元不明者，行方不明者，重罪犯の犯罪歴などの記録をデータベースとして保管している．このセンターの運営については NCIC Advisory Policy Board が助言機関として設けられており，FBI長官にその運営に関する助言を与える．全米50州のすべての警察が利用できるほか，Royal Canadian Mounted Police, Police of the Commonwealth (Puerto Rico), U.S. Virgin Islands が無料で使用できる．

needle candy *n.* 〔米麻薬俗〕ニードルキャンディー：注射で使う麻薬．特にコカイン．

needle freak *n.* 〔米麻薬俗〕ニードルフリーク：静脈注射で麻薬を使う人．麻薬の効き目そのものだけでなく注射するという行為に刺激を受ける．

needle house *n.* 〔米麻薬俗〕ニードルハウス：麻薬を注射する者たちが集まる所．needle palace とも言う．

needle man; needleman *n.* 〔麻薬俗〕ニードルマン：麻薬常用者．

needle needie *n.* 〔オーストラリア刑務所俗〕ニードルニーディー：注射する前にヘロインと水を混ぜたものをのせて熱するスプーン．

needle shooter *n.* ❶〔米麻薬俗〕ニードルシューター：ヘロイン，またはその他の麻薬常用者．shooter とも言う．

❷〔俗〕皮下注射器：shooter とも言う．

neighborhood store *n.* 〔米警察俗〕ちっぽけな麻薬売買の仕事

NEOTWY *n.* 〔米警察俗〕事件・事故に関して報告すべき6項目：when, where, who, what, how, why の最後の文字をつなげたもの．

net worth investigation *n.* 〔米警察俗〕総資産捜査：警官が汚職をしていないかどうかを調べること．net worth は会計用語で「総資産」(net assets) の意味．

New York Police Department *n.* ニューヨーク市警察：略 NYPD．

❏ 1895 年創設．New York の Lower Manhattan にある One Police Plaza に本部がある．75 分署がある．騎馬警官のために約 120 頭の馬を保有．パトカーは約 9,000 台を所有．⇨ One PP

nick *n.* ❶〔俗〕**刑務所；警察署内の留置場**：軍事用語の nick (営倉) から．

❷〔麻薬俗〕5ドル分の袋入りマリファナ：nickel (5 セント白銅貨) から．

── *v.* ❶〔英暗黒街俗〕盗む (steal)

❷〔英俗〕逮捕する (arrest)

nickel *n.* ❶〔米刑務所俗〕5年の実刑
❷〔米麻薬俗〕マリファナ5ドル分の包み：ヘロイン，またはコカインについても言う．
❏ 数字5はすべて「5セント白銅貨」(nickel)から．

nightstick *n.* 〔米〕警棒 ⇨ baton, truncheon

nine millimeter Parabellum *n.* 9ミリパラベラム弾：ドイツ製のピストル・機銃 Parabellum 用の直径9mm・長さ19mmの弾丸．1902年に Georg Luger（ゲオルク・ルガー）(1849-1923)が開発．9mm Luger あるいは 9×19mm とも呼ばれる．

nineteen *n.* 〔麻薬俗〕スピード(speed)：speed の頭文字がアルファベットの19番目の文字であるところから．⇨ speed

ninhydrin *n.* ニンヒドリン：無色柱状晶；蛋白やアミノ酸の検出確認定量に用いられる試薬．
❏ 犯罪捜査において紙など多孔質の素材に付着した指紋の検出に使う，スプレー泡または結晶質の粉．アミノ酸に化学反応し，熱を加えることで赤紫に変化し（ルーヘマン・パープル(Ruhemann's purple)と呼ばれる）指紋が浮かび上がる．

Ninja rock *n.* 〔俗〕忍者石：約9.5ミリ角の白色陶器製の立方体で，東南アジアで自動車の窓ガラスを割って中の物を盗む(smash and grab raid [attack])道具とされる．

no-badge *n.* 〔米警察俗〕警備員：警察バッジを付けていないことからの軽蔑的表現．⇨ door shaker, Mickey Mouse security guard, rent-a-cop, sweetchuck

no-knock warrant *n.* 〔米法〕ノーノック捜査令状：法執行官(law enforcement officer)が容疑者の部屋を捜索する場合に，前もってノックして法執行官が来訪したことを知らせる必要なく立ち入ることを許可する令状．関連して no-knock law（ノーノック法），no-knock raid（ノーノック手入れ）などの言い方もある．
❏ Ed McBain（エド・マクベイン）(1926-2005)の警察小説では，No-Knock warrant, No-Knock documentation, No-Knock provision の言い方で登場する．

nolle prosequi *n.* 〔法〕訴えの取り下げ
❏ ラテン語からで, will no further prosecute（これ以上訴えるこ

とをしない)の意.

nolo contendere *n.* 〔法〕**不抗争の答弁**：刑事訴訟で被告人が，検事の示す公訴事実を争わない旨の答弁(plea).
❑ ラテン語から．I will not contest it.(争う意志はありません)の意．

nomadic killer *n.* **放浪連続殺人犯**：獲物を求めて移動しながら犯行を繰り返す連続殺人犯(serial killer)．⇨ stationary killer, territorial killer

nose candy *n.* 〔俗〕**ノーズキャンディー**：(鼻から吸入する)コカイン．ヘロインを指すこともある．

nosecone *n.* 〔麻薬俗〕**ノーズコーン**：大型の大麻の紙巻きたばこで，一方の端をバラのつぼみの形にねじったもの．

nose habit *n.* 〔麻薬俗〕**ノーズハビット**：鼻からの粉末薬物の吸引または，その依存癖．

nose powder *n.* 〔麻薬俗〕**ノーズパウダー**：コカイン．ヘロインやモルヒネを指すこともある．nose stuff とも言う．

notary public *n.* 〔法〕**公証人**

Not Clear 〔米警察俗〕**ノットクリアー；制圧未確認[未完了]**：急襲[強行突入]した建築物または地域での犯人(たち)による脅威がなくなったか[完全に制圧できたか]どうかが未確認(もしくはそれが未完了)であることを SWAT(〔米〕特殊火器戦術部隊)内で伝える表現．

NSA *n.* (米国の)**国家安全保障局**：National Security Agency の頭文字．米国防総省(United States Department of Defense)の諜報機関(intelligence agency)．1952 年 Harry S. Truman(ハリー・S・トルーマン)大統領が設立．秘密のベールに包まれているため頭文字の NSA を揶揄(ゃゅ)して No Such Agency(そんなもの知らない局)と呼んだりもする．

NYPD *n.* **ニューヨーク市警察**：New York Police Department の頭文字．⇨ New York Police Department

Oo

obbo *n.* 〔英暗黒街・警察・刑務所俗〕(警察による)監視;(刑務所内の)監視室：observation(監視・観察)の短縮から．

obs *n.* 〔米・オーストラリア刑務所俗〕監視塔：observation(監視・観察)の短縮から．obbs, obsoとも書く．

obstruction of justice *n.* 〔法〕司法妨害：証人出廷妨害・裁判所命令執行妨害・証拠隠滅・陪審員への脅迫など．

OC spray *n.* トウガラシ樹脂油剤(oleoresin capsicum)を使用した催涙スプレー：一般にはpepper sprayと呼ばれる．
  ❑ 米国では州によって規制が異なり，Massachusetts州(銃の所持許可証保有者は購入可)，Michigan州(購入できる物の活性成分に制約)，Wisconsin州(購入できる物の活性成分に制約)，Washington州(警察に登録して所有可)，その他の州には規制がない．
  ⇨ pepper spray

off *v.* ❶〔俗〕殺す：knock offの略から．⇨ whack
  ❷〔米暗黒街俗〕奪う；強奪する：knock offの略から．
  ❸〔米黒人俗〕叩きのめす：knock offの略から．
  ❹〔米警察俗〕逮捕する(arrest)：knock offの略から．
  ❺(特に麻薬などの禁制品を)売る：send offの略から．

offender *n.* 〔法〕(法律上の)犯罪者；犯人；違反者
  • *first offender*　初犯者
  • *career offender*　常習犯
  • *sex offender*　性犯罪者
  • *persistent offender*　累犯者

office *n.* ❶ヒント；警告(warning);(内々の)情報(tip-off)：通例はget the office, give someone the officeで使う．
  ❷〔刑務所俗〕合図(signal)：警告を与えることが見張りの役目(of-

fice)であるが，その意味から派生した俗語用法．

Officer Down! 〔米警察俗〕オフィサーダウン！; 隊員負傷！: SWAT(〔米〕特殊火器戦術部隊)などの隊員が，作戦遂行中に銃撃されたことを緊急連絡する表現．

off the record a., adv. 〔米ギャング俗〕(仕事が)犯罪組織から事前に承認を受けないで勝手に行われた: 文字通りは「オフレコで」の意. ⇨ on the record

O.G.; o.g. n. 〔米黒人俗〕指導者的立場のギャング: original gangster の短縮. ストリートギャング集団 Crips が 'Original Gangster Crips'(元祖ギャングスター・クリップス)と名乗ったところから出た語と言われる. ⇨ Crips

oil n. 〔麻薬俗〕ヘロイン(heroin); フェンシクリジン(phencyclidine)

—— v. 〔米俗〕自分の手で麻薬，特にヘロインを注射する

oil-burner n. 〔米麻薬俗〕オイルバーナー: ヘロインの重症中毒，重症の麻薬中毒者. アヘンを温めるのにオイルランプが使われたことからの連想. oil-burner habit, oil-burning habit とも言う.

Old Sparky n. 〔米俗〕オールド・スパーキー: (特に Florida 州の)電気椅子. 文字通りは「老いた電気技師」.

oleoresin capsicum n. トウガラシ樹脂油剤 ⇨ OC spray

omerta n. 〔ギャング俗〕沈黙の誓い; 口を割らない約束: Mafia の一員として組織の機密事項については口をつぐむという約束. これを破った者は組織により抹殺される. イタリア語から.

187 n. 〔米警察俗〕殺人(事件); 殺し: one-eight(y)-seven と読む. California 州刑法で殺人罪を定めた第 187 条を指して，その数字を無線でのやり取りで使うコード.

—— v. 〔米黒人ギャング俗〕(人を)殺害する

❏ ストリートギャング集団 Crips が抗争相手の Bloods を念頭に置いたスローガンが "B187"(= We kill Bloods).

—— a. 〔米俗〕殺害された(murdered) ⇨ Bloods, Crips

151 n. 〔米警察俗〕クラック(crack): one-fifty-one と読む. California 州や NewYork 州の刑法第 151 条の数字から.

one-percenter n. 暴走族: 自分が暴走族のメンバーであるこ

とを認めるときの表現. バイク乗りの1パーセントが暴走族であるという説から.

One PP *n.* 〔米警察俗〕ワン・ポリスプラザ(One Police Plaza)：ポリスプラザ1番地. New York市ManhattanのNYPD(New York市警)の本部庁舎がある場所. 警官の間ではPuzzle Palace(パズルの館)と呼ぶ.

one-time *n.* 〔米黒人俗〕ワンタイム：警官, 警察.
❑ 語源不詳だが, "I'll tell you one more time..."(「いいか, もう一度だけ言っておくがな…」)という, その場で逮捕するだけの証拠がないときに容疑者に対する警官の警告からか.

one under *n.* 〔米警察俗〕ワンアンダー：逮捕者(one under arrest).

one-way mirror *n.* マジックミラー：一見普通の鏡だが反対側から見ると素通しのガラス. 目撃者などが取調室内の容疑者を見て面通しができる. one-way glass, two-way mirrorとも言う.

on ice *a.* ❶〔俗〕死んだ
❷〔米暗黒街俗〕逮捕された；刑務所に入った
❸〔俗〕警察に見つからないよう隠れた

on the arm *adv.* 〔米俗〕(食事などが)ただで
❑ シャツのカフス(通例取り外しできるもの)に借用金額を書く習慣があったことから, on the cuff(つけで・無料で)という言い方が1920年代半ばから使われてきた. この関連でカフスを付ける「腕」の連想から生まれた言い方と思われる. NYPD(New York市警)の警官にかつて外食でただ食いの悪習があったことから 'the long arm of the law'(警官)の言い方と関連があるという説もある.

on the grain and drain train *a.* 〔刑務所俗〕独房に入れられて：パンと水だけの非常に粗末な食事を与えられ, トイレが付いているだけの部屋での生活状態を指す表現. 文字通りは「穀物と配水管の列車に乗って」. grain, drain, trainの韻を踏んだことば遊び表現.

on the heavy *a.* 〔俗〕暴力犯罪をしている；武装強盗をしている

on the muscle ❶〔米俗〕(相手に)すぐに手を出す
❷〔米俗〕暴力に訴えるぞと脅して

on the pipe ❶〔米麻薬俗〕クラックを常用して
❷〔米刑務所俗〕(囚人たちが独房間の連絡用に水が通っていない)水道管を使って

on the record *a., adv.* 〔米ギャング俗〕(仕事が)犯罪組織から事前に承認を受けて行われた：文字通りは「オフレコではなく」の意. ⇨ off the record

open file *n.* 〔米警察俗〕オープンファイル：捜査は継続しているが未解決の事件.

open verdict *n.* 〔法〕有疑評決：検死陪審(coroner's jury)が殺害者または死因については決定しない評決.

orange sunshine *n.* 〔米麻薬俗〕オレンジサンシャイン：LSD 入りのオレンジ色のピル.

Oregon boot *n.* 〔米刑務所俗〕オレゴンブーツ：囚人たちに着ける鉄製の足かせ(leg iron).
❏ 最初に Oregon 州の刑務所で使われた. Oregon boots と複数形で使うと「手錠」(handcuffs)の意味になる.

Oreo team *n.* 〔米警察俗〕(警官または犯罪者の)黒人と白人の二人組
❏ 2 枚のココアクッキーでバニラクリームをはさんだ米国製のクッキーの〔商標〕Oreo(オレオ)から.

organized crime *n.* 〔法〕組織犯罪；組織犯罪者団：暴力団，ギャングなど.

organ trophy *n.* 〔警察俗〕殺人犯が犯行後に切り取って隠し持っている死体の一部分：文字通りは「人間の臓器トロフィー」. ⇨ souvenirs, trophy

Organized Crime Control Act (of 1970)(the) *n.*
(1970 年制定の)組織犯罪規制法：組織犯罪に対する FBI(〔米〕連邦捜査局)の権限拡張などを定めた法律. その告発の証言者の安全保障も定める. ⇨ Federal Witness Protection Program

ossifer *n.* 〔俗〕警官：police officer の officer 部分から. ふざけた，時には挑発的な警官に対する呼びかけ語で，酔っ払いの呂律(ろれ)

の回らない発音をまねて使う.occifer, osifer とも書く.

outer office *n.* 〔米警察俗〕(警察署の署長室の手前にある)秘書室

out front *adv.* 〔俗〕前金で:特に麻薬受け取りに先だって代金を前渡しする場合に言う.in front, up front とも言う.

out of service *a.* 〔米警察俗〕(他の要請を処理中で)出動不可:指令室からパトカーへの無線での指示を受けた場合の返答.⇨ in service

outside *n.* 〔米刑務所俗〕塀の外の世界;シャバ
  ── *adv.* ❶〔米刑務所俗〕塀の外で;シャバで
  ❷〔米警察俗〕警官の順守すべき法や規則を逸脱している

outside job *n.* 〔俗〕部外者の犯行 ⇨ inside job

outside man *n.* ❶〔英暗黒街俗〕見張り役:outsider とも言う.
  ❷〔俗〕(信用詐欺一味のうち)標的を見つけ出して誘い込み金を巻き上げる手助けをするメンバー
  ❸〔俗〕売春宿に誘う客引き

o.z.; oh-zee; OZ *n.* 〔麻薬俗〕麻薬1オンス:ounce(オンス)の略語 oz.

Pp

pack *n.* 〔米麻薬俗〕ひと包みの麻薬:ヘロイン・マリファナなど. packet とも言う.
— *v.* ❶〔米俗〕(銃・ナイフなどの)武器を携行する:pack heat とも言う.
❷〔米刑務所俗〕禁制品を持って出入りする
❸〔米麻薬俗〕クラックをパイプに詰める:このために使う細い棒や,金属製ハンガーの一部分を packer と呼ぶ.
❹〔オーストラリア麻薬俗〕たばこにマリファナを詰める:このマリファナたばこを作る者を packer と呼ぶ.

package *n.* ❶〔米俗〕誘拐事件の犠牲者
❷〔米黒人俗〕大きな取り引き
❸〔米刑務所俗〕囚人に関する肯定的な内容の報告書:parole package(仮釈放報告書)とも呼ばれ,更生の努力をしていることを示すもの.「書類の束」の意の package から.

packaged *a.* 〔米警察俗〕(被害者を)病院へ搬送の準備が完了した

packhorse *n.* 〔米刑務所俗〕刑務所内に禁制品を運び込む者:面会者または看守. mule とも呼ぶ.

paddy wagon *n.* 〔俗〕護送車
❑ アイルランド人を Paddy と呼ぶが,米国の警官はアイルランド系が多かったことから〔米俗〕として生まれた言い方,という説がある.または padlock(南京錠)の省略から. ⇨ pie wagon

paid *a.* 〔米刑務所俗〕儲けた:仮釈放(parole)の審問を受けることができた.

Panama red *n.* 〔米麻薬俗〕パナマレッド:Panamanian red とも言う.強い効力があるパナマ産のマリファナ.

P and Q; p and q *n.* 〔米刑務所俗〕独房監禁 (solitary confinement)：peace and quiet の略語.

panel *n.* 〔法〕陪審；陪審員団；陪審員名簿

panic *n.* 〔麻薬俗〕麻薬入手が困難な期間
- *panic man* 麻薬を待ち焦がれる売人［中毒者］

paper *n.* ❶〔麻薬俗〕(粉薬のように正方形の紙で包んだ)ヘロイン (heroin)：または，その他の粉末状麻薬.
❷〔米警察俗〕駐車違反の呼び出し状 (parking ticket)
❸〔米俗〕偽造小切手
❹〔俗〕金 (money)
❺〔米俗〕保護観察 (probation)；仮釈放 (parole)
—— *v.* 〔米警察俗〕駐車［交通］違反切符を切る

paper acid *n.* 〔米俗〕吸い取り紙に染みこませた LSD

paper boy *n.* 〔米俗〕ペーパーボーイ：麻薬(特にヘロイン)の売人. 新聞配達の少年 (paper boy, paperboy) に掛けたしゃれ.
❏ ヘロインはしばしば紙の封筒に入れて売買される.

paper hanger *n.* 〔米暗黒街〕ペーパーハンガー：偽造または不渡り小切手を使う者. paper-layer とも言う.

paper pusher *n.* 〔米暗黒街俗〕ペーパープッシャー：にせ札を使う者.

paper trail *n.* 〔米警察俗〕ペーパートレイル：文字通りは「文書足跡」. 捜査活動全般についての保存記録. 捜査関係者の行動を証明できる.

Parabellum *n.* 〔商標〕パラベラム：ドイツ製のピストル・機関銃など. ⇨ nine millimeter Parabellum

parking attendant *n.* 駐車違反取締警官：parking enforcement officer, parking inspector とも言う. 英国では civil enforcement officer と呼ぶ. ⇨ meter maid

parole *n.* 〔法〕仮釈放
- *The man was on parole after serving time for second-degree murder.* その男は第二級謀殺の罪で刑期をつとめた後の仮釈放中であった ⇨ parole board
—— *v.* 〔法〕仮釈放する

parole board *n.* 〔法〕仮釈放審査委員会

parole dust *n.* 〔米刑務所俗〕(脱獄の試みを助ける)霧：霧で有名な San Francisco の北にあるサンクエンティン州刑務所(San Quentin State Prison)で生まれた表現．

parole officer *n.* 仮釈放保護観察官：仮釈放審査委員会(parole board)の下で，受刑者が刑期満了前に条件付きで一時的に釈放され，言い渡された刑期の間を社会生活させるときの保護観察・監督責任者．

Parrie *n.* 〔ニュージーランド暗黒街俗〕パリー：ニュージーランドの North Shore 市 Paremoremo にある旧名 Paremoremo Prison(パレモレモ刑務所)(現在は Auckland Prison と呼ばれる)の略．中程度警備と最高度警備の両施設がある．

patch *n.* ❶〔米警察俗〕目こぼし料：ある犯罪が円滑に行えるよう，または犯罪者が逮捕されないよう，警官に贈る金銭．
❷〔米暗黒街俗〕(特定の地域内で犯罪者の身の安全確保の取り決めをする)仲介人；フィクサー
❸〔俗〕組章：犯罪者集団や暴走族グループなどの構成員が服などに付けるエンブレム．
❹〔英俗〕警官の受け持ち区域：ストリートギャング・麻薬売人・警官などが使う．
❺〔英俗〕島(ﾄｼｰ)：ストリートギャング・麻薬売人・売春婦の縄張り．
── *v.* 〔カナダ刑務所俗〕賄賂を払うように手はずを整える

pat-down search *n.* 〔米警察俗〕ボディーチェック：衣服の上から手で軽く叩いて武器などの有無を調べる身体捜査．⇨ frisk

patent fingerprint *n.* 〔警察〕顕在指紋：遺留指紋の内で，塗料・インク・血液などで付いた肉眼ですぐに確認できるもの．⇨ latent fingerprint, plastic print

pathology *n.* 〔法〕病理学

patrol wagon *n.* 〔米〕護送車 ⇨ paddy wagon, pie wagon

pavement princess *n.* 〔米俗〕(特にトラックサービスエリア(truck stop)で客を探す)売春婦：pavement pretty とも言う．

PCP *n.* フェンシクリジン(phencyclidine)⇨ phencyclidine

peacemaker *n.* 〔米俗〕拳銃；リボルバー：特に Colt .45 口径輪胴式拳銃．
❑ 一般には「調停者」の意．

peace pill *n.* 〔米麻薬俗〕ピースピル：LSD とメセドリン (Methedrine) を混ぜ合わせた錠剤，または PCP (phencyclidine) 錠．⇨ phencyclidine

peanut *n.* 〔米麻薬俗〕バルビツール錠 (barbiturates)：その形から．⇨ barbs

peeler *n.* 〔北アイルランド俗〕警官：北アイルランド以外ではすでにすたれた呼び方．もとはアイルランド警察隊．英国の Metropolitan Police を創設した Sir Robert Peel (サー・ロバート・ピール) (1788-1850) の名前から．

pen *n.* 〔米俗〕刑務所：penitentiary の省略．

penetrating trauma *n.* 貫通創：刃物や銃などによる創傷皮膚が破れ，身体の組織 (tissue) まで達して大きく傷口が開くもの．⇨ blunt trauma

penitentiary agent *n.* 〔米暗黒街俗〕依頼人のためよりも裁判所や警察の手先かと思われるような弁護士

penitentiary turnout *n.* 〔米刑務所俗〕刑務所に入所してから同性愛性行為に目覚めた者：jailhouse turnout とも言う．

pen register *n.* 〔法〕電話利用状況記録装置：通話の日付や時間を記録するもので会話内容は記録しない．もとは紙テープに電信信号を記録するもので，万年筆や鉛筆などが装着されたレバーが作動したことからの呼称．合衆国法律集 (the United States Code) の Title 18 に，2001 年の米国愛国法 (USA Patriot Act) による修正を加えて定義されている．

pepper gas *n.* ペッパーガス：催涙ガスの一種で，主成分はカプサイシン (capsaicin)．目や粘膜の痛みと，一時的な盲目を引き起こす．pepper spray から噴出される．

pepper spray *n.* ペッパースプレー：目つぶし用の唐辛子液スプレー．⇨ OC spray

Pepsi challenge (the) *n* 〔米警察俗〕メキシコ警察の尋問テクニック：ペプシコーラなどの炭酸飲料を被疑者の鼻に注入して責

め立てる拷問的取り調べ．

❑ この表現は，もともとはペプシコーラがコカコーラに対抗して展開した販売促進キャンペーンが the Pepsi challenge と呼ばれたところから．全米のショッピングモールなどでブランド名を伏せた2つのコーラを飲み比べておいしい方を選んでもらうというものだった．

per curiam opinion *n.* 〔法〕裁判所による意見：裁判官全員の一致した意見で，意見執筆者は匿名．

❑ per curiam は 'by the court' の意のラテン語．

perjury *n.* 〔法〕偽証(罪)

PERK *n.* パーク；肉体的証拠検出キット：physical evidence recovery kit の頭文字．性的暴行(sexual assault)や変死の事件の証拠を集めるために使われる試薬などのキット，またそのキットによる証拠検出を指すこともある．

—— *v.* パークを使って調べる

perp *n.* ❶〔俗〕犯人：perpetrator の短縮．

❷〔米麻薬俗〕にせクラック(crack)：重曹(じゅうそう)や蝋(ろう)(wax)などでそのように見せかけて作ったもの．

—— *v.* 〔米俗〕罪を犯す

perpetrate *v.* 〔法〕罪を犯す

perpetration *n.* 〔法〕犯罪の遂行

perpetrator *n.* 〔法〕犯罪実行者

perp walk *n.* 〔米警察俗〕パープウオーク：逮捕した犯人(perp)を警察がわざとメディアの前に連れ出すこと．特に拘置所から裁判所へ護送する場合に建物から護送車に乗り込むまでの間を歩かせることで行われる．

❑ 重要な容疑者の場合，メディアの一団を引き連れることになり，parading the perp と呼ぶ．

personal action *n.* 〔法〕人的訴訟；対人訴訟：契約違反者・不法行為者などに対して起こす人的請求原因に基づく訴訟．action in personam とも言う．⇨ real action

petit jury *n.* 〔法〕小陪審：12人の陪審員で構成され，事実問題の認定を行う．⇨ grand jury

petit larceny *n.* 軽窃盗(罪)：一定額以下の価値の物品の窃盗(罪). ⇨ grand larceny
petty jury *n.* ⇨ petit jury
petty larceny *n.* ⇨ petit larceny
phencyclidine *n.* フェンシクリジン：強力な幻覚剤. 略 PCP. angel dust(エンジェルダスト)とも言う ⇨ angel dust, PCP, peace pill
Phone's off the hook. 〔米刑務所俗〕「受話器が外れているぞ」：(囚人同士の会話で)看守に聞かれていることを知らせる警告.
phony collar *n.* 〔米俗〕不当逮捕
Photofit *n.* 〔商標〕フォトフィット：英国で開発されたモンタージュ写真作成法.
photo lineup *n.* フォトラインアップ：容疑者を含む複数の写真の中から, 証人に目撃したのと同じと思われる人物を選ばせる捜査方法. ⇨ lineup
physical evidence *n.* 物的証拠
physical evidence recovery kit *n.* ⇨ PERK
piano *n.* 〔米刑務所俗〕仕事台(workbench)
picklock *n.* ピッキング強盗(が使う道具)
piddle *v.* 〔米刑務所俗〕(獄中生活の有り余る暇を利用してマッチ棒などで)やたら手間暇のかかる工作作品を作る
piece *n.* ❶〔米俗〕拳銃；ナイフ
　　❷〔米俗〕少量の麻薬
pie wagon *n.* 〔米俗〕護送車 ⇨ paddy wagon
pig *n.* ❶〔俗〕警官：pigman とも言う.
　　❷〔俗〕(刑務所の)看守
pig brother *n.* 〔米黒人俗〕黒人仲間のことを密告する黒人
pigeon *n.* 〔暗黒街俗〕信用詐欺などにひっかかりやすい人
pigeon drop *n.* 〔米暗黒街俗〕信用詐欺の手口：狙ったカモ(pigeon)の目に付くようにわざと財布を落としたりするのが手口.
pig heaven *n.* 〔米黒人俗〕警察署
pig on a wheel *n.* 〔米警察俗〕白バイ警官(motorcycle officer)
pig wagon *n.* 〔俗〕ワゴン型警察車両(police van)

pimp bar *n.* 〔米警察俗〕ポン引きバー：ポン引きがたむろし，コカインをやり，仕事に誘い込める女性を探すことができる酒場．corrupter bar とも呼ぶ．

pin *n.* ❶〔俗〕麻薬の売人

❷〔米刑務所俗〕見張り役を務める女囚：pinner とも言う．

❸〔麻薬俗〕極細のマリファナたばこ

— *v.* 〔米刑務所俗〕(女囚が)見張り役を務める

pinch *n.* ❶〔俗〕逮捕(arrest)

- *make a [the] pinch* 逮捕する
- *take [get] a pinch* 逮捕される

❷〔暗黒街俗〕窃盗；釣り銭詐欺(short-changing)

❸〔麻薬俗〕少量のマリファナ；少量の麻薬

— *v.* ❶〔俗〕逮捕する

❷〔俗〕盗む

pincher *n.* 〔俗〕窃盗犯(thief)；万引き犯(shoplifter)

pine-box parole *n.* 〔米刑務所俗〕棺釈放：刑務所内で死亡すること．pine-box は「松材製の棺桶」の意．また pine-box release とも言う．

pin job *n.* 〔米警察俗〕車の下敷きになっている人がいる自動車事故

Pink Panther *n.* ❶〔俗〕覆面パトカー(unmarked police car)

❷〔麻薬俗〕MDMA：メチレンジオキシメタンフェタミン(methylenedioxymethamphetamine)の略．エクスタシー(ecstasy)と呼ばれる，危険性が高い麻薬．その色から．

□ 米国映画 *The Pink Panther*(『ピンクパンサー』(1963年第1作))に登場する Paris 警察のクルーゾー警部(Inspector Clouseau)の連想から．

pinner *n.* 〔麻薬俗〕極細マリファナたばこ ⇨ pinroll

pinroll *n.* 〔麻薬俗〕極細マリファナたばこ：pinroll の roll は，roll-up〔俗〕(手巻きの紙巻きたばこ)の略．pinner とも言う．

pipe bomb *n.* (黒色火薬を使用した)鉄パイプ爆弾

piracy *n.* ❶〔法〕海賊行為

❷〔法〕著作権侵害：海賊版など．copyright piracy とも言う．

• *The FBI arrested him for software piracy.* FBIは彼をソフトウェア違法コピーの罪で逮捕した

pitcher *n.* ❶〔米刑務所俗〕突っ込み役：ホモ同士の性行為での男役．女役はcatcher.
❷〔麻薬俗〕麻薬の売人：特には街に出て直接買い手に売る売人．

place《the》*n.* 〔米刑務所俗〕刑務所

placement *n.* 〔警察俗〕プレイスメント：犯罪で手に入れた大金を，その痕跡が分からないよう別の形にして貯蓄しておくこと．

Plain Jane *n.* 〔米警察俗〕(性能のよい)覆面パトカー
❑ 原義は「十人並の女」．

plaintiff *n.* （民事訴訟の）原告：略 plf, plff. ⇨ defendant

plain-view doctrine *n.* 〔米法〕明視の法理：正当な権限に基づく捜査中に発見した明視できる範囲にある証拠物は，令状がなくても押収して証拠にできること．また plain-view rule とも言う．

plant *n.* ❶〔米警察俗〕疑わしい人物の身辺に犯罪の証拠となる物をひそかに置くこと
❷〔麻薬俗〕麻薬やその関連器具（吸引パイプや注射器など）の隠し場所
— *v.* ❶〔米警察俗〕疑わしい人物の身辺に犯罪の証拠となる物をひそかに置く
❷〔俗〕スパイを配置する；盗聴装置を仕掛ける

plastic badge *n.* 〔米俗〕警備員 ⇨ door shaker, Mickey Mouse security guard, no-badge, rent-a-cop

plastic print *n.* 〔警察〕塑性指紋：粘土・石けん・ワックスなどの可塑性の物質の表面に付けられた目に見える指紋．⇨ latent fingerprint, patent fingerprint

platoon system *n.* （警察の）プラトゥーンシステム：警官を小隊（platoon）に分け，24時間警官が配備されているようにするために時間ごと（1シフト8時間）に分けて平均的に配置する制度．

player *n.* ❶〔俗〕ポン引き（pimp）
❷〔米麻薬俗〕麻薬使用者；麻薬の売人
❸〔英警察俗〕テロリスト

play the piano *v.* 〔米麻薬俗〕（ものに取りつかれたように）こぼ

れたクラックの粉末を指先で探す

plea bargaining *n.* 〔法〕答弁の取り引き：刑事事件で被告人側と検察側の取り引き．訴因に対して被告人がより軽い罪を認めるか，一部の訴因についてのみ有罪を認める答弁を行うことを検察側に申し出，それと引き替えに検察側は重罪での告訴を取り下げるという譲歩を行う．
❑ 一般に「司法取り引き」の訳語が使われている．

plead *v.* 〔法〕弁論する；答弁する；抗弁する；訴答する

pleading *n.* 〔法〕弁論；訴答手続き；訴答（書面）

plea of guilty *n.* 〔法〕有罪（の）答弁

plot *n.* 〔法〕陰謀（事件）

plunge *v.* 〔英俗〕刺す；刺殺する

p. o. *n.* 〔俗〕警官：police officer の頭文字．

pocket man *n.* 〔米警察俗〕（犯罪組織の役割分担で，強盗などの犯行後奪い取った）現金保管係の者：「（麻薬売り上げで得た）現金の保管係」は banker と呼ぶ．

point of origin *n.* 〔科学捜査〕発火点：放火（arson）など火災において火が発生した地点．
❑『検屍官』シリーズで有名な Patricia Cornwell（パトリシア・コーンウェル）(1956-)の作品に連続放火事件をテーマにした *Point of Origin* があるが，邦訳タイトルは『業火』となっている．

poison *n.* 〔米麻薬俗〕（混ざりもののない）ヘロイン（heroin）

poison shop *n* 〔米俗〕薬局（pharmacy）：poison joint とも言う．

poker *n.* 〔米俗〕ナイフ

poke watch *n.* 〔米警察俗〕日勤（day watch）：LAPD（Los Angeles 市警）のことばで，poke は slowpoke（のろま）から．日勤の警官は家族を抱えた年配の者が多く，時間外勤務を嫌がって勤務交代時刻が近づくとぐずぐずして余計なことに関わろうとはしない．⇨ slowpokes

police *n.* ❶1〔スコットランド・米俗〕警官：policeman の短縮．
❷〔米刑務所俗〕看守
— *v.* 〔米刑務所俗〕刑務所の規律を維持する

police corruption *n.* 警察汚職：賄賂を受け取るなどの警察

の腐敗.

Police Line Do Not Cross 警察警戒線「これより中への立入禁止」⇨ crime scene tape

police pimp *n.* 〔オーストラリア暗黒街俗〕密告者

polygraph *n.* ポリグラフ：うそ発見器(lie detector). ⇨ lie box

Ponzi scheme *n.* ポンジー式投資詐欺術：イタリア人移民の Charles Ponzi(チャールズ・ポンジー)(1882-1949)が1920年代に行なった. 実際の投資運用益ではなく, 後から加入投資する人たちの投資金で利益が生まれたように見せかける. ⇨ gifting circle

pop *v.* ❶〔米俗〕殺す：pop off, pot out, pop over とも言う.
❷〔米俗〕逮捕する(arrest)
❸〔米俗〕麻薬を注射する：皮下に注射することは skinpop, skin と言う.
❹〔俗〕盗む(steal)
❺〔米俗〕出所する

pop a cap 〔米俗〕発砲する；銃撃する

popcorn machine *n.* 〔米警察俗〕警察車両の屋根に付いている警告標識灯
□ 元来は「自動ポップコーン製造機」の意. ⇨ cherries, dome light, gumballs

po-po; poh-poh *n.* ❶〔米黒人俗〕警官：police officer のそれぞれの頭文字を取った po の重複語.
❷〔米刑務所俗〕看守：prison officer のそれぞれの頭文字を取った po の重複語.

popper *n.* ❶〔米黒人俗〕拳銃
❷〔俗〕殺し屋(gunman)
❸〔俗〕亜硝酸アミル(amyl nitrate)；亜硝酸ブチル(butyl nitrate)の蒸気(vapors)の入ったカプセル：吸いこんで興奮剤(stimulant)として使われる. 開けるとき小さく爆発する(pop)ことから. しばしば poppers で使う.

population *n.* 〔米刑務所俗〕収容者たちの総数

pork *n.* 〔米俗〕警察：pig〔俗〕「警官」と関連付けたことば遊びから．

pork chop *n.* 〔俗〕警官：pig〔俗〕「警官」と関連付けたことば遊びから．

pork patrol *n.* 〔米俗〕パトカー

portable *n.* 〔米警察俗〕(特定の担当地域を)徒歩でパトロール(foot-patrol)をする警官：パトカーで巡回するよりも動きやすいことから．

postmortem *n.* 検死：postmortem examination の短縮．⇨ autopsy
—— *a.* 死後の；検死(用)の
  ❏ Patricia Cornwell(パトリシア・コーンウェル) (1956-) の処女作 (1990) が *Postmortem* (『検屍官』)．

postmortem examination *n.* 検死 ⇨ postmortem, autopsy

postmortem rigidity *n.* 死後硬直：rigor mortis とも言う．⇨ rigor mortis

potsy *n.* 〔米警察俗〕警官のバッジ：tin とも言う．消防士のバッジについても言う．

potty watch *n.* 〔米刑務所俗〕おまる観察：麻薬などの禁制品を直腸内に隠していないかどうか，囚人の排泄物を注意深く観察すること．⇨ shit watch

pour patterns *n.* 燃焼促進剤(accelerant)を使った燃焼パターン：放火捜査官(arson investigator)が注目する重要な視点．⇨ burn patterns

powder one's nose *v.* 〔麻薬俗〕コカインを吸引する
  ❏ 原義は「(女性が)鼻におしろいをつける」すなわち「化粧をする」ということで，「トイレに行く」ということの婉曲表現．また powder one's schnoz とも言う．

pp *n.* 〔米刑務所俗〕刑務所内での影響力：penitentiary pull(刑務所牽引力)の頭文字．

precinct *n.* 〔米〕(警察の)分署；所轄警察署
  ❏ たとえば，113 分署(the 113th Precinct)は one-thirteen, 32 分署(the 32nd Precinct)は three-two と読む．Ed McBain(エド・マ

クベイン)(1926-2005)の警察小説は,架空の都市アイソラ(Isola)を舞台にした『87分署(the 87th Precinct)』シリーズであった.

Prez-Fuzz *n.* 〔俗〕FBI捜査官:Prezはpresident(影響力を持った)の短縮,fuzzはpolice(警察)またはpoliceman(警官). ⇨ fuzz

price-tag justice *n.* 〔俗〕罰金刑:値札付けをするイメージから.

primary crime scene *n.* 〔科学捜査〕第一次犯行現場 ⇨ secondary crime scene

primo *n.* ❶〔ストリートギャング俗〕コカインをトッピングしたマリファナ
❷〔麻薬俗〕コカイン(cocaine)とヘロイン(heroin),またはその一方をトッピングしたマリファナたばこ

principal *n.* 〔法〕正犯;主犯 ⇨ accessory

prior *n.* 〔米俗〕前科(prior conviction)

prison *n.* 刑務所;監獄 ⇨ jail

prisoner *n.* 囚人

prison officer *n.* 〔英〕看守:古い呼び方はjailer. 米国ではcorrection officerが正式名. guardとも言う.

private badge *n.* 〔俗〕私立探偵:private detective, private eye, private ticketなどとも呼ぶ. private eyeは正式名のprivate investigatorの略語PIの(=eye)から. ⇨ badge

probation *n.* 〔法〕保護観察(処分)

probation officer *n.* 〔法〕保護観察官:罪を犯した者,特に青少年犯罪者が,裁判所の決定によって,収監の代わりに保護観察下に置かれて社会生活を送るときの監督責任者. ⇨ probation

probie *n.* ❶〔俗〕保護観察命令
❷〔俗〕(ギャングの正式メンバーになる前の)保護観察期間中の者

proceeding *n.* 〔法〕訴訟(手続き)

product tampering *n.* 〔科学捜査〕製品への毒物混入:食料品や市販薬に混入するもの. ⇨ Tylenol tampering

professional torch *n.* 〔米警察俗〕金で雇われる放火犯(arsonist)

Progressive Technologies *n.* 〔商標〕プログレッシブ・テク

ノロジーズ：米国 Virginia 州で Spectra という名の強い繊維を使用した商品名 PT の防弾チョッキ (bulletproof vest) などを製造していた Progressive Technologies, Inc..

❑ Patricia Cornwell (パトリシア・コーンウェル) (1956-) の警察小説 *Southern Cross* (『サザンクロス』) にも出てくる防弾チョッキメーカー．米国ではこのほかに, Protech (Arizona 州 Safariland, Inc.), Soft Gold (California 州 U.S. Armor Corp.), The Round Stops Here (Tennessee 州 Protective Apparel Corporation of America) などのブランドの防弾チョッキがある．

prone out *a.* 〔警察俗〕(警官の指示に従って)平伏姿勢をとっている

proof *n.* 〔法〕証拠

proper lick *n.* 〔犯罪俗〕詐欺で得られた多額の金；おいしい上がり

property crime *n.* (自動車窃盗や放火など)他人の所有物を盗んだり破壊したりする犯罪

pro se *a., adv.* 〔法〕(自分)自身で(の)：ラテン語で 'for himself/herself/themselves' の意味．弁護士によらずに法廷での審理に臨む場合に使われる語．

• *pro se defendant* 当事者訴訟を行う被告人

❑ 法廷の審理で被告人本人が弁護士役をすることが合衆国憲法修正第6条「裁判における刑事被告人の権利」によって認められている．したがって事件の被害者はその被告人当事者からの質問に答えなければならない．この種の裁判報道で, "Alleged rapist wants to question his accusers"(強姦犯と申し立てられた男が告訴人に自ら質問することを要求)と出ることがあるのはこのことを指しており，法律用語を使わない報道がなされることが多い．

prosecute *v.* 〔法〕起訴する；訴追する

prosecuting attorney *n.* 〔米法〕検察官；検事

prosecution *n.* ❶〔法〕犯罪訴追(手続き)
❷〔法〕(the) 起訴者側：検察当局のこと．⇨ defense

protective custody *n.* 〔法〕(証人などの身の安全を守るための)保護留置

prowl car *n.* 〔米俗〕(パトロール中の)パトカー：prowlは「うろつく」の意．prowlerとも言う．〔オーストラリア・ニュージーランド俗〕でも使われる．

prowler *n.* ❶〔俗〕こそ泥；空き巣狙い
❷〔米俗〕住居侵入者(housebreaker)

PR-24 *n.* PR24型警棒；握り付き警棒；トンファー型警棒：米国の警官が用いる強化プラスチック製で，下部から直角に握り棒(handle)がで出ているのが特徴の米国Monadnock製のside-handle batonと呼ばれる警棒．沖縄の古武道の武器であるトンファーにヒントを得て生まれたもの．握りがガードとなるため刃物などへの防御力に優れる．tonfa batonとも言う．

pruno *n.* 〔米刑務所俗〕所内密造酒：通例は発酵させたプルーン果汁で作る．所内密造ワインはほかに，apple jack, raisin jackと呼ばれるものがある．
  □ ビニール袋にフルーツジュース・フルーツ・フルーツの皮などとパン(と砂糖)を入れて作る．パンの中のイースト菌が働く．ビニール袋は発見されないように便器の中に入れておく．

pubic hair combing *n.* 〔科学捜査〕恥毛捜査：性的暴行(sexual assault)後に証拠を収集する方法で，犯人の恥毛などを採取することが目的．

pugilistic attitude *n.* 〔法医〕拳闘家姿位；ボクサー姿勢：生体が火災の中で死に至った焼死体によく見られる姿勢．熱にさらされて筋肉が硬直するため，ボクサーが守勢をとったときのように身体の前方に突き出された腕が屈曲し，こぶしが肩のほうへ引き上げられ，両脚はやや曲がった形態となる．

pull *n.* 〔俗〕逮捕(arrest)：pulleyとも言う．
— *v.* 〔俗〕逮捕し微罪判事(magistrate)の前に連れ出す；職務質問のために(路上で)呼び止める：get pulledの形でよく使う．

pull down on *v.* 〔米暗黒街俗〕銃などをちらつかせて脅す

puller *n.* ❶〔米麻薬俗〕クラック使用者：薬が効いてくると身体のいろいろな部分を引っぱるしぐさをすることから．
❷〔米警察俗〕プロの自動車泥棒(car thief)：muleとも言う．

pull someone's card *v.* 〔俗〕襲う；叩きのめす；殺す

pump *v.* 〔俗〕警察署で尋問する

pumple *n.* 〔オーストラリア俗〕ポンプアクション式のショットガン

punch job *n.* 〔米警察俗〕金庫の文字盤(dial)を外して行う金庫破り

punch someone's ticket *v.* 〔米俗〕殺害する：人の生命に穴を開けるイメージから．また punch someone's time-card とも言う．

punishment block *n.* 懲罰房 ⇨ block

punk; punkie; punky *n.* 〔米俗〕若い犯罪者

punk lick *n.* 〔犯罪俗〕詐欺で得られた少額の金；しょぼい上がり

purple haze *n.* 〔麻薬俗〕紫の霧；LSD：幻覚剤．
  ❑ 米国のロックギタリスト Jimi Hendrix(ジミ・ヘンドリックス)(1942-70)の歌 *Purple Haze*(1967)の歌詞に "Purple Haze all in my brain"(「脳みその隅から隅まで紫のもやがかかってる」)とある．

pusher *n.* 〔麻薬俗〕プッシャー：麻薬の売人．

put on ice *v.* ❶〔俗〕殺す
  ❷〔米俗〕刑務所に入れる
  ❸〔俗〕(必要になるまで事件の証人を)人目につかないよう隠しておく

put the bite on *v.* 〔俗〕恐喝する：put the bite to, put the bite into とも言う．

puzzle *n.* 〔米警察俗〕パズル：発生後48時間経過しても解決できない殺人事件．⇨ mystery, whodunit

Qq

Q *n.* 〔米暗黒街俗〕キュー：サンクエンティン州刑務所 (San Quentin State Prison) の愛称.
 ❑ California 州で最も歴史があり 1852 年設立. 5,000 人を超える男性を収監. ガス処刑室はあるが, 死刑囚は 1996 年からは薬物注射により処刑される. ⇨ green room

quarter *n.* ❶〔米麻薬俗〕25 ドル分の麻薬：quarter bag, quarter sack とも言う.；4 分の 1 オンス分の麻薬：特にコカイン.
 ❷〔米暗黒街俗〕25 年の実刑

queer *n.* 〔俗〕にせ金

quitter *n.* ❶〔米警察俗〕自殺 (suicide)
 ❷〔麻薬俗〕麻薬を断ち切った人
 ❑ 一般には「腰抜け, 仕事を途中で投げ出す (quit) 者」の意味で使う.

quod *n.* 〔英俗〕刑務所：quad とも言う.「中庭を囲む建物」の意の quadrangle の短縮. もとは London の旧市街にあったニューゲート監獄 (Newgate Prison) を指した.
 ―― *v.* 〔英俗〕刑務所に入れる

Rr

rabbit *n.* 〔米俗〕脱獄した，あるいは脱獄を企てている囚人

rabbit tool *n.* 〔警察・消防〕ラビットツール：鉄製の開き戸をこじ開けるために，ドアと柱の間に差し込んで隙間をつくる小型の道具．手元にあるウサギの耳型のハンドルを両手で開いたり閉じたりして高圧の空気を高圧用ホースにつながれた挟み込みツメに送り込んで作動させる．

rack *n.* ❶〔米麻薬俗〕大量の麻薬
❷〔米黒人俗〕大金

racket *n.* 〔米俗〕組織犯罪シンジケートの一員：racket boy, racket guy とも言う．

rack the gate *v.* 〔米刑務所俗〕自動装置を使って独房の扉を開ける

radics *n.* 〔英黒人俗〕(武装)警察：「根絶」の意の eradication の略．ロンドン警視庁 (the Metropolitan Police) が黒人の若者に差別をむき出しに激しく当たったことから．radix, rad, radication とも言う．

radio motor patrol car *n.* 無線機付きパトカー：略はRMP, R.M.P. car とも言う．NYPD (New York 市警) のハイウェーパトロール隊は Radio Motor Patrol units (RMPs) として知られている．

rads *n.* 〔英ストリートギャング俗〕警察

rainbow *n.* 〔麻薬俗〕LSD；ツイナール (Tuinal) 錠：中枢神経を抑制する鎮痛・催眠薬．

raincheck *n.* 〔俗〕仮釈放 (parole)
❑ 原義は「雨で中止になった野球など戸外での試合で渡される雨天順延券」．

raise *v.* 〔米俗〕逃げる；釈放される；(保釈金を払って)保釈してもらう

raise up *v.* 〔米刑務所俗〕(仮)釈放される

raisin jack *n.* 〔米刑務所俗〕所内で造った密造酒 ⇨ pruno

ransom *n.* 身代金

ransom note *n.* 誘拐犯が要求について詳細に記載して残したメモ

rap *n.* 〔米暗黒街俗〕逮捕；告訴；懲役刑 (jail sentence)

—— *v.* 〔米俗〕告発する；起訴する；逮捕する

rape *n.* 〔法〕レイプ；強姦(罪)；婦女暴行

❏ FBI(〔米〕連邦捜査局)による80年以上も続いたこれまでの定義が改訂され，その挿入程度がいかにわずかであっても，膣性交・肛門性交・口腔性交，器具の挿入，さらに被害者が男性の場合 (male rape) も含めたものになり，2012年春に発効．

rape kit *n.* レイプキット：強姦事件の被害者から物的証拠を採取するための器具で，被害者が治療を受ける病院の緊急救命室 (emergency room) などで使われる．

rape-o *n.* ❶〔米暗黒街俗〕強姦犯 (rapist)

❷〔刑務所俗〕強姦で有罪判決を受けて入所している者

❏ いずれも rapo とも言う．

rape shield law *n.* 〔米法〕強姦被害者保護法：強姦被害者の過去の性体験を証拠として使用することを禁止・制限するもの．また強姦被害者とされる者の身元を明らかにすることを禁ずる．

rapo *n.* ⇨ rape-o

rap pack *n.* 〔米俗〕若いギャングメンバーたち；刑務所内での囚人ギャング

—— *v.* 〔米俗〕集団で襲う

rap partner *n.* 〔米暗黒街俗〕同じ罪で告訴，または投獄された者

rapper *n.* 〔米俗〕原告 (plaintiff)；検察官 (prosecutor)

rappie *n.* 〔米刑務所俗〕共犯者 (confederate)

rap sheet *n.* 〔米警察俗〕前科記録 (criminal record) ⇨ sheet

rat *n.* 〔俗〕密告者 (informer)：〔米俗〕ratter とも言う．

—— *v.* ❶〔刑務所俗〕密告する；裏切る

❷〔オーストラリア・ニュージーランド俗〕盗む(steal)；奪う(ransack).

ratboy *n.* 〔米警察俗〕ラットボーイ：麻薬仲間に先駆けて麻薬の効力を試す者.

rat jacket 〔米刑務所俗〕密告者だとのうわさ：〔米暗黒街俗〕では同じ意味で snitch jacket と呼ぶ.
- *He has a rat jacket.* あいつは密告者だとうわさの男だ

Rat Squad *n.* 〔米警察俗〕警察内部調査を行う監察部門：正式には Internal Affairs Division と呼ばれる. ⇨ IAD

RDO *n.* 〔警察俗〕(定期的にある)通常の非番日［休日］：regular day off の頭文字.

reader *n.* ❶〔米麻薬俗〕麻薬の処方箋：すでに当局から手が回ったものは reader with a tail (文字通りは「しっぽ付きリーダー」) と言う.
❷〔英刑務所俗〕(囚人用の)読み物：書籍・雑誌など.
❸〔俗〕(写真なしの)ポルノ小説

readers *n.* 〔米俗〕裏にしるしをつけたトランプカード一組み(deck)：賭博師や手品師などが使う. このカード1枚は reader または luminous reader と言う.

real action *n.* 〔法〕物的訴訟；不動産訴訟：損害賠償ではなく，物自体の取り戻しを求める訴訟. action in rem とも言う. ⇨ personal action

recreational killer *n.* 快楽が目的の連続殺人犯(serial killer)

red *n.* 〔麻薬俗〕〔商標〕セコナール(Seconal)：カプセルの色から. ストリートドラッグ(street drug)として乱用されることもある鎮静薬・催眠薬の商標名.

red alert *n.* (警察・病院などの)非常態勢；緊急非常事態
- *Rail passengers are being warned to be on red alert for suspicious packages.* 列車の乗客は怪しい荷物には特別に警戒するよう警告が出されている

❑ 元来は空襲警報に関する軍事用語で，white alert(敵機の攻撃などまったくない)，yellow alert(敵機・正体不明機が防空区域に接近)，blue alert(敵機接近；完全灯火管制)，red alert(最終段階の空襲警報；敵機の攻撃が差し迫るか始まっている)の段階がある.

redball *n.* 〔米警察俗〕レッドボール：優先して取り組む重大な殺人事件.

❑〔米俗〕で1920年代から red ball freight（急行貨物列車）の意味で使われた．優先して運行することを示すために，車両の先端に赤い丸の表示をしていた． ⇨ misdemeanor murder

red-handed *adv.* 現行犯で：殺人［傷害］犯の手がまだ赤い（血まみれのため）ところを捕まえることから．

• *The man got caught red-handed climbing out the window of the motel.* 男はモーテルの窓から抜け出すところを現行犯で逮捕された

❑ 後には，広く "to catch in the act"（「（…している）現場を見つける」）の意味に拡大して使われるようになった．

red herring *n.* 〔米俗〕燻製(くんせい)ニシン：人の注意をそらしたり，人を惑わしたりする情報．がせネタの手がかりなど．

❑ 猟犬がいろいろなにおいにだまされてキツネの通った跡を見失うことがないように，においをかぎ分ける訓練に燻製ニシンを用いた．

reefer *n.* ❶〔米警察俗〕リーファー（reefing jacket）：警官が寒いときに着用する6つボタンの厚地のダブルのジャケット．

❷〔米麻薬俗〕マリファナ（marijuana）；（大きく，細長い恰好の）マリファナたばこ：スペイン語俗語 grifo（マリファナに酔った）の略．

reefer room *n.* 〔米俗〕死体安置所（morgue）にある保冷室

Reflected Ultra-Violet Imaging System *n.* ⇨ RUVIS

release *n.* ❶〔法〕（権利の）放棄

❷〔法〕釈放

— *v.* ❶〔法〕（権利を）放棄する

❷〔法〕釈放する

release on recognizance *n.* 〔米法〕自己誓約保釈：被疑者自身が所定の期日に裁判所に出頭することを誓約することで，保証人・保証金なしに保釈してもらうこと．1960年代から米国各地で採用．略は ROR.

remission *n.* 〔英法〕減刑；刑期短縮

❑ 模範囚であった場合の減刑は，remission for good behaviour

と表現する．

rent-a-cop *n.* 〔米警察俗〕**警備員**(security guard)：軽蔑的な呼び方．また rent-a-pig とも言う．⇨ door shaker, Mickey Mouse security, no-badge, plastic badge, sweetchuck

revolver *n.* リボルバー；輪胴式拳銃

rice *n.* 〔米警察俗〕死体にわくウジ(maggot)．

ride *n.* ❶〔米刑務所俗〕**仲間**：同じギャンググループの者．
❷〔米麻薬俗〕(麻薬を使ったときの)**高揚感**

ride-along *n.* ライドアロング：同乗体験．一般市民がパトカーの助手席に乗車して警官の仕事を体験すること．消防車や救急車の場合もある．
□ 米国 San Diego 市警察の場合の状況が James McClure(ジェイムズ・マクルーア)(1939-)の *Cop World*(『警官の世界』)に描かれた．

ride on *n.* 〔米警察俗〕**走行中の車からの発砲〔銃撃〕**(drive-by shooting)

ride out *v.* 〔米刑務所俗〕**別の刑務所に移る**

ride-out *n.* 〔俗〕ライドアウト；**自動車詐欺**：金持ちの車と故意に衝突事故を起こし被害者を装って多額の示談金をせしめようとする詐欺の一種．

ride shotgun *v.* 〔俗〕(自動車の)**助手席に乗る；警護する**：米国西部で，昔ショットガンを手にしたパートナーが駅馬車の助手席に座ったことから．また sit shotgun とも言う．⇨ shotgun cop

ride someone's leg 〔米刑務所俗〕(囚人が)**看守におべっかを使う**：このような囚人を leg-rider と呼ぶ．

rifling *n.* ライフリング：(ライフル銃(rifle)の)旋条(ごう)．銃身の内側のらせん状の溝(helical groove)，その溝を付けること．

rig *n.* ❶〔米麻薬俗〕**麻薬用注射用具**
❷〔米俗〕**銃**

righteous *a.* 〔米俗〕(麻薬が)**極上の**

rigor mortis *n.* 〔法〕**死後硬直**：ラテン語で 'stiffness of death' の意．⇨ postmortem rigidity

Rikers Island *n.* ライカーズ島(拘置所)⇨ Rock

riot *n.* ❶〔法〕騒擾(そうじょう)(罪)：3人以上が協力し，目的達成のために暴力的に行動して公衆に脅威を与え平穏を乱すもの．

❷暴動

riot cuffs *n.* ⇨ flex cuffs

riot gun *n.* ライオットガン：騒擾(そうじょう)鎮圧用銃，暴動鎮圧用銃．銃身の短いショットガンで殺傷能力が低い．scatter gun や sawed-off shotgun とも言う．

rip *n.* ❶〔米警察俗〕(警察署の管理規則に違反した場合の)罰金〔処罰〕

❷〔米刑務所俗〕手巻きのたばこ

❸〔米麻薬俗〕マリファナ(marijuana)

── *v.* 〔米俗〕盗む；奪う

rip off *v.* 〔俗〕盗む；だます；盗作する；暴行する；レイプする；殺す

rip-off *n.* ❶〔俗〕詐欺

❷〔米俗〕窃盗；強盗

❸〔米刑務所俗〕暴行

ripper ❶〔米暗黒街俗〕金庫破りに使う道具；(その道具を使う)金庫破り犯

❷〔米刑務所俗〕強姦犯

❸《複数形で》〔麻薬俗〕アンフェタミン(amphetamine)

rit *n.* 〔米麻薬俗〕リット：米国製の錠剤の中枢神経系刺激薬〔商標〕リタリン(Ritalin)の略．ストリートドラッグ(street drug)として乱用されることがある．

RMP *n.* ⇨ RMP car

RMP car *n.* 無線機付きパトカーパトカー(patrol car)：radio motor patrol car の略．cruiser, squad car とも言う．

roach *n.* ❶〔米麻薬俗〕マリファナ(marijuana)(たばこ)：嫌われ者のゴキブリ(cockroach)を冗談めかして使った言い方．

❷〔米麻薬俗〕ロヒプノール(Rohypnol)：デートレイプドラッグ(date-rape drug)としても知られる．製造会社名 F. Hoffmann-La Roche Ltd をもじったもの．roachie とも言う．⇨ Rohypnol, roofies

❸〔米俗〕警官；(刑務所の)看守：ゴキブリ同様に嫌われたもので，軽蔑的な表現．

roadblock *n.* ロードブロック：逃走犯を食い止めるために警官たちが車両を並べて築いたバリケード．

road dog *n.* 〔米刑務所俗〕(所内での)親友

rob *n.* 〔オーストラリア暗黒街俗〕強盗 (robbery)

robber *n.* 〔法〕強盗；強奪者

robbery *n.* 〔法〕強盗(罪)；強奪
- *two counts of robbery* 強盗事件2件
- *a home invasion robbery* 家宅侵入強盗

Roche *n.* 〔米麻薬俗〕(ラ)ロッシュ：〔商標〕ロヒプノール (Rohypnol)．デートレイプドラッグ (date-rape drug) としても知られる．製造会社名 F. Hoffmann-La Roche Ltd の名前から．La Roche, roachie とも言う．⇨ roach, Rohypnol

Rock《the》 *n.* 〔米俗〕ザ・ロック：New York の Rikers Island (ライカーズ島) にある拘置所 (jail)．
❏ かつては California 州の Alcatraz Island (アルカトラズ島) にある連邦刑務所 (Big Rock とも呼ばれた) を指して使われたこともある．

rock *n.* 〔麻薬俗〕ロック：高純度コカインのかたまり (クラック) を割ったもの．

rock college *n.* 〔ニュージーランド俗〕ロックカレッジ：刑務所のこと．〔英俗〕で college は「刑務所」の意味で古くから使われてきた．

rock head *n.* 〔米麻薬俗〕ロックヘッド：クラック常用者．

rock house *n.* 〔米麻薬俗〕ロックハウス：クラックを密売したり使用させたりする場所．

rock kid *n.* 〔英黒人・麻薬俗〕ロックキッド：クラック吸飲者．

Rocky *n.* ❶〔商標〕ロッキー：米国製のブーツのブランドで，警官などが使用する製品もある．

❷〔麻薬俗〕クラック (crack)：Rocky Ⅲ とも言う．rock (コカイン) と 1980 年代の映画 *Rocky*（『ロッキー』）ものの名に掛けたもの．

rogue cop *n.* 〔米警察俗〕警察組織のルールを守らない警官

rogues' gallery *n.* 〔米警察俗〕(警察の)犯罪者写真台帳：rogues gallery とも書く.

Rohypnol *n.* 〔商標〕ロヒプノール：スイスの F. Hoffmann-La Roche Ltd 製の鎮静薬・催眠薬で, 米国に密輸入され, デートレイプドラッグ(date-rape drug)として悪用されることがある. ⇨ roach, Roche, roofies

roll *n.* 〔米俗〕札束(bankroll)
— *v.* ❶〔米警察俗〕指紋を採取する
❷〔米俗〕強奪する：酔っ払いが標的になることが多い.

roller *n.* ❶〔米黒人俗〕警官；警察：複数形で, roller boys とも言う.
❷〔米刑務所俗〕看守
❸〔米俗〕強盗犯：特に酔っ払いが標的.
❹〔米警察俗〕警察車両：rollo とも言う.

rollerskates *n.* 〔南アフリカ刑務所俗〕手錠(handcuffs)：文字通りは「ローラースケート靴」.

roll up *v.* 〔米刑務所俗〕(出廷のため一時的に, 刑期満了により, あるいは別の刑務所へ移るために)出所する：昔, 独房を出るときは, 自分のマットレスを巻いて片づけたことから.

roll-up *n.* ❶〔米刑務所俗〕(出廷のための一時的な, 刑期満了による, あるいは別の刑務所へ移るための)出所
❷〔俗〕手製のマリファナたばこ

roofies *n.* 〔麻薬俗〕ルーフィーズ：〔商標〕ロヒプノール(Rohypnol)を短縮変形したもの. ⇨ Rohypnol

rookie *n.* (通例 1 年目の)新人警官

room clearers *n.* 〔米警察俗〕部屋掃除屋：急襲作戦に参加する SWAT(〔米〕特殊火器戦術部隊)の隊員.

room clearing *n.* 〔米警察俗〕部屋掃除：SWAT(〔米〕特殊火器戦術部隊)が急襲作戦によって対象の建物内を制圧すること.

room for the night *n.* 〔米警察俗〕逮捕拘留：文字通りは「一夜の宿」.

roper *n.* 〔米俗〕(信用詐欺グループで)カモに最初に近づいて第三者を装って詐欺に引きずり込む者

ROR *n.* 〔米法〕自己誓約保釈 ⇨ release on recognizance

roscoe *n.* 〔米俗〕拳銃：語源不詳．人名のように Roscoe と書いたり，John Roscoe と言ったりすることもある．

rounder *n.* ❶〔カナダ俗〕ラウンダー：バー・クラブ・ホテルなどを回る犯罪者．一般の表現 do [make] the rounds(巡回する)から．
❷〔カナダ刑務所俗〕暗黒街事情に精通している者
❸〔米刑務所俗〕刑務所内ギャング：特にイタリア系アメリカンギャング．
❹〔米暗黒街俗〕密告者

rubber-gun detail *n.* 〔米警察俗〕ゴム銃問題専門班：感情や家族に問題を抱えた警官の心のケアをするための専門班．

Rubber Gun Squad⟨The⟩ *n.* 〔米警察俗〕ゴム銃班：飲酒問題を理由に拳銃を取り上げられ，復職させるかどうかの審判を待っている警官たち．

rubber heel *n.* ❶〔米俗〕私立探偵；(万引き防止のための)警備員(store detective)；鉄道警官(railway detective)
❷〔英警察俗〕《複数形で》ロンドン警視庁監察部：靴のかかとがゴム素材のため音が立たないと同様に，密かにことを進めるから．rubber heeler とも言う．

Ruger *n.* 〔商標〕ルーガー：米国の銃器メーカーの略・通称．その銃器のリボルバー・ライフル・ショットガンなど．

runner *n.* ❶〔英警察俗〕逃亡者
❷〔オーストラリア刑務所俗〕脱獄囚

rural crime *n.* 田園地帯に特有の犯罪：家畜や作物の泥棒行為・農機具や農業用車両の窃盗・密猟・農場のガソリン備蓄タンクからの抜き取りなど．

rush *n.* 〔麻薬俗〕ラッシュ：麻薬を摂取した直後に押し寄せる快感．

rush a bus *v.* 〔米警察俗〕至急現場へ救急車を手配せよ

RUVIS *n.* 極紫外線撮像装置：Reflected Ultra-Violet Imaging System の略．犯罪現場で指紋を調べるために開発されたもの．これを利用した KRIMESITE と呼ばれる技法一式が，Sirchie Finger Print Laboratories(米国 New Jersey 州)から発売されている．

Ss

SA *n.* 〔米警察〕FBI(〔米〕連邦捜査局)の特別捜査官 ⇨ special agent

SAC *n.* 〔米警察〕FBI(〔米〕連邦捜査局)の主任特別捜査官 ⇨ special agent in charge

SAD *n.* CIA(〔米〕中央情報局)の特殊部隊 ⇨ Special Activities Division

safe *n.* 〔米刑務所俗〕(コンドームに詰めた麻薬などを隠す)肛門・膣・直腸:「金庫」(safe)のイメージから.

safeblower *n.* 〔米暗黒街俗〕(爆発物を使用する)金庫破り犯: safecracker とも言う. 爆発物を使用しない場合は box man や pete-man と呼ぶ.

safe house *n.* 〔米警察俗〕安全施設: 犯罪の目撃者などを保護しておくための施設.

salt and pepper *n.* ❶〔米警察俗〕パトカー: 車体の色から.
❷〔米黒人俗〕パトカーで巡回する白人と黒人の警官ペア
❸〔麻薬俗〕質の悪いマリファナ

Sam and Dave *n.* 〔米黒人俗〕二人一組で行動する警官チーム: 米国の黒人ソウルヴォーカルデュオ Sam & Dave から.

S and J *n.* 〔米俗〕警官による暴行(beating)
❑ sentence and judgment(判決)の頭文字で, 警官が被疑者に対して暴行を加えることを恰好よく言ったもの.

sandwich *n.* 〔犯罪俗〕サンドイッチ作戦: スリの手口の一つで, 共犯者の女性が被害者男性の前に立って後ずさりし, 臀部で被害者を押すと同時に, 被害者の後ろに立っている実行役(cannon)が被害者のズボンの後ろポケットから財布を抜き取る. 被害者がエレベーターを降りようとしている時などが狙い目. ⇨ mark

sap *n.* サップ：相手を殴打するために使う鉛入りで革製の武器.

Saturday gangster *n.* 〔オーストラリア暗黒街俗〕（土曜日だけは）ギャングメンバー気取りの男

Saturday night special *n.* 〔米俗〕安く手に入る小型拳銃：通例口径が小さいもので，22 口径または 32 口径.
❑ 全米の大都市で土曜日の夜によく起こるけんか騒ぎで使われることが多いことから.

scaffold *n.* 〔米軍隊俗〕絞首台

scag *n.* 〔俗〕ヘロイン（heroin）：語源不明.〔米軍人俗〕では早くから「質の悪い酒」を指して使った．また scat, scates, skag とも言う．

scam *n.* ❶〔俗〕信用詐欺 ⇨ grandma scam
❷〔俗〕非合法麻薬の大がかりな密輸と流通の計画
❸ 計画倒産：合法的な企業が犯罪組織の手で倒産に追いやられ乗っ取られるもの．
❹〔米刑務所俗〕ヘロイン（heroin）：「高純度のアヘンの取得と準備」の意の scammish の短縮．

scam artist *n.* 〔俗〕詐欺師（confidence trickster）：scamster, scammer とも言う．

scapegoat *n.* スケープゴート；身代わり：〔俗〕で fall guy や fall bitch とも言う．
── *v.* 罪をきせる
❑ 聖書が出典で「贖罪(しょく)の山羊」の意．古代ユダヤでは贖(あがな)いの日に人間の罪や汚(けが)れを負わせ荒野に放すという慣習があった．

scene-of-crime *a.* 〔英警察俗〕（犯行現場（scene of a crime）での警察活動の）鑑識の
• *a scene-of-crime officer* 犯行現場（鑑識）捜査官《略 SOCO.〔米〕では crime scene investigator.》

scent *n.* におい；臭跡；手掛かり
• *A small air freshner was used to throw police dogs off the scent.* 警察犬をまくために小さなエアフレッシュナーが使われた
❑ off the scent はもともと「（動物の）臭跡を見失って」の意．

scheme *n.* 〔南アフリカ俗〕**大物犯罪組織**：非白人居住区内で使われていることば．小物の集まる組織は screw と呼ばれる．

Schlage *n.* 〔商標〕**シュレイゲ**：米国製の各種の鍵などのブランド．⇨ Medeco lock

school crime *n.* **学校犯罪**：学校内や学校周辺で発生する犯罪．
⇨ student threat

scoop *v.* 〔米俗〕**スクープ**：逮捕する (arrest)．

scooter trash *n.* ❶〔米警察俗〕**バイクに乗った警官**：Texas 州で使われて，親しみを込めた呼び方．
❷〔米俗〕**バイクに乗ったギャング**

Scotland Yard *n.* ❶ **スコットランドヤード；ロンドン警視庁**：London Metropolitan Police の俗称．1829 年から 1890 年まで Scotland 王の離宮があった Great Scotland Yard 街に建っていたことからの呼称．現在の Broadway に移転後は New Scotland Yard と呼ぶのが正式．the Yard と略される．
❷（ロンドン警視庁の）**捜査課刑事部**：the Criminal Investigation Department of the Metropolitan Police. 略 CID．

scratch *n.* ❶〔俗〕**金** (money)：ときに小額の場合に使う．
❷〔米暗黒街俗〕**偽造犯** (forger)
❸〔米警察俗〕**交通違反召喚状** (traffic citation)
❹〔米俗〕**借用証書** (I.O.U.)
❺〔米麻薬俗〕**麻薬中毒者**
── *v.* ❶〔米暗黒街〕**銀行券などを偽造する**
❷〔米俗〕**殺す**

scream *n.* 〔俗〕**スクリーム**：犯罪行為に対する（あるいは警察に対する）苦情．

screamer *n.* ❶〔米黒人俗〕**警察車両のサイレン**
❷〔米暗黒街俗〕**逮捕状** (arrest warrant)

screw *n.* ❶〔俗〕**看守** (turnkey, prison warder)
❷〔米俗〕**警官**
❏ いずれも 'skeleton key'（合い鍵）の意味で昔は screw が使われていたことからの連想．

screwess *n.* 〔オーストラリア刑務所俗〕**女性看守**

scuff *v.* 〔英ストリートギャング俗〕襲う；殴りつけてひどい目にあわせる

scuffer *n.* 〔英俗〕警官：Liverpool など英国北部でよく使われる言い方．動詞の scuff(殴りつける)から．scufter, skuffter とも書く．

search and seizure *n.* 〔法〕捜索押収；捜索抑留
❏ search and seizure warrant は「捜索押収令状」．

search warrant *n.* 〔法〕捜索(差押)令状
• *serve a search warrant*　捜索令状を執行する

Seconal *n.* 〔商標〕セコナール：ストリートドラッグ(street drug)として乱用されることも多い米国製の鎮静薬・催眠薬．現在の正式名は Seconal Sodium．

secondary crime scene *n.* 〔科学捜査〕第二次犯行現場：殺人事件で殺害現場は primary crime scene, 別の場所に死体を遺棄した場合, その遺棄現場は secondary crime scene. ⇨ primary crime scene

secondary victim *n.* 二次被害者：重大事件の犠牲者の親戚や友人．

second-story job *n.* 〔米俗〕二階からの家宅侵入：second-story trade, second-story work とも言う．

second-story man *n.* 〔米俗〕二階から家宅侵入する泥棒(cat burglar)：second-story worker, second-story thief, second-story mug とも言う．⇨ cat burglar

secret police *n.* (全体主義国家の)秘密警察：旧ソ連の KGB (国家保安委員会)など．

secret service *n.* ❶機密機関；諜報機関
❷《Secret Service で》〔米〕連邦シークレットサービス：大統領などの要人警護と通貨偽造の摘発などが任務．
❸〔英〕内務省秘密検察局

securities fraud *n.* 有価証券詐欺

security guard *n.* 警備員 ⇨ guard, rent-a-cop

send up the river *v.* 〔米暗黒街俗〕刑務所に入れる
❏ New York 州 Ossing のシンシン州刑務所(Sing Sing Correctional Facility)が New York から Hudson River の上流(up the

river)にあるところから．また send up the hill とも言う．⇨ Sing Sing

send up the road *v.* 〔俗〕殺す

sentence *n.* 〔法〕判決（の言い渡し）；刑の宣告

serial arson *n.* 連続放火

serial arsonist *n.* 連続放火犯

serial killer *n.* 連続殺人犯：serial murderer とも言う．

serial murder *n.* 〔法〕連続殺人

service revolver *n.* サービスリボルバー：警官など法執行官 (law enforcement officer)が職務で使用する輪胴式拳銃．

set trip *n.* 〔米ギャング俗〕若いギャングの派閥同士の争い

　── *v.* 〔米ギャング俗〕別のギャングを襲う

　❏ set は〔米軍隊俗〕「（大きな組織の）地方組織のギャング」, trip は〔米軍隊俗〕「怒る」の意味から

set up *v.* ❶〔米俗〕(犯罪のターゲットとなる人物を)ターゲット（特に殺人）にしやすい状況に追い込む

❷〔俗〕(警察が)無実の人を犯人にするために証拠をでっち上げる

setup *n.* ❶〔犯罪俗〕(スリの二人組のうち)相方がすりやすいような状況設定をする者：カモの衣服にマスタードなどをかけ，謝りながらぬぐっている間に相方が財布などを抜き取る．実際にすり取る役は dip と言う．

❷〔米刑務所俗〕(初めて入所する囚人に支給される)所内着衣・寝具・洗面具の一式

❸〔俗〕仕組まれた犯罪

set-up man *n.* 〔米暗黒街俗〕大規模な強盗計画を立てる者：実行者を集めたり，略奪品の処分をしたりする．

sex offender *n.* 〔法〕性犯罪者

sexual homicide *n.* 性的殺人：犯人の主たる目的が性的なものである殺人．

sexual predator *n.* 性犯罪の常習者：文字通りは「性的略奪者」．

shackles *n.* 足かせ

shadow *n.* 〔俗〕私服刑事

── *v.* 〔俗〕(私服刑事が)尾行する
shaft *n.* 〔俗〕ひどい仕打ち
　　── *v.* ❶〔俗〕ひどい目にあわせる；詐取する：その被害者になることを get the (purple, royal) shaft と表現する．
　　❷〔俗〕(人を)刺す(stab)
shafted *a.* 〔俗〕ひどい扱いを受けて：通例 get shafted の形で．
shafting *n.* ❶〔俗〕ひどい扱い
　　❷〔俗〕(人を)刺すこと
shag *n.* ❶〔麻薬俗〕ヘロイン(heroin)
　　❷〔米暗黒街俗〕信用詐欺に誘い込むためのおしゃべり
　　── *v.* 〔俗〕だます
shake *n.* ❶〔米暗黒街俗〕恐喝；ゆすり：shakedown の短縮．
　　❷〔麻薬俗〕マリファナ(marijuana)；(薄めた)コカイン
shake down *v.* ❶〔俗〕恐喝する；ゆする
　　❷〔俗〕(警察が)捜索する；踏み込む；尋問する
　　❸〔俗〕独房内を捜索する
　　☐ いずれも shake loose, shake out などとも言う．
shakedown *n.* ❶〔俗〕恐喝；ゆすり：金が出てくるまで衣服を揺さぶるイメージから．
　　❷〔俗〕捜索；身体検査；持ち物検査
　　❸〔米刑務所俗〕独房内捜索
shakedown artist *n.* 〔俗〕恐喝犯：shakedowner とも言う．
shake, rattle, and roll *v.* 〔米警察俗〕シェイク・ラトル・アンド・ロール：どこかに悪者はいないかと街を警邏して回ること．
shamus *n.* ❶〔米俗〕(特に男性の)警官
　　❷〔俗〕私立探偵
　　❸〔俗〕たれ込み屋
　　☐ アイルランドの警官名に多い男子名 Seamus(シェーマス, 英語名 James に相当する)からか．
shank *n.* ❶〔米刑務所・暗黒街俗〕錐(きり)(stiletto)状の武器：ストリートギャングや囚人が使用．
　　❷ナイフ：スプーンやフォークなどを使った手製のものなどいろいろなナイフを指す．

❏ もとの意味はナイフやノミのつかの中に入った部分である「中子(なか)」の意味．

—— *v.* 〔米俗〕(ナイフで)突き刺す：特に手製のナイフを使った場合によく言う．

sharp force injury *n.* 〔医〕鋭器損傷：刃ないしは先端が尖ったものによって生じた皮膚と皮下組織への身体損傷．sharp force trauma とも言う．特には，刺創 (stab wound)・切創 (incised wound)・割創 (chop wound) の3タイプがある．⇨ blunt-force trauma

sharp force trauma *n.* ⇨ blunt-force trauma, sharp force injury

sheet *n.* 〔米暗黒街俗〕逮捕記録 ⇨ rap sheet, yellow sheet

sheriff *n.* 〔米法〕(郡の)保安官：裁判所の令状の執行権と警察権を持ち，拘置所を管轄する．郡民に選出される．

sherm *n.* 〔米黒人・麻薬俗〕フェンシクリジン (phencyclidine, PCP)；フェンシクリジンを加えたマリファナたばこ：Nat Sherman という商品名のたばこにフェンシクリジンを混ぜて吸ったことから．

shermed *a.* 〔米黒人・麻薬俗〕フェンシクリジン (phencyclidine, PCP) 中毒者

shermhead *n.* 〔米黒人・麻薬俗〕フェンシクリジン (phencyclidine, PCP) を使って(ハイ)になった者

shield *n.* ❶〔米俗〕(警官の盾形)バッジ
❷〔米俗〕警官；看守 ⇨ badge

shifter *n.* 〔米暗黒街俗〕盗品の故買屋

shirt player *n.* 〔俗〕シャツプレーヤー：ワイシャツの前部分に特別なポケットを作り持ち札を隠し持っているいかさまトランプ師．

shitcan *n.* 〔米刑務所俗〕懲罰房
❏ 鉄格子と便器 (shitcan) の世界．

shitcanned *a.* 〔俗〕(事件が)未解決のままで

shit-sheet *n.* 〔米俗〕(犯罪活動を記録する)警察のファイル

shit watch *n.* 〔米刑務所俗〕うんこ観察：麻薬を肛門内に隠してい

るのではないか，あるいは摂取しているのではないかとの疑いがある囚人が受ける．⇨ potty watch

shiv *n.* 〔俗〕手製のナイフ：特に囚人がスプーンやフォークなどで作る．

—— *v.* 〔米暗黒街俗〕突き刺す ⇨ shank

shiv man; shive man *n.* 〔犯罪俗〕暴力犯罪でナイフを使う者

shoe *n.* 〔警察俗〕私服刑事；私立探偵：gumshoe の短縮．⇨ gumshoe

shoo-fly *n.* ❶〔米暗黒街俗〕監視任務の私服警官

❷〔米警察俗〕同僚警官の言行を見張る秘密捜査官（undercover police officer）

❏ Mother Goose にある歌 *Shoo Fly, Don't Bother Me*（『ハエさん，シッ！』）という歌から．嫌なものを追い払う連想．

shoot *v.* ❶〔麻薬俗〕（自分または他人の静脈に）麻薬を打つ：shoot coke（コカインを打つ），shoot smack（ヘロインを打つ）のように使う．

❷〔米刑務所俗〕女々しい若い男の同囚者とセックスをする

shooter *n.* ❶〔米麻薬俗〕ヘロインなどの中毒者；麻薬の静脈注射をする者

❷〔俗〕（麻薬用）皮下注射器

❸〔米俗〕金庫破り専門の犯罪者

❹〔米俗〕プロの殺し屋

❺〔暗黒街俗〕拳銃；リボルバー

shooting iron *n.* 〔俗〕ピストル；銃 ⇨ talking iron

shop *n.* 〔米警察俗〕パトカー：LAPD（Los Angeles 市警）で使われている言い方．車体には横にも屋根にも番号や文字が書かれているところから「店」に見立てて呼んだもの．

shoplift *v.* 万引きする

❏ プロの万引き犯は，靴箱の一方をくり抜いてここをアルミ箔でふたをし（これによって防犯装置が作動しないと言う），もう一方のくり抜いたところから商品を入れ，この側を身体に押しつけながら店を出る．このような箱を booster box（お助け箱）と呼ぶ．また，腰などにゴムひもなどを巻き付けて（これを booster girdle と

呼ぶ)盗む商品をこれに挟み込んで店を出る．⇨ booster skirts

shoplifter *n.* 万引き犯

shoplifting *n.* 〔法〕万引き犯罪

shopper *n.* 〔米警察俗〕車上荒らし目的で駐車場を動き回っている者

shoppie; shoppy *n.* 〔オーストラリア俗〕万引き犯(shoplifter)

shopping job *n.* 〔米警察俗〕ショッピングジョブ；買い物業務：警備員が一般の買い物客のふりをして，従業員が商品を盗む現場を捕まえる商品紛失防止の仕事．

short *n.* ❶〔米黒人・刑務所俗〕タバコの吸いさし
❷〔俗〕値引きして売られるクラックなどの麻薬
—— *a.* ❶〔米刑務所俗〕(受刑者が)刑期が数週間〔数日〕を残すばかりになって：He's getting short. のように使う．
❷(麻薬が)払った金に見合う量がない

shortchange artist *n.* 〔米俗〕釣り銭詐欺師：客に釣り銭を少なく渡す．shortcake artist とも呼ぶ．⇨ hype

short con *n.* 〔米暗黒街俗〕仕掛けが小規模で準備に時間がかからず元手も少なくて済む詐欺：手軽にその場でできる詐欺．寸借詐欺や街頭トランプ賭博など．

short eyes *n.* 〔米刑務所俗〕子供(特に幼女)に性的にみだらな行為をする痴漢(child molester)；幼児姦犯：また，この罪で入所している囚人を指す．
□〔米警察俗〕で shut eyes(性犯罪者)の変形．また，この犯行に及ぶ前に "Now just shut your eyes."(「さあ，目をつぶってろ」)と言うところから．

short heist *n.* 〔米暗黒街俗〕ちゃちな窃盗

short-timer *n.* 〔米刑務所俗〕刑期が短い囚人；刑期満了が近い囚人

shot *n.* ❶〔米刑務所俗〕友人
❷〔俗〕麻薬の注射
❸〔米刑務所俗〕懲戒記録：所内での規則違反などの経歴を記録したもの．

shotgun cop *n.* 〔俗〕(パトカーの)助手席の警官：この席を

shotgun seat と呼ぶ．もとは米国西部の駅馬車に護衛添乗者がいたことから．⇨ ride shotgun

shottie; shotty *n.* 〔俗〕ショットガン

shotting（game） *n.* 〔英黒人俗〕麻薬密売

shoulder surfing *n.* ❶〔俗〕被害者の注意をそらしている間に行う犯罪：たとえば，衣服に液体をかけてそれを拭いている間に仲間が財布をすり取るいわゆる distraction crime（注意そらし犯罪）と呼ばれるもの．
❷〔米警察俗〕ATM やコンピューターなどを使っている人の肩越しに暗証番号（PIN(personal identification number)）やパスワードなどを盗み見ること

shovel and pick *n.* 〔俗〕刑務所：「刑務所」の意味の nick と韻を合わせて pick を使った押韻俗語．shovel and pick 自体は「シャベルとつるはし」の意味．

shriek *n.* 〔米麻薬俗〕精製ヘロイン（distilled and concentrated heroin）：よく効くので思わず「金切り声」(shriek) を上げるから．⇨ black tar, Tootsie Roll, tootsie roll

shuffler *n.* 〔米暗黒街俗〕信用詐欺師（confidence trickster）

shut eyes *n.* 〔米警察俗〕性犯罪者 ⇨ short eyes

Siberia *n.* ❶〔米刑務所俗〕独居房
❷ シンシン州刑務所（Sing Sing Correctional Facility）：New York 州 Ossining．
❸ クリントン州刑務所（Clinton Correctional Facility）：New York 州 Dannemora．
❹ 配属されたくない警察本部，警察署，分署：懲罰として配置転換されて飛ばされる先を指す．
☐ いずれも旧ソ連の強制収容所（gulag）があった地域名シベリアから．

sick *n.* 〔麻薬俗〕麻薬の禁断症状：kick-sick とも言う．
— *a.* 麻薬の禁断症状で苦しんでいる

SIG *n.* 〔商標〕シグ：ドイツ SIG Sauer GmbH 製の拳銃・ライフルなど．⇨ Sig Sauer

signal C *n.* 〔米警察俗〕（パトカーでの会話や交信で）コーヒー；

コーヒー休憩：C は coffee の頭文字．

signal thirteen *n.* 〔米警察俗〕(警察無線で) 救援求む：警官が緊急事態にある場合に使う．⇨ ten code

signal X *n.* 〔米警察俗〕(警察無線で) 女性：故障車の持ち主の女性を自宅に送り届けるパトカーからの無線で．
- *Transporting a signal X from Oak and Main.* オーク通りとメイン通りの交差点から女性を1名送る途中

SIG Sauer *n.* 〔商標〕シグ・ザウエル：ドイツ SIG Sauer GmbH (米国の現地法人は SIG Sauer Inc.) 製の拳銃・ライフルなど．
❑ Sauer は正しくはドイツ語では「ザウアー」と発音．

silent beef *n.* 〔米暗黒街俗〕証拠不十分のため起訴できなかったことを記載して容疑者の警察記録に付してあるメモ：beef はもとは thief(泥棒) と韻を合わせた押韻俗語で，ここでは「犯罪容疑」(criminal charge) の意．
—— *v.* 〔米暗黒街俗〕証拠不十分のため起訴できなかったことを記載して容疑者の警察記録に添付する

silent partners *n.* 〔米俗〕共謀している2人のポーカー詐欺師：勝てそうな手を持っている一方がひそかに合図をすると，もう一方が賭けチップ数をどんどん増して行き，他の参加者をあおって場の賭けチップ総数を増やす．最終的に儲かった分を2人で山分けする．

sing *v.* 〔米俗〕密告する；裏切る

sing operas *v.* オペラを歌う：犯罪活動に関する大量の情報を警察に提供すること．
❑ イタリア系マフィアのソプラノ家 (the Sopranos) の人間模様を描いた HBO 製作の米国のテレビドラマ *The Sopranos* (『ザ・ソプラノズ』) の連想で，Sopranos を音楽用語のソプラノと読んだもの．

Sing Sing *n.* シンシン州刑務所 (Sing Sing Correctional Facility)：New York 州 Ossining．
❑ 地名の Ossining は，もとは先住民 Sint Sinck から．1825年に設立された同州で3番目に古い，警備レベルが最高の刑務所 (maximum security prison)

SIS *n.* エスアイエス：英国の秘密情報部．Secret Intelligence Service の略．MI 6 とも言う．国外での人が行う諜報活動（HUMINT (human intelligence)）が主要任務．政府内閣府内の合同情報委員会（Joint Intelligence Committee）の指揮を受ける．

sit-down *n.* ❶〔米警察俗〕(マフィア（Mafia）の組織の上層部による) 問題解決のための話し合い

❷〔米警察俗〕高利貸し業者と債務者との話し合い

sit on Sing Sing *v.* (…への) 張り込みを継続する

sitting duck *n.* 〔米警察俗〕路上に放置されているところを発見された盗難車：また，ナンバープレートで番号を照合中に偶然発見した盗難車のことも言う．⇨ duck

sitting on steel *adv.* 〔米刑務所俗〕スチールの上に尻を乗っけて：刑務所のスチール製便器に腰かけて用を足すことを指す．高さも低く，用便を流す水の勢いがすさまじい．

skag *n.* ⇨ scag

skel *n.* 〔警察俗〕スケル：ホームレスを指す NYPD（New York 市警）のことば．オランダ語の skellum（浮浪者）から．

sketch artist *n.* スケッチアーティスト：目撃者の記憶に基づいて容疑者の似顔絵を描く人．

skid marks *n.* タイヤのスリップ痕 ⇨ tire marks

skim *v.* ❶〔俗〕(税金逃れのために) 所得をごまかす；(分け前を渡すのがいやで) 賞金をごまかす

❷〔俗〕店から金などを盗む

❸〔俗〕クレジットカードを偽造する

skinner *n.* 〔米刑務所・暗黒街俗〕強姦の罪で入所している性犯罪者：tree jumper, rape-o とも言う．古くは short-arm heister, short-arm bandit (short-arm = penis) と呼ばれた．「服を脱がせて裸にする (skin) 者」ということから．

skinner-diddler *n.* 〔米刑務所俗〕性犯罪者；児童性愛者：hedge-hopper, child lover とも言う．

skinny-dipping *n.* 〔俗〕London の地下鉄車内でスリをはたらくこと：満員の車内で犯行に及ぶためには痩せている (skinny) 必要があり，dip には「スリをはたらく」の意味があることから．この

ほかには,「真っ裸で泳ぐこと」(to swim in the nude)を意味する使い方もある.

skinpop *n.* 〔麻薬俗〕麻薬の皮下(または筋肉)注射:通常は麻薬使用の初期の段階で,進行すると静脈へ注射することになる.
  ── *v.* 〔俗〕(麻薬を)皮下(または筋肉)注射する

skin worker *n.* 〔米暗黒街俗〕スキンワーカー:(毛皮を盗む)万引き犯(shoplifter). ⇨ worker

skipper *n.* ❶〔俗〕スキッパー:警察署長(chief)・警部(captain)・巡査部長(sergeant)などを指して区別なく使う.もとは小型船の船長のこと.
  ❷〔米俗〕犯罪組織の中クラスのボス

skip tracer *n.* ❶〔米俗〕出廷してこなかったり逃走してしまったりした被告人を探し出す人
  ❷〔米俗〕ホテル代を不払いのまま逃げたり,結婚を約束したまま姿をくらましたりした者を見つけ出す調査員:一般に「借金取立人」を指して使うこともある.

skull-photo superimposition *n.* 〔警察〕頭蓋写真スーパーインポーズ:被害者と思われる人の生存中の顔写真の上に発見された頭蓋骨の写真を載せて,一致するかどうかを見る法医学的技法.

slam *n.* ❶〔刑務所俗〕独房(のドア):ドアの閉まる音から.
  ❷〔俗〕刑務所 ⇨ slammer
  ❸〔麻薬俗〕麻薬を注射する行為
  ── *v.* ❶〔麻薬俗〕麻薬を売る
  ❷〔麻薬俗〕ヘロインを使う[注射する]
  ❸〔米刑務所俗〕肛門から直腸に押し込んで所内への持ち込み禁止品を隠す ⇨ hoof it

slammer *n.* ❶〔俗〕刑務所:独房のドアの閉まる音から.
  ❷〔米警察俗〕ボイラールーム詐欺(boiler room fraud)で執拗に投資を強要するセールスマン ⇨ boiler room fraud

slammerese *n.* 〔刑務所俗〕刑務所ことば:slammer + -ese(…語)から.

slamming *n.* 〔米暗黒街俗〕半殺しの目に遭わせること

slander *n.* 〔法〕口頭誹毀(ひき); 口頭名誉毀損: 文書・図画による名誉棄損の場合は libel と呼ぶ. 2つを合わせて libel and slander という言い方がよくされる. また, これらによる訴訟を libel action, slander action と呼ぶ.
　―― *v.* 名誉を毀損する

slapjack *n.* スラップジャック: 相手を殴打するための武器. 革製で中に鉛が入っている. 単に slap とも呼ぶ. 護身用, あるいは接近戦(hand-to-hand combat)で使われる.

slapper *n.* 〔米警察俗〕スラッパー: 自動車窃盗犯が車のイグニッションシリンダーを引き抜くために使う道具. 引き抜いた後に別のシリンダーを挿入して始動させて盗み取る. slam hammer とも言う.

slasher *n.* 〔英・オーストラリア俗〕自傷行為者(self-mutilator)

slash job *n.* 〔米刑務所俗〕手首を深く切って自殺を試みること

slaughter *n.* 虐殺; 大量殺人
　―― *v.* 虐殺する; 大量殺戮(さつりく)する
　❑ 本来は家畜を食用に屠畜することだったが, 一度に人を大量虐殺することを指すようになった.

slaves of the state *n.* 〔刑務所俗〕(仲間としての)囚人; ムショダチ: 原義は「州の奴隷」.

slay *v.* 殺害する; 惨殺する
　• *British Woman Slain in Tokyo*　東京で英国人女性殺害される
　❑ 文語(または古めかしい言い方)で「(人・動物を)乱暴に殺す」の意だが, 主に米国のジャーナリズム用語では murder と同じ意味に用いられ, 特に slain という過去分詞の形で新聞の見出しにもよく用いられる. ⇨ murder

slayer *n.* 殺人者; 殺人犯
　❑ 主に〔米〕で使われるジャーナリズム用語. ⇨ murderer

sledge man *n.* 〔米警察俗〕警察が踏み込む際にドアを打ち壊す役割の警官: バタリングラム(battering ram(丸太様の破壊棒))を使う. この行為を swing the ram(バタリングラムを振り回す)と言う.

sleep *n.* ❶〔英・米・オーストラリア俗〕短い服役期間: 英米は1年

ぐらい，オーストラリアは3か月ぐらいの期間を指す．

❷〔米麻薬俗〕コカイン

— *v.* 〔米刑務所俗〕殴り倒す：一般に使う put to sleep（眠らせる）の表現から．

sleeper *n.* ❶〔麻薬俗〕バルビツール剤カプセル
❷〔麻薬俗〕ヘロイン（heroin）

sleeper hold *n.* 〔米警察俗〕スリーパーホールド；首［頸動脈］絞め
❏ 正確には carotid control technique（頸動脈絞め技）と呼ばれる．レスリングでは carotid choke technique（チョークスリーパー）という絞め技と同じ．⇨ choke hold

slide gun *n.* 〔警察俗〕スライド銃：（半）自動ピストル（(semi)automatic pistol）．弾丸を発射した直後にスライド部が後退して，空薬莢（からやっきょう）を排出し，バネ仕掛けでスライド部が前進する際に次の発射に備えて新弾が自動装填されるところから．⇨ wheel gun

slim jim; Slim Jim *n.* 〔俗〕スリムジム：車上荒らしが車のドアのロックを開けるために用いる薄く細長い金属板．もとは米国 Illinois 州の HPC, Inc. 製の商品名．専門語は lockout tool．

slob *n.* 〔米ストリートギャング俗〕ぐず；のろま；まぬけ：米国 Los Angeles のアフリカ系アメリカ人ギャングの Crips のメンバーが対抗集団 Bloods のメンバーを呼ぶ軽蔑的表現．⇨ Bloods, Crips

slowpokes *n.* 〔米警察俗〕ぐずでのろまな日勤警官たち：LAPD（Los Angeles 市警）のことば．⇨ poke watch

slug *n.* 〔俗〕弾丸
• *catch* [*receive, take*] *a slug in the arm*　腕に弾を一発食らう

slum *n.* 〔米俗〕街頭で不法に販売される偽造宝石類

slush *n.* 〔英暗黒街俗〕偽造貨幣

smack *n.* ❶〔麻薬俗〕ヘロイン（heroin）
❷〔麻薬俗〕粗悪なコカイン
❏「鼻から吸う」の意味のイディッシュ語（Yiddish）の schmeck から．

smack freak *n.* 〔麻薬俗〕ヘロイン中毒者：smack-head とも言

う．

smack pack *n.* 〔オーストラリア俗〕ヘロイン入門セット：ヘロインと注射器具．

smackster *n.* 〔米麻薬俗〕ヘロイン中毒者

small claims court *n.* 〔法〕少額裁判所：テナントと家主の間のもめごとなど，少額の利害関係の訴えを処理する(small-stakes)裁判所で，裁判官が直接原告と被告に質問を行う．審理も早急に決着する．

smoke in the sky *n.* 〔俗〕警察のヘリコプター(police chopper)

smoker *n.* ❶〔米俗〕盗難車：盗品で(hot)，まだ煙が出ているということ．
❷〔米麻薬俗〕マリファナを吸う者；クラックを吸う者

Smokey Bear *n.* ❶〔米俗〕交通整理警官；ハイウェーパトロール警官：米国の山林火災防止キャンペーンのマスコットキャラクター Smokey the Bear と被っている帽子 (campaign hat, Smokey Bear hat) が似ているところから．単に Smokey とも呼ぶ．
❷〔米警察俗〕地方または州の警官

SMT *n.* 〔米警察俗〕特殊ミッションチーム：Special Missions Team の頭文字．SWAT(〔米〕特殊火器戦術部隊)のこと．⇨ HBT team, TAC squad

smuggle *v.* 〔法〕密輸する
• *the attempt to smuggle drugs in* 麻薬を密輸して国内に持ち込もうとする企て

smuggler *n.* 〔法〕密輸業者
• *drug smuggler* 麻薬の密輸入者

smurf *n.* 〔オーストラリア刑務所俗〕経験不足な(新米の)看守
❑ 子供向けのアニメ *The Smurfs*(『スマーフ』)の青い小さな生き物 'Smurf' からで，看守の制服の色と同じところから．

smurfing *n.* スマーフィング：マネーローンダリング(money laundering)(資金洗浄)過程で1万ドル以下の少額の金銭取り引きにすること．structuring とも言う．
❑ 米国司法省(Department of Justice)の Chuck Sapphos(チャッ

ク・サフォス)の娘が,銀行から銀行へ走り回らなければならないこの犯罪者のことを「彼らはスマーフ(Smurf)に似てるのね」と言ったところから. Smurfは子供向けのアニメ *The Smurfs*(『スマーフ』)の青い小さな生き物. ⇨ launder

snaps *n.* ❶〔米俗〕手錠(handcuffs):手錠を掛ける音(snap)から.

❷〔俗〕現金:ドル紙幣を指で数えるときの音から.

sneaky Pete; sneaky pete *n.* ❶〔米俗〕ワインと混ぜたマリファナ:背後に忍び寄って(sneak up)きた男(Pete)が不意に殴りかかるように効き目があるところから.

❷〔米警察俗〕SWAT(〔米〕特殊火器戦術部隊)が行う極秘作戦

snitch *n.* 〔俗〕密告者

── *v.* ❶〔俗〕密告する:鼻(snitch)を突っ込む(=口出しする)ことから.

❷〔俗〕盗む(steal)

❸〔オーストラリア刑務所俗〕逮捕する(arrest)

snitcher *n.* 〔俗〕密告者 ⇨ snitch

snoop *n.* ❶〔俗〕刑事;私立探偵:動詞に「詮索する,盗み聞きする」などの意味があることから.

❷〔米黒人ギャング俗〕ブラッド組の野郎:米国 Los Angeles のアフリカ系アメリカ人ギャングの Crips のメンバーが対抗集団 Bloods のメンバーを呼ぶ軽蔑的表現. ⇨ Bloods, Crips

snooperscope *n.* (赤外線応用の)暗視鏡;暗視装置:一般語は night vision device (NVD)で,日本では「ナイトビジョン」と呼ぶ.

snout *n.* 〔俗〕密告者

── *v.* 〔俗〕警察へのたれこみ屋として働く

snow *n.* 〔麻薬俗〕コカイン(cocaine);ヘロイン(heroin);クラック(cocaine);モルヒネ(morphine);アンフェタミン(amphetamine)⇨ snowbird

snowball *n.* 〔麻薬俗〕(快楽追求麻薬(recreational drug)の) MDMA:白い錠剤であることから.

snow bird *n.* 〔米暗黒街俗〕ヘロイン中毒者;モルヒネ中毒者

snowdrop *v.* 〔英・オーストラリア暗黒街俗〕物干し綱から下着を盗む：干してある，濡れた「下着」(〔英暗黒街俗〕snow（白いことから））を落として失敬する(drop)ことから．このような下着泥棒をsnow-dropper と呼ぶ．

SNU *n.* （警察の）街頭麻薬取締班 ⇨ street narcotics unit

snuff *n.* 〔俗〕殺人(murder)
— *v.* ❶〔俗〕殺す
❷〔米黒人俗〕殴り倒す

snuff film *n.* 〔俗〕スナッフフィルム：「殺人フィルム」とも言う．出演者が実際に殺害されるシーンを撮った映画：通例女優（あるいは小児性愛ものであれば子供）が殺されるポルノ映画．また snuff movie とも言う．

soft drug *n.* ソフトドラッグ：習慣性の弱い幻覚剤で，マリファナが代表的．⇨ hard drug

software piracy *n.* ソフトウェア著作権侵害：使用許諾契約を交わす必要があるコンピューターソフトウェアを不法に取得して複製すること．⇨ piracy

soldier *n.* ❶〔米暗黒街俗〕下っ端組員 ⇨ button man
❷〔米・オーストラリア刑務所・暗黒街俗〕刑務所内ギャング組織の一員
❸〔英黒人俗〕(少年) ギャング組織の一員

soup *n.* 〔俗〕スープ：金庫を爆破して開けるために使われる爆薬のニトログリセリン(nitroglycerin)．

souvenirs *n.* 〔警察俗〕記念品：連続殺人(serial murder)で，犯人が持ち帰る被害者の所持品，ときには遺体の一部．関連性がある殺人事件を結びつける際に役立つ可能性がある．⇨ organ trophy, trophy

spade *n.* 〔南アフリカ俗〕銃：特に AK-47 ライフル銃．

Special Activities Division *n.* （CIA(〔米〕中央情報局)の）特殊活動部隊：国家秘密局(National Clandestine Service)の下にある特別軍事部門．略 SAD．

special agent *n.* 〔米警察〕(FBI(〔米〕連邦捜査局)の）主任特別捜査官：現場の司令所(field office)の指揮統括者．略 SAC．

special agent in charge *n.* 〔米警察〕(FBI(〔米〕連邦捜査局)の)現場主任捜査官：現場の司令所(field office)の指揮統括者．略 SAC．

Special K *n.* 〔俗〕スペシャル K：強力な幻覚剤として使われることがある塩酸ケタミン(ketamine hydrochloride)の粉末・カプセル・錠剤．デートレイプドラッグ(date-rape drug)として悪用されることもある．この頭文字の K を，米国 Kellogg 社製のシリアル食品の〔商標〕Special K をまねて呼んだもの．まさに「特別な K の付く」薬．

spectator violence *n.* 観客暴力：欧州のサッカーの試合で暴れるフーリガン(hooligan)のように，スポーツ観戦者による暴力．

Spectra *n.* スペクトラ：防弾チョッキ(bulletproof vest)に使われる繊維．⇨ Progressive Technologies

speed *n.* 〔麻薬俗〕スピード：アンフェタミン(amphetamine)をベースにした中枢神経刺激薬．効き目が速いことから．

speedball *n.* 〔麻薬俗〕スピードボール：コカインとヘロイン(あるいはモルヒネを加えたりすることもある)との混合麻薬で，注射や吸入で用いる．

speed freak *n.* 〔麻薬俗〕スピードフリーク：アンフェタミン(amphetamine)常用者．

speedy trial *n.* 〔法〕迅速な裁判：合衆国憲法修正第 6 条(Sixth Amendment)などで刑事被告人の権利として保証されている．日本国憲法第 37 条第 1 項で定められている．

spill the beans *v.* 〔米俗〕(秘密・情報などを)漏らす：spill the dirt [works] とも言う．
  ❑ 文字通りは「うっかり豆をこぼす」の意．

spit on the sidewalk *v.* 〔米警察俗〕小さな罪を犯す
  ❑ 文字通りは「歩道につばを吐く」こと．

spitter *n.* ❶〔米警察俗〕スリ犯(pickpocket)
  ❷〔米暗黒街俗〕ギャングの一員；ちんぴら(hoodlum)
  ❸〔米俗〕殺し屋

spook *n.* 〔米俗〕CIA(〔米〕中央情報局)捜査官；FBI(〔米〕連邦捜査局)捜査官：一般には「幽霊(ghost)」の意味の口語．これらの捜査

官は制服を着用しないために一般人と判別できないところから.

spoon *n.* 〔麻薬俗〕ティースプーン1杯分のヘロイン(heroin)またはコカイン(cocaine):約2グラム.また spoonful とも言う.

sport violence *n.* スポーツ暴力:ボクシングでは当たり前のように見られるが,運動競技の最中に起こる暴力のこと.サッカーやヨーロッパの運動競技でよく起こる正当な理由もない暴力行為は hooliganism と呼ばれる.

spot *n.* ❶〔米暗黒街俗〕強盗の標的になりそうな場所:宝石店など.

❷〔米俗〕麻薬売り渡しに使われるアパート;街の売人に麻薬を小分けにして渡す元締めの場所

❸〔米黒人・麻薬俗〕麻薬密売人が集まる場所

spree murder *n.* 短期間で行われる連続殺人(serial murder):ほとぼりが冷めるまで待たないで,ときには強盗や性的暴行などの重罪(felony)とともに行われることもある.

spy in the sky *n.* 〔米俗〕警察のヘリコプター(police chopper)

squab *n.* 〔米ギャング俗〕口論;けんか:squabble の略.

squad *n.* (警察の)班:麻薬捜査班(drug (narcotics, 〔俗〕junk) squad);救急隊 (emergency squad);爆発物処理班 (bomb squad);殺人捜査班(homicide squad);テロ対策班(antiterrorist squad);(警察署内の)点呼・伝達指令室(squad room).

squad car *n.* パトカー(patrol car):cruiser, police cruiser とも言う. ⇨ black(-)and(-)white

squat *n.* ❶〔米警察俗〕車2台による故意の衝突事故:傷害保険金詐欺のために仕組む.

❷〔米刑務所俗〕電気椅子;電気椅子による処刑

squawk *n.* 〔英警察俗〕無線連絡

squawker *n.* 〔英警察俗〕トランシーバー;携帯用無線電話機(walkie-talkie)

squeak *n.* 〔俗〕警察への密告者

—— *v.* 〔英暗黒街俗〕密告する

squeal *n.* ❶〔米暗黒街俗〕一般市民からの犯罪の通報

• *catch* [*take*] *a squeal* (警察が)犯罪の通報を受ける

❷〔米俗〕密告者を使った警察による捜査
— v. 〔米俗〕（共犯者を）密告する

squirrel n. ❶〔米警察俗〕精神に異常を来している容疑者
❷〔米刑務所俗〕精神に異常を来している囚人
❏ いずれも nuts（〔俗〕気が変で (crazy)）を果実のナッツと読んで，それを食べる「リス」と表現したことから．

squirrel chaser n. ❶〔米警察俗〕森林公園のパトロールをまかされた警官
❷〔米警察俗〕（主として）国立公園の治安維持に当たる警察（Park Police）：内務省（the Department of the Interior）の国立公園局（National Park Service）が管轄する．1791年創設．主に首都 Washington, D.C. や California 州など大都市圏．
❏ 文字通りは「リスを追いかける人」．

stab wound n. 刺創(しそう)：刃物など先端の鋭利な道具による刺し傷．

staged crime scene n. 〔科学捜査〕（捜査員の目を欺くために）仕組まれた犯行現場：たとえば，殺害が主目的だったが強盗致死に見せかけるために証拠を画策した犯行現場．

stake-out n. 〔俗〕（警察による）容疑者の張り込み（surveillance）

stall n. 〔犯罪俗〕（狙いをつけた被害者の注意をそらす役の）スリの共犯者

stand-up guy n. 〔米刑務所俗〕他の受刑者から信頼されている囚人：stand-up convict, sold con とも呼ぶ．"stand up and be counted"（「立ち上がって自分の意見を述べる」）から．

stardust n. ❶〔麻薬俗〕コカイン
❷〔麻薬俗〕フェンシクリジン（phencyclidine）

starring n. 〔医〕星芒(せいぼう)状裂傷：皮膚直下に骨がある部分（典型的には頭部）を撃たれた場合に，皮膚と骨のすき間に銃弾の燃焼ガスが入り，皮膚が星型に裂けてできる傷．

stash n. ❶〔麻薬俗〕麻薬の隠し場所
❷〔麻薬俗〕隠匿してある麻薬：特にマリファナ．

state attorney; state's attorney n. 〔米法〕州検察官；州法務官 ⇨ district attorney

state court *n.* 〔米法〕州裁判所

state police *n.* 〔米法〕州警察

Static! *n.* 〔俗〕スタティック：(麻薬密売人が近くに警察がいる場合など)警告のことばとして使われる．
　❑ 無線用語で「重大化・悪化・障害」などを意味する語を間投詞に使ったもの．

Statie *n.* 〔米暗黒街俗〕ステイティ：州警官．

stationary killer *n.* 居座り殺人犯：地理的に狭い範囲で犯行を行う連続殺人犯(serial killer). ⇨ nomadic killer, territorial killer

stay down *v.* 〔米刑務所俗〕プロの振る舞いを続ける：けんかをして男らしさを示したり，仲間の囚人の味方をしたりして悪(%)を続けること．

steal *v.* 〔米刑務所俗〕不意打ちを食らわす

steel *n.* ❶〔米暗黒街俗〕ナイフ
　❷〔米黒人俗〕拳銃
　── *v.* 〔米俗〕刺す

step on *v.* 〔麻薬俗〕(儲けが多くなるように)混ぜものをして量増しする

stepson *n.* 〔米警察俗〕別の囚人の思うがままに操られている囚人
　❑ 原義は「継子(まま)」．

sticker *n.* 〔英警察俗〕未解決事件

stickman *n.* ❶〔俗〕(大型店内に雇われて万引きを見張る)警備員(store detective)
　❷〔俗〕スリの実行犯からすり取った金品を受け取る役の仲間
　❸〔米俗〕マリファナたばこを吸う者：stick は〔俗〕マリファナたばこ．

sticksman *n.* 〔英黒人俗〕スリ犯：他人のポケットに手を突っ込む(one sticks one's hand in another's pocket) ことからか．

stick solid *v.* 〔オーストラリア暗黒街俗〕(尋問に対して)黙秘を貫く

stick-up *n.* ❶〔俗〕武装強盗(armed robbery)：両手をあげさせることから hold-up とも言う．

❷ 武装強盗犯(armed robber)：jack-boy, stick-up boy, stick-up guy, stick-up kid, stick-up man とも言う．
　—— *v.*　〔俗〕銃などで脅して強盗をはたらく："Stick up your hands!"(「手を上げろ！」)と叫ぶところから．

stiff　*n.*　〔俗〕死体(corpse)：硬直していることから．
　—— *a.*　〔俗〕死んだ

sting　*n.*　❶〔俗〕手の込んだ詐欺
　❷〔俗〕おとり捜査
　❸〔米暗黒街俗〕大金
　—— *v.*　〔俗〕盗む；ぼったくる

stinger　*n.*　〔米黒人・刑務所俗〕スティンガー：湯沸かしプレート．2本の電線につないだ小さな金属板で，この電線を電灯のソケットに接続し電熱板の働きをさせる手製のもの．sting は 'wire' の意味．このプレートをカップに入れて湯を沸かし，コーヒーや紅茶などをいれる．
　❑ 市販の物で，〔英〕immersion heater rod(投げ込み式電熱器)や beverage heat などと呼ばれるものがある．

stinker　*n.*　〔米警察俗〕スティンカー：(悪臭を放つ)腐乱死体．

stir　*n.*　〔俗〕刑務所：ロマニー語(Romany)で prison を意味する sturiben から．
　• *in the stir*　刑務所に入っている

stitch up　*v.*　〔英暗黒街・警察俗〕証拠や供述書をでっち上げて有罪にする

stitch-up　*n.*　〔俗〕(でっち上げや不正な証拠に基づいた)誤認逮捕

stone addict　*n.*　〔麻薬俗〕(どっぷりとのめり込んでいる)麻薬常用者：stone は〔俗〕「完全な」の意味の形容詞．石(stone)が固いことからの連想．

stooge　*n.*　〔英俗〕初犯の犯罪者；新米の泥棒；自分より上の者の罪を被って名乗り出る小悪党：student の変形からか．

stool　*n.*　〔俗〕密告者：stool-pigeon の短縮．⇨ stool-pigeon
　—— *v.*　〔米俗〕密告者として行動する

stool-pigeon　*n.*　〔俗〕(警察が使う)密告者：stool, stoolie とも言う．

□ 原義は「止まり木に止まらせた鳩」で，野鳥を誘うおとりとしてハンターが使うもの．

stop and frisk *n.* 〔米法〕停止と捜検：挙動不審者を呼び止めて，短時間職務質問・ボディーチェックをすること．令状なしで可能．〔英法〕では stop and search と言う．

Stop Stick *n.* 〔商標〕ストップスティック：車両強制停止装置．逃走車両のタイヤをパンクさせて停車させるために使う米国製の多数のスパイクが付いた装置．spike strip, traffic spikes, tire shredders, one-way traffic treadless stingers とも呼ばれる．追跡するパトカーが走行しながら使用する MobileSpike と呼ばれるものもある．

straight eight *n.* 〔警察俗〕ジャスト8時間勤務：パトロール担当時間が8時間で延長がない勤務形態 シフト．

straighten *v.* 〔英暗黒街俗〕警官を買収する：〔犯罪俗〕で「頼りにできる」ことを straight といい，そのような状態にすることから．

straight handle *n.* 〔俗〕本名
□ handle には〔俗〕で「名前・愛称」の意味がある．

straight John *n.* 〔米刑務所俗〕まともなジョン：最近出所して，まともな生活をしている元服役囚．

strap *n.* 〔米黒人俗〕拳銃：胸のところに革帯またはホルスター (holster) で吊るす (strap) ところから．

strapped *a.* 〔俗〕拳銃を携帯している

stray bullet *n.* 流れ弾：stray shot とも言う．

street 〈the〉 *n.* 〔俗〕(刑務所の塀の外側の)「街」(シャバ)：刑務所を出て自由の身であることを on the street(s) と言う．

street crime *n.* ストリートクライム：市街地で頻繁に起こる窃盗・恐喝など．⇨ upperworld crime

street drug *n.* ストリートドラッグ：路上などで売られる，医療目的ではなく，向精神作用 (mind-altering) を求めて使う各種の違法麻薬のこと．

street gang *n.* ストリートギャング：比較的若年層で構成されている凶悪ちんぴら集団．米国 Los Angeles に 1985 年にメキシコ系メンバーを主要メンバーとして結成された全米最大の 18th

Street Gang があり, 数字の 18 あるいは XV3 (ローマ数字) のタトゥーを入れている.

streetman *n.* 〔俗〕街に出て稼ぎをするちゃちな犯罪者：麻薬密売人・スリなどを指した言い方.

street money *n.* 〔米俗〕ストリートマネー：麻薬の密売・スリ・売春で稼いだ金.

street narcotics unit *n.* (警察の)街頭麻薬取締班：麻薬の製造・販売を取り締まるが, 典型的に覆面捜査を行う. 略 SNU. 通称 narco squad. 米国 California 州 Fresno 警察では Street Narcotics Enforcement Team の名前になっている.

striation *n.* 施条痕(しじょうこん)：発射されて銃身(gun barrel)を通り抜けた弾丸に付く傷. ballistic fingerprinting(弾道鑑定)に利用されるものの一つ. ⇨ rifling

stringer *n.* ❶〔米刑務所俗〕刑務所内での首吊り自殺：ひも(string)にぶら下がることから.

❷〔米俗〕ポン引き：売春婦の「ひも」(string)であることから.

strip search *n.* 〔米警察俗〕ストリップサーチ：裸にして不法品の所持がないか調べること.

—— *v.* 〔米警察俗〕ストリップサーチをする

Stryker saw *n.* 〔商標〕ストライカー鋸(のこぎり)：米国製の医療用電動鋸で, 検死(postmortem examination)の解剖にも使用.

student threat *n.* 学生による脅迫：教師・他の学生・学校に対するもの. 学校犯罪(school crime)の一つ.

stuff *n.* ❶〔麻薬俗〕マリファナ(marijuana); ヘロイン(heroin)

❷〔米刑務所俗〕ナイフ; 銃

❑ いずれも「ブツ」といったニュアンス.

stun grenade *n.* スタングレネード; スタン擲(てき)弾：光や音で相手の視覚や聴覚を一時的に麻痺させ, 戦闘意欲を失わせる手榴弾状の爆発物. 武装した立てこもり犯などを制圧するための強行突入の際などに使用され, 殺傷能力はない. ⇨ flash bang

stun gun *n.* スタンガン：電気ショックを与えて, 相手を一時的に動けない状態にするため, 暴動鎮圧や護身に使われる. 電撃銃とも呼ばれる. 非殺傷性個人携行兵器(incapacitant weapon)の一

つ．ときに犯罪にも使われる．ハンディータイプと大型警棒タイプがある．stun は「気絶させる」の意味．

subject *n.* 〔探偵俗〕調査対象者 ⇨ UnSub

subway dealer *n.* 〔米暗黒街俗〕地下鉄ディーラー：トランプカード束 (deck) の底面に不正にしのばせたカードを配るディーラー．⇨ basement dealer

sucker *n.* 〔俗〕(詐欺などで) だまされやすい人

Sudecon *n.* 〔商標〕スーデコン：誤って催涙スプレー剤が付着したときに使用する溶剤の中和剤シート (decontamination wipe)．米国 Michigan 州の Fox Labs International 製．⇨ pepper spray

Suffolk County Jail *n.* サフォーク郡拘置所：米国 Massachusetts 州 Boston にある Suffolk County Jail on Nashua Street．1851 年以来使用されていた Charles Street Jail に代わる施設として 1990 年に設置された．公判前の拘留者 (pretrial detainee) を約 700 名収容できる．

sugar *n.* 〔麻薬俗〕モルヒネ (morphine)；ヘロイン (heroin)；コカイン；LSD

sugar block *n.* 〔麻薬俗〕シュガーブロック：クラックを指す呼び名．

sugar cubes *n.* 〔麻薬俗〕シュガーキューブ：LSD を染み込ませた角砂糖．LSD が麻薬市場に登場したころ，角砂糖に染みこませて売られることが多かったことから．sugar lumps とも言う．

sugar shittalk *n.* 〔米警察俗〕甘いばか話：ポン引きが女たちに，甘い話や嘘などを並べ立てて働かせる．

suicide by cop *n.* 〔警察俗〕警官を使った自殺行為：犯人が説得に応じないで武器を捨てず，非は警官にあるかのように，警官が発砲し射殺するように仕向ける意図的行為．

suit *n.* 〔米警察俗〕スーツ：若く有能で高等教育を受け，将来はお偉方になりそうな警官．制服組ではなくなる (スーツを着る) ということ．

suitcase *n.* 〔米警察俗〕(見つからないようにするために肛門または膣に入れる) 麻薬入りカプセル

—— *v.* 〔米刑務所俗〕麻薬や禁制品を肛門内など隠して所内を移動

する

sunshine *n.* ⇨ orange sunshine

Superman syndrome *n.* 〔米警察俗〕スーパーマン症候群：特に新人警官が自分を過信し、ヒーロー気取りになること．⇨ Dirty Harry syndrome, John Wayne syndrome

supermax prison *n.* 警備が最高レベルの刑務所

supersedeas *n.* 〔法〕訴訟手続き休止令状

Supreme Court〈the〉 *n.* ❶〔米〕連邦最高裁判所（the United States Supreme Court）
❷〔英〕最高法院（the Supreme Court of Judicature）

suspect *n.* 〔法〕被疑者；容疑者

suspension of sentence *n.* 〔法〕（刑の）執行猶予

swag *n.* 〔米俗〕盗品；密輸品

swallow *n.* 〔米警察俗〕セックスを餌に情報を引き出す女性捜査官（またはスパイ）：文字通りは「ツバメ」．男性の場合は raven（ワタリガラス）と呼ぶ．

swap paint *n.* 〔米俗〕車が他の車にこすってできた塗装面の傷

SWAT *n.* 〔米警察〕スワット：特殊火器戦術部隊．Special Weapons and Tactics の頭文字．1967 年に LAPD（Los Angeles 市警）が最初に創設した．⇨ HBT team, SMT, TAC squad

sweat-box *n.* ❶〔俗〕（尋問を受ける）警察署内の部屋
❷〔俗〕囚人護送車：刑務所と法廷の間を移送するもの．

sweetchuck *n.* 〔米警察俗〕（軽蔑的に）警備員；保安員
☐ 米国映画 *Police Academy*（『ポリスアカデミー』）（1984 年）で使われた言い方．⇨ door shaker, Mickey Mouse security guard, no-badge, plastic badge, rent-a-cop

swinger *n.* 〔英刑務所俗〕刑務所内で首吊り自殺を図った囚人

switchblade *n.* 〔米〕（ボタンを押して刃を飛び出させる）飛び出しナイフ：〔英〕flick-knife．

systematic check forger *n.* 組織的小切手偽造犯：ビジネスとして偽造する者．

system〈the〉 *n.* 〔米刑務所俗〕体制：懲罰と法体系に関わる官僚制度全体．犯罪者の敵側．

Tt

T *n.* ❶〔麻薬俗〕マリファナ(marijuana)：tea(〔麻薬俗〕マリファナ)の頭文字から．

❷〔麻薬俗〕コカイン(cocaine)：toot(〔麻薬俗〕コカイン)の頭文字から．

tab *n.* ❶〔俗〕幻覚誘発薬の錠剤：tablet の略．(錠剤ではないが) LSD の 1 回分．

❷〔米刑務所俗〕仮釈放審査委員会(parole board)に提出される囚人に関する報告書

tack *n.* 〔米暗黒街俗〕タック：刑務所で彫られた入れ墨．

tackle *n.* 〔俗〕タックル：麻薬．

TAC squad *n.* 〔米警察俗〕タックスクワッド：戦術部隊．SWAT(〔米〕特殊火器戦術部隊)のこと．⇨ HBT team, SMT, SWAT

tag *n.* ❶〔米俗〕(警察から駐車違反者への)呼び出し状(police ticket)：違反チケットを車の窓に貼る(tag)ことから．San Francisco でよく使われる言い方で，Los Angeles では greenie と呼ぶ．

❷〔米暗黒街俗〕逮捕令状(arrest warrant)

❸〔俗〕(車の)ナンバープレート

— *v.* ❶〔俗〕逮捕する(arrest)

❷〔俗〕交通違反キップを切る

tagging *n.* スプレーによる落書き行為

tail *n.* ❶〔俗〕対象者を尾行・調査する人

❷〔俗〕調査

❸〔麻薬俗〕長期間続く麻薬の影響

❹〔米刑務所俗〕仮釈放(parole)

— *v.* 〔俗〕尾行する：shadow とも言う．⇨ shadow

tailor-made *n.* 〔刑務所俗〕市販のたばこ：刑務所内でも囚人が手作りするために，それに対比した言い方．単に tailor とも呼ぶ．

take *n.* ❶〔俗〕窃盗や詐欺で得た金

❷〔俗〕賄賂

• *on the take* 〔俗〕(警官や政治家が) 賄賂を受け取って

❸〔オーストラリア俗〕トランプゲームの詐欺師

❹〔オーストラリア俗〕詐欺

❺〔米・オーストラリア俗〕窃盗；強盗

—— *v.* ❶〔俗〕だます

❷〔俗〕押し入る

take a cab *v.* 〔米俗〕あの世へ行く (die)

take care of *v.* ❶〔俗〕叩きのめす；殺す

❷〔俗〕贈賄する

take down *v.* ❶〔米警察俗〕逮捕する (arrest)：「逮捕」の意味の名詞は takedown．

❷〔俗〕だます；奪う

Take 'em down. 〔米警察俗〕「ようし，捕まえろ」：追跡中の盗難車を止めて犯人を逮捕するときなどの行動開始のことば．

take flight *v.* 〔米警察俗〕飛び立つ：保釈中に裁判所から指定された区域外に無断で出る．

take ... for a ride *v.* 〔米暗黒街俗〕… を車で連れ出して殺す

take in *v.* 〔米俗〕逮捕する (arrest)

take off *v.* ❶〔俗〕けがをさせる；殺す：これから「殺人」のことを taking-off と言う．

❷〔俗〕奪う：これから「強奪」のことを taking-off と言う．

❸〔麻薬俗〕麻薬を使用する：この場合は，麻薬を使用してハイ (high) な気分になることを飛行機が「離陸する」ことになぞらえたもの．

take-off *n.* 〔米暗黒街俗〕武装強盗：はぎ取る (take off) ことから．

take-off artist *n.* 〔米暗黒街俗〕強盗；強姦犯；殺人犯

take on *v.* 〔米警察俗〕呼び止めて厳しい職務尋問をする：ボディーチェックもする．

take out *v.* 〔俗〕殺す：アルバムから写真をはぎ取る (take out)

イメージから.

talent *n.* ❶〔米暗黒街俗〕利口で知謀に富んだ犯罪者
❷〔警察俗〕被疑者（suspect）

talk *v.* 〔英暗黒街俗〕自白する；（警察など当局への）密告者になる

talking iron *n.* 〔俗〕ピストル；銃：shooting iron とも言う．

tank *n.* ❶〔米・オーストラリア刑務所俗〕独房
❷〔米・カナダ刑務所俗〕（警察署にある）留置場（jail cell）：酔っ払いを収監するものは drunk tank と言う．
❸〔米・カナダ刑務所俗〕刑務所
❹〔オーストラリア・ニュージーランド暗黒街俗〕金庫 ⇨ tank artist

tank artist *n.* 〔オーストラリア・ニュージーランド暗黒街俗〕金庫破り犯：tank blower, tank man とも言う．

tap *v.* ❶〔米警察俗〕盗聴器を取り付ける；盗聴する
❷〔米暗黒街俗〕頭を殴る
❸〔俗〕撃ち殺す

tap up *v.* 〔麻薬俗〕静脈を軽く叩いて浮き上がらせて麻薬を注射しやすくする

tar *n.* 〔麻薬俗〕タール：メキシコ産のアヘン，ヘロイン．その色と濃度から．⇨ black tar, shriek

tariff *n.* 〔俗〕実刑（prison sentence）

tartan *n.* 〔英暗黒街俗〕コカイン

tat *n.* 〔俗〕入れ墨：tattoo の短縮．

tax *n.* 〔俗〕盗品

tax evasion *n.* 脱税

taxing *n.* 〔麻薬俗〕クラックが売られている建物への入場料：〔英黒人俗〕では，一般に入場料（entry tax）を tax と呼ぶ．

tea-leaf *n.* 〔英・オーストラリア押韻俗〕泥棒：〔オーストラリア俗〕では動詞としても使われる．thief と leaf の韻を踏ませた押韻俗語．

team *n.* ❶〔俗〕犯罪者一味
❷〔俗〕警察分隊
❸〔オーストラリア刑務所俗〕受刑者の仲間集団

tear off *v.* 〔米暗黒街俗〕盗む

tec *n.* 〔俗〕刑事：detective の短縮．teck や tect とも言う．

TEC-9 *n.* 〔商標〕テック・ナイン：米国 Intratec（元 Intradynamic）社製の9ミリ口径のサブマシンガン．メーカーの倒産により生産は終了．

teef *v.* 〔俗〕盗む；奪う：thief のカリブ海諸国での発音から．〔英俗〕では特に若い人たちの間で使われる．t'ief, tief とも書く．

teeth *n.* 〔麻薬俗〕コカイン（cocaine）；クラック（crack）：色やサイズが小さな歯（teeth）に似ているところから．

telemarketing fraud *n.* テレマーケティング詐欺：電話によって寄付・投資・購入などを持ちかける詐欺．
❑ クレジットカードの番号を聞き出すためだけに行われることもある．⇨ boiler room fraud

ten code *n.* テンコード：警察の無線通信で使用するために10と他の数字を組み合わせて作ったコードで，警察司令部とパトカーなどの間で連絡・質問・応答に使われる．たとえば NYPD（New York 市警）では，10-10（犯罪の可能性あり不審者を調べられたし），10-13（警官が緊急事態にあり至急救援頼む），10-14（車両のナンバー照会されたし），10-30（強盗事件発生），10-35（児童虐待事件発生）などがあるが，実際に使われるコードは各機関・地域により異なる．さらにはイレブンコード（11 と他の数字の組み合わせ）もある．
❑ Patricia Cornwell（パトリシア・コーンウェル）(1956-)の警察小説の舞台にもなった米国 North Carolina 州 Charlotte 市の Charlotte-Mecklenburg Police Department の主な ten code は次の通り．
10-1 Signal Weak（受信不良）
10-2 Signal Good（受信良好）
10-3 Stop Transmitting（送信停止されたし）
10-4 Affirmative（了解）
10-6 Verbal Communication Only（伝言の受信のみ）
10-7 Out of Service（勤務終了）
10-8 In Service（勤務中）
10-9 Repeat（反復されたし）
10-10 Negative（返答はノーです）

10-11 Suspicious Property(不審物件あり)
10-12 Stand by(スタンバイされたし)
10-13 Child Abuse or Neglect(幼児虐待・放置)
10-14 Message(メッセージあり)
10-15 Larceny from Auto(車上荒らし)
10-17 En route(現場へ向かう途上にあり)
10-18 URGENT(緊急事態発生)
10-19 Animal Control Incidents(動物虐待事件)
10-20 Location(現在地を知らせよ)
10-21 Call at(…へ電話で連絡されたし)
10-22 Disregard(先ほどの通信無視されたし)
10-23 Arrived at Scene(現場到着)
10-24 Assignment Completed(任務終了)
10-25 Meet Me At(…で合流されたし)
10-26 ETA(到着予定時刻)
10-27 License Information(自動車ナンバープレート情報必要)
10-28 Registration Information(自動車登録番号情報必要)
10-29 Wanted/Stolen Check(令状／盗難品確認)
10-30 Vehicle Recovery(自動車回収)
10-31 Pick up Property(現物回収)
10-32 Fireworks(花火)
10-33 HELP ME QUICK(至急応援を派遣されたし)
10-34 Fraud/Forgery(詐欺事件)
10-35 Zone Check(通行規制区間チェック)
10-37 Loitering/Trespassing(徘徊・不法侵入)
10-38 911 Hangup(緊急電話が切断，確認されたし)
10-39 CSS Needed(犯行現場捜査必要)
10-40 Fight(けんか)
10-41 Beginning of Tour of Duty(パトロール開始)
10-42 Ending Tour of Duty(パトロール終了)
10-43 Vehicle Pursuit(車両追跡中)
10-44 Riot, Protest or Civil Disorder(騒乱・抗議運動・治安紊乱(びんらん))

10-45 Bomb Threat（爆発物威嚇）

10-46 Alarm-Residential（民家から火災警報あり）

10-47 Alarm-Commercial（事業者からの火災警報あり）

10-48 Alarm from Vehicle（車両火災警報あり）

10-50 Accident-Property Damage（物損事故）

10-51 Traffic Violation Other Than DUI（飲酒運転以外の交通違反）

10-52 Accident with Injuries（負傷者ありの事故）

10-53 Road Obstruction（道路上に障害物あり）

10-54 Hit and Run（ひき逃げ事件）

10-55 Intoxicated Driver（飲酒運転）

10-56 Intoxicated Person（飲酒者）

10-57 Noise Disturbance/Violation（騒音妨害・違反）

10-58 Direct Traffic（交通誘導必要）

10-59 Escort（護送）

10-60 Suspicious Vehicle（不審車両）

10-61 Kidnapping/Abduction（誘拐）

10-62 B/E-Residential（民家への家宅侵入）

10-63 Not Other Code-Unable to Determine（コードなし－断定不可）

10-64 B/E-Business（事業所での家宅侵入）

10-65 Armed Robbery from Business（事業所での強盗事件通報あり）

10-66 Armed Robbery from Person（個人宅での強盗事件通報あり）

10-67 Deceased Person（死亡者あり）

10-68 Misc. Vice Activities（Prostitution, Gambling, Sexually Oriented Business, ABC Offenses）（非行―売春・賭博・セックスビジネス・酒類販売）

10-69 Attempted or Reported Suicide（自殺未遂・自殺報告）

10-70 Parking Problem（駐車違反）

10-71 Check Welfare/Attempt to Locate（福祉援助確認/住所確認されたし）

10-72 Transport Prisoner(囚人護送)
10-73 Mental Patient(精神異常者)
10-74 Confirmed Wanted or Stolen(令状確認/盗品確認)
10-75 Drug Related(麻薬がらみ)
10-76 Prowler(浮浪者)
10-80 Fire/Arson Report(火災/放火報告)
10-82 Meet Complainant(苦情対応)
10-83 Missing Person(行方不明者)
10-84 Traffic Control Malfunction (Includes Signs)(交通信号[標識]不具合)
10-85 Damage to Property(器物破損)
10-87 Larceny of Vehicle/Unlawful Use(自動車窃盗/不法使用)
10-88 Suspicious/Questionable Person(不審人物)
10-89 Careless/Reckless Driver/Drag Racing(無謀/危険運転/ドラッグレース)
10-90 Assault-No Weapon Involved(暴行―武器なし)
10-91 Domestic Problem(家庭内問題)
10-92 Assault-Any Weapon-Describe Weapon(大小を問わず武器を使用した暴行)
10-93 Verbal Confrontation(口論)
10-94 Shots Fired/Armed Subject(発砲あり/武器所持あり)
10-95 Rape/Sexual Assault(レイプ/性的暴行)
10-96 Disabled Vehicle(車両故障で援助必要)
10-98 School Violation, including Truancy(校則違反[無断欠席を含む])
10-99 Serve Warrant/Warrant on File(令状執行)

ten-four; 10-4 〔俗〕(警察無線で)テン・フォー；了解；オーケー：もともと警察の無線交信手が使った符号だが，一般語化している．
　• *That's a big ten-four.* すべて了解
terminal *n.* 〔俗〕死；殺人
term of court *n.* 〔法〕裁判所開廷期 ⇨ court term
territorial killer *n.* 特定領域連続殺人犯：同一の一定区域で

犯行を繰り返す連続殺人犯 (serial killer). ⇨ nomadic killer

testilying *n.* 〔米警察俗〕偽証すること：自分が有罪だと思っている人物に有罪判決が出るだろうと期待して，宣誓後に偽証すること．white perjury (white lies の類推から) とも言う．testify (証言する) と lying (嘘をつくこと) の混交による造語．

testimony *n.* 〔法〕（宣誓）証言

theft *n.* 〔法〕窃盗（罪）

thief *n.* 窃盗犯；泥棒

third degree *n.* 〔俗〕第三級取り調べ：自白を引き出すための警察による身体的または精神的暴力を伴う厳しい違法な取り調べ．秘密結社フリーメーソン団 (Free and Accepted Masons; freemason) で，最高の級の第三級 (Master Mason) に昇格するために課せられた肉体的苦痛を伴う厳しい試験に由来するといわれる．単に third とも言う．

* *He gave me the third degree and wanted me to account for where all the money was.* やつは俺を思い切り痛めつけて，金のありかを吐かせたかった

―― *v.* 〔俗〕強引で過酷な取り調べを行う：put on the third degree とも言う．

Thirsty-Third *n.* 〔米警察俗〕飲み助 3 班：NYPD (New York 市警) が 46th Precinct's Third Squad につけた愛称．構成員が勤務中に酒を飲む癖があるとの決めつけから．

13 1/2 *n.* サーティーン・アンド・ア・ハーフ：陪審員 12 名・判事 1 名・運命半人分（または陪審員 11 名・判事 1 名・弁護士 1 名．いい加減な評決 (half-assed verdict)) の意で，しばしば犯罪者が入れ墨とする数字．

three-card monte *n.* スリーカードモンテ：クイーンを入れた 3 枚のカードを卓上に伏せ，客にクイーンを当てさせる街頭賭博．もとはスペインのトランプゲームで monte と呼ばれていたものにちなんだ名前．このゲームはメキシコで生まれた．

three fifty-seven *n.* 〔米麻薬俗〕357：アンフェタミンと称して売られている正体不明の中枢神経興奮薬．マグナム 357 口径弾のように強力に効くことから．

three hots and a cot *n.* 〔刑務所俗〕三食ベッド付き：(気楽な)刑務所生活．hot は「温かい食事」．
❑〔病院俗〕では「(気楽な)入院生活」のこと．

three strikes and you're out *n.* 三振法；三振即アウト法：重罪で三度目の有罪判決を受けた場合は自動的に最も重い刑罰，特に終身刑を科すという刑罰に対する考え方．野球の「三振でアウト」から．
❑ three-strikes law や three-strikes-and-you're-out law などと呼ばれており，Washington 州(1993 年)，California 州(1994 年)など，米国の約半数の州で定められている．

throwaway *n.* 〔米警察俗〕脱ぎ捨て服：強盗犯が犯行後に身元を隠すためすぐに脱ぎ捨てるシャツなどの衣服．

throwdown gun *n.* ⇨ drop gun

throw phone *n.* 〔米警察俗〕投げ入れ電話：人質犯(hostage-taker)と交渉役の警官が交渉のやり取りに使うために，キャンバス生地のバッグに入れて投げ渡す頑丈なプラスチック製軍用電話．人質犯はその場所の備え付け電話を引きちぎってしまうことが多い．

thunder stick *n.* 〔米警察俗〕雷鳴銃：12 ゲージのショットガン．FBI(〔米〕連邦捜査局)のことば．

tickle *n.* 〔英暗黒街俗〕強盗
— *v.* 〔俗〕奪う；盗む

tie *n.* 〔麻薬俗〕駆血(くけつ)帯(tourniquet)：麻薬注射をするときに静脈をふくらませるために腕を縛るベルト・バンダナなど．また tie-off とも言う．

tight *n.* 〔米黒人ギャング俗〕タイト：非常に親しい仲間．

tin *n.* ❶〔米俗〕警官や保安官のバッジ：素材の大部分がブリキ(tin)であることから．⇨ gold
❷〔米俗〕警官

tin can cop *n.* 〔米俗〕田舎の保安官
❑ tin can は〔俗〕「ガタピシの古い車(飛行機・船)」のこと．

tire marks *n.* (犯罪現場に残された)タイヤ痕 ⇨ skid marks

tit *n.* ❶〔俗〕英国警官のヘルメット：tit には「おっぱい」の意味があり形状が似ていることから．bluetit(〔俗〕blue(警官) + tit)とも

言う.

❷〔米刑務所俗〕ヘロイン（heroin）

TNT *n.* 〔米警察俗〕交通違反監視パトロール：ticket and towing patrol の略語（T 'n' T）の別記表現で，違反切符の発行とレッカー移動が任務．

TOD *n.* （犯罪犠牲者の）死亡時刻：time of death (of the victim) の頭文字．

TODDI *n.* 〔米警察俗〕トディー：犯罪の容疑者の言い分で "the other dude did it"（「別のやつがやったんだ」）の頭文字からの略語．

toke *n.* 〔俗〕マリファナたばこ；マリファナたばこの一服

—— *v.* 〔俗〕（大麻・クラックを）吹かす

token sucker *n.* 〔米警察俗〕New York 地下鉄のトークン（コイン形の乗車券）窃盗犯

tombstoning *n.* 〔米犯罪俗〕墓碑泥棒：墓碑から故人の名や生年月日を読み取って犯罪目的で勝手に使うこと．

Tomorrow's Victories Are Won With Today's Preparation! 「明日の勝利は今日の準備で得られるものだ！」：リスクの高い作戦を成功させるために，SWAT（〔米〕特殊火器戦術部隊）隊員は絶えず心の準備をしておく必要があるという考え方．

tonfa baton *n.* トンファー型警棒：沖縄の古式武道で使用される武器を取り入れたもの． ⇨ PR-24

tool *n.* ❶〔俗〕武器：銃・ナイフなど．

❷〔俗〕（強盗が使う）バール

❸〔麻薬俗〕注射器

tool marks *n.* 〔警察〕道具痕：犯行に使われた道具が現場の金属面や家具などの固い面に残したこすり傷などの痕．

☐ この跡の分析を tool-mark identification（道具痕鑑定）と呼ぶ．

toot *n.* 〔麻薬俗〕（吸引1回分の）コカイン

Tootsie Roll; tootsie roll *n.* 〔俗〕メキシコ産ヘロイン（heroin）：米国製キャンディーの〔商標〕Tootsie Roll の色やべとつくところが似ていることから． ⇨ black tar, shriek, tar

top *n.* 〔米暗黒街俗〕法廷刑の最長の禁錮刑（maximum prison sentence)

torch *n.* ❶〔俗〕放火犯（arsonist）⇨ firebug

❷〔米刑務所俗〕トーチ；たいまつ：火炎瓶（Molotov cocktail）を独房に投げ込んで囚人仲間を殺害すること．⇨ Molotov cocktail

— *v.* ❶〔俗〕放火する

❷〔米刑務所俗〕火炎瓶を独房に投げ込む

torch job *n.* 〔米俗〕放火

toss *n.* 〔俗〕（警察による）捜索

— *v.* 〔俗〕（車内や住宅内に武器がないかどうか）捜索する

toss-up *n.* 〔米刑務所俗〕トスアップ：独房捜索．武器・麻薬などの持ち込み禁制品を隠していないかを看守がチェックする．

touch *n.* 〔米暗黒街俗〕（窃盗や詐欺で巻き上げるなどの）違法な手段で手に入れた金（かね）

— *v.* 〔英暗黒街・オーストラリア俗〕逮捕する（arrest）

tour *n.* 〔米警察俗〕勤務シフト；勤務時間

TPO *n.* ❶〔警察俗〕事件が起こった時と場所と事件の概要：time, place, occasion の頭文字．事件の報告書に使われる略語．t/p/o とも書く．

❷（米国 Alaska 州の）先住民地域担当警官（Tribal Police Officer）

trac *n.* 〔オーストラリア俗〕手に負えない囚人：intractable の略．

trace evidence *n.* 〔警察〕微細証拠物件：毛髪・繊維・発砲残渣（ざん）（gunshot residue）・ガラス片のような少量の証拠物．⇨ gunshot residue

tracks *n.* 〔麻薬〕注射痕：注射でできた傷痕・ただれなど．

traffic stop *n.* 〔米警察俗〕交通違反の運転者を発見した際に停車を命ずること：相手の素性が不明であるため警官は極度の警戒をする．

trailer *n.* ❶〔警察俗〕放火現場で発見されるガソリンなどの使用跡

❷〔米刑務所俗〕夫婦面会：看守の立ち会いはなく，性交も許される．この場所として実際に提供されるトレーラーハウスのことから．

train *n.* 〔米暗黒街俗〕刑務所から別の刑務所への移送

trajectory *n.* 弾道；血飛沫の痕跡

transient evidence *n.* 〔警察〕暫時証拠：保護・保存しなければ（悪天候［風雨］にさらされて）失われたり壊されたりする可能性のある証拠物．

transnational crime *n.* 越境犯罪：世界的に影響が及ぶ組織犯罪（organized crime）．

travel agent *n.* 〔俗〕LSDの売人：LSDを使用することをtravelにたとえることから． ⇨ ground control

tray monster *n.* 〔刑務所俗〕トレーモンスター：他の受刑者のトレーから食べ物を奪う者．

trays *n.* 〔刑務所俗〕臭い飯：プラスティック製のトレーに載った最低限のカロリーと最低な味の食事．

tree-jumper *n.* 〔米刑務所俗〕（入所している）強姦犯；（特に幼い相手を襲う）痴漢：木々の間に潜んでいて襲いかかるイメージから．

trembler *n.* 〔英俗〕盗難警報機（burglar alarm）

trespasser *n.* 〔法〕侵害者；不法侵入者：特に他人の土地に侵入する人． ⇨ prosecute

trey eight *n.* 〔米黒人俗〕38口径のピストル：treyはトランプ3の札のことで，ここでは数字3を示す．

trial *n.* 〔法〕裁判；審理；公判

trial court *n.* 〔法〕事実審裁判所；第一審裁判所

trial docket *n.* 〔米法〕未決訴訟事件表 ⇨ calendar, docket

trick *n.* ❶〔米刑務所俗〕（金や物をもらうと簡単に）利用される囚人
❷〔英・米暗黒街俗〕強盗；窃盗

trigger *n.* ❶〔俗〕（銃を使う）殺し屋：triggerboy, triggermanとも言う．
❷〔米刑務所俗〕武装した看守

trimmer *n.* 〔米暗黒街俗〕（信用）詐欺師；悪徳弁護士

trip *n.* ❶〔麻薬俗〕トリップ：LSDなど幻覚誘発薬使用後の感覚．
□ 米映画 *One Flew Over the Cuckoo's Nest*（『カッコーの巣の上で』）の原作者Ken Kesey（ケン・キージー）（1935-2001）たちがLSDを広める全米バスツアーに出た1964年に初めて使われた言い方だという．
❷〔米暗黒街俗〕逮捕

—— *v.* 〔麻薬俗〕LSD など幻覚誘発薬を使用する；トリップする

tripper *n.* 〔麻薬俗〕LSD など幻覚誘発薬を使用する人

troll *v.* 〔ゲイ俗〕(ホモの男が) セックスの相手になる男を求めて街を歩き回る

trolling for blues *n.* 〔米警察俗〕おとり捜査のトローリングをすること：路上強盗や強姦が頻発する地域で，警官がわざと襲われやすいように変装してぶらつくこと．文字通りは「警察(blues)のためのトローリング(流し釣り)」の意味．

troops *n.* 〔米俗〕ギャング

trophy *n.* 〔米警察俗〕戦利品：殺人犯が後に犯行を思い起こすために持ち帰る被害者の所持品など. ⇨ organ trophy, souvenirs

tropical *a.* ❶〔オーストラリア俗〕盗品の：品物が 'hot'(盗まれた)であることから．

❷〔オーストラリア暗黒街俗〕(犯罪者にとって)危険な

Truck *n.* 〔米警察俗〕分隊(squad)：New York 市警(NYPD)の Emergency Service Squad(緊急出動分隊)は，所轄地域によって 10 分隊に分かれ，それぞれ One-Truck(Lower Manhattan), Two-Truck(Upper Manhattan), Three-Truck, Four-Truck(Bronx), Five-Truck (Staten Island), Six-Truck, Seven-Truck, Eight-Truck(Brooklyn), Nine-Truck, Ten-Truck(Queens) と呼ばれる．

truncheon *n.* 〔英〕警棒：〔米〕は nightstick. ⇨ baton

trunking *n.* 〔米暗黒街俗〕自動車のトランクをこじ開けて盗むこと

tube *n.* ❶〔米警察俗〕ショットガン(shotgun)

❷〔英刑務所俗〕所内の密告者から常時情報収集する看守

tune up *v.* ❶〔米警察俗〕(非協力的な証人・被疑者に)暴力を加える：NYPD(New York 市警)のことば．

❷〔米刑務所俗〕態度の悪い囚人仲間に暴行を加える

tunnel rat *n.* ❶〔米刑務所俗〕トンネルを掘って脱獄する囚人

❷〔米警察俗〕地下鉄警官：NYPD(New York 市警)で使われる言い方．

turf war *n.* 〔米警察俗〕ギャングの縄張り争い

turkey *n.* ❶〔米暗黒街俗〕強盗・銃撃の犠牲者：turkeymeat とも言う．

❷〔麻薬俗〕質の悪い麻薬；にせの麻薬；アンフェタミン（amphetamine）；コカイン

turkey necker *n.* 〔米警察俗〕ターキーネッカー：交通事故や警察活動を見ようとして，交通の流れや犯罪現場への直行を阻止する野次馬．「七面鳥の首の人（首を長く伸ばして見物する）」の意．

turn *v.* ❶〔米暗黒街俗〕（警察に）密告する；引き渡す
❷〔米暗黒街俗〕盗品を売る
❸〔米暗黒街俗〕（警官が）汚職をする
❹〔俗〕（犯罪者を）説き伏せて仲間を裏切らせる
❺〔米麻薬俗〕（医師や歯科医が処方箋を書いて）麻薬を売る

turn oneself in *v.* 自首する；出頭する

12:01 *n.* 〔米刑務所俗〕釈放（discharge）：twelve-o/one と読む．

12/12 *v.* 〔米刑務所俗〕仮釈放なしで刑期一杯おつとめする：twelve-twelve と読む．

24/24 *adv.* 〔俗〕一日中：twenty-four-twenty-four と読む．

24/24 rule *n.* 〔米警察俗〕24/24 の法則：被害者が殺害される前の 24 時間と被害者の遺体発見後の 24 時間が捜査において最重要であるということ．twenty-four-twenty-four rule と読む．

two-time loser *n.* 〔米暗黒街俗〕すでに前科二犯で三度目は刑が重くなる恐れがある者：two-timer とも言う．3 つの犯罪に相当する禁錮刑を言い渡され，もう一度有罪判決を言い渡されると終身刑または死刑になる囚人のことは three-time loser と言う．

two-way mirror *n.* マジックミラー ⇨ one-way mirror

two-way radio *n.* 〔犯罪俗〕ツーウェイラジオ：警察に情報を提供するチクリ屋．原義は「送受信可能な，二方向ラジオ」のこと．

two-wheel smokey *n.* 〔米警察俗〕バイクに乗った警官；白バイ警官 ⇨ Smokey Bear

Tylenol tampering *n.* 〔科学捜査〕タイレノールへの毒物混入：1982 年 6 月，米中西部 Chicago などで市販薬の解熱剤として普及していた Tylenol に青酸カリを混入する事件が起こり，全米を恐怖に陥れた．その後，市販薬にはいたずらができない（tamperproof; tamper-resistant）ような安全包装が義務づけられた．⇨ product tampering

Uu

UFAC *n.* 〔米警察俗〕(犯人の)高飛び：Unlawful Flight to Avoid Confinement(監禁を避けるための不法逃亡)の略．

Unabomber *n.* ユナボマー：FBI(〔米〕連邦捜査局)がUniversity + airline bomberから付けたあだ名．1978年から1995年の間，全米各地の大学・航空業界・金融関係者に爆発物が送りつけられ，死者3人，重軽傷者29人以上が出た事件の犯人で数学者のTheodore John Kaczynski(セオドア・ジョン・カジンスキー)(1942-)のこと．一時カリフォルニア大学バークレー校(University of California, Berkeley)の教員であった．仮釈放なしの終身刑(life imprisonment without parole)で服役中．

Uncle *n.* 〔米警察俗〕覆面警官(undercover)が名前の前に冠するコード：Uncle BobやUncle Danなどのように使う．

uncut *a.* 〔麻薬俗〕(麻薬が)薄めていない(undiluted)；純な(pure)

undercover *n.* 〔俗〕私服刑事；私服警官；秘密捜査員

uniform *n.* 〔米警察俗〕制服警官

unlawful arrest *n.* 不法逮捕(false arrest)

unlawful assembly *n.* 〔法〕不法集会；公共の場での3人以上の集会

unmarked *n.* 〔米警察俗〕覆面パトカー

UnSub *n.* 〔米警察俗〕アンサブ：氏名などの身元が未確定の容疑者．unknown subjectの略．FBI(〔米〕連邦捜査局)のことば．unsubとも書く．

up *n.* 〔麻薬俗〕アンフェタミン(amphetamine)錠；メタンフェタミン(methamphetamine)錠など ⇨ upper

—— *v.* 〔英暗黒街俗〕叩きのめす(beat up)

—— *adv.* ❶〔俗〕逮捕されて；投獄されて：もと〔英暗黒街俗〕．

❷〔麻薬俗〕(麻薬で)**ハイになって**：特に LSD や MDMA のようなエクタシー(ecstasy)と呼ばれるものを使用して．

upper *n.* 〔麻薬俗〕アンフェタミン(amphetamine)などの**中枢神経興奮剤**：uppers, ups とも言う．⇨ downer

upperworld crime *n.* **アッパーワールドクライム；上層社会犯罪**：社会の比較的上層にいる人間が犯す知性が必要な犯罪行為．株のインサイダー取り引きや(公金)横領など．⇨ street crime

U. S. Border Patrol《the》 *n.* (米国)**国境警備隊**：米国国土安全保障省(U. S. Department of Homeland Security)の一部門である米国税関・国境警備局(U. S. Customs and Border Protection)が管轄．1924年創設．

UTL *n.* (警察の無線連絡で)**位置特定不可能**：unable to locate の頭文字．

Uzi *n.* ❶〔商標〕**ウージー**：イスラエル製のサブマシンガン．同国陸軍少佐 Uziel Gal(ウジエル・ガル)がデザインしたところから．
❷〔米麻薬俗〕**クラックを吸引するためのパイプ**

Vv

vacation *n.* 〔米俗〕服役期間

vampire *n.* 〔米警察俗〕吸血鬼：深夜勤の警官のこと．vampire（吸血鬼）のように夜中に活動するから．

Vegas bankroll *n.* 〔米警察俗〕ベガス札束：札束の中ほどには偽造紙幣を挟み込んで，全体を大金に見せかけたもの．詐欺や麻薬おとり捜査で使われる．原義は「ラスベガス札束」．Jewish bankroll とも言う．⇨ gypsy bankroll

vehicular homicide *n.* 〔法〕危険運転致死罪：自動車の違法・過失運転によって他者を死亡させること．

vendetta *n.* 〔法〕血で染まる復讐（blood feud）：復讐目的の抗争のことをいい，昔のイタリアのある地方で行われていた．家対家の抗争を指した言い方から．
❏ イタリア語から英語に入った語．

verbal *n.* 〔英警察俗〕（被疑者が犯行を認めたかのように警官ででっち上げた）にせの供述
── *v.* 〔英・オーストラリア暗黒街俗〕（被疑者の犯行であるかのように警官が）自白をでっち上げる ⇨ work the oracle

verbal judo *n.* 〔英警察俗〕ことばの柔道：緊迫状況を緩和するために警官が言葉を巧みに使うこと．

verdict *n.* ⇨ petit jury

vertical patrol *n.* 〔米警察俗〕上下パトロール：高層アパートに入居している全ての世帯を対象にしたパトロール．

vest *n.* 〔米俗〕防弾チョッキ（bulletproof vest）

vic; vick *n.* 〔米暗黒街俗〕犠牲者；被害者：victim の短縮．
── *v.* 〔俗〕犠牲にする：victimize の短縮．

vice *n.* 〔俗〕（警察の）風俗犯罪取締班：vice squad の短縮．

vice-mail *n.* 〔犯罪俗〕バイスメール：ボイスメール (voice mail) を利用した詐欺. 音声による電子メールの voice mail とのことば遊び.

villain *n.* 〔俗〕プロの犯罪者：一般語で「悪党, 悪者」の意味を特別な意味に限定したもの.

VIN *n.* 自動車登録番号；車台番号：vehicle identification number の頭文字. 米国では通例, 運転者前方の前面ガラス内側にそれが記された鑑札を貼る.

voir dire *n.* 〔法〕予備尋問：陪審員 (juror) 選任手続き (jury selection process) で, 検察官 (prosecutor) と被告側弁護人 (defense attorney) により行われる.

❏ フランス語から. to speak the truth(真実を述べる)の意.

voluntary appearance *n.* 〔法〕任意的出頭

voluntary manslaughter *n.* 〔法〕故殺：故意はあるが「謀殺」にいたらない殺人. involuntary manslaughter(過失致死)に対する. ⇨ manslaughter, murder

Ww

wad *n.* ❶〔俗〕札束:紙幣をまとめてロール状にしたもの.輪ゴムで留めたりもする.a roll of money とも言う.
❷〔麻薬俗〕1 袋のマリファナ

wad cutter *n.* 〔米警察俗〕鼓(つづみ)弾:先端が平らな弾丸.日本ではエアガンやストライカーガンに使われていたプラスチック製.

wagger *n.* 〔米警察俗〕露出狂の男(flasher):wagger はペニスのこと.あるいは wag wienie(「ペニスを振り動かす」ことから〔俗〕「卑猥な格好をする」)の行為をする者ということからか.

wagon *n.* 〔米俗〕囚人護送車 ⇨ paddy wagon, pie wagon

wagon guys *n.* 〔米警察俗〕検死官オフィスの職員:米中西部で使われている語.wagon は〔俗〕「検死官オフィスの車」(coroner's van) の意味.

Waldorf-Astoria *n.* 〔米刑務所俗〕(格別に厳格・簡素な) 独房:本来は米国を代表する New York 市の高級ホテルの名「ウォルドルフ・アストリア」.一般の収容室ではなく特別扱いの一人部屋と言うことを皮肉った言い方.

walk *n.* ❶〔米刑務所俗〕看守による通常の巡回ルート
❷〔俗〕釈放
— *v.* 〔米刑務所・暗黒街俗〕釈放される

walkalone *n.* 〔米刑務所俗〕ひとり歩き者:死刑囚のこと.他の囚人と一緒に運動することを許されないことから.米サンクエンティン州刑務所(San Quentin State Prison)内にはこのような 'walkalones' のための特別な運動場(yard)があると言う.

walk and talk *n.* 〔ギャング俗〕街中を歩きながらの議論や打ち合わせ:盗聴や立ち聞きを避けるため.

Walk and turn. 〔米警察俗〕「まっすぐ歩いてターンして戻りな

さい」：飲酒の疑いのある人物に向かって警官が指示する動作のことば．

walk-by *n.* ❶〔米警察俗〕(犯人が口にする)撃つぞという脅し
- *do a walk by* 撃つぞと脅す

❷〔米黒人ギャング俗〕相手とすれ違う際や，相手の家の前を通り過ぎる際の狙撃(shooting)：drive-by をまねた言い方．

walk-through *n.* 〔米警察俗〕ウォーク・スルー：初動捜査で犯行現場をざっと調べて回ること．

wallbanging *n.* 〔米ギャング俗〕(ギャングのスローガン・愛称を)壁にペイントで落書きすること：bang はもともと「(壁を)バンバンと叩く」こと．

walloper *n.* 〔オーストラリア俗〕警官：もとは〔英俗〕で，動詞 wallop(ぶん殴る)から．

walls *n.* 〔米刑務所俗〕刑務所：刑務所に入っていること(imprisoned)を be behind the walls, be inside the walls と言う．

wanted *a.* 指名手配中の：手配書の見出し語．

warden's office *n.* 〔刑務所俗〕看守執務室：実際は「便所」を指す婉曲表現．

warder *n.* 看守(prison guard)：主に〔英〕で，やや古風な言い方．〔英〕ではまた，prison warder, (prison) governor と言う．〔米〕では warder, corrections officer と言う．

warrior *n.* 〔米警察俗〕戦士：武力衝突に参加する SWAT(〔米〕特殊火器戦術部隊)隊員．meat-eater とも言う．⇨ meat-eater

wash away *v.* 〔米俗〕殺す；殺害する

washing *n.* 〔米警察俗〕ウォッシング；洗浄：逃走車両が捜査車両の追跡を振り切って逃れるために，いろいろなテクニックを駆使して運転すること．

wasp *n.* 〔英俗〕スズメバチ：(駐車違反取り締まりなどを行う)交通監視員(traffic warden)．制服の黄色に黒の縞模様から．

waste *v.* 〔米俗〕殺す

waterboy *n.* 〔米俗〕ウォーターボーイ：ギャンブル対象の試合で，八百長でわざと負けるボクサー．take a dive(文字通りは「水に潜る」)に「故意に負ける」の意味があるところから．また waterman とも言う.

watering hole *n.* 〔米警察俗〕**水飲み場**：非番警官のたまり場になっているバー．特に New York での呼び方． ⇨ cop bar

wearing a wire *a.* 〔米警察俗〕(捜査員などが)**被疑者との会話を録音するための装置を付けている**

wear it *n.* 〔米暗黒街俗〕(実際には無実であっても)**罪をかぶる**

Weaver stance *n.* **ウィーバースタンス**：両腕を伸ばした拳銃の構え方．米国 California 州の郡保安官代理 Jack Weaver(ジャック・ウィーバー)(1928-2009)の名前から．Weaver position とも言う

weekend habit *n.* 〔麻薬俗〕(週末などに)**ときどき麻薬を使用すること**

weight *n.* 〔麻薬俗〕**かなりの重量の麻薬**：特に数ポンドのマリファナ(ハシッシュ)，数キロのヘロイン・コカインなど．five weight of hash(ハシッシュ5ポンド分)のようにも使う.

weight watcher *n.* 〔米警察俗〕**ウェートウォッチャー**：トラックが過積載かどうか監視しているハイウェー管理部の車両．
❑ 文字通りは「体重を絶えず気にしている人」の意味.

wetback *n.* 〔米俗〕**ウエットバック**：リオ・グランデ川(the Rio Grande)を泳いでメキシコから米国へ不法入国するメキシコ人．軽蔑的に使う．文字通りは「濡れた背中」の意味．los mojados(濡れた者)という人種差別的な言い方は、ヒスパニックの人たちも容認している.

wet work *n.* 〔俗〕(シークレットサービスによる)**暗殺**

whack *v.* 〔俗〕**殺害する；殺す**

whacky tobacky *n.* 〔米麻薬俗〕**マリファナ**：whacky(いかれた) + tobacco = (〔麻薬俗〕'marijuana')から韻を合わせたもの．wacky baccy, whacky baccy などとも言う.

whammer *n.* 〔警察俗〕**大事件；難事件；面倒な事件**
❑ wham は擬音語で「バーン, ガーン」などの強烈な衝撃音・打撃音・爆発音などを表し，〔俗〕の動詞用法で 'to hit, to strike' の意味．間投詞として wham!, whammo! なども生まれた．whammer は「ガーンと叩かれて頭の中が真っ白になるような事件」という意

味をもたせた表現.

wheeler-dealer *n.* ❶〔犯罪俗〕(違法性を隠すために極めて複雑な金銭取り引きをする) 詐欺師 (con artist, swindler)
❷〔オーストラリア俗〕けちな信用詐欺師

wheel gun *n.* 〔警察俗〕回転銃；回転式拳銃 (revolver)：シリンダー (cylinder) が車輪のように回転するところから. 六連発ピストルのシリンダーが 'wheel' と呼ばれるところからの呼び名. six-gun (六連発銃) とも呼ばれる.
  ❑ 六連発銃の場合, 一発撃つごとに 60 度回転する. ⇨ slide gun

wheelman; wheel man *n.* 〔俗〕(警察・犯罪グループ (の逃走用の車) の) 熟練ドライバー：単に wheel とも言う, もとは〔英暗黒街俗〕.

wheel school *n.* 〔米警察俗〕白バイ教習所 [訓練所]

whip *n.* 〔米警察俗〕警察の分隊長；班長：警部補 (lieutenant) クラス.
  ── *v.* 〔米警察俗〕逮捕する (arrest)

white-collar crime *n.* ホワイトカラー犯罪：横領・詐欺など. 米国の犯罪学者 Edwin H. Sutherland (エドウィン・H・サザランド) (1883-1950) の造語.

white hat *n.* 〔俗〕ホワイトハット：コンピューターシステムの弱点を明らかにして改善するなど, 善意の目的でそのシステムに進入するハッカー. 西部劇映画の英雄役が白いハットをかぶっていたところから. ⇨ black hat, gray hat

white knight *n.* 〔俗〕地方または州の警察 (官)

white line fever *n.* 〔米警察俗〕コカインでハイな気分になって猛スピードを出し, 強烈な精力を傾けて運転すること
  ❑ white line はもともとは道路のレーンを分ける白線のことで「スピード狂」を表す言い方. ここでは「鼻腔から吸引するために線状にしたコカインの粉末」のこと. ⇨ line

white nurse *n.* 〔麻薬俗〕ホワイトナース：白い粉末の麻薬. 元気を与える効果があるところから. ⇨ chase the (white) nurse

white-powder bar *n.* 〔米警察俗〕幹部クラスの麻薬密売人を担当する弁護士たち

white shield man *n.* 〔米警察俗〕白バッジ刑事：新米刑事を指す．NYPD (New York 市警) 特別詐欺班の語で，経験を積むと gold shield が貰える．white shield は実際には銀色．

white shirt *n.* ❶〔英刑務所俗〕上級職員：制服の色から．
❷〔米警察俗〕警部補 (lieutenant) より階級が上の警官：白いワイシャツ姿で仕事をすることから．NYPD (New York 市警) で使われることば．

white stuff *n.* 〔麻薬俗〕白いブツ：コカイン・モルヒネ・ヘロインなど，白色の麻薬．

whiz *n.* ❶〔米俗〕スリ犯；《the》スリの仕事
• *on the whiz* スリの仕事をしている
❷〔麻薬俗〕アンフェタミン (amphetamine)
── *v.* 〔米俗〕スリをはたらく；盗む
❑ いずれも「風を切って飛ぶ」(動詞) からの連想．

whiz mob *n.* 〔俗〕スリの集団

whodunit *n.* ❶〔米警察俗〕容疑者が見つからない殺人事件；迷宮入りしそうな殺人事件：発生後 48 時間経過しても解決できない殺人事件．mystery または puzzle とも呼ばれる．⇨ grounder
❷〔口〕犯罪小説
❑ Who done (= did) it?「やったのは〔犯人は〕誰だ？」をもじったもの．whodunit は「フーダニット」と発音する．

whoretel *n.* 〔米警察俗〕売春婦 (whore) と客が出入りするモーテルまたはホテル：whore + motel/hotel からの混交語．

wife beating *n.* (妻への) 家庭内暴力 (domestic violence)：夫に対するものは husband beating．

wild-goose chase *n.* 当てのない探索；くたびれもうけ；無駄足：犯人などを追っての無駄な追跡について言う．
❑ 野生の雁(がん)は捕らえるのがむずかしいことから．

window crash guys *n.* 〔米警察俗〕店舗のガラス張りの正面ウインドーに車で突っ込んで商品を奪って逃走する犯人たち

window warrior *n.* 〔英刑務所俗〕独房の窓からしょっちゅう叫び声を上げる囚人

wipe *v.* 〔俗〕殺害する：wipe out とも言う．

wiper *n.* 〔米暗黒街俗〕雇われた殺し屋

wire *n.* ❶〔米警察俗〕(警察が身に付ける)小型盗聴器：wire-tapping の略から．

❷〔麻薬俗〕麻薬を注射する静脈

❸〔米刑務所俗〕(電話で知らされる)伝言

wired *a.* 〔麻薬俗〕(カンナビス(cannabis)で)ハイになった：原義は「電気が通じている」こと．

wire man *n.* 〔米警察俗〕盗聴器設置の専門家

wiretapping *n.* （電話の）盗聴

wise guy *n.* 〔俗〕犯罪組織のメンバー：特に米国 New York 市で生まれたアメリカマフィア (US Mafia) のメンバー．

witness *n.* 〔法〕証人：一般には目撃者 (eyewitness) の意味で使う．

witness intimidation *n.* 〔法〕証人脅迫：告発側の証人に対し被告側が脅迫を行う不法［違法］行為．その結果証人が証言することを拒否して，告発側が告訴を取り下げざるを得なくなることを狙うもの．

witness stand *n.* 〔米法〕証人台

wolf *n.* 〔米警察俗〕ウルフ：一匹狼のスリ，一匹狼の刑事．lone wolf の略．

woodpecker *n.* 〔米・オーストラリア俗〕マシンガン：woodpecker (キツツキ)が木をつつく音と銃弾が発射される音が似ていることから．

wood shampoo *n.* 〔米警察俗〕警棒で叩くこと

work *n.* ❶〔米麻薬俗〕クラック(crack)(結晶状の高純度コカイン)

❷〔米麻薬俗〕(特定の麻薬の)供給品(supply)：麻薬取り引きで代金を支払って引き取る商品．

— *v.* ❶〔米麻薬俗〕麻薬を売る

❷〔米麻薬俗〕粉末麻薬を水に溶かして薄める

worker *n.* 〔俗〕ワーカー：犯人(criminal)．ほかの語と組み合わせて使用されることが多い．⇨ lush worker, skin worker

work four-to-fours *v.* 〔米警察俗〕(男女の警官ペアが)午後 4 時から午前 0 時まで勤務し，その後午前 4 時までプライベートで

過ごす

working for Jesus *a.* 〔刑務所俗〕(受刑者が)動機は明らかでないが宗教的活動に精を出している

workplace violence *n.* 職場暴力：従業員本人やその家族・知人が本人の職場や職場外で他の従業員に暴力を働くもの．脅迫・ことばの暴力から身体への危害・殺人まで幅が広い．

works *n.* 〔麻薬俗〕麻薬を使用するために使う器具

work the oracle *v.* 〔英警察俗〕(被疑者が犯行を認めたかのように)供述をでっち上げる：work the verbal とも言う．⇨ verbal

Yy

yaleman *n.* 〔犯罪俗〕鍵職人；鍵屋：錠前を開けるのを得意［専門］とする犯罪者.
　❏ Yale(イェール)は〔商標〕「米国製のシリンダー錠」,発明者の錠前職人 Linus Yale, Jr(ライナス・イェール・ジュニア)(1821-68)にちなむ.

yard *n.* ❶〔米刑務所俗〕(中庭などの)娯楽スペース
　❷〔米暗黒街俗〕100 年の禁錮刑：〔米刑務所俗〕では「1 年の刑」の意味でも使われる.

yard-bird *n.* ❶〔米刑務所俗〕(刑務所の食事の)フライドチキン：pigeon とも呼ぶ.
　❷〔米刑務所俗〕囚人

yardbird lawyer *n.* 〔米刑務所・暗黒街俗〕刑務所内弁護士(jailhouse lawyer)：刑務所にいる間にせっせと法律の勉強をする独学弁護士. 刑事司法に対する嫌悪をつのらせ,自分の訴訟のためばかりでなく,所内の腐敗と闘ったり囚人仲間に手を貸したりするため,刑務所当局から煙たがられる.

yard bull *n.* ❶〔米俗〕鉄道警官：railroad bull, railroad dick とも呼ぶ.
　❷〔米刑務所俗〕(中庭の)看守

yard hack *n.* 〔米刑務所俗〕(中庭の)看守

yard-in *v.* 〔米刑務所俗〕房に戻れ：休憩時間などの終了を告げる指示.

yard office *n.* 〔米刑務所俗〕看守の詰める警備室(security office)

yard-out *v.* 〔米刑務所俗〕庭に出ろ：休憩時間などの開始を告げる指示.

yard patrol *n.* ❶〔米刑務所俗〕囚人グループ
❷〔米刑務所俗〕看守
yard rat *n.* 〔刑務所俗〕ムショネズミ：中庭(yard)に頻繁に出入りし友達作りにいそしむ囚人．
yellow sheet *n.* 〔米暗黒街俗〕逮捕歴 ⇨ sheet
yelper *v.* 〔米俗〕(パトカーなど緊急車両の)サイレン
yo *n.* 〔米俗〕街で麻薬売買をする若い黒人男性：黒人たちが使う呼びかけ語の yo! から．
❑ 女性は yoette(ヨーエット)．
yoke *n.* ❶〔俗〕力ずくでの強奪
❷〔俗〕首絞め(chokehold)
— *v.* 〔俗〕(ひもや棒などを使って)首を絞めながら強奪する
❑ yoke は牛が勝手に動くのを抑制する木製の道具「軛(くびき)」．

Zz

zap *v.* ❶〔俗〕撃つ
❷〔俗〕盗む
□ いずれも弾丸の発射音 "Zap!"(「バシッ！」「ビュッ！」)から．

zapped *a.* 〔俗〕殺された

zip *n.* 〔米刑務所俗〕ゼロ：最長刑期を示す場合に使われる．
* *zip to five* 0年から5年までの刑期

zip gun *n.* 〔米俗〕手製の小火器(firearm)：一度には1発しか発射できない．zip は弾丸の発射音．単に zip とも言う．

zipper *n.* 〔米俗〕(刃物や銃弾による傷の縫い跡(stitches)がある)傷跡：ジッパーの形状に似ているところから．

zipping *n.* 〔ニュージーランド俗〕ジッピング：(男が)ズボンを下ろして性器を露出して見せること．パーティーで酒に酔った男が面白半分にこの行為をすることを down trou と言う．

Zola Budd *n.* 〔南アフリカ俗〕ゾーラ・バッド：速度の遅い警察の装甲車．1984年の Los Angeles オリンピック 3000m のレース中に米国の Mary Decker Slaney(メアリー・デッカー・スレーニー)(1958-)と接触した(このため，スレーニーはけがをしてレースを再開できなかった)ことで知られる南アフリカ出身の Zola Budd Pieterse(ゾーラ・バッド・ピータース)(1966-)の名前から．Decker の方が速い選手だと考えられていたことから，Budd が速度の遅い車両にたとえられたもの．

zombie *n.* ❶〔俗〕婦人警官
❷〔米警察俗〕深夜勤務の警官
❸〔英刑務所俗〕年中陰気で面白味のない看守

キーワード索引

英語・数字表記索引

A

a.b.h.	1
A.R.	12
abandonment	1
abate	1
abduct	1
abductee	1
abduction	1
abductor	1
Abe	1
abet	1
abettor	1
abscond	2
abuse	2
Acapulco gold	2
Acapulco red	2
accelerant	2
accessory	2
accidentally on purpose	2
accomplice	2
accuse	3
accused	3
accuser	3
ace boon coon	3
acid	3
acid rapper	3
aconitine	3
acquit	3
acquittal	3
action for damages	94
action in personam	3
action in rem	3, 218
actor	3
actual bodily harm	1
ad seg	4
ADA	3
Adam Henry	4
addict	4
addictionologist	4
adiosis	4
adjourn	4
Administrative Office of the United States Courts	4
admissibility	4
admission	4
ADR	4
adulterate	5
adultery	5
advisory opinion	5
advocate	5
affair	5
affidavit	5
affray	5
AFIS	5

agent ··· 5	Association ······························· 9
aggravated ································· 6	amicus curiae ···························· 9
aggravated assault ····················· 6	amnesty ···································· 9
agonies ····································· 6	amobarbital ······························ 9
aid and abet ······························ 6	amped ······································ 9
aiding and abetting ···················· 6	amped-out ································ 9
AIDS ······································ 187	amphetamine ········ 10, 58, 83, 87, 90
air bandit ·································· 6	amphetamine sulfate ·················· 26
air gun ····································· 6	amyl nitrate ···························· 209
air piracy ·································· 6	Amytal Sodium ························· 10
air pirate ··································· 6	anal intercourse ························ 88
airhead ····································· 6	analysis ··································· 10
airmail ······································ 6	angel ······································ 10
aka; AKA ··································· 6	angel dust ························· 10, 145
alcoholic ··································· 7	animus ···································· 10
Alcoholics Anonymous ················ 7	anonymous ······························ 10
algor mortis ······························ 7	antagonism ······························ 10
alibi ·· 7	anti burglary ···························· 11
alimony ···································· 7	antiburglary ····························· 11
All Clear ··································· 7	anti-burglary ···························· 11
all day ······································ 7	anticrime ································· 11
all points bulletin ······················· 8	anti-crime ································ 11
allege ······································· 7	antidote ··································· 11
allegedly ··································· 8	Anti-Drug Abuse Act of 1988 ···· 144
alley apple ································ 8	antipathy ································· 11
alligator effect ··························· 8	antiterrorist squad ··················· 244
alligatoring ······························· 8	antivenom ······························· 11
Almond Joy theory ····················· 8	AO ·· 4
ALS ·· 8	APB ·· 11
alternate light source ················· 8	appeal ····································· 11
alternative dispute	appellant ································· 11
resolution ···························· 9, 58	appellate court ························· 11
alternative light source ··············· 8	appellee ·································· 11
amateur ···································· 9	apple ······································ 11
ambulance ····························· 181	apple jack ······························ 213
ambulance chaser ······················ 9	apprehend ······························ 11
ambush ····································· 9	apprehension ··························· 11
American Arbitration	approved school ······················ 12

AR	12
arbitrator	12
armchair detective	12
armed robbery	12, 246
armor	12
armored truck	187
arraign	12
arraignment	12
array	12
arrest	12
arrest warrant	12, 252
arsenic	12
arson	12, 162, 182
arson and bomb investigator	13
arson investigator	13
arsonist	13
Article III courts	79
artillery	13
artist	13
asphyxia	13
asphyxiate	13
asphyxiation	13
assassin	13
assassinate	13
assassination	13
assassinator	13
assassin's special	13
assault	13
assault and battery	13
assistant district attorney	14
ass-keister	166
associate	14
assume	14
Assume the position!	14
ATF	14
at-risk youth	14
atrocious	14
atropine	14
attack	14
attempted	15
attempted crime	15
attest	15
attestant	15
attestation	15
attester	15
attestor	15
attitude adjustment	15
attitude arrest	15, 80
attitude-adjuster	15
attorney	15
attorney-at-law	15
auto banalisé	15
auto crime	16
automatic	16
automatic pistol	16
automatic rifle	16
autopsy	16
avenues of approach and escape	73
aviator sunglasses	83

B

B and E	21
B and E man	21
babbo	17
babe	17
baby bear	17
Baby Doe	182
baby raper	17
baby-blues	17
babysit	17
back gate parole	17
back up	17

bacon	18
bad go	18
bad guy	18
bad time	18
bad trip	18
badge	18
badge on a beaver	18
badge-heavy	18
bag	18
bag bride	19
baghead	19
bagman	19
bail	19
bail jumper	20
bailiff	20
bait	20
bale	20
ballistic blanket	20
ballistic shield	20
ballistics	20
balloon	20
balls to spare	21
ban	21
bananas	21
bandit	21
bang	22
banger	22
banish	22
bank robbery	22
banker	22
bar	22
BAR	23
barbs	23
Barnes man	23
Barney Fife	23
barrel	166
barrels	23
barricaded EDP	23
barrister	23
barrister-at-law	23
base	23
base house	24
baseball bat therapy	23
basehead	24
basement dealer	24
basing	24
BATF	24
Batman and Robin	24
baton	24
battering ram	24, 180
battery	24
batting average	25
batting practice	25
BAU	25
beacons	138
beagle	25
Beamer	25
beans	25
bear	25
beat	25
beat cops	25
beaver	18
Bee Em	25
beef	25
beener	25
beer muscles	174
Behavioral Analysis Unit	26
being on eyeball	26
belch	26
belcher	26
Belfast confetti	158
bench	26
bench warrant	26
benefit of the doubt	26
bennie	26
benny	26

bent	168
Benzedrine	26, 58, 61, 183
benzo	26
bernice	27
Bernie	27
betray	27
betrayal	27
betrayer	27
better people	27
Betty Bracelets; betty bracelets	27
BFR	27
BFT	27
big con	27
Big H	140
big hat	27
big house	27
big house up the river	28
big store	28
bigamy	27
biker	28
biker's coffee	28
bill	28
billy	28
billy club	28
Billy Whizz	28
bind	28
bindle	28
bindle paper	29
Bingo	144
bird dog	29
bis	29
biscuit	29
bit	29
bitch	29
bite marks	29
bite sleeve	29
bite suit	29
bite work	29
black and white fever	30
black beauty	30
black gold	30
black hat	30
black hole	30, 146
Black Maria	31
black stuff	31
black tar	31
black(-)and(-)white	30
black-and-blue	29
black-bag job	30
blackmail	30
blackmailer	30
blade	31
blade man	31
blag	31
blank	31
blanket party	31
blast	31
blaster	31
blaze	31
bleat	32
blind	32
blister	32
blizzard	32
Blob	32
block	32
blood	32
blood box	32
blood bucket	32
blood feud	268
Blood in	32
Blood Island	32
blood out	32
blood spatter	33
blood wagon	33
bloodbath	32

bloodman ... 32	body ... 36
Bloods ... 32	body armor ... 36
bloodstain ... 33	body bag ... 36, 46
bloodsucker ... 33	body bug ... 46
bloodthirsty ... 33	body bunker ... 20, 36
blotter ... 33	body cavity search ... 36
blow ... 33	Body Farm ... 36
blow away ... 33	body fluid ... 36
blow coke ... 74	body identification ... 36
blow someone's cover ... 33	body shield ... 20
blow the whistle on ... 33	body snatcher ... 37
blow up ... 34	body snatching ... 37
blown cover ... 33	body trip ... 37
blow-off ... 33	bodybag ... 36
blue ... 34	body-pack ... 19, 36
blue and whites ... 30	bodypacking ... 75
blue boy ... 34	body-search ... 37
blue dot ... 34	boiler room ... 37
blue flu ... 34	boiler room fraud ... 37
blue hornet ... 136	boiler shop ... 37
blue light ... 34	bolier shop ... 37
blue room ... 34	BOLO; bolo ... 37
blue sky ... 34	bolt-action ... 37
blue wall (of silence) ... 34	bomb blanket ... 37
blues ... 34	bomb dog ... 37
bluff ... 35	bomb squad ... 244
blunt ... 35	bomber ... 37
blunt instrument ... 35	bombita ... 37
blunt trauma ... 35	Bombs 'R' Us ... 38
blunt-force trauma ... 35	bonaroos ... 38
BMW ... 25	bond ... 38
BNDD ... 35	bone out ... 38
bo ... 35	bones ... 38
boarding house deceiver ... 35	boneyard ... 38
bobby ... 35	boob ... 38
bobo ... 36	boogie ... 38
bobo bush ... 36	book ... 38
	bookie ... 39

booky	39
boost	39
boost and shoot	39
booster	39
booster bloomers	40
booster box	40
booster skirts	40
boot the habit	168
bootleg	40
bootlegger	40
boots	40
BOP	40
bopper	40
Borstal Prison	41
boss	41
bottle	41
bottle baby	41
bounce	41
bouncer	41, 68
bounty hunter	41
bow and arrow squad	41
bowl	41
box	41
box cutter	42
box man	225
boy	42
boys in blue	42
breach	42
breach point	42
bread	42
bread slicing	42
break	42
break an egg	43
break out	43
break the habit	168
breakdown	43
break-in	43
breech	43
breecher	43
breeching tool	43
bribe	43, 132
bribery	43
brick	43
bricks	43
bricks and mortar	43
bridal suite	44
brief	44
brig	44
Broadway	44
Brodie; brodie	44
Brody	44
broken	44
broom	44
brothel	44
brown	44
brown bomber	44, 137
brown sugar	45
brownie	45
Browning	45
bub	45
bubble light	45, 169
bubble(-)gum machine	45
buck	45
bucket	45
bucket and pail	45
bucket of blood	45
bucket shop	46
bucky	46
bud	46
buddha monk	46
buddha sticks	46
bug	46
bugs	46
Buick Electra	99
buildup	47
bull	47

bullet	47
bulletproof	47
bulletproof vest	85
bullpen	47
bully	47
bully club	47
bully stick	47
bum rap	47
bumper beeper	46, 47
bunboy	47
bunco	47
bunco artist	48
bunker man	48
bunkie	48, 60
bunko	47, 48
Bureau of Prisons	77
burglar	48
burglar alarm	48
burglary	48
burn	48
burn patterns	49
burn the mainline	178
burned	48
burned out	48
burner	49
bus	49
bus ride	49
bus therapy	49
bush	49
bush gang	49
bush parole	49
bushboy	49
business end	49
bust	49
bust a cap	49
bust balls	49
bust the habit	168
bust the mainline	178
busted	49
buster	49
bust-out	50
butt	50
butt buddy	47
button	50
button man	50
buttslam bar	50
butyl nitrate	209
buy	50
buy-bust	50, 139
buy-down	50
buzz	51
buzzed driving	51
buzzer	51
by the numbers	51
byelaw	51
bylaw	51
by-the-hour-motel	51

C

C	52
C and H	54
C and M	54
C walk	92
C. C.	60
c. c. w.	60
cabal	52
caballer	52
caballo	52
cabin	52
cache	52
cad	52
cadaver	52
cadaver cadet	52

cadaver dog	52
Cadillac	52
Cadillac bunk	53
cage	53
cahoots	53
cal.	53
calaboose	53
calendar	53
caliber	53
California sunrise	53
California sunshine	53
call	53
call box	54
call-out	54
camel stop	54
can	54
can house	55
canary	54, 111
cancel out	54
cancel someone's ticket	54
candy	54
candy cane	54
candy-flip	55
candyman	55
cannabis	55
canned	55
cannon	55
cannon gang	55
cannon mob	55
cannon-coppers	55
canvas	55
canvass	55
cap	55
cap a hooker	56
cap up	56
caper	56
capital charge	60
capital punishment	56
capo	56
captain	237
captain's man	56
Captain's mole	56
capture	56
capun	56
car	56
car banger	57
car booster	57
car thief	58, 189
carcase	57
carcass	57
card	57
card mechanic	57
card shark	57
card sharp	57
card sharper	57
card sharping	57
card surfing	57
cardboard city	57
career offender	195
car-jack	57
car-jacker	57
carjacking	57
carnage	58
carpet muncher	58
carpet patrol	58
carrying a concealed weapon	60
carry-out rape	58
cartridge	58
cartwheels	58
casa	58
case	58
case manager	58
caseload	58
caseload reduction	58
cases and controversies	59
cash register	59, 108

casualty · 59	chalk outline · 62
cat burglar · 59, 71	chalk the site · 62
cat fight · 59	challenge for cause · 62
catch · 59	challenge to (the) array · 62
catch car · 59	Chance Favors the Prepared Mind. · 62
catcher · 59	chance-medley · 62
catching · 59	change of venue · 62
cattle-duffer · 59	character · 62
cause · 59	charlatan · 62
cause célèbre · 60	Charlestown Townies · 62
cause of action · 59	Charlie's Angel · 63
cause of death · 60, 73	chart · 63
cavalry · 60	chase · 63
cecil · 60	chase paper · 63
Cee · 60	chase the (white) nurse · 63
cell · 60	chase the dragon · 63
cell partner · 60	chastisement · 63
cellie · 60	chaud-medley · 63
cellmate · 60	chauffeur · 63
celly · 60	cheap education · 63
cement cowboy boots · 60	cheat · 148
cement kimono · 60	cheater · 63
cement overcoat · 60	Check it out. · 64
cement overshoes · 60	check out · 64
cement suit · 60	Check this! · 64
censorship · 61	cheese eater · 64
census report · 61	cheesy rider · 64
Central Intelligence Agency · 61, 76	chemical · 64
	cherries · 64
central nervous system stimulant · 83	cherry · 64
	cherry patch · 64, 108
chain · 61	cherry-top · 64
chain of custody · 61	Chester · 64
chain of evidence · 61	Chester the Molester · 64
chain referral scheme · 61	chicane · 64
chalk · 61	chicanery · 64
chalk fairy · 61	chicken · 65
chalk line · 61	

chicken hawk	65
chicken powder	65
chief	237
child abuse	104
child abuser	64
child in need of supervision	66
child molester	64, 65
chill	65
chill out	65
chi-mo	65
China white	66
Chinaman	65
Chinese white	66
CHINS	66
chip	66
chip dip	66
chipper	66
chippie	66
chipping	66
chipping hammer	66
chippy	66
chippying	66
chirp	67
chiv	67
chiva	67
chloral hydrate	67
cho-cho	67
chocolate frog	67
choir practice	67
choirboy	67
choke hold	67
choker	67
chokey	67
cho-mo	67
choo-choo	67
chop	68
chop shop	68
chop wound	68
chopper	68
chow hall	68
Christmas lights	68
Christmas tree	68
chronic offender	68
chucker-out	68
chucker-outer	68
chump	68
chumpie	68
church arson	68
CIA	61, 69, 76
CID	69, 90
cipher	69
circling the drain	69
circumstantial evidence	69
citizen	69
citizen's arrest	69
City of London Police	69
citywide	69
civil	69
civil action	69
civil enforcement officer	201
civil fine	69
civil penalty	69
civil suit	69
civilian	69
clamp	69
clandestine	69
clavo	70
clean	70
clean cop	70
clean gun	70
clean job	70
clean up	70
cleanup	70
clear the coop	124
click	70, 71
cliftie	70

climb	70
climber	71
clink	71
Clinton Correctional Facility	234
clip	71
clique	71
clique up	71
cloak-and-dagger	71
clock	71
clocker	71
clodhopper	71
clog	71
clout	71
Club	71
Club Fed	71
clusterfuck	72
coat	72
coat party	72
coat puller	72
Cobray M-11	72
Coca-Cola	72
cocaine	52, 54, 61, 72
cocaine blues	72
cocaine cowboys	72
COCOA	72
cocobolo	73
COD	73
code	73
Code 1	73
Code 2	73
Code 3	73
Code 4	73
Code 7	73
Code R	73
Code X	73
coercion	74
coffin	74
coin	74
coin wrestler	74
coke	74
coke bar	74
coke blower	74
coke broke	74
coke joint	74
coke up	74
coke whore	74
cokespoon	74
cokey	74
cokie	74
cola	74
cold case	74
cold case squad	74
cold gun	74
cold turkey	74
collar	75
collars for dollars	75
Colom	75
Colombian	75
Colombian green	75
Colombian necklace	75
Colombian necktie	75
Colombian red	75
Colombian roulette	75
Colombo	75
colors	75
Colt Detective Special	75
Columbian	75
column	76
Combat Zone; combat zone	76
come down on	76
commission	76
commissioner	76
common informer	76
common-law	76
commute	76

Company	76
complaint	76
completed crime	77
compliance	77
complicity	77
composite picture	77
compound	77
compulsion	74
con	77
con artist	77, 78
con game	77, 78
con job	78
con man	78
con trick	78
con woman	78
Con-Air	77
concealment	72
concentration camp	77
concrete ranger	77
concurrent sentences	60
condemn	77
condemnation	77
condemned cell	60
condition corrected	60
condom carrier	78
confederate	217
confess	78
confession	78
confidence game	78
confidence man	78
confidence trick	78, 129
confidence trickster	78
confidence-queen	78
confidential	78
confidential witness	92
confinement	78
confiscate	78
confrontation	78
connect	78
connected	78
connection	79
connection dough	79
conspiracy	79
conspire	52
constable	79
constabulary	79
constitutional court	79
contact	79
contact high	79
contact wound	80
containment officers	80
contamination of evidence	80
contempt	80
contempt of cop	80
contempt of court	80
contraband	80
contract	80
contract killer	80
contract killing	80
contract murder	145
contravene	80
convict	77, 80
conviction	81
cook	81
cooker	81
cookie	81
cookie cop	81
cooking freebase	81
cool car	81
cooler	81
cooling-off period	82
cool-off	82
coop	82
cooping	82
cop	82

cop a plea	82
cop a sneak	83
cop bar	83
cop burnout	83
cop factory	83
cop house	83
cop killer	83
cop killer bullet	83
cop out	83
cop shop	83
copilot	83
co-pilot	83
copper	83
copper-chopper	83
copper's nark	83
cop's cop	83
Copspeak	83
cop'stang	83
copycat	84
copycat syndrome	84
copyright piracy	206
cor.	84, 85
cordon	84
corner	85
corner boy	85
coroner	85, 92, 182
corpse	85
corpus delicti	85
correction officer	211
correction(s) officer	85
correctional board	85
correctional officer	85
corrections officer	134
corredores	85
corset	85
cosmetics	85
cotton	85
counselling	85
counselor	85
counterfeit	85
countersniper	86
country club	86
county	62
county attorney	86
county hotel	86
county mountie	86
county police officer	167
county prison	86
Court of Appeals	79
Court of International Trade	79
court term	86
courtesy flush	86
cover	72
cowboy	86
coyote	86
coz	92
cozzer	86
CPR	86
Crab	86
crack	87
crack baby	143
crack house	87
crackie	87
crackola	87
crank	87
cranked up	87
crap one's pants	87
crash	87
crash out	87
crate	87
crazy	87
crazy fence boys	87
cream	87
creeper	59, 87
creeping and tilling	88
crew	88

crib	88
crib burglar	88
crim	88
crime against nature	88
crime dog	88
crime laboratory	88
crime laboratory specialist	88
crime magnet	88
crime scene	88
crime scene card	88
crime scene contamination	89
crime scene investigation	89, 91
crime scene investigator	89, 91
crime scene kit	89
crime scene tape	89
crime scene technician	89
crime scene unit	89
Crime Stoppers	89
crime-buster	88
crimey	90
criminal	88
criminal case	58
criminal code	73
criminal insanity	90
Criminal Investigation Department	90
criminal record	217
criminalist	90
Crip	90
Crips	90
critical terrain	72
cross the line	90
cross tops	90
cross-bar Hilton	90
cross-bar hotel	90
crossfire	90
crossroader	90
crow	54, 111
crowbar	90, 161, 162
cruise car	91
cruiser	91, 244
cruiser with berries flashing	91
crystal	91
crystal meth	91
CSI	91
CSI effect	91
CSI syndrome	91
CSU	89, 91
cubehead	91
cubie	91
cuff man	92
cuffed and stuffed	91
cuh	92
culprit	92
curare	108
cus	92
cut loose	92
cutpurse	141
cutter	92
cutting corners	92
cuz	92
Cuzz	92
CW	92
CYA	92
cybercrime	93
cyclops	93
cylinder	93

D

D	94
D and D	94
D. B.	95

d.c.	95
D.D.	95, 110
d.t.	108
DA	94
dab	94
dabble in	66
daddy	94
damage action	94
dame buzzer	187
damper	94
dance hall	94
dancehall	94
dart-out accident	94
date-rape drug	95, 129
dauber	95
day watch	208
DCDS	95
d-dog	95
DEA	95
dead as a dodo	95
dead as a doornail	95
dead as dogshit	95
dead body	95
dead man	95
dead man walking	95
dead on arrival	96
dead president	96
dead time	96
dead-copper	95
deal	96
deal up	96
dealer	96, 144
death cell	95
death row, Death Row	96
deceptive advertising	117
deck	81, 96, 218
decomp	96
decompose	96
decomposed body	178
decoy	96
decoy duck	96
dee	94
DeeWee	96
defendant	97
defense	97
defense attorney	269
defense wounds	97
defensive wounds	97
Demerol	97
demilitarized zone	102
demon	97
dentition	97
Denver boot	97
Department of Justice	14, 102
deputy do-right	97
derrick	97
derringer	97
Desert Eagle	98
desertion	98
designer drug	98, 129
desk	98
desk cowboy	98
desk jockey	98
desk pilot	98
Desoxyn	98
detainee	98
detective	94, 159, 254
detention	94, 98
detention centre	98
detoxification	17
deuce	98
deuce and a quarter	99
deuce-burger	98
deuce-deuce	99
devastator	99
dex	99

Dexedrine	99
dexi	99
dexie	99
dexies	99
dexy	99
diamond	99
dick	99
Dickless Tracy	99
dictionary	99
diddler	100
die	253
diener	100
diesel	100
dig	100
digger	100
Dilaudid	100
Dil-Dil	100
Dilly	100
dime	100
dime bag	100
dime dropper	100
dime on	100
dine and dash	94
dinger	100
dinosaur	100
dip	101
dipper	101
direct evidence	101
dirty	101
dirty cop	101
dirty dishes	101
Dirty Harriet syndrome	101
Dirty Harry syndrome	101
dis	101
discharge	102
discovery	102
dismissal without prejudice	102
Disneyland	102
Disneyland East	102
disorderly conduct	102
disrespect	101
diss	101
dissenting opinion	102
distraction crime	234
distraction thieves	102
district attorney	102
district court	79
disturbance of the peace	102
divorce	102
DMZ	102
do a bunk	103
do a ghost	103
do a runner	103
do up	105
DOA	102
docket	103
Doctor Feelgood	103
dog	103
dog food	103
dog squad	103
dog watch	103
dogcart	103
dog-driver	103
doghouse	103
doin' doors	103
dolly	104
dolly-mixtures	104
Dolophine	104
dome light	104
domestic violence	104
Don't move!	126
doolan	104
doom	104
door	104

door poppers 104	drug lord 107
door ram 104	drug paraphernalia 142
door shaker 105	drug pipeline 107
doorkickers 104, 114	drug raid 107
dope pusher 105	Drug Recognition Expert 106
dope testing 105	drug runner 107
doping 105	drug smuggling tunnel 107
do-right 97	drug squad 244
double jeopardy 105	drug store 107
double-deuce 105	drug tunnel 107
doubler 105	drugstore 107
down 105	drugstore stuff 108
down trip 105	drum 108
downer 105	drummer 108
DP 105	drumming 108
Dr. Dead 106	drunk and disorderly 94
Dr. Feelgood 103	drunk tank 254
Dr. Seuss 107	dry dive 108
dragnet 105	dry firing 108
draped 106	dry run 108
DRE 106	DT 108
dresser 106	d-tubocurarine 108
drive-by 106	duck 108
drive-by shooting 220	duck pond 108
Driving Under the Influence 109	DUI 109
driving while black 106	duke man 108
Driving While Intoxicated 96, 109	dump job 109
	dump truck 109
Driving with Head Up Ass 109	dumping ground 109
drop 106	Dumpster diving 109
drop a dime (on) 106	dunker 109
drop gun 107	durag 109
drop tin 107	dust 10, 109
DRT 107	dusted 109
drug dealer 107	DV 109
Drug Enforcement Administration 107	DWB 109
	DWHUA 109
drug kingpin 107	DWI 109

dye pack 109
dying declaration 110

E

E 111
Eagle 54, 111
early riser 111
earner 111
eastly 111
easy mark 179
eat one's [the] gun 111
ecstasy 66, 111
EDP 111
egg 111
eight 112
eight track 112
eightball 112
eight-piece 112
eighty-six 112
elbow 112
elder abuse 104
electric lips 112
Elementary, my dear Watson. 112
elephant 113
em 177
embezzle 113
embezzlement 113
emergency room 217
emergency search 113
Emergency Service Squad 63
Emergency Service Unit 63, 114
emergency services 113
emergency squad 244
employee crime 113

employee theft 113
empty 113
empty can trick 113
empty suit 113
enforcer 113
entrance wound 113
entrapment 113
entry team 113
entry wound 114
equalized 114
ERA 114
ES 114
escape 114
esclop 114
Escobedo rule 114
espionage 114
essay 114
estimated time of death 114
ESU 114
ETD 114, 115
Everything is everything. 115
evidence bag 115
evidence collection kit 115
evidence collection technician 115
evil eye 116
ex post facto 115
exacts 115
ex-con 115
ex-convict 77, 115
excusable homicide 115
execution chamber 94
exhibit 115
exit wound 115
Expect the Unexpected! 115
explorer's club 115
expressive crime 116

extortion 116	Federal Bureau of Investigation 118
extortioner 116	federal penitentiary 71
extrication specialist 116, 161	federal prison 133
extrication technician 116	Federal Witness Protection Program 118
eye 116	feds 119
eye in the sky 116	Feeb 119
eyeball 116	feed one's habit 119
eyeball van 116	feed the warden 119
eyeball witness 116	feero 119
eyefuck 116	fellatio 88
eyewitness 116	felony 119
	female confidence trickster 78
	fence 119
	fence parole 119

F

face the heat 117	fentanyl 66
factory 117	Field 119
fade 117	field kit 119
fag factory 117	fifi 119
fall 117	fifty cent bag 120
fall bitch 117	fifty-six 120
fall guy 117	filicide 120
fall-gink 117	fin 120
false advertising 117	finger 120
false arrest 118, 266	finger lid 120
false confession 118	fingerprint 120, 176
false impersonation 118	fink 120
false imprisonment 118	fire setter 120
family violence 104	firearm 279
farebeat 118	firebomb 187
fast change scam 118	firebug 120
FAT 118	Fireman's Friend; fireman's friend 120
fatal 118	firesetter 120
FBI 118	fireworks 120
feather bed 118	first flops 121
Fed; fed 118	

First Man Up 121	flue 124
first offender 195	fly 124
first officer 121	fly the coop 124
first responder 121	flying 124
fish 121	flying squad 124
fish cop 121	food cop 168
fish hack 121	foot post 124
fishing 121	footbath 60
fit 121	for your safety and ours 125
fit up 121	forensic 124
five by five 121	forensic anthropology 124
five cents 121	forensic ballistics 125
five-o 121	forensic light source 176
five-oh 121	forensic odontology 125
fix 122	forensic pathologist 92
flak jacket 122	forensic scientist 125
flake 122	forensics 125
flake spoon 74	forger 125
flash 122	forgery 125
flash bang 123	Fort Hair Spray 125
flash money 123	Fort Surrender 125
flash powder 123	Forty-Deuce 98
flash roll 123	Forty-second street 98
flash the tin 123	four five 125
flash wad 123	four minute job 125
flashback 122	four-five 125
flasher 123, 270	Four-Five-Nine 125
flats 123	four-to-four 125
flea powder 123	frame 126
flee the coop 124	free 126
flex cuffs 123	free ride 126
flex-cuf ties 123	free world 126
flick-knife 123	freebase 126
flip 124	freeway 126
flipped-out 124	freeway dancer 126
flipper 124	freeze 126
floater 124	Freeze! 126
flood 124	freon freak 126

freon gas ... 126
fresh ... 126
fresh fish ... 126
fresh kill ... 126
friend ... 127
friendly fire ... 127
frisk ... 127
frisking ... 127
front ... 127
frost freak ... 126
fruit hustler ... 127
fry ... 127
fudge packer bar ... 127
fugitive ... 127
Fugitive Apprehension Team ... 118
full dress hog ... 127
full dresser ... 127
full float ... 127
funky chicken ... 128
funny money ... 128
fuz ... 128
fuzz ... 128

G

gag ... 129
gagger ... 129
gallows ... 181
gambling cheater ... 129
gaming ... 129
gamma hydroxybutyrate ... 129
ganef ... 129
gangbanger ... 129
gang-banging ... 129
gangland ... 129
gangsta lean ... 129
gangster ... 137
gangster lean ... 129
gangsters ... 129
gank ... 129
garden room ... 130
garotte ... 130
garrot(t)e ... 130
garrot(t)er ... 130
gas chamber ... 136
gas man ... 130
gash ... 130
gat ... 130
gat up ... 130
gate fever ... 130
gate happy ... 130
gate money ... 130
gateway drug ... 130
gather ... 130
gatter ... 130
gattes ... 130
gauge ... 131
GBH ... 131
GBMI ... 131, 138
G-check ... 131
gear ... 131
gear up ... 131
gee ... 131
geeba ... 131
gel ... 131
gel caps ... 131
gel tabs ... 131
gendarme ... 131
get a divorce ... 131
get busy ... 132
get hoist ... 145
get one's collar felt ... 75
get paid ... 132
get shafted ... 230

get the (purple, royal) shaft 230
get to the bottom of 132
getaway 131
get-back 132
get-down 132
GHB 129
ghetto bird 132
ghost 132
gift 132
gifting circle 132
gig 132
gimme 132
gimmicks 132
gimmie 132
ginger 132
girl 133
G-joint 133
gladiator farm 133
gladiator fight 133
gladiator school 133
glass beat 133
glass house 133
glue sniffer 19
go downtown 133
go for a ride 133
go into cahoots with... 53
go up on a bomb 134
GOA 133
going 133
gold 133
gold shield 134
gold star 134
gold tin 134
gonef 129
gonof 129
good behavior 134
good cop bad cop 134

good guy-bad guy technique 134
good people 134
good time 134
good time credit 18, 134
goodfella 134
goofball 134
gooner 134
gopher 134
gow 135
goyakod 135
grand jury 135
grand larceny 135
grand theft 135
grand theft auto 135
grandma scam 135
grandparent scam 135
granny scam 135
grass-eater 135
grasshopper 135
graveyard shift 135
graveyard watch 136
Gray Bar Hotel 136
gray hat 136
Graybar Hotel 136
graybar hotel 136
Graystone College 136
grease 136
Greek lightning 162
green onion 136
green room 136
greenie 121, 136, 252
greens 137
greenshoe 136
grey bomber 137
grey ghost 137
grey meanie 137
G-ride 137

grievous bodily harm	137
grift	137
grifter	137
grip	137
ground control	137
ground crew	137
grounder	137
G-smack	138
GSR	138
GSW	139
guard	211
guilty but mentally ill	138
gumball lights	138
gumball machine	138
gumballs	138
gumboot	138
gumfoot	138
gumheel	138
gump	138
gumshoe	138
gumshoer	138
gun	138
gun meltdown	138
gun run	138
gun running	139
gunman	209
gunner	138
gunrunner	139
gunshot residue	139
gunshot wound	139
gutter	139
gymnasium punk	139
gypsy bankroll	139

H

H	140
habeas corpus	140
habit	140
hacksaw blade	99
hairbag	140
hairy eyeball	116, 140
half a hard-on with a suitcase	140
Halligan Tool	140
hammer	140
hand mucker	140
handcuffs	140
hang out	65, 167
hanger banger	141
hanging paper	141
happy dust	72
hard drug	141
hard time	141
hard-on	141
hard-on with a suitcase	141
hard-time	141
hard-timer	141
hardware	141
Harry Jones	141
Has Mr. Green shown up?	141
hash marks	141
hat	141
haul	141
have [get] a juice-card	141
have a fit	141
have juice	141
have one's collar felt	75
Hawaii 5-O	121
Hawaii Five-O	121
hawk	141

HBT team	142
he/she	143
head	142
head shop	142
headhunter	142
headshot	142
heap-clouting	142
hearsay evidence	110, 142
hearse	181
heart check	142
heartbreak hotel	142
heat	142
heater	142
heater case	142
heavies	142
heavy	143
heavy hitter	143
hedge	143
heeled	143
heist	143
heist artist	143
heist man	143
heister	143
hemorrhoid	143
Henry Classification System	143
heroin	34, 54, 67, 140
heroin addict	19
heroin baby	143
heroin-addicted baby	143
he-she	143
hesitation cut	143
hesitation marks	141, 143
hesitation wounds	143, 144
HIDTA	144
High Court	144
High Intensity Drug Trafficking Areas	144
high priced spread	144
high roller	144
high-risk entry	144
high-risk victim	144
hijacking	144
hinky	144
hit	144
hit man	145
hit squad	145
hit the hammer	145
hit the mainline	178
hit the wire	145
hitch	145
hitch-hiking	56
hitmobile	145
hog	145
hoist	145
hold the bag	146
holdin-down	146
holding	146
hold-out	146
holdup	146, 246
hold-up man	145, 146
hole	108, 146
hole up	146
holler	146
hollowpoint	146
home guard	146
homeboy	146
homegirl	146
homicide	146
homicide detective	85
homicide sqaud	244
homicide squad	74, 147
homicides of long standing	74
homicidomania	147
honk	147
hood	147
hoodlum	243

hoof it	147
hook	147
hook 'n' bookin'	147
hooligan	243
Hooligan Tool	147
hooliganism	244
hooly tool	147, 151
hoop	148
hoopty	148
hooride	148
hop	148
hopped up	148
Hoppe's	148
hork	148
horrors	6
horse	148
horse cop	148
horse race	148
horsed out	148
hose	148
hose down	148
hostage	148
Hostage Rescue Team	149
Hostage, Barricaded, Terrorist	142
hostage-taker	149
hostile witness	149
hot	149
hot dogs	149
hot gun	149
hot prowl	149
hot rod	149
hot roller	149
hot seat	149
hot sheet	149
hot short	150
hot shot	150
hotel detective	149
hot-prowl burglar	149
hot-prowl man	149
hot-sheet	150
Houdini	150
hound dog	150
house	150
house mouse	151
housebreak	150
housebreaker	150
housebreaking	150
housedog	150
HRT	149
H-tool	147, 151
hubcaps	151
huffer	151
huffing	151
hugger-mugger	151
husband and wife	151
husband beating	104
husher	151
hustle	151
hustler	152
hustling	152
hydraulic	152
hydrogen cyanide	152
hype	152

I

I.O.U.	180
IAD	153
IAFIS	153
IAU	153
IBIS	153
IBM	153
ice	153

icebox	153
ice-cream	153
ice-cream man	154
iceman	154
ID	154
identification card	154
identification parade	154
Identikit	154
identity	154
identity card	154
identity parade	154, 174
illing	154
Immigration Control and Refugee Recognition Law	76
impaired driving	154
impeachment	154
impostor	154
imprison	154
imprisoned	271
imprisonment	154
in banc	155
in cahoots with...	53
in camera	155
in front	199
in service	156
in the bag	157
in the car	56
in the line of duty	157
in-and-out book	155
inch	155
inching	155
incised wound	155
Independent Police Complaints Commission	76
index dealer	155
indictment	155
indirect evidence	155
infash	155
informant	155
information	155
informer	67, 76, 155
inhaler	26
injection paraphernalia	138
injunction	156
ink	156
inmate	156
inner city	76
innocent bystander	156
inquest	156
insanity defense	156
inside	156
inside job	156
inside man	156
inside work	156
instigate	156
instrumental crime	156
Integrated Ballistic Identification System	153
intelligence	156
intelligence agency	194
intelligence agent	156
intelligence service	156
internal affairs	156
Internal Affairs Division	153
Internal Affairs Unit	153
International Criminal Police Organization	157
Interpol	157
interrogation room	157
interview room	157
intimate partner violence	157
intimate violence	157
intrigue	157
inventory shrinkage	157
investigation	157

investigator	158
involuntary manslaughter	158
IPCC	76
Irish confetti	158
Irish karate	158
iron out	158
iron pile	158
issue	158
ivory flake	158

J

j	161
jack	159
jack (and jill); Jack (and Jill)	159
jack in the box	159
Jack the Ripper	160
jack-boy	159, 247
jacked (up)	159
jacket	159
jack-roll	160
jack-roller	160
jail	160
jail cell	254
jail lawyer	160
jail sentence	217
jailbreak	160
jailer	160
jailhouse lawyer	160, 277
jailing	160
jailor	160
jake	161
jam sandwich	161
jammed	161
jammie	161
jamming	161
Jane Doe	161
Jane Wayne syndrome	161
Jaws of Life	161
jay	161
jaybird	161
j-bo	161
jemmy	90, 161
jemmy bar	90
Jewish bankroll	162, 268
Jewish bonfire	162
Jewish fire sale	162
Jewish lightning	162
jigger	162
Jim Jones	162
jimmy	162
jitterbug	162
jive bitch	162
job	162
jocker	162
John Bates	163
John Doe	163
john elbow	163
john law	163
John Q Law	163
John Q Public	163
John Roscoe	224
John Squad	163
John Wayne syndrome	163
johnnie law	163
joint	163
joint handle	164
jolt	164
jonnie law	163
joyriding	164
judges	164
judgment	164
judicial district	164
judiciary	164

jug ································ 164
jug up ····························· 164
juggle ····························· 164
juggler ···························· 164
jugular vein ····················· 164
jug-up ···························· 164
juice ······························ 164
juiced ····························· 164
jump bail ·························· 20
jump the coop ················ 124
jumper ···························· 165
jump-out squad ··············· 165
junk ································ 165
jurisdiction ······················ 165
juror ······························· 269
jury tax ···························· 165
Just Say No ····················· 165
justice of the peace ········· 165
Justice of the Peace ········· 178
justice's warrant ·············· 165
justifiable homicide ·········· 165
juvenile court ··················· 165
juvenile detention facility ········· 165
juvey ······························· 165
juvie ································ 165

K

kanga ······························ 166
kazoonie ·························· 166
KC ·························· 166, 168
keep ······························· 166
keeper ····························· 166
keeping six ······················ 166
keeping the peek ············· 166
keester ···························· 166

keg ································· 166
keister ····························· 166
Kentucky windage ············ 166
ketamine ························· 167
ketamine hydrochloride ··········· 167
Kevlar ····························· 167
key ································· 167
khaki ······························ 167
kibbles & bits ··················· 167
kick ························· 164, 167
kick back ························· 167
kick it ······························ 167
kick the habit ··················· 168
kick-sick ·························· 168
kidnap ························· 1, 168
kill ································· 168
King's Counsel ················· 168
king's habit ······················ 168
kinky ······························· 168
kit ································· 168
kitchen cop ······················ 168
kite ································· 168
kitty kitty ························· 168
klep ································ 168
klepper ···························· 168
klepto ····························· 168
kleptomaniac ············ 168, 169
Knapp Commission ·········· 169
knife ·································· 67
knock ······························ 169
knock and announce rule ······ 169
knock off ························· 195
knocked ·························· 169
knockout drops ·········· 67, 169
knockout drug ················· 169
knot ································ 169
Kojak light ······················· 169
kojak with a Kodak ·········· 170

Kools; kools	170	lead poisoning	173
KRIMESITE	224	lead-chucker	172
		lead-pusher	172
		lead-spitter	172
		lead-sprayer	172
L		leaf	72
		LEC	173
L	171	lecherous man	64
la pinta	171	leg irons	173
labdick	171	leg sleeve	29
lady	171	legislative court	173
lag	171	leg-rider	220
lagger	171	lemac	173
lagging	171	lemon	173
lagging station	171	lemon and lime	173
lajara	171	lemonade	173
lam	171	lesbian	58
LAPDese	171	libel	173
larceny	172	libel action	238
lard and pail	172	lick	173
Largactil	164	lie box	173
latent fingerprint	172	lie detector	173
Latin Kings	172	lieutenant	176
launder	172	life imprisonment	173
law	172	life on the installment plan	173
law enforcement center	172	life sentence	171, 173
law enforcement officer	172	lift	173
law shop	172	lifter	174
law station	172	light bar	174
lawboy	172	light up	174
lawbreaker	172	likely	174
law-dog	172	likely to die	174
law-hound	172	limb of the law	174
lawman	172	line	174, 178
lawyer	172	line screw	174
lay chickie	172	liner	174
lead	172	lineup	174
lead cocktail	173	Lipton tea	174

Lipton's ... 174
liquid courage ... 174
lit ... 174
lit up ... 175
litigant ... 175
live meat wagon ... 181
load ... 175
loan shark ... 175
lockdown ... 175
lockout tool ... 239
lockpicking ... 175
lockup ... 175
lockup look ... 175
locoweed ... 171
log ... 175
LOG ... 175
LOG motion ... 175
loid ... 175
LoJack ... 175
lollipop gangsters ... 176
loo ... 176
loot ... 176
loudmouth soup ... 174
low on green ... 175
low on green motion ... 176
low rider ... 176
low-risk victim ... 176
LSD ... 23, 33, 34, 176
lude ... 176
Luma-Lite ... 176
luminous reader ... 218
lush roller ... 176
lush worker ... 176
lushroller ... 176

M

M ... 177
M & M ... 179
M & Ms ... 179
MacDaddy ... 177
Mace ... 177
machinery ... 177
macdaddy ... 177
mack ... 177
mack daddy ... 177
mackerel ... 177
mackman ... 177
made ... 177
made guy ... 177
made man ... 177
mafias ... 177
mafioski ... 177
maggot ... 178
maggot farm ... 178
magistrate ... 178, 213
magistrate judge ... 178
Magna Brush ... 178
mail fraud ... 178
main ... 178
main man ... 178
mainline ... 178
mainline bang ... 178
mainliner ... 178
maintenance ... 7
major crime ... 178
Major Crimes Division ... 178
make ... 178
make-believe cop ... 178
making bank ... 179
male rape ... 217
malice aforethought ... 179

mama bear	179
mama coca	179
Mamas and the Papas	179
man	179
Man of Honor	179
manslaughter	147, 179
Maori pyjamas	179
marble cake	179
mark	179
marker	179
mass murder	180
master key	180
Match	144
matchbox	180
maureen	180
max	180
maximums	180
maytag	180
MCA	180
McGruff the Crime Dog	180
McNaghten Rules	180
MDMA	99, 111, 177, 179, 181
ME	181, 182
meat wagon	181
meat-eater	181
meat-gazer	181
Meccano Set; meccano set	181
mechanic	181
Medeco lock	181
Medicaid fraud	181
medical examiner	85, 92, 182
medicolegal investigator	182
melt	182
member of the deer family	182
merchandise	182
mermaid	182
meter maid	136, 182
meth	182
methadone	182
methamphetamine	61, 182
Methedrine	61
Methylenedioxy-methamphetamine	181
Metro Tux	182
Mexican lightning	182
Mexican valium	183
MI 5	183
MI 6	185
mickey	183
mickey finn	183
Mickey Mouse	183
Mickey Mouse security guard	183
microdot	183
mind-bender	183
mind-expander	183
mind-explorer	183
mind-opener	183
mind-tripper	183
mini-bennie	183
Minto bar	184
minute	184
Miranda	184
Miranda card	184
Miranda Rights	184
Miranda rule	184
Miranda warning	184
Mirandize	185
misdemeanor	185
misdemeanor murder	185
Miss Emma	185
Miss Emma Jones	185
Miss Man	186
Miss Morph	186
missile	185
missile basing	186

Missile X	186
missing person	186
Missing Persons Unit	186
mistrial	186
MO	186
moan and wail	186
mob	186
mob justice	186
mob lawyer	141
MobileSpike	248
moderate-risk victim	186
modus operandi	186
moe	186
mole	186
moll	187
moll buzzard	187
moll buzzer	187
moll worker	187
Molotov cocktail	187
money bus	187
monster	187
mooner	187
mop and pail	187
mope	187
mopery	187
morf	187
morgue	187
morgue wagon	187
morning wake-up	187
morph	187
morphine	54
morpho	187
mother's day	187
motor	188
Motor Vehicle Accident	118
motorcycle accident	180
motorcycle officer	205
mounted police	188
Mountie	188
mouthpiece	188
Mr. Big	188
Mr. Stranger Danger	188
mud	188
mug	188
mug book	188
mug room	188
mug shot	188
mugger	159, 188
mugging	188
muggle	188
mule	188
Mum's the word.	189
munchies	189
murder	147, 189
murder book	189
murderer	189
murder-for-hire case	58
mushfake	189
mushroom	189
mustard chucker	189
muster room	189
mutt	189
Mutt and Jeff	189
MVA	190
mystery	190

N

nab	191
nail	191
narc	191
narco	191
narco squad	191
nark	83, 191

NASH	191
National Security Act	61
National Security Agency	194
NCIC	191
necktie	75
necrophile	52
needle candy	192
needle freak	192
needle house	192
needle man	192
needle needie	192
needle palace	192
needle shooter	192
needleman	192
neighborhood store	192
NEOTWY	192
net worth investigation	192
new prisoner	64
New Scotland Yard	227
New York Police Department	192
nice cop tough cop	134
nick	192
nickel	193
night vision device	241
nightstick	193
nine millimeter Parabellum	193
nineteen	193
ninhydrin	193
Ninja rock	193
nitroglycerin	136, 242
no parking	54
no standing	54
No Such Agency	194
no-badge	193
no-knock law	193
no-knock raid	193
no-knock warrant	193
nolle prosequi	193
nolo contendere	194
nomadic killer	194
nose candy	194
nose habit	194
nose powder	194
nose stuff	194
nosecone	194
Not Clear	194
notary public	194
NSA	194
NVD	241
NYPD	194

O

O.G.; o.g.	196
o.z.	199
obbo	195
obbs	195
obs	195
observation	72, 195
obso	195
obstacles	72
obstruction of justice	195
OC spray	195
occifer	198
OCME	182
off	195
off the record	196
offender	195
office	195
Office of the Chief Medical Examiner	182
Officer Down!	196
oh-zee	199

oil 196
oil-burner 196
Old Sparky 196
oleoresin capsicum 196
omerta 196
on ice 197
on the arm 197
on the grain and drain train 197
on the heavy 197
on the muscle 198
on the pipe 198
on the record 198
One PP 197
one under 197
one-eight(y)-seven 196
one-fifty-one 196
one-percenter 196
one-time 197
one-way mirror 197
open file 198
open verdict 198
orange sunshine 198
Oregon boot 198
Oreo team 198
organ trophy 198
organized crime 198, 263
Organized Crime Control
 Act (of 1970) 198
original gangster 196
osifer 199
ossifer 198
out front 199
out of service 199
out of the car 56
outer office 199
outside 199
outside job 199
outside man 199

outsider 199
OZ 199

P

P and Q; p and q 201
p. o. 208
pack 200
pack heat 200
package 200
packaged 200
packer 200
packet 200
packhorse 189, 200
paddy wagon 200
paid 200
Panama red 200
Panamanian red 200
panel 201
panic 201
paper 201
paper acid 201
paper boy 201
paper hanger 201
paper pusher 201
paper trail 201
paper-layer 201
Parabellum 201
parading the perp 204
parking attendant 201
parking enforcement officer 201
parking inspector 137, 201
parking ticket 201
parole 201
parole board 85, 202, 252
parole dust 202

parole officer	202
parole package	200
Parrie	202
parrot	54, 111
patch	202
pat-down search	202
patent fingerprint	202
pathology	202
patrol car	91, 244
patrol wagon	202
pavement princess	202
PCP	202
peace and quiet	201
peace officer	79
peace pill	203
peacemaker	203
peanut	203
peeler	203
pen	203
pen register	203
penetrating trauma	203
penitentiary agent	203
penitentiary pull	210
penitentiary turnout	203
pepper gas	203
pepper spray	195, 203
Pepsi challenge	203
per curiam opinion	204
perjury	204
PERK	204
perp	204
perp walk	204
perpetrate	204
perpetration	204
perpetrator	140, 204
persistent offender	195
personal action	204
personal identification number	234
perverted man	64
pete-man	225
petit jury	204
petit larceny	205
petrol bomb	187
petty jury	205
petty larceny	205
pharmacy	208
phat	126
phencyclidine	66, 170, 205
phencyclidine hydrochloride	145
phone tap	46
Phone's off the hook.	205
phony collar	205
photo lineup	205
Photofit	205
physical evidence	205
physical evidence recovery kit	205
piano	205
picklock	205
pickpocket	55
piddle	205
pie wagon	205
piece	205
pig	86, 205
pig brother	205
pig heaven	205
pig on a wheel	205
pig wagon	205
pigeon	205, 277
pigeon drop	205
pigman	205
pimp	55, 177, 178
pimp bar	206
pin	206
PIN	234

pin job	206
pinch	206
pincher	206
pine-box parole	206
pine-box release	206
Pink Panther	206
pinner	206
pinroll	206
pipe bomb	206
piracy	206
pitcher	207
place	207
placement	207
Plain Jane	207
plaintiff	207
plain-view doctrine	207
plain-view rule	207
plant	207
plastic badge	207
plastic print	207
platoon system	207
play the canvass (of...)	55
play the piano	207
player	207
plea bargain	83
plea bargaining	208
plea of guilty	208
plea-cop	83
plead	208
pleading	208
plot	208
plunge	208
pocket man	208
poh-poh	209
point of origin	208
poison	208
poison joint	208
poison shop	208
poke watch	208
poker	208
police	208
police chopper	240
police corruption	208
police cruiser	244
Police Line Do Not Cross	209
police officer	159
police pimp	209
police station	83
police ticket	252
police van	67, 205
politically correct	111
polygraph	209
Ponzi scheme	209
Ponzi shemes	61
pop	209
pop a cap	209
pop off	209
pop over	209
popcorn machine	209
po-po	209
popper	209
poppers	209
population	209
pork	210
pork chop	210
pork patrol	210
portable	210
postmortem	210
postmortem examination	210
postmortem rigidity	210
pot out	209
potsy	210
potty watch	210
pour patterns	210
poverty line	188
powder one's nose	210

powder one's schnoz … 210	protection money … 136, 176
pp … 210	protective custody … 212
PR-24 … 213	prowl car … 213
precinct … 210	prowler … 213
presumptive evidence … 69	pruno … 61, 213
Prez-Fuzz … 211	pubic hair combing … 213
price-tag justice … 211	pugilistic attitude … 213
primary crime scene … 211	pull … 213
primo … 211	pull down on … 213
principal … 211	pull someone's card … 213
prior … 211	puller … 189, 213
prior conviction … 211	pulley … 213
prison … 90, 211	pump … 214
prison doctor … 106	pumple … 214
prison officer … 211	punch job … 214
prison sentence … 145, 163, 164, 254	punch someone's ticket … 214
prisoner … 211	punch someone's time-card … 214
private badge … 211	punishment block … 214
private detective … 116, 211	punishment cell … 175
private eye … 211	punk … 214
private ticket … 211	punk lick … 214
pro se … 212	punkie … 214
probation … 211	punky … 214
probation officer … 211	purple haze … 214
probie … 211	pusher … 55, 214
proceeding … 211	put on ice … 214
product tampering … 211	put the bite into … 214
professional torch … 211	put the bite on … 214
Progressive Technologies … 211	put the bite to … 214
prone out … 212	put the chill on… … 65
proof … 212	puzzle … 214
proper lick … 212	Puzzle Palace … 197
property crime … 212	pyramid scheme … 61
prosecute … 212	
prosecuting attorney … 212	
prosecution … 212	
prosecutor … 217	
protection mitt … 29	

Q

Q 215
quad 215
quarter 215
quarter bag 215
quarter sack 215
Queen's Counsel 168
queer 215
quick change scam 118
quitter 215
quod 215

R

R.M.P. car 216
rabbit 216
rabbit tool 216
rack 216
rack the gate 216
racket 216
racket boy 216
racket guy 216
rad 216
radication 216
radics 216
radio motor patrol car 216
radix 216
rads 216
railroad bull 277
railroad dick 277
railway detective 224
rainbow 216
raincheck 216
raise 217
raise up 217
raisin jack 213, 217
ransack 218
ransom 217
ransom note 217
rap 217
rap pack 217
rap partner 217
rap sheet 217
rape 73, 217
rape kit 217
rape shield law 217
rape-o 217
rapist 217
rapo 217
rapper 217
rappie 217
rat 217
rat jacket 218
Rat Squad 218
ratboy 218
ratter 217
RDO 218
reader 218
reader with a tail 218
readers 218
real action 218
recreational drug 66, 179, 181
recreational killer 218
red 218
red alert 218
red herring 219
redball 219
red-handed 219
reefer 219
reefer room 219
Reflected Ultra-Violet
    Imaging System 219, 224

regular day off	218
release	219
release on recognizance	219
remission	219
rent-a-cop	220
rent-a-pig	220
revolver	93, 220
rice	220
ride	220
ride on	220
ride out	220
ride shotgun	220
ride someone's leg	220
ride the mainline	178
ride-along	220
ride-out	220
rifling	220
rig	220
righteous	220
rigor mortis	220
Rikers Island	220
riot	221
riot cuffs	221
riot gun	221
rip	221
rip off	221
rip-off	221
ripper	221
rit	221
Ritalin	221
RMP	216, 221
RMP car	221
roach	221
roachie	221
road dog	222
roadblock	222
roadside flares	121
rob	222
robber	146, 222
robbery	222
Roche	222
rock	222
rock college	222
rock head	222
rock house	222
rock kid	222
rock the mainline	178
Rocky	222
rogue cop	222
rogues gallery	223
rogues' gallery	223
Rohypnol	183, 221, 223
roll	223
roll of money	270
roll up	223
roller	223
roller boys	223
rollerskates	223
rollo	223
roll-up	223
roofies	223
rookie	223
room clearers	223
room clearing	223
room for the night	223
room transmitter	46
roper	223
ROR	224
roscoe	224
rounder	224
Rubber Gun Squad	224
rubber heel	224
rubber-gun detail	224
Ruger	224
runner	224

rural crime ··········· 224
rush ··········· 224
rush a bus ··········· 224
RUVIS ··········· 224

S

S and J ··········· 225
SA ··········· 225
SAC ··········· 225
SAD ··········· 225
safe ··········· 225
safe house ··········· 225
safeblower ··········· 225
safecracker ··········· 225
salt and pepper ··········· 225
Sam and Dave ··········· 225
sandwich ··········· 225
sap ··········· 226
Saturday gangster ··········· 226
Saturday night special ··········· 226
scaffold ··········· 226
scag ··········· 226
scam ··········· 226
scam artist ··········· 226
scammer ··········· 226
scammish ··········· 226
scamster ··········· 226
scapegoat ··········· 226
scene-of-crime ··········· 226
scent ··········· 226
scheme ··········· 227
Schlage ··········· 227
school crime ··········· 227
scoop ··········· 227
scooter trash ··········· 227

Scotland Yard ··········· 227
scratch ··········· 227
scream ··········· 227
screamer ··········· 227
screw ··········· 227
screwess ··········· 227
scuff ··········· 228
scuffer ··········· 228
search and seizure ··········· 228
search warrant ··········· 169, 228
Seconal ··········· 228
secondary crime scene ··········· 228
secondary victim ··········· 228
second-story job ··········· 228
second-story man ··········· 228
second-story mug ··········· 228
second-story thief ··········· 228
second-story trade ··········· 228
second-story work ··········· 228
second-story worker ··········· 228
Secret Intelligence Service ··········· 185
secret police ··········· 228
secret service ··········· 228
securities fraud ··········· 228
security guard ··········· 228
security office ··········· 277
Security Service ··········· 183
self-mutilator ··········· 238
send up the hill ··········· 229
send up the river ··········· 228
send up the road ··········· 229
sentence ··········· 229
sergeant ··········· 79, 237
serial arson ··········· 229
serial arsonist ··········· 229
serial killer ··········· 229
serial murder ··········· 229

serial murder case	58	shirt player	231
service revolver	229	shit watch	231
set trip	229	shitcan	231
set up	229	shitcanned	231
set up a cordon	84	shit-sheet	231
setup	229	shiv	67, 232
set-up man	229	shiv man	232
sex criminal	64	shive man	232
sex offender	195	shoe	232
sex offender	229	shoo-fly	232
sexual encounter	73	shoot	130, 232
sexual homicide	229	shooter	232
sexual predator	229	shooting iron	232
shackles	229	shop	232
shadow	229	shoplift	232
shaft	230	shoplifter	233
shafted	230	shoplifting	233
shafting	230	shopper	233
shag	230	shoppie	233
shake	230	shopping job	233
shake down	230	shoppy	233
shake loose	230	short	233
shake out	230	short con	233
shake, rattle, and roll	230	short eyes	233
shakedown	230	short heist	233
shakedown artist	230	shortcake artist	233
shakedowner	230	shortchange artist	233
shamus	230	short-timer	233
shank	230	shot	233
sharp force injury	231	shotgun cop	233
sharp force trauma	231	shotte	33
sheet	231	shottie	234
sheriff	79, 231	shotting (game)	234
sherm	231	shotty	234
shermed	231	shoulder surfing	57, 234
shermhead	231	shovel and pick	234
shield	231	shriek	234
shifter	231		

shuffler 234	 237
shut eyes 234	slam 237
Siberia 234	slam hammer 238
Sicilian necktie 75	slammer 237
sick 234	slammerese 237
SIG 234	slamming 237
SIG Sauer 235	slander 238
signal 195	slander action 238
signal C 234	slap 238
signal thirteen 235	slapjack 238
signal X 235	slapper 238
silent beef 235	slash job 238
silent partners 235	slasher 238
sing 235	slaughter 238
sing operas 235	slaves of the state 238
Sing Sing 235	slay 238
SIS 185, 236	slayer 238
sit on Sing Sing 236	sledge hammer 180
sit shotgun 220	sledge man 238
sit-down 236	sleep 238
sitting duck 108, 236	sleeper 239
sitting on steel 236	sleeper hold 67, 239
skag 236	slide gun 239
skel 236	slim jim; Slim Jim 239
sketch artist 236	slob 239
skid marks 236	slop 114
skim 236	slowpokes 239
skin worker 237	slug 239
skinner 236	slum 239
skinner-diddler 236	slush 239
skinny-dipping 236	smack 239
skinpop 237	smack freak 239
skip bail 20	smack pack 240
skip tracer 237	smack-head 239
skipper 237	smackster 240
skipping 109	small claims court 240
skuffter 228	smoke in the sky 240
skull-photo superimposition	smoker 240

Smokey Bear ········· 240	speed ········· 243
SMT ········· 240	speed freak ········· 243
smuggle ········· 240	speedball ········· 243
smuggler ········· 240	speedy trial ········· 243
smurf ········· 240	spike mike ········· 46
smurfing ········· 240	spike strip ········· 248
snaps ········· 241	spill the beans ········· 243
sneak-thief ········· 59	spill the dirt ········· 243
sneaky Pete; sneaky pete ······ 241	spit on the sidewalk ········· 243
sniper ········· 166	spitter ········· 243
snitch ········· 17, 241	spook ········· 243
snitch jacket ········· 218	spoon ········· 244
snitcher ········· 241	spoonful ········· 244
snoop ········· 241	sport violence ········· 244
snooperscope ········· 241	spot ········· 244
snout ········· 241	spousal support ········· 7
snow ········· 241	spousal abuse ········· 104
snow bird ········· 241	spree murder ········· 244
snowball ········· 241	spy in the sky ········· 244
snowdrop ········· 242	squab ········· 244
snow-dropper ········· 242	squad ········· 244
SNU ········· 242	squad car ········· 244
snuff ········· 242	squad room ········· 244
snuff film ········· 242	squat ········· 244
snuff movie ········· 242	squawk ········· 244
soft drug ········· 242	squawker ········· 244
software piracy ········· 242	squeak ········· 244
soldier ········· 242	squeal ········· 244
solitary confinement ········· 201	squirrel ········· 245
soup ········· 242	squirrel chaser ········· 245
souvenirs ········· 242	stab wound ········· 245
spade ········· 242	staged crime scene ········· 245
Special Activities Division ······ 242	stake-out ········· 245
special agent ········· 242	stall ········· 245
special agent in charge ········· 243	stand-up guy ········· 245
Special K ········· 243	stardust ········· 245
spectator violence ········· 243	starring ········· 245
Spectra ········· 243	stash ········· 245

state attorney	245
state court	246
state police	246
state's attorney	245
Static!	246
Statie	246
stationary killer	246
stay down	246
Stay where you are!	126
steal	246
steel	246
step on	246
stepson	246
stick solid	246
sticker	246
stickman	246
sticksman	246
stick-up	246
stick-up boy	247
stick-up guy	247
stick-up kid	247
stick-up man	247
stiff	247
sting	247
stinger	247
stinker	247
stir	247
stitch up	247
stitch-up	247
stone addict	247
stooge	247
stool	247
stoolie	247
stool-pigeon	247
stop and frisk	248
Stop Stick	248
store detective	224
straight eight	248
straight handle	248
straight John	248
straighten	248
strait-jacket	55
strap	248
strapped	248
stray bullet	248
street	248
street crime	248
street drug	248
street gang	248
street money	249
street narcotics unit	249
streetman	249
striation	249
Strike	144
stringer	249
strip search	249
structuring	240
Stryker saw	249
student threat	249
stuff	249
stun grenade	249
stun gun	249
subject	250
subway	146
subway dealer	250
sucker	250
Sudecon	250
Suffolk County Jail	250
sugar	250
sugar block	250
sugar cubes	250
sugar lumps	250
sugar shittalk	250
suicide by cop	250
suit	250
suitcase	250

sunshine	251
Superman syndrome	251
supermax prison	251
supersedeas	251
Supreme Court	251
suspect	251
suspension of sentence	251
suspicious	144
swag	251
swallow	251
swap paint	251
SWAT	80, 111, 251
sweat-box	251
sweetchuck	251
swinger	251
switchblade	251
system	251
systematic check forger	251

T

T	252
tab	252
tablet	252
TAC squad	252
tack	252
tackle	252
tag	252
tagging	252
tail	252
tailor	253
tailormade	126
tailor-made	253
take	253
take ... for a ride	253
take a cab	253
take care of	253
take down	253
Take 'em down.	253
take flight	253
take in	253
take off	253
take on	253
take out	253
takedown	253
take-off	253
take-off artist	253
taking-off	253
talent	254
talk	254
talking iron	254
tank	254
tank artist	254
tank blower	254
tank man	254
tap	254
tap up	254
tar	254
tariff	254
tartan	254
tat	254
tattoo	254
tattoo gun	188
tax	254
tax evasion	254
taxing	254
tea-leaf	254
team	254
tear off	254
tec	254
TEC-9	255
teck	254
tect	254
teef	255

teeth	255
telemarketing fraud	255
telephone scammer	135
ten code	255
ten-four	258
term of court	86, 258
terminal	258
territorial killer	258
testilying	259
testimony	259
theft	172, 259
thief	159, 168, 259
third	259
third degree	259
Thirsty-Third	259
three fifty-seven	259
three hots and a cot	260
three strikes and you're out	260
three-card monte	259
three-strikes law	260
three-time loser	265
throw phone	260
throwaway	260
throwdown gun	260
thru-wall device	46
thug	113
thunder stick	260
tickle	260
tie	260
tight	260
tin	260
tin can cop	260
tip-off	195
tire marks	260
tire shredders	248
tit	260
TNT	261
TOD	261
TODDI	261
toke	261
token sucker	261
tombstoning	261
Tomorrow's Victories Are Won With Today's Preparation!	261
tonfa baton	261
tool	261
tool marks	261
toot	261
Tootsie Roll; tootsie roll	261
top	261
torch	262
torch job	262
toss	262
toss-up	262
touch	262
tour	262
tourniquet	105
TPO	262
trac	262
trace evidence	262
tracks	262
traffic cop	45
traffic spikes	248
traffic stop	262
traffic ticket	136
trailer	262
train	262
trajectory	262
transient evidence	263
transnational crime	263
transvestite	143
travel agent	263
tray monster	263
trays	263
tree jumper	236

tree-jumper	263
trembler	263
trespasser	263
trey eight	263
trial	263
trial court	263
trial docket	263
trick	263
trigger	263
triggerboy	263
triggerman	263
trimmer	263
trip	263
tripper	183, 264
troll	264
trolling for blues	264
troops	264
trophy	264
tropical	264
truancy	66
Truck	264
truncheon	264
trunking	264
tube	264
Tuinal	216
tune up	264
tunnel rat	187, 264
turf war	264
turkey	264
turkey necker	265
turn	265
turn oneself in	265
two-time loser	265
two-way mirror	265
two-way radio	265
two-wheel smokey	265
Tylenol tampering	265

U

U. S. Border Patrol	267
UFAC	266
Unabomber	266
Uncle	266
uncut	266
undercover	266
undercover vice squad	163
uniform	266
United States Department of Defense	194
United States federal law	178
unknown subject	266
unlawful arrest	266
unlawful assembly	266
unmarked	266
UnSub	266
up	266
up front	199
upper	267
uppers	267
upperworld crime	267
ups	267
UTL	267
Uzi	267

V

vacation	268
vampire	268
Vegas bankroll	268
vehicle identification number	269
vehicle locater	46
vehicular homicide	268

vein	139	walkie-talkie	244
vendetta	268	walk-through	271
venue	62	wallbanging	271
verbal	268	walloper	271
verbal judo	268	walls	271
verdict	268	wanted	271
vertical patrol	268	warden's office	271
vest	268	warder	166, 271
vic	268	warning	195
vice	268	warrior	271
vice-mail	269	wash away	271
vick	268	washing	271
victimize	148	wasp	271
villain	269	waste	271
VIN	269	waterboy	271
virgin	121	watering hole	272
voice mail	269	wear it	272
voir dire	269	wearing a wire	272
voluntary appearance	269	Weaver position	272
voluntary manslaughter	269	Weaver stance	272
		weekend habit	272
		weight	272
		weight pile	158
		weight watcher	272
		weird	144
		well connected	78

W

		well-heeled	143
wad	270	wet work	272
wad cutter	270	wetback	272
wagger	270	whack	272
wagon	270	whacky tobacky	272
wagon guys	270	whammer	272
waiting period	82	wheel clamp	69, 97
Waldorf-Astoria	270	wheel gun	273
walk	270	wheel man	273
walk and talk	270	wheel school	273
Walk and turn.	270	wheeler-dealer	273
walkalone	270	wheelman	273
walk-by	271		

whip	273
white girl	72
white hat	273
white knight	273
white lady	171
white line fever	273
white nurse	273
white shield man	274
white shirt	274
white stuff	274
white-collar crime	273
white-powder bar	273
whiz	274
whiz mob	274
whodunit	274
whoretel	274
wife beating	274
wild-goose chase	274
window crash guys	274
window warrior	274
wipe	274
wiper	275
wire	275
wire man	275
wired	275
wiretap	46
wiretapping	275
wise guy	275
witness	275
witness intimidation	275
witness stand	275
wolf	275
wood shampoo	275
woodpecker	275
work	275
work four-to-fours	275
work the oracle	276
worker	275
working for Jesus	276
workplace violence	276
works	276
writ of habeas corpus	140

Y

yaleman	277
yard	277
yard bull	277
yard hack	277
yard office	277
yard patrol	278
yard rat	278
yard-bird	277
yardbird lawyer	277
yard-in	277
yard-out	277
yellow sheet	278
yelper	278
yo	278
yoke	278

Z

zap	279
zapped	279
zip	279
zip gun	279
zipper	279
zipping	279
Zola Budd	279
zombie	279

数字

10-4 ……………………………… 258
12:01 ……………………………… 265
12-gauge ………………………… 131
12/12 ……………………………… 265
13 1/2 …………………………… 259
151 ………………………………… 196
187 ………………………………… 196
18th Street Gang ……………… 112
24/24 ……………………………… 265
24/24 rule ……………………… 265
459 ………………………………… 125
5-0 ………………………………… 121
5150 ……………………………… 120
56 ………………………………… 120

日本語索引

あ

アーモンドジョイ理論 ………………… 8
相方 …………………………………… 131
合図 …………………………………… 195
アイスクリーム ……………………… 67
ID カード …………………………… 154
アイデンティキット ………………… 154
相棒 …………………………………… 108
青黒い ………………………………… 29
空き巣 ………………………………… 108
空き巣狙い ……… 13, 87, 88, 108, 213
悪意 …………………………………… 10
悪感情 ………………………………… 11
悪党 ……………………………… 13, 18, 147
悪徳弁護士 …………………………… 263
悪名高い ……………………………… 60
悪用 …………………………………… 2
アコニチン …………………………… 3
足かせ …………………… 173, 198, 229
アジト ………………………………… 82
亜硝酸アミル ………………………… 209
亜硝酸ブチル ………………………… 209
足を洗った …………………………… 134
頭を使った …………………………… 137
頭を冷やす …………………………… 65
集まり ………………………………… 132

アトロピン …………………………… 14
あの世へ行く ………………………… 253
暴れている …………………………… 94
アヘン ……………………… 31, 41, 188, 254
アヘン吸引用パイプ ………………… 163
甘いばか話 …………………………… 250
アミタールナトリウム ……………… 10
飴と鞭 ………………………………… 189
アモバルビタール …………………… 9
アリバイ ……………………………… 7
アルカロイド …………………… 14, 108
アルコール依存症 ………………… 7, 41
暗号 …………………………………… 69
暗黒街 ………………………………… 129
暗黒街事情に精通している者 …… 224
暗殺 ……………………… 13, 65, 148, 272
暗殺者 …………………………… 13, 145
暗殺する ………………………… 54, 65
暗視鏡 ………………………………… 241
暗視装置 ……………………………… 241
暗証番号 ……………………………… 234
安全施設 ……………………………… 225
アンパン ……………………………… 151
アンフェタミン ……… 9, 10, 28, 34, 37,
    65, 81, 83, 87, 90, 91, 99, 136, 153,
    221, 266, 274
イーグル ……………………………… 111
いい警官 ……………………………… 134

言い抜け	64	違反切符	108
言い逃れ	64	違反者	195
威嚇する	65	違反する	80
いかさまさいころ	104, 121, 123	衣服にマスタード	229
いかさま師	6, 90	違法	42
いかさまトランプ師	231	違法逮捕	118
いかれ頭運転	109	違法な銃弾	83
遺棄	1, 98, 109	違法品	182
息を引き取る	4	違法麻薬製造者	81
意思	10	嫌な上司	143
医師	103	イライラ	9
石	158	入れ食い	108
異常な願望	147	入れ墨	38, 138, 156, 252, 254
居座り殺人犯	246	入れ墨具	188
移送	262	入れ墨を彫る	156
移送される	113	飲酒運転	51, 154
依存症専門医	4	飲酒の疑い	271
遺体	36, 37, 85	インターポール	157
遺体収納袋	36	インチ切り	155
遺体収容袋	19	インティメイトバイオレンス	157
委託殺人事件	58	インデックス・ディーラー	155
1オンス分	23	隠匿場所	70
位置特定不可能	267	隠蔽	72
1ドル	96	陰謀	52, 71, 157
一流の	38	陰謀(事件)	208
1回分の大麻	47	ウィーバースタンス	272
一級	38	ウエートリフティング	158
一線を越える	90	ウォーターボーイ	271
一掃する	70	請負殺人	80
逸脱している	199	受け取る役	246
一張羅	38	受け持ち区域	202
一般市民	69	動くな！	126
一匹狼	111, 275	うさんくさい	144
一服する	65	ウジ	220
意図	10	うそ発見器	41, 173, 209
田舎の警官	23	疑わしい	144
命取りの麻薬	102	疑わしきは	26
違反	42	撃たれた	175

打ち合わせ	270
撃ち殺す	56, 148, 254
打ちのめす	1, 25
撃ちまくる	148
撃つ	130, 279
撃つぞ	271
奪う	70, 71, 105, 130, 131, 195, 218, 221, 253, 255, 260
裏切らせる	265
裏切り	27
裏切る	27, 124, 146, 217, 235
裏取り引き	122
売りさばき役	100
売りつける	151
売る	195
運が尽きる	82
うんこ観察	231
ウンコをする	119
運転スタイル	129
エアガン	6
鋭器損傷	231
英国軍事情報部5課	183
英国の秘密情報部	236
エイズ	187
Hツール	151
ATM	57
エクスタシー	66, 111
エスコビード準則	114
越境犯罪	263
FBI捜査官	119, 211, 243
エマ嬢	185
エマ・ジョーンズ嬢	185
MDMA	66, 177, 206, 241
LSD	53, 183, 201, 214, 216, 263
LSD常用者	91
LSD仲間	115
掩蔽	72
おいしい上がり	212
追い出し係	68
応援任務	124
応援必要なし	73
押収	78
王立カナダ騎馬警官隊	188
横領	113
大酒飲み	7, 41
大槌	180
オートマティック銃	13
オープンファイル	198
大儲け	70
大物犯罪組織	227
大物麻薬売人	107
犯す	180
悪寒	6
置き引き犯	174
起こす	156
押し入る	253
押し込み	48, 70, 71, 149
押し込み強盗	48, 145, 150
汚職警官	105
汚職をする	265
襲う	14, 70, 213, 228
お尋ね者	149
落ち着く	65
夫への虐待	104
陥れるため	101
脅して	198
脅す	213
大人のおもちゃ	119
おとり	20
おとり捜査	33, 50, 113, 247, 264
おとり捜査員	96, 99
おとり捜査班	103
怯える	87
オフィサーダウン！	196
オフレコで	196
オフレコではなく	198

お前と我々の安全のために	
‥‥‥‥‥‥‥‥‥‥‥‥‥	125
おまる観察	210
おまわりが来るぞ！	122
重い刑	6
親玉	107
オレンジサンシャイン	198
女	36

か

カージャック犯罪	57
カード	57
カード番号	109
快感	31, 224
階級	122
解決する	132
解決できない殺人事件	190, 214
開示	102
開始する	156
解析	10
改造	68
改造車	106, 127, 137
改造銃	149
改造バイク	106, 127
海賊行為	206
海賊版	40
解体修理工場	68
開廷期	86
回転式拳銃	273
回転弾倉	93
街頭窃盗	152
街頭賭博	259
街頭麻薬取締班	249
介抱ドロ	176
快楽追求麻薬	66, 102, 111, 112, 179, 181
会話を録音	272
火炎瓶	187
火炎瓶を	262
科学捜査	125
科学捜査官	88, 125
科学捜査の	124
鍵職人	277
下級判事	178
格下げ	19, 44
確実情報	115
隠し場所	52, 146, 245
隠しマイク	46
覚醒剤	25, 26, 99, 103
確保	147
隔離棟	57
隔離独房	82, 94
隠れた	197
隠れる	103
駆け込む	32
影の薄い	113
賭け元	38
量増しする	246
仮死	13
過失致死	158
加重暴行	6
ガス欠手口	113
ガス室	136
ガスマン	130
過積載	272
稼ぐ	34
がせネタ	219
肩代わり	14
家宅侵入	145, 228
家宅侵入罪	150
家宅侵入者	150
かたり	152
家畜泥棒	59

かっこいい	126	鑑識課員	88
学校犯罪	227	鑑識の	226
合衆国裁判所事務局	4	監視室	195
割創	68	監視塔	103, 195
カッターナイフ	42	棺釈放	206
合致	144	看守	18, 41, 47, 79, 82, 85, 122, 124,
家庭内暴力	104, 274		130, 141, 160, 166, 167, 168, 172, 174,
金槌	140		175, 179, 205, 208, 209, 211, 222, 223,
金	227		227, 231, 240, 263, 271, 277, 278, 279
金稼ぎ	179	慣習法上の	76
加熱	81	看守執務室	271
金などを盗む	236	看守におべっかを使う	220
金を巻き上げる	199	看守のボス	178
カプセル入りの	35	間接証拠	69, 155
噛み	29	完全に	32
紙	29	姦通	5
過密地区	76	貫通創	203
紙巻きたばこ	96	監房	60
仮眠室	44	ガンマヒドロキシブチレート	129
カモ	4, 47, 117, 134, 142	官吏	5
カモから手を引く	67	管理隔離房	4
カモにする	148	消える	103
カラビナ	25	気が狂った	21
仮釈放	201, 216, 252	機関銃	201
仮釈放審査委員会	85, 202, 252	聞き込み	55, 135
仮釈放なし	265	聞き込みをする	55
仮釈放報告書	200	聴き取り	59
仮釈放保護観察官	202	効き目	53, 167
棺	153	効き目が弱い	123
簡易手錠	123	危険運転致死罪	268
観客暴力	243	危険な	149, 264
監禁	78	危険なよそ者	188
監獄	211	機材倉庫	119
監察医	92, 182	基準	38
監察官	142	偽証	122
監視	26, 72, 195	偽証すること	259
監視カメラ	116	傷跡	29, 279
鑑識	88	犠牲者	264, 268

起訴	3	ギャングメンバー気取りの男	226
偽造貨幣	239	ギャンブル狂	4
偽造小切手	201	ギャンブル師	129
偽造者	125	吸引	194
偽造する	85, 227	吸引所	24
偽造犯	227	吸引パイプ	207
偽造文書	125	救援求む	235
偽造宝石類	239	休暇	120
偽造または不渡り小切手を使う	201	救急車	32, 33, 46, 181
起訴者側	212	救急隊	244
起訴する	212, 217	吸血鬼	268
起訴陪審	135	休日	218
起訴率	25	急襲	49
貴重品	52	救出専門家	116, 161
気散らし泥棒	102	休廷する	4
喫煙物	10	吸入	31
騎馬警官	148	吸入器	26
騎馬警官隊	188	9ミリパラベラム弾	193
規範	38	凶悪	14
ギフト	132	凶悪犯	143
詭弁	64	脅威	141
機密機関	228	教会放火	68
機密の	78	恐喝	30, 230, 248
偽名	6	恐喝者	31
虐殺	32, 238	恐喝する	214, 230
虐待	2	恐喝犯	230
客引き	199	凶器	12, 31
却下	1, 102	教護院	12
キャッシュレジスター	159	強行突入班	104, 114
キャメル	52, 173	教唆者	1
ギャング	21, 22, 45, 49, 56, 69, 70, 88, 129, 131, 134, 186, 264	教唆する	1, 6
		強制	74
ギャング組織の一員	242	矯正官	85, 134, 168
ギャングの女性メンバー	146	強制収容所	77
ギャングの戦闘員	40	脅迫	249
ギャングのメンバー	147	共犯(者)	3
ギャングメンバー	217	共犯者	217
		共謀	53, 77

凶暴な	154
業務日誌	39
強要	74, 116
虚偽広告	117
虚偽の自白	118
極紫外線撮像装置	224
極刑	56
霧	202
錐状の武器	230
切り裂きジャック	160
切る	67
緊急救命室	217
緊急時公共機関	113
緊急事態	124
緊急事態対応警察部隊	114
緊急事態発生	73
緊急出動部隊	63
緊急出動分隊	63
緊急捜索	113
緊急非常事態	218
禁錮	78, 154
金庫	254
銀行強盗	22, 162
禁錮刑	173, 261, 277
金庫破り	134, 214, 232, 254
金庫破りに使う道具	221
金庫破り犯	221, 225
禁止	21
禁制	80
禁制品	189
禁制品を運び込む者	200
禁断症状	168, 234
金バッジ	133
金品を奪う	160
勤務時間	262
勤務中	59
緊要地形	72
空気銃	6
空腹感	189
空砲発砲	108
駆血帯	105, 148, 260
臭い飯	263
苦情	76, 146, 227
くたばった	95
靴	149
愚鈍器	27
首絞め	239, 278
首絞め強盗	130
首吊り自殺	249, 251
組章	202
クラーレ	108
クライム・ストッパーズ	89
クラック	24, 33, 41, 58, 61, 81, 87, 111, 127, 153, 196, 222, 241, 250, 275
クラック使用者	213
クラックの売人	71
クリップス	90
クリントン州刑務所	234
狂っている	46
グルになって	53
車	148
クレジットカードを偽造する	236
黒幕	188
郡警官	167
郡刑務所	86
郡検事	86
群衆	143
燻製ニシン	219
郡法務官	86
軍用電話	260
郡立刑務所	45
訓練	29
訓練施設	119
刑	41
警戒線	84
警戒網	105

計画的犯意	179
計画倒産	226
警官	17, 18, 21, 24, 25, 27, 30, 34, 35, 41, 44, 47, 48, 50, 51, 56, 64, 71, 75, 82, 83, 86, 88, 97, 98, 99, 100, 104, 118, 128, 130, 131, 135, 138, 140, 142, 145, 159, 163, 171, 172, 174, 179, 182, 191, 197, 198, 203, 205, 208, 209, 210, 222, 223, 227, 230, 231, 240, 245, 250, 262, 271, 279
警官チーム	225
警官による暴行	225
警官の心のケア	224
警官のバッジ	50, 210
警官バッジ	107, 123
警官ペア	225
警官を買収	248
刑期	18, 29, 132, 141, 160, 165, 233
刑期の終了	104
刑期満了が近い囚人	233
警告	195, 246
警告標識灯	45, 64, 68, 104, 138, 169, 209
警告標識灯列	174
警護する	220
軽罪	185
警察	27, 34, 42, 97, 114, 121, 128, 130, 138, 142, 147, 163, 172, 186, 197, 210, 216, 223, 273
警察(官)	150
警察汚職	208
警察記録	235
警察苦情処理独立委員会	76
警察警戒線	89, 209
警察犬	29
警察車両	67, 83, 116, 121, 187, 223
警察署	44, 82, 83, 117, 133, 205
警察職員	98
警察署長	237
警察署内の部屋	251
警察内部調査部	153
警察内部調査を行う監察部門	218
警察に提供する	235
警察の内部問題	156
警察のファイル	231
警察の分隊長	273
警察のヘリコプター	83, 240, 244
警察分隊	254
警察への密告者	244
警察本部	172
軽視	101
刑事	25, 47, 88, 94, 97, 108, 128, 130, 138, 159, 241, 254
刑事告訴	166
刑事事件	58
警視総監	76
刑事部	90
刑事法典	73
軽窃盗(罪)	205
係争	158
携帯電話	49, 66
頸動脈絞め	128, 239
刑の宣告	229
警備員	81, 105, 149, 183, 193, 207, 220, 224, 228, 246, 251
警備室	277
警部	56, 237
警部補	176
警棒	15, 24, 28, 47, 73, 184, 261, 264
警報器	48, 100
警棒で叩く	275
刑務官	34, 35
刑務所	23, 27, 38, 44, 45, 53, 54, 67, 71, 82, 86, 90, 102, 117, 133, 136, 142, 153, 158, 160, 166, 171, 180, 186, 187, 192, 207, 211, 215, 222, 234, 237,

247, 251, 254, 271
刑務所医 ……………………… 106
刑務所局 ………………………… 40
刑務所暮らし …………………… 160
刑務所ことば …………………… 237
刑務所内ギャング ……………… 224
刑務所内での影響力 …………… 210
刑務所内弁護士 ………………… 277
刑務所に入れる ……… 154, 160, 171, 214, 228
刑務所に入った ………………… 197
刑務所の規律 …………………… 208
刑務所の塀の内側 ……………… 156
刑務所ルック …………………… 175
警務部 …………………………… 153
契約殺人 ………………………… 145
警邏 ………………………… 25, 230
痙攣 ………………………………… 6
けがをさせる …………………… 253
激情殺人 ………………………… 63
ケタミン ………………………… 167
欠勤 ……………………………… 34
血痕 ……………………………… 33
結晶コカイン …………………… 122
結晶状 …………………………… 24
血清 ……………………………… 11
結託 ……………………………… 53
潔白な …………………………… 70
解毒剤 …………………………… 11
ケブラー ………………………… 167
蹴り出す ………………………… 167
検閲 ……………………………… 61
けんか …………… 5, 46, 59, 132, 244
幻覚 ………………………… 105, 137
幻覚剤 …………………………… 183
幻覚誘発薬 ………………… 252, 264
検挙 ……………………………… 12
現金 ……………………………… 241
現金保管係 ……………………… 208
現金輸送車 ……………………… 187
現行犯で ………………………… 219
原告 ………………………… 207, 217
顕在指紋 ………………………… 202
検察官 ……………………… 212, 217
検死 ………………………… 16, 210
検事 ……………………………… 212
検死官 ……………… 85, 92, 182, 270
検視局 …………………………… 182
検死審問 ………………………… 156
拳銃 …… 132, 142, 163, 203, 205, 209, 224, 232, 248
拳銃を携帯 ……………………… 248
懸垂下降 ………………………… 25
ケンタッキー流偏差調節 ……… 166
検討 ……………………………… 10
現場主任捜査官 ………………… 243
現場へ急行 ……………………… 73
権利 ……………………………… 184
小悪党 …………………………… 247
故意に …………………………… 2
ゴイヤコッド …………………… 135
広域指名手配 ……………… 8, 37, 69
幸運は備えある人に微笑む …… 62
強姦 (罪) ………………………… 217
強姦犯 ………… 160, 217, 221, 253, 263
強姦被害者保護法 ……………… 217
高級売春婦 ……………………… 144
拘禁 ………………………… 98, 154
拘禁期間 ………………………… 96
拘禁する ………………………… 71
口径 ……………………………… 53
攻撃 ……………………………… 14
攻撃する ………………………… 148
攻撃的な ………………………… 141
工作作品を作る ………………… 205
工事 ……………………………… 43

絞首刑具	130	強盗犯	145, 160, 223
絞首台	181, 226	口頭誹毀	238
高純度コカイン	23, 24	行動分析課	26
工場製の	126	口頭名誉毀損	238
公証人	194	強盗をはたらく	247
交渉を行う警官	112	抗毒薬	11
好色男	64	購入	82
向精神薬	124, 167	高濃度	30
合成鎮痛薬	104	公判	263
合成ヘロイン	145	抗不安薬	27
合成麻薬	64, 97	興奮	9, 130
合成モルヒネ	104	興奮剤	209
公選弁護人	109	抗弁	97
抗争	10	抗弁する	208
拘束	12, 28, 78	後方警戒	166
拘束服	55	肛門	225
拘束を解く	92	肛門性交	88
交替勤務	103	高揚	51
強奪	116, 141, 222, 253, 278	高揚感	220
強奪者	222	強欲	33
強奪する	132, 143, 145, 195, 223, 278	高利貸し	22, 175
拘置	98	高リスク犠牲者	144
拘置所	160, 222	高リスク被害者	144
拘置する	160	拘留	94
紅茶	100	コード	73
交通違反	136, 252	コーヒー休憩	235
交通違反切符	69, 201	コカイン	27, 33, 49, 52, 54, 60, 61, 72, 74, 87, 91, 122, 126, 133, 153, 158, 168, 171, 179, 194, 211, 230, 239, 241, 245, 250, 254, 255, 261, 265
交通違反召喚状	227		
交通監視員	271		
交通監視警官	116		
交通警官	45	コカインを吸引する	210
交通遮断線	84	コカインを吸う	174
交通整理警官	240	小型拳銃	226
強盗	12, 21, 31, 141, 143, 146, 159, 173, 221, 222, 253, 260, 263	小型盗聴器	275
		小切手偽造犯	251
強盗計画	229	呼吸困難	18
強盗事件	125	極悪	14
強盗の標的	244	国際刑事警察機構	157

国際通商裁判所	79
極上の	220
黒色運転	106
黒人男性	32
黒人と白人の二人組	198
告訴	3, 217
告訴 (状)	155
告訴状	76
獄中死	17
獄中生活	141
獄中弁護士	160
告白	83
告発	3, 47, 154
告発 (状)	155
告発状	76
告発する	39, 217
極秘作戦	241
酷評	63
国立公園の治安維持	245
心の準備	115
故殺	179, 269
こじあけ機	161
腰パン	160
50ドル分	120
護送車	31, 181, 200, 202, 205
こそ泥	59, 87, 129, 213
国家安全保障局	194
国家安全保障法	61
国境警備隊	267
ことばの柔道	268
子供	66
子供を殺す	120
5ドル分の包み	193
5ドル分の麻薬	1, 121
誤認逮捕	247
5年の実刑	120, 193
故買屋	119, 231
誤爆	127
コブレイ M-11	72
ごまかし	64
困った状況	48
ゴム銃班	224
ゴム銃問題専門班	224
誤用	2
娯楽スペース	277
殺された	279
殺される	133
殺される運命	133
殺し	196
殺し屋	80, 113, 145, 154, 181, 209, 243, 263, 275
殺す	68, 105, 106, 112, 145, 147, 158, 168, 169, 191, 195, 209, 213, 221, 227, 229, 253, 271, 272
ごろつき	147
コンドーム	20
コンプライアンス	77
こん棒	28

さ

サービスリボルバー	229
災害	59
在監者	156
最高刑	39
最高法院	251
さいころ	38
罪状	25
罪状認否	12
再訴可能	102
罪体	85
裁治管轄	165
最長刑期	180, 279

災難	59
サイバー犯罪	30, 93
裁判	164, 165, 263
裁判外紛争処理	58
裁判官	26, 164
裁判(管轄)区	164
裁判所	173
裁判所開廷期	258
裁判所制度	164
裁判所による意見	204
裁判所侮辱罪	80
裁判所命令執行妨害	195
財物強要罪	116
財布をすりとる	151
催眠薬	11
催涙ガス	177
催涙スプレー	195
サイレン	145, 227, 278
サイレンサー	13
酒場	32
詐欺	27, 33, 37, 57, 77, 78, 118, 151, 152, 221, 233, 247, 253
詐欺師	35, 57, 63, 146, 147, 154, 179, 226, 253, 263, 273
詐欺団	156
詐欺で得られた多額の金	212
詐欺に引きずり込む者	223
策動	52
策謀	157
差し押さえ	78
差止め命令	156
詐取	77
詐取する	48, 147, 230
刺す	67, 208, 230
定かではないが	8
札	96
殺害	31, 54, 65, 81, 104, 117, 122, 144, 167, 180, 189, 196, 214, 238, 271, 272, 274
殺害方法	75
殺害命令	80
殺傷	33
殺人	65, 70, 126, 146, 185, 196, 242, 258
殺人(捜査)課	147
殺人課刑事	85
殺人事件	109, 137, 219
殺人者	238
殺人捜査課	74
殺人捜査班	244
殺人の契約	80
殺人犯	147, 238, 253
札束	169, 223
サップ	226
砂漠のワシ	98
サフォーク郡拘置所	250
サブマシンガン	68, 255, 267
サボる	82
ザ・ロック	222
3か月の刑	171
残虐	14
サンクエンティン州刑務所	28, 215
惨殺する	238
暫時証拠	263
三食ベッド付き	260
三振法	260
散弾銃	131
サンドイッチ作戦	225
散瞳薬	14
残忍	33
死	258
シアン化水素	152
CIA捜査官	243
シークレットサービス	228
死因	60, 73, 191

ジェーン・ウェイン症候群	161	自制心を失った	124
ジェーン・ドウ	161	姿勢をとれ！	14
仕返し	132	事前に金を支払う	127
歯科法医学	125	刺創	245
至急現場へ救急車を手配せよ	224	死体	36, 52, 57, 85, 95, 96, 247
シグ	234	事態	11
シグ・ザウエル	235	死体愛好者	52
仕組まれた犯罪	229	死体安置所	130
死刑	56	時代遅れの警官	100
死刑執行	95	死体確認	36
死刑執行前	94	死体捜査犬	52
死刑囚	60, 95, 270	死体泥棒	37
死刑囚監房	60, 95	死体の一部分	198
死刑囚収容棟	96	死体農場	36
自警行為	27	死体保管所	82, 153, 187
事件	142	下着泥棒	242
事件及び争訟	59	下っ端	17
事件記録	103	下っ端組員	242
事件に出くわす警官	88	下働き	44
事件要録	103	下見	58
事後	115	示談	9, 77
死後硬直	210	実刑	145, 159, 163, 164, 171, 254
自己誓約保釈	219, 224	執行者	113
仕事	132	執行猶予	251
仕事台	205	執行吏	20
死後の	210	失踪者	186
自殺	64, 111, 215, 250	失踪者班	186
刺殺する	208	失踪する	2, 182
自殺する	64, 111	質の劣る	183
自殺を試みる	238	質の悪い麻薬	173
事実審裁判所	263	質の悪いマリファナ	225
自首する	265	児童虐待	64, 104
自傷行為者	238	自動拳銃	16, 179
施条痕	249	自動式	16
死傷者	59	自動指紋識別システム	5
歯生状態	97	自動車詐欺	220
シシリー島	32	自動車事故	118, 190, 206
自身で(の)	212	自動車窃盗	137, 142, 212

指導者的立場のギャング	196	車庫	103
自動車登録番号	269	車高	164
自動車泥棒	39, 58, 135	射殺	33, 48, 54, 71
自動車犯罪	16	射出銃創	115
自動小銃	16, 23	車上荒らし	16, 57, 233
児童性愛者	65, 67, 236	写真	104
死にそうな	69	写真の撮影	188
死ぬ	85	写真保管室	188
支配下	146	車台番号	269
支配的にふるまう	94	シャッフル	121
自白	4	車内灯	104
自白する	54, 78, 254	射入銃創	114
しびれ感	126	シャバ	43, 199
私服警官	232, 266	車両強制停止装置	248
私服刑事	229, 232, 266	車輪固定具	97
司法解剖	16	車輪止め	69
死亡が確認	107	シャワー	125
死亡確認	95	ジャンプアウト部隊	165
死亡原因	60	銃	16, 46, 71, 130, 220, 232, 242, 249, 254
死亡時刻	261		
司法省	14, 102	収監	55, 154
死亡推定時刻	114	収監室	47
司法組織	164	習慣性麻薬	141
司法取り引き	83, 96	習慣の麻薬摂取	140
私法(上)の	69	収監房	47
司法府	4	銃器	141
司法妨害	195	銃器メーカー	45, 75
シボレー車	133	宗教的活動	276
島	202	住居侵入	21, 43, 159
市民	163	住居侵入罪	150
事務員	98	住居侵入者	150, 213
指名手配	271	銃器類	68
地元	147	州警官	246
指紋	94, 120	州警察	246
指紋を採取する	223	襲撃	14
社会福祉手当金小切手到着日	187	銃撃	68, 148, 191
釈放	102, 126, 217, 219, 265, 270	襲撃する	76
借用証書	180, 227	州検察官	245

重婚	27	主張する	8
重罪	119, 135	出所	64, 102, 209, 223
州裁判所	246	出廷	49
重症中毒	196	出頭	108, 265
囚人	34, 49, 54, 56, 64, 86, 111, 131, 150, 162, 171, 180, 211, 238, 245, 246, 262, 274	出動不可	199
		出頭命令	32
		出入国管理及び難民認定法	76
囚人ギャング	217	主任特別捜査官	225
囚人グループ	278	主犯	211
終身刑	7, 29, 39, 171, 173	首謀者	41, 188
囚人護送車	251	シュレイゲ	227
囚人仲間	85, 112	受話器が外れているぞ	205
囚人に関する報告書	252	巡回	25, 270
囚人服	137	純化のための調理法	81
臭跡	226	準構成要員	14
重窃盗	135	巡査部長	79, 237
銃創	139, 173	逡巡創	143
重大犯罪	142	順序正しい	121
銃弾	47, 142, 172	純度を下げる	5
集団で襲う	217	巡邏	25, 133
銃手入れ用製品	148	巡邏勤務	125
10ドル分	100	巡邏担当区域	124
12番散弾銃	131	錠	181
10年の実刑	100	浄化	70
銃尾	43	障害物	72
州法務官	245	小火器	279
収容者たちの総数	209	少額裁判所	240
収容囚人点呼	61	上級職員	274
重要犯罪	178	情況証拠	69
重要犯罪担当部局	178	賞金稼ぎ	41
銃溶融	138	賞金をごまかす	236
収賄	43	上下パトロール	268
銃を所持	138, 143, 146	証言	15
シュガーキューブ	250	証拠	15, 29
酒気帯び運転者	98	証拠隠滅	195
熟練ドライバー	273	証拠開示	102
受刑者	22, 27, 141, 145, 151, 254	証拠収集専門技官	115
主静脈	178	証拠能力	4

証拠の汚染	80	静脈	17, 48, 139, 174, 275
証拠品	101	静脈注射	100
証拠品収集キット	115	静脈注射をする者	232
証拠品収納袋	115	証明	15
証拠品袋	19	常用して	198
証拠物件	115	常用者	4, 132
証拠をでっち上げる	229	少量のコカイン	94
使用再開	167	条例	51
正直な警官	70	上腕	138
召集	12	ジョーズ・オブ・ライフ	161
常習者	46	所轄警察署	210
常習犯	195	除去	1
照準調整	166	食事時間中	73
上訴	11	食事をする	164
上層社会犯罪	267	食堂	68
上訴趣意書	44	職場暴力	276
上訴人	11	職務質問	51, 161, 213, 248, 253
情緒不安定者	105, 111	職務尋問	253
情動型犯罪	116	職務の一環	157
衝突事故	244	処刑	244
小児性愛	64	処刑室	94
小児性愛者	65	助言的意見	5
証人	15, 149, 275	所持許可証のない銃	74
証人脅迫	275	助手席に乗る	220
証人出廷妨害	195	助手席の警官	233
証人席	149	女性	235
証人台	275	女性捜査官	251
証人保護プログラム	118	女装趣味	143
少年院	165	ショットガン	43, 131, 158, 214, 234, 260, 264
少年裁判所	165	しょっぴく	39
小陪審	204	ショッピングジョブ	233
床尾	50	初動捜査	271
商品紛失防止	233	所得をごまかす	236
情報	26, 195, 235	所内着衣	229
情報機関	156	所内密造酒	213
消防士のバッジ	210	処罰	221
情報提供者	54, 95, 120, 191	初犯	247
情報屋	76, 155		

初犯者	195	審判	164
しょぼい上がり	214	人物	10
初歩的な推理	112	新米	17
書類を追跡する	63	新米警官	40, 67, 136, 140
ジョン・ウェイン症候群	163	新米刑事	274
ジョン・ドウ	163	新米泥棒	67
ジョン・ベイツ	163	新米の看守	240
私立探偵	51, 116, 138, 172, 211, 224, 230, 232, 241	新米の泥棒	247
		審問	156
シリンダー	93	尋問	51, 214, 230
死冷	7	深夜勤	135
歯列	97	親友	3, 222
白いブツ	274	信用詐欺	48, 129, 137, 152, 205, 226, 230
白い粉末	273		
白バイ教習所	273	信用詐欺師	234
白バイ警官	205, 265	信用詐欺師摘発班	47
新入り	65, 121, 126, 139	信頼できる	134
侵害	42	審理	263
信号炎管	121	審理無効	186
シンジケート	78	スイーツ	67
新人看守	121	水死体	124
新人警官	101, 223	水道管を使って	198
シンシン州刑務所	28, 234, 235	スース博士	107
心身喪失	90	スーデコン	250
新人婦人警官	101	スーパーマン症候群	251
人身保護令状	140	頭蓋写真スーパーインポーズ	237
迅速な裁判	243	スクープ	227
死んだ	197, 247	すぐだまされるやつ	68
身体検査	14, 230	すぐに解決できる	109
身体傷害	1	スクリーム	227
身体接触	13	スケープゴート	226
身体損傷	137	スコットランドヤード	227
人的訴訟	3	スタンガン	249
死んでた	107	スタン擲弾	249
シンナー	151	すっかり	32
シンナー遊び	19	ストライカー鋸	249
侵入する	87	ストライキ	34
真の警官	83	ストリートギャング	32, 112, 146,

	248
ストリートドラッグ	10, 23, 100, 248
ストリートマネー	249
ストリップサーチ	249
スナッフフィルム	242
スパイ	5
スパイ活動	71
スパイ行為	114
スパイを配置する	207
スピード	193, 243
スピード違反取り締まり	170
スピードフリーク	243
スピードボール	243
スプーン	121, 192
スプーン1杯分	244
スペシャルK	243
すべて計画通りだ	115
スポイト	121
スポーツ暴力	244
スマーフィング	240
スライド銃	239
ずらかる	19
スラッパー	238
スラップジャック	238
スラム街	109
スリ	13, 173, 187, 357, 259
スリ取締班	55
すり取る	101
スリの共犯者	245
スリ犯	55, 71, 100, 101, 138, 141, 147, 243, 246, 274
スリムジム	239
スリをはたらく	147, 160, 236
SWAT	181, 223
SWAT隊員	271
SWAT隊員救出	124
寸借詐欺	233
制圧未確認	194
性器を見せる	122
性交	36
性交渉	73
青酸	152
正式起訴(状)	155
正常	121
精神疾患	138
精神障害者	105, 120
精神障害の防御	156
精製ヘロイン	234
清掃係	151
性的いたずら	100
性的殺人	229
性的暴行	13, 31
正当殺人	165
正犯	211
性犯罪	64
性犯罪者	195, 229, 234, 236
制服	19, 34
制服警官	161, 266
制服で勤務	157
星芒状裂傷	245
西洋かみそり	68
責任をとる	117
セコナール	218, 228
折檻	63
接近・脱出経路	72
セックス	36, 148, 167, 232
切創	155
窃盗	113, 143, 151, 152, 172, 173, 206, 221, 248, 253, 263
窃盗犯	39, 147, 206, 261
窃盗癖	168, 169
セメント詰め	60
前科	77, 115, 211
前科記録	217
閃光弾	123
潜在指紋	172, 176

宣誓供述書	5
潜伏する	82
潜伏場所	82
全部署緊急連絡	8
全部署手配	69
全米犯罪情報センター	191
全面制圧完了	7
洗面用品	64
戦利品	264
染料入り札束	109
粗悪な	183
訴因	59
増援部隊	60
臓器	42
早期釈放	111
装甲車	279
捜査	51, 157, 245
捜査員	158
捜査科学	125
捜査課刑事部	227
捜査官	5
捜索	230, 262
捜索押収	228
捜索抑留	228
捜索（差押）令状	228
操作する	138
捜査網	105
捜査令状	169
総資産捜査	192
総収容者数	178
騒擾（罪）	221
増量剤	92
贈賄	43, 253
遡及的	115
速度を見積もる	116
狙撃	106, 271
狙撃手	86, 166
組織的犯罪	56
組織犯罪	198
組織犯罪規制法	198
組織犯罪シンジケート	216
訴訟	44, 58, 59, 211
訴状	28, 76
訴訟事件表	53
訴訟代理人	85
訴訟当事者	175
訴訟の理由	59
塑性指紋	207
訴追する	212
袖の下	43
袖の下警官	135
訴答	208
訴答手続き	208
外の世界	126
ソフトドラッグ	242
損害賠償請求訴訟	94
尊大	18

た

ダークサングラス	177
ターゲット	145, 229
ダーティーハリー症候群	101
ダーティーハリエット症候群	101
タール	254
第一次犯行現場	211
第一到着警官	121
第一到着者	121
第一審裁判所	263
隊員負傷！	196
体液	36
待機期間	82
待機中	156

大金	216, 247	高飛び	266
体腔検査	36	他言無用	189
第3条裁判所	79	叩きのめす	195, 213, 253, 266
大事件	272	叩く	148
大赦	9	ただで	197
対審	78	立会い証人	15
対人訴訟	3	立入り禁止	84
体制	251	立入禁止テープ	89
代替光源	8	立ち去る	38, 43, 103
代替的紛争解決策	9	脱獄	25, 42, 49, 50, 87, 114, 119, 124, 160, 171, 216, 264
体調変化	37	脱獄者	72
第二次犯行現場	228	脱獄囚	224
大陪審	135	脱獄を企てている	216
対物訴訟	3	脱税	254
代弁者	5	脱走	43, 73, 114, 145
逮捕	1, 12, 15, 19, 26, 39, 49, 51, 56, 69, 72, 75, 82, 91, 106, 117, 133, 145, 147, 161, 169, 191, 192, 195, 197, 206, 209, 213, 217, 227, 241, 252, 253, 262, 263	盾	20
		他人の車両を乗り回す	164
		タバコの吸いさし	233
		タバコ1箱	167
大法廷	155	タフで攻撃的な	141
逮捕記録	33, 231	食べ物を奪う	263
逮捕拘留	223	打撲傷	29
逮捕令状	252	だまされやすい人	250
逮捕歴	278	だまし取って	137
大麻	23, 37, 46, 55, 161	だまし取る	25, 71
大麻の紙巻きたばこ	194	だます	48, 129, 148, 221, 230, 253
対面	78	黙っていろ	189
タイヤ痕	260	たまり場	272
タイヤのスリップ痕	236	ためらい傷	141, 143
ダイヤモンド	153	頼りになる	17
ダイヤモンド窃盗犯	154	たれこみ	155
代用警官	178	たれこみ屋	29, 64, 76, 100, 120, 230
代用品	48	弾劾	154
代理人	15	弾丸	47, 55, 172, 173, 239
大量殺人	32, 58, 180, 238	短期刑	184
大量に服用	3	短期収容所	98
大量の麻薬	216	断罪	47

断酒会	7
男娼	138, 152
男性囚人	138
男性同性愛者	65
探偵	12, 25
弾道	262
弾道学	20
担当犯罪者	58
ダンプスター	109
弾薬	141
弾薬筒	58
治安判事	165, 178
治安判事発行逮捕状	165
治安紊乱	102
地位	122
地下鉄	146
地下鉄警官	264
地下鉄の駅	146
痴漢	17, 233, 263
地区検察官	94
地区(首席)検察官	102
地区検事	94
地区(首席)検事	102
地区検事補	14
チクリ屋	265
血しぶき	33
膣	225
窒息	13
血で染まる復讐	268
恥毛捜査	213
血も涙もない	46
ちゃちな	183
ちゃちな窃盗	233
ちゃちな犯罪者	249
注意そらし犯罪	234
中央情報局	61
仲介人	202
仲裁人	12
注射	13, 17, 22, 31, 33, 119, 121, 122, 132, 138, 141, 145
駐車違反	201
駐車違反切符	69, 201
駐車違反取締警官	44, 136, 137, 201
注射器	138, 207, 261
駐車禁止	54
注射痕	262
注射針	121
注射用具	220
中枢神経興奮剤	98, 267
中枢神経刺激剤	10, 30, 83, 87
中枢神経抑制薬	95
忠誠心	142
中毒	147
中毒者	4, 6, 232
中毒症専門医	4
中リスク犠牲者	186
懲役	163
懲役刑	217
懲戒記録	233
長官	76
超高級品	52
調査	138, 252
調査員	237
調査対象者	250
懲罰	63
懲罰食	67
挑発する	49
懲罰房	32, 34, 41, 53, 175, 214, 231
懲罰用独房	82
諜報	71, 114, 156
諜報活動	156
諜報機関	156, 194, 228
チョークライン	61
直接証拠	101
勅選弁護士	168
直腸	147, 166, 225

著作権侵害	206, 242	デカ	108
ちょろい	129	手掛かり	226
鎮静薬	105, 176	手紙	168
鎮痛薬	21	敵意	10
ちんぴら	47, 243	溺死体	124
沈黙の誓い	196	敵対	10
追跡	149, 150	敵対グループ	150
ツイナール	216	デクシー	99
追放	22	デクシーズ	99
通常警戒せよ	73	手癖の悪い	152
通報	155	手口	186
使い込み	113	デザートイーグル	98
捕まえろ	253	デザイナードラッグ	98
つきが落ちる	48	手錠	223, 241
突き刺す	231, 232	手錠を掛ける	92
突っ込み役	207	手すり	22
鼓弾	270	手製ナイフ	68
罪を犯す	204	手製のナイフ	232
罪をかぶる	117, 272	デソキシン	98
罪をきせる	226	デックス	99
釣り銭詐欺	152, 206	でっち上げ	122, 126, 247
釣り銭詐欺師	233	でっち上げる	268, 276
連れ出して殺す	253	鉄道警官	224, 277
連れて行かれる	133	鉄道公安官	103
d-ツボクラリン	108	鉄パイプ爆弾	206
ディーラー	24, 30, 250	手で操作	37
定款	51	手巻きのたばこ	221
停止期間	96	デメロール	97
停止指導	106	デリンジャー	97
停止と捜検	248	テレマーケティング詐欺	255
停車禁止	54	テロ対策班	244
低品質	48	テロリスト	21, 207
廷吏	20	手業師	140
低リスク犠牲者	176	手を出す	198
低リスク被害者	176	田園地帯に特有の犯罪	224
手入れ	70	電気椅子	48, 127, 149, 196, 244
デートレイプドラッグ	95, 129	転勤	124

テンコード	255	盗難車特別捜査班	151
点呼・伝達指令室	244	盗難車リスト	149
伝言	275	盗難車両	39
電子部品	38	盗難車両回収システム	175
転属記録簿	155	盗品	119, 149, 168, 251, 254, 264
伝聞証拠	110, 142	盗品 リスト	149
電話番	59	盗品の銃	149
電話利用状況記録装置	203	盗品を売る	265
ドアの蹴破り	103	答弁	97, 208
どあほう	4	答弁の取り引き	208
ドアラム	104	逃亡	103, 124, 131
ドアを打ち壊す役割の警官	238	逃亡者	127, 224
ドアを打ち破る	43	同房者	48, 60, 156
トウガラシ樹脂油剤	196	逃亡者捕縛チーム	118
道具痕	261	登録された銃	70
統合型発射痕特定システム	153	トーチ	262
投獄	102, 154	ドーピング	105
投獄された者	217	度胸がある	21
盗作する	221	特殊火器戦術部隊	111, 251, 252
同乗者	56	特殊活動部隊	242
投資を強要する	237	特殊部隊	225
陶酔(感)	122	特殊ミッションチーム	240
同性愛者	143, 186	特定領域連続殺人犯	258
同性愛者の囚人	162	毒物混入	211, 265
同性愛性行為	203	特別機動隊	124
逃走	20, 131	特別捜査官	225, 242
闘争罪	5	独房	30, 41, 52, 53, 60, 67, 88, 94, 118, 146, 150, 153, 237, 254, 270
逃走車両	271	独房監禁	201
逃走用の車	81, 131	独房群	123
到着時死亡	96	独房捜索	262
到着時死亡の	103	独房内捜索	230
盗聴器	46, 254	独房に入れられて	197
盗聴器設置	275	独房の扉を開ける	216
盗聴する	46, 254, 275	匿名	10
盗聴装置	207	閉じ込める	52
盗難警報機	46, 263	塗装工	95
盗難車	108, 127, 137, 149, 150, 236, 240	塗装面の傷	251

独居房	100, 234
突入チーム	113
突入地点	42
徒党	71
賭博	46
賭博詐欺師	129
賭博師	6, 24, 57
飛び降り自殺	165
飛び降りる	44
飛び込み自殺	165
飛び出し事故	95
飛び出しナイフ	123, 251
飛び立つ	253
飛び道具	8
扉破りの槌	104
ドメスティックバイオレンス	104
捕らえる	11
ドラグネット	105
ドラッグ	123
ドラッグストア	107
ドラッグ製造所	117
ドラッグやアルコールの影響	159
トラブルメーカー	162
トランシーバー	244
トランプカード	218
トランプ束	81
取り押さえる	12
トリカブト	3
取り調べ	134, 259
取調室	34, 42, 157
トリップ	127, 263
取り引き	80, 200
ドル札の束	139
泥棒	39, 143, 159, 168, 179, 254
鈍器	27, 35
鈍器創傷	35
トンファー型警棒	213

な

内規	51
内勤一筋の警官	151
ナイトビジョン	241
内々の	69
ナイフ	22, 31, 49, 67, 130, 151, 205, 208, 230, 246, 249
内部告発	33, 34
内部の手引き	156
ナイフを使う者	232
内密の	78
内務省秘密検察局	228
仲がよい	56
仲が悪い	56
仲間	220
流れ弾	248
泣きつく	32
殴り合い	133
殴り合う	132
殴り倒す	239
殴りつける	72
殴る	56, 254
ナップ委員会	169
怠け者	85
ならず者	18
なりすまし	118
縄張り	146, 202
縄張り争い	264
難事件	272
ナンバープレート	252
難民	98
ニードルキャンディー	192
ニードルニーディー	192
ニードルハウス	192
ニードルフリーク	192

におい	226	盗みの性癖	172
肉食警官	181	盗み見	57
肉体的証拠検出キット	204	盗みをはたらく	39
逃げ出す	83	盗む	25, 39, 70, 71, 88, 108, 127,
逃げる	19, 39, 103, 217		130, 132, 137, 143, 147, 148, 155, 168,
二次被害者	228		169, 173, 192, 206, 209, 218, 221, 241,
25ドル分の麻薬	215		247, 254, 255, 260, 274
25年の実刑	215	濡れ衣	126
二重スパイ	187	ネズミ講	61
20ドル分	43	ネズミ講式販売	132
22口径	99, 105	熱血警官	88
二重の危険	105	捏造者	125
にせ金	215	燃焼促進剤	2
にせクラック	204	燃焼パターン	49, 210
にせ札を使う	201	納棺する	74
にせのカジノ	28	ノーズキャンディー	194
にせの供述	268	ノーズコーン	194
にせの麻薬	265	ノーズパウダー	194
にせ麻薬の売人	129	ノーズハビット	194
日勤	208	ノーノック捜査令状	193
日勤警官	239	ノックアウト薬	169, 183
日数	18	ノックと告知のルール	169
ニトログリセリン	136, 242	乗っ取り	6
2年から25年間の刑期	99	飲み込み	19, 75, 106
2年の刑期	98	飲み込む	106
入院患者	156	ノミ屋	38, 39
入管法	76		
入手	82		
ニューヨーク市警察	192, 194		
New York市警の本部庁舎	197	## は	
にらみつける	116		
にらみをきかす	141	バー	32, 50, 83
二流品	31, 48	パーコセット	21
庭に出ろ	277	パープウオーク	204
忍者石	193	バール	90, 161, 261
認証者	15	ハイウェーパトロール	25
ニンヒドリン	193	ハイウェーパトロール警官	240
脱ぎ捨て	260	配偶者への虐待	104

バイク事故	180	ハシッシュ	23, 33, 44
バイクに乗ったギャング	227	走って横断する	126
バイクに乗った警官	227	走り去る	30
ハイジャッカー	6	バス療法	49
ハイジャック	144, 145	パズル	214
買収	43, 122	パズルの館	197
売春	152	バタリングラム	24, 180
売春者	127	8時間勤務	248
売春婦	19, 88, 132, 152, 202	8年の刑期	112
売春宿	44, 55	1/8オンスのクラック	112
売春をする女	142	1/8オンスのヘロイン	112
背信	27	1/8オンスの麻薬	112
陪審	201	1/8キロのクラック	112
陪審員	12	ハッカー	30, 136
陪審員忌避	62	発火点	208
陪審員団	201	罰金	221
陪審員名簿	201	罰金刑	211
配置転換	234	バッジ	231, 260
ハイな気分	273	発射残渣	139
ハイになった	275	はったり	35
売人	19, 20, 29, 33, 55, 79, 88, 96, 105, 144, 154, 164, 178, 188, 191, 201, 206, 207	バッドトリップ	18
		葉っぱ	135
		発砲	49, 55, 56, 120, 130, 148, 209, 220
ハイの状態	148		
パイプ	267	発砲あり	150
ばか	129	発砲事件	102
破壊弾	99	罰を与える	148
破壊物	6	パトカー	30, 34, 51, 64, 91, 103, 161, 210, 213, 221, 225, 232, 244
破壊棒	24		
ばか者	17	パトロール	138, 210, 261
吐き気	18	パナマレッド	200
白状する	78	パニック	6
白人	28	派閥	71
爆発物処理班	244	派閥同士の争い	229
爆発物探知犬	37	ばらす	33
爆発物取締局	14	パリー	202
パクられる	75	ハリガンツール	140
運び屋	19, 107, 148, 188	バリケード	222

張り込み	116, 245	犯罪に関わっている者	156
張り込みを継続する	236	犯罪の証拠	207
バルビツール	23, 134, 239, 203	犯罪の常習者	229
バルビツレート	105	犯罪の遂行	204
晴れ着	38	犯罪の通報	244
ばれる	33	犯罪予防	11
犯意	10	犯罪率の高い地域	102
反感	11	犯罪を繰り返す	18
判決	29, 41, 164, 229	反自然的犯罪	88
犯行	76, 162	搬送の準備が完了	200
犯行現場	88, 245	反対意見	102
犯行現場科学捜査	91	バンダナ	109
犯行現場(科学)捜査	89	ハンドルロック	71
犯行現場(鑑識)捜査官	89, 91	犯人	3, 18, 31, 124, 140, 187, 195, 204, 275
犯行現場(科学)捜査班	89	ハンマー	66, 140
犯行現場捜査用キット	89	判例	58
犯行現場破壊汚染行為	89	PR24型警棒	213
半殺し	237	PCP	203
犯罪	113, 173, 187	ピースピル	203
犯罪学者	90	被害者	27, 59, 121, 146, 161, 268
犯罪家族	179	被害者の所持品	242
犯罪記録	156, 159	皮下注射	35, 152
犯罪行為	162	皮下注射器	152, 163, 192, 232
犯罪実行者	204	被疑者	120, 251, 254
犯罪者	9, 62, 86, 88, 92, 142, 178, 187, 195, 254, 269	引き渡す	265
犯罪者一味	254	非故意殺(罪)	158
犯罪者写真台帳	223	尾行	252
犯罪者の写真ファイル	188	非公開で	155
犯罪者の世界	129	飛行機	77
犯罪常習者	68	被拘禁者	98
犯罪小説	274	非公式の銃	107
犯罪捜査	59	飛行士眼鏡	83
犯罪捜査担当者	98	非行少年	14
犯罪捜査中	59	尾行する	230
犯罪組織	134, 186, 275	被告	3, 97
犯罪組織の中クラスのボス	237	被告側	97
犯罪訴追	212	被告側弁護人	269

被告人	92	秘密結社	52
被告人を探し出す人	237	秘密捜査員	266
微細証拠物件	262	秘密捜査官	232
微罪判事	213	秘密諜報員	5
非常線	84	秘密の	69
被上訴人	11	ヒモ	94, 178
非常態勢	218	ビュイック エレクトラ 225	99
非常に親しい	260	病院到着時死亡	102
非常用電話	54	病的犯罪者	187
秘書室	199	病理学	202
ピストル	29, 31, 49, 92, 130, 201, 232, 254, 263	被抑留者	98
		ヒロポン	182
ピストル強盗	145	貧困線	188
ピストル強盗犯	145, 146	瀕死の状態	174
ヒスパニック	114	不安感	130
砒素	12	フィールドキット	119
ひっかかりやすい人	205	不意打ち	246
ひつぎ	74, 153	風俗犯罪取締班	163, 268
ピッキング	175	封筒	124
ピッキング強盗	205	夫婦面会	262
ヒットマン	80	フーリーツール	147
ヒットモービル	145	フーリガン	243
ひどい扱い	230	フーリガンツール	147
ひどい仕打ち	230	フェラチオ	88
ひどい目にあわせる	230	フェンシクリジン	10, 66, 91, 113, 122, 170, 175, 185, 196, 202, 205, 231, 245
非道	14, 33		
人質	149		
人質救出班	149	フェンタニル	66
人質犯	23, 149	フォードマスタング	122
人質犯人	111	フォトラインアップ	205
ひと包みの麻薬	20, 200	部外者の犯行	199
非番日	218	不快症状	6
ビフェタミン	30	吹かす	261
非武装地帯	102	不義	157
非謀殺	179	武器	12, 49, 68, 261
暇つぶしをする	167	武器を携行する	200
秘密	33	武器を所持	146
秘密警察	228	服役囚	49

復讐	18
複製	40
服装倒錯者	143
覆面警官	266
覆面パトカー	16, 206, 207, 266
不抗争の答弁	194
侮辱	101
侮辱(罪)	80
婦女暴行	217
婦女誘拐	1
婦人警官	18, 63, 99, 179, 182, 279
不正取り引き	80
武装強盗	145, 197, 246, 253
武装強盗犯	159
武装した	114, 143
不遜	15
ブタ箱	108, 172
2人用監房	44
ぶち破る工具	104
物証保管	61
物的証拠	101, 205
物的訴訟	3, 218
不動産訴訟	218
不当逮捕	205
ふところがさびしい	175
不服	76
不法監禁	118
不法行為	101, 107
不法集会	266
不法侵入	30
不法侵入者	48, 263
不法接触	24
不法逮捕	266
不法に取得	128
不法入国	272
不法入国者	86, 98
不法薬物	148
踏み込む	230
不明	161, 163
扶養料	7
フライドチキン	277
ブラックジャック	28
フラッシュバック	122
ブラッズ	32
ブラッド	241
プラトゥーンシステム	207
ブラフ	35
ぶらぶらして時を過ごす	167
ブランケット	20
腐乱死体	178, 247
フリーベース	23, 24, 81, 126
不履行	42
振り込め詐欺	135
不良	88
不良グループ	63
不良品の銃	161
不倫	5
古い車	260
震え	6
プレイスメント	207
フレオンガス	126
プレッシャー	142
ブローニング	45
プログレッシブ・テクノロジーズ	211
プロの殺し屋	232
フロンガス	126
分署	210
文書偽造	125
文書足跡	201
文書誹毀	173
分析	10
分隊	264
米国仲裁協会	9
米国防総省	194
米国法律家協会	23

塀の外	126, 199	弁論	208
平伏姿勢	212	保安員	251
米連邦刑務所	71	保安官	231, 260
平和攪乱（罪）	102	ボイスメール	269
ベガス札束	268	法医学的調査官	182
別居手当	7	法医学的な	124
ベッド	53	防衛殺人	62
別のギャングを襲う	229	放火	12, 162, 182, 212, 262
別の刑務所に移る	220	放火現場	262
ペッパーガス	203	放火捜査官	13
ペッパースプレー	203	放火犯	13, 119, 211, 262
別名	6	放火魔	119, 120
ベテラン警官	140	傍観者	156
ぺてん	78	放棄	219
ぺてん師	62, 63, 154	防御創	97
部屋掃除	223	暴行	13, 14, 24, 221
部屋掃除屋	223	暴行被害者	59
ペヨーテ	50	暴行を加える	264
ヘリコプター	116, 132	報告	51
ヘルメット	260	報告すべき6項目	192
ヘロイン	11, 20, 31, 42, 43, 44, 45, 52, 54, 63, 66, 67, 96, 103, 105, 112, 148, 153, 159, 188, 196, 201, 208, 211, 226, 230, 239, 241, 249, 250, 261	報告する役目の警官	56
		防護スーツ	29
		謀殺	189
		法歯科医学	125
ヘロイン常用者	100	法歯学	125
ヘロイン中毒	19, 65, 239, 241	法執行官	172
ヘロイン入門セット	240	宝飾品	54, 106
ヘロインの注射	167	幇助者	1
ヘロインベビー	143	幇助する	1, 6
ヘロインを使う	237	法人類学	124
弁護	5, 44, 97	抱水クロラール	67
弁護士	9, 15, 82, 85, 140, 141, 172, 188, 203, 273	暴走族	28, 196
		防弾盾	36
弁護士業	22	防弾チョッキ	36, 47, 85, 122, 212, 243, 268
ベンゼドリン	25, 26, 61, 183		
ベンゾジアゼピン	27	法弾道学	125
変態男	64	法廷	22, 26, 124
ベンツ	27	法廷助言者	9

法廷弁護士	22, 23	補導	12
法典	73	捕縛	11
暴動	221	墓碑泥棒	261
法にかなった	134	ホモ	65
房に戻れ	277	ホモ受刑者	32
法の執行官	172	ホモの看守	138
防犯装置	11	ホモの犯罪者	127
防犯対策	11	掘られ役	166
防犯ベル	48	ポリグラフ	209
法病理学者	92	ポルノ映画	242
放免	3, 101	ポルノ小説	218
法律違反者	172	保冷室	219
法律家	15, 172	ホローポイント	146
暴力	15, 24, 32, 157, 264	ボロ車	148
暴力的な犯人	143	ホワイトカラー犯罪	273
暴力犯罪	70, 197	ホワイトハット	273
法令遵守	77	本拠地	147
放浪連続殺人犯	194	ポンジー式投資詐欺術	61, 209
ポーカー詐欺師	235	ポン引き	47, 55, 177, 178, 207
ボーストル刑務所	41	ポン引きバー	206
ホームレス	236	本名	248
ボクサー姿勢	213		
保護観察	201, 211		
保護観察官	211		
保護観察期間中の者	211		
保護観察命令	211		
保護拘置室	103		
保護留置	212		
ホシ	3		
保釈	19		
保釈金	19		
保釈保証証書	38		
保証人	19		
ボス	41, 107, 179		
没収	78		
ぼったくる	247		
ホップス	148		
ボディーチェック	37, 127, 202		

ま

マーダーブック	189
マイクロドット	183
前金で	199
巻き上げる	130
巻きたばこ	82, 132
マグナ・ブラシ	178
マクノートン準則	180
マジックミラー	197
マシンガン	275
マスタードぶっかけ屋	189
マスタールーム	189
混ぜ物	25

待合区域	53
待ち伏せ	9
マックグラフ	180
マッシュルーム	189
まとめ役	134
マネーロンダリング	172
マフィア	14,50,153,176,177,186
麻薬	17,18,28,31,48,52,55,96,109,131,135,165,168,191,205,233,252,272
麻薬1オンス	199
麻薬入りカプセル	250
麻薬売り渡し	244
麻薬供給人	178
麻薬購入	50
麻薬使用	101
麻薬使用者	207
麻薬静脈注射	152
麻薬常用者	94,152,191,192,247
麻薬常用癖	140
麻薬性鎮痛薬	108
麻薬捜査官	191
麻薬捜査班	244
麻薬探知犬	95
麻薬注射	132,150
麻薬注射器具	177
麻薬注射用具	168
麻薬中毒	4,65,101,147,167
麻薬中毒者	67,176,227
麻薬ディーラー	23
麻薬取締官	108,191
麻薬取締局	35,95,107
麻薬取締班	191,242
麻薬取り引き	96,144
麻薬入手が困難	201
麻薬の影響	252
麻薬の効き目	164
麻薬の吸入	147
麻薬の純度	81
麻薬の処方箋	218
麻薬の注射	100,164,233
麻薬の道具類	142
麻薬の売人	214
麻薬の売買	22
麻薬の皮下注射	237
麻薬の密輸入者	240
麻薬売人	179
麻薬売買	192,278
麻薬販売	152
麻薬密売	234
麻薬密売人	96,107
麻薬を打つ	105,164,232
麻薬を売る	237,265,275
麻薬を使用	253,272
麻薬を所持	146
麻薬を断ち切った人	215
麻薬を絶つこと	74
麻薬を注射する	81,209
麻薬を注射する行為	237
麻薬を飲み込む	36
麻薬(通常はヘロイン)をやめる	168
麻薬をやる	66
マリファナ	20,30,31,33,35,36,43,46,49,54,71,76,113,131,135,145,150,162,171,177,179,192,211,219,221,230,249,252,261,270,272
マリファナ1ポンド	112
マリファナ紙巻きたばこ	188
マリファナたばこ	163,174,175,206,223
マリファナの量	120
マリファナを吸う	174
マリファナを吸う者	240
マリファナを詰める	200
マルボロ	52

万引き ……39, 143, 145, 173, 174, 232	密通 …… 157
万引きスカート …… 40	密売 …… 80
万引き箱 …… 40	密売所 …… 24
万引き犯 …… 39, 49, 71, 97, 206, 233, 237	密売組織 …… 79
万引き犯罪 …… 233	密売品 …… 189
万引きブルマー …… 40	密輸 …… 36, 40, 80, 226, 240
未解決殺人事件 …… 74	密輸業者 …… 240
未解決殺人事件班 …… 74	密輸酒 …… 40
未解決事件 …… 246	密輸組織 …… 79
未解決事件リスト …… 63	密輸入 …… 139
未解決のままで …… 231	密輸人 …… 139
未解決犯罪 …… 25	密輸品 …… 251
みかじめ料 …… 136	密輸用トンネル …… 107
身柄確保 …… 11	密輸ルート …… 107
身柄提出令状 …… 140	身投げ …… 108
身代わり …… 117, 226	醜いやつ …… 111
未決訴訟 …… 263	見逃す …… 77
未決訴訟事件表 …… 103	身代金 …… 106, 217
ミサイル …… 185	見張り …… 50, 162, 166
ミサイルX …… 186	見張り役 …… 172, 199, 206
見下げ果てた …… 141	見張りをする …… 162
短いバール …… 162	身分証明書 …… 154
短い服役期間 …… 238	身持ち …… 92
未遂 …… 15	身元 …… 154
ミステリー …… 190	身元確認 …… 36, 178
見せ金 …… 123	身元不明 …… 161, 163, 182
密告 …… 26, 27, 33, 49, 83, 100, 106, 155	ミランダ …… 184
	ミランダ・カード …… 184
密告者 …… 64, 67, 92, 95, 100, 103, 120, 135, 171, 209, 217, 224, 241, 247, 264	ミランダ規則 …… 184
	ミランダ警告 …… 184
	ミランダ権利 …… 184
	身を隠す …… 146
密告者だとのうわさ …… 218	民間人 …… 69
密告する …… 124, 155, 171, 191, 217, 235, 241, 244, 245, 265	民事訴訟 …… 69
	民事の …… 69
	民事罰 …… 69
密告する黒人 …… 205	むかつくやつ …… 4
密造 …… 40	
密造酒 …… 40, 61, 164, 217	無罪 …… 3

ムショ	172	免責される殺人	115
ムショダチ	238	面通し	154, 174
ムショ名	164	儲けた	200
無銭飲食	51, 94	儲けになる	111
無線機付きパトカー	216	申し立てによると	8
無線連絡	244	燃え尽き症候群	83
無駄足	274	モーテル	51, 150, 274
無断欠席	66	モーフ嬢	186
無断で借りる	148	目撃者	116
無賃乗車	118	目撃する	116
無法酒場	45	黙秘を貫く	246
無名	10	モグラ	186
紫の霧	214	もぐり酒場	46
無令状捜査	30	もぐり仲買店	46
迷宮入り	274	持ち込み禁止	80
明視の法理	207	持ち込み禁止品を隠す	237
酩酊運転	96, 109	持ち物検査	230
明白な証拠	85	元服役囚	248
名簿	12	物乞い	151
名誉を毀損する	238	模倣犯	84
メース	177	漏らす	27, 243
メキシコ警察	203	モルグ	153, 187
メキシコ産ヘロイン	261	モルヒネ	43, 54, 153, 177, 185, 186, 187, 241, 250
目こぼし料	136, 176, 202	モルヒネ中毒	63, 185
目覚ましの一服	187	モルヒネ中毒者	241
飯時	164	モンタージュ画	154
メスカリン	50	モンタージュ写真	77
メセドリン	61, 91	モンタージュ写真作成法	205
メタドン	182	問題解決のための話し合い	236
メタンフェタミン	37, 61, 91, 123, 182	問題なし	115
メチレンジオキシメタンフェタミン	181		
メディケード詐欺	181		
メモ	168		
面会	160		
面会室	38		
免責	102	八百長	122, 271
		薬1キログラム	167

や

役立たず	113
薬物	130
薬物依存治療	17
薬物検査	105
薬物識別専門官	106
薬物の使用をやめる	167
薬物乱用防止法	144
薬を売る	164
薬を使って	159
野次馬	265
薬莢	58
薬局	208
やばい	149
山師	62
殺る	43
殺るか殺られるか	32
誘拐	1, 160
誘拐事件	200
誘拐暴行	58
有価証券詐欺	228
有疑評決	198
友好射撃	127
有罪	80, 138
有罪宣告	77
有罪（の）答弁	208
有罪判決	81
友人	233
郵便配達人	124
幽閉する	52
有名裁判	60
有力	10
行方不明者	186
輸出入禁止品	80
ゆすり	30, 230
ゆする	230
輸送ひも	53
ユナボマー	266
指先で探す	208
弓のこの刃	99
弓矢隊	41
湯沸かし器	46
湯沸かしプレート	247
酔いからさめる	87
酔いつぶれる	87
容疑者	15, 18, 36, 58, 120, 245, 251, 261, 266
容疑者の似顔絵を描く人	236
擁護	97
幼児姦犯	64, 65, 233
用心棒	41, 68
用を足す	236
汚れた看守	101
酔った	164
酔っ払い	98
酔っ払った	174
予備工作	47
予備尋問	269
呼び出し状	252
読み物	218
42番街	98
4分の1オンス分の麻薬	215

ら

ライオットガン	221
ライカーズ島（拘置所）	220
ライドアロング	220
ライフリング	220
ラウンダー	224
落書き	252, 271
拉致	1, 168
ラッシュ	224
ラットボーイ	218
ラテン・キングズ	172
ラビットツール	216

ラム打率	114	レイプキット	217
ラリった	174	レイプする	221
ラリっている	109	レイプ被害者	130
乱痴気騒ぎ	67	レーダー	45
乱闘	5	レジ	94
乱用	2	レズ	58
リーファー	219	レンガ	158
利益型犯罪	156	連続殺人	229, 244
離婚手当	7	連続殺人事件	58
リゼルグ酸ジエチルアミド	3	連続殺人犯	218, 229
リタリン	221	連続放火	229
立証	15	連続放火犯	229
リット	221	連邦警官	118
リボルバー	92, 177, 203, 220, 232	連邦刑務所	119, 133
略号	73	連邦控訴裁判所	79
略式起訴	155	連邦最高裁判所	79, 251
略式起訴者	155	連邦捜査局	118
略式起訴状	155	連邦地裁	79
硫酸アンフェタミン	26	連邦法	178
留置	56, 94, 98	労役	52
留置場	53, 54, 71, 192, 254	廊下側	126
了解	258	老人虐待	104
両性愛者	143	ロードブロック	222
旅行会社	46	66分署の愛称	125
リラックスする	65, 167	LOG申請	175
履歴が不明な銃	70	ロシア人犯罪者	177
輪姦	17	露出	279
臨終の供述	110	露出狂	123, 270
累犯者	195	路上強盗	188
ルーガー	224	路上強盗行為	188
ルールを守らない警官	222	ロス市警語	171
ルマ・ライト	176	ロッキー	222
礼儀・プロ意識・尊敬	86	ロック	222
冷却期間	82	ロックカレッジ	222
霊柩車	31, 181	ロックキッド	222
礼的水洗	86	ロックハウス	222
0.45口径	125	ロックヘッド	222
レイプ	17, 73, 160, 217	ロッシュ	222

ロヒプノール ……… 183, 221, 222, 223
ロリータ趣味の男 ………………… 65
論争 ……………………………… 158
ロンドン警視庁 ………………… 227
ロンドン警視庁監察部 ………… 224
ロンドン市警察 ………………… 69

わ

賄賂 ………… 43, 111, 122, 132, 136, 253
ワインと混ぜたマリファナ …… 241
和解 ………………………………… 9
若い犯罪者 ……………………… 214
ワゴン型警察車両 ……………… 205
わな ……………………………… 113
ワニ皮効果 ………………………… 8
ワニ皮割れ ………………………… 8
悪い警官 ………………………… 134
悪者 ……………………………… 18
悪を続けること ………………… 246

主要参考文献

　本辞典が取り上げた分野はそれぞれに専門的な分野であったり，特殊な俗語が使われる分野であったりするため，多くの文献を参照した．小説，新聞・雑誌記事，インターネットから読み取った資料，論文，報告書なども膨大な数になる．それらがなかったならば本辞典も形を整えることができなかった．参照した主要な参考文献を以下に記して感謝する．

Aman, Reinhold, *Hillary Clinton's Pen Pal: A Guide to Life and Lingo in Federal Prison.* Santa Rosa, CA: Maledicta Press, 1996.

Bell, Suzanne, *The Facts on File Dictionary of Forensic Science.* New York: Checkmark Books, 2004.

Bentley, William K. and James M. Corbett, *Prison Slang.* Jefferson, NC: McFarland, 1992.

Chapman, Dean John, *The American Dictionary of Criminal Justice: Key Terms and Major Court Cases*. 3rd edition. Lanham, MD: The Scarecrow Press, 2005.

Collin, P.H., *Dictionary of Law*. 3rd edition. Teddington, Middlesex: Peter Collins, 2000.

Crotty, James Marshall, *How to Talk American: A Guide to Our Native Tongues*. New York: Houghton Mifflin, 1997.

Dalzell, Tom, *The Slang of Sin*. Springfield, MA: Merriam-Webster, 1998.

Dalzell, Tom (ed.), *The Routledge Dictionary of Modern American Slang and Unconventional English*. New York: Routledge, 2009.

Dalzell, Tom and Terry Victor, *The New Partridge Dictionary of Slang and Unconventional English*. 2 vols. London: Routledge, 2006.

Davis, Mark S., *The Concise Dictionary of Crime and Justice*. Thousand Oaks, CA: Sage Publications, 2002.

De Sola, Ralph, *Crime Dictionary*. Revised and expanded. New

York: Facts On File, 1988.

Dickson, Paul, *Dickson's Word Treasury: A Connoisseur's Collection of Old and New, Weird and Wonderful, Useful and Outlandish Words*. New York: John Wiley & Sons, 1992.

Dickson, Paul, *Slang: The Topical Dictionary of Americanisms*. New York: Walker & Company, 2006.

Dunn, Jerry, *Idiom Savant: Idiom as It Is Slung*.New York: Henry Hold and Company, 1997.

Falcone, David N., *Prentice Hall's Dictionary of American Criminal Justice, Criminology, and Criminal Law*. Upper Saddle River, NJ: Pearson Education, 2005.

Goldin, Hyman E., *Dictionary of American Underworld Lingo*. New York: Twayne Publishers, 1950.

Green, Jonathon, *Chambers Slang Dictionary*. Edinburgh: Chambers, 2008.

Green, Jonathon, *Green's Dictionary of Slang*. 3 vols. London: Chambers, 2010.

Haynes, Richard A., *The SWAT Cyclopedia: A Handy Desk Reference of Terms, Techniques, and Strategies Associated with the Police Special Weapons and Tactics Function*. Springfield, IL: Charles C Thomas Publisher, 1999.

Kipfer, Barbara Ann and Robert L. Chapman, *Dictionary of American Slang*. 4th edition. New York: HarperCollins, 2007.

Lambert, James, *The Macquarie Book of Slang*. Revised edition. Sydney: The Macquarie Library, 2000.

Monteleone, Vincent J., *Criminal Slang: The Vernacular of the Underworld Lingo*. Clark, NJ: The Lawbook Exchange, 2003.

Morton, James, *Gangster Speak: A Dictionary of Criminal and Sexual Slang*. London: Virgin Books, 2006.

Nash, Jay Robert, *Dictionary of Crime*. London: Headline Book, 1993.

Newton, Michael, *The Encyclopedia of Crime Scene Investigation*. New York: Checkmark Books, 2008.

Partridge, Eric, *A Dictionary of Slang and Unconventional English: Colloquialisms and Catch Phrases, Fossilised Jokes and Puns, General Nicknames, Vulgarisms and Such Americanisms as Have Been Naturalised*. 8th edition, edited by Paul Beale. London: Routledge & Kegan Paul, 1984.

Philbin, Tom, *Cop Speak: The Lingo of Law Enforcement and Crime*. New York: John Wiley & Sons, 1996.

Poteet, Lewis J. and Aaron C. Poteet, *Cop Talk: A Dictionary of Police Slang*. Lincoln, NE: Writers Club Press, 2000.

Reid, Luc, *Talk the Talk: The Slang of 65 American Subcultures*. Cincinnati, OH: Writer's Digest Books, 2006.

Ross, Jeffrey Ian and Stephen C. Richards, *Behind Bars: Surviving Prison*. Indianapolis, IN: Alpha Books, 2002.

Roth, Martin, *The Writer's Complete Crime Reference Book*. Cincinnati, OH: Writer's Digest Books, 1993.

Sifakis, Carl, *The Dictionary of Crime Terms*. New York: Facts On File, 2003.

Simes, Gary, *A Dictionary of Australian Underworld Slang*. South Melbourne: Oxford University Press, 1993.

Spears, Richard A, *The Slang and Jargon of Drugs and Drink*. Metuchen, NJ: The Scarecrow Press, 1986.

Thorne, Tony, *Dictionary of Contemporary Slang*. 3rd edition. London: A & C Black, 2005.

Young, Kenn "Nazz", *Naz's Underground Dictionary*. Portland, OR: National Book Company, 1992.

編著者紹介

山田政美（やまだ・まさよし）

1937年生まれ．米国カンザス州立カンザス大学院修了．島根大学名誉教授，島根県立大学名誉教授．

専門：英語学・社会言語学．

主な著書：『英語語法あ・ら・かると』(文建書房, 1973)，『現代アメリカ語法―フィールドノート―』(研究社出版, 1982)，『アメリカ英語の最新情報』(研究社出版, 1986)，『アメリカ英語文化の背景』(研究社出版, 1991)，『現代アメリカ英語を追って』(こびあん書房, 1993)．

主な辞書：『事典/危険な英語』(共著)(荒竹出版, 1981)，『現代アメリカ名詞辞典』(共著)(荒竹出版, 1983)，『英語スラング辞典』(訳編著)(研究社出版, 1989)，『英和商品名辞典』(編著)(研究社, 1990)，『現代英米語用法事典』(共著)(研究社, 1995)，『英和メディカル用語辞典』(共著)(講談社インターナショナル, 2000)，『医療英語がおもしろい―最新Medspeakの世界―』(共著)(医歯薬出版, 2006)，『英和ブランド名辞典』(共著)(研究社, 2011)，『医療現場の英語辞典』(共著)(三省堂, 2016)．

田中芳文（たなか・よしふみ）

1961年生まれ．岡山大学大学院教育学研究科修士課程修了．島根県立大学教授．

専門：英語学・社会言語学．

主な訳書：『アメリカ新人研修医の挑戦　最高で最低で最悪の12ヵ月』(西村書店, 2004)，『看護師(ナース)がいなくなる？』(西村書店, 2005)，『アメリカ精神科ER 緊急救命室の患者たち』(新興医学出版社, 2007)，『だから看護教育は楽しい―アメリカのカリスマ教師たち』(日本看護協会出版会, 2007)，『外科研修医　熱き混沌(カオス)』(医歯薬出版, 2008)，『ドクターヘリ　救命飛行(フライト)』(医歯薬出版, 2009)，『新生児集中治療室 NICU』(医歯薬出版, 2015)，『看護師として生きる』(西村書店, 2016)．

主な辞書：『英和メディカル用語辞典』(共著)(講談社インターナショナル, 2000)，『医療英語がおもしろい―最新Medspeakの世界―』(共著)(医歯薬出版, 2006)，『英和ブランド名辞典』(共著)(研究社, 2011)，『医療現場の英語辞典』(共著)(三省堂, 2016)．

2012年6月1日　　　初版発行

犯罪・捜査の英語辞典

2023年3月1日　　　第3刷発行

編著者　山田政美・田中芳文
発行者　株式会社 三省堂　代表者 瀧本多加志
印刷者　三省堂印刷株式会社
発行所　株式会社 三省堂
　　　　〒102-8371　東京都千代田区麴町五丁目7番地2
　　　　　　　　　　電話　(03)3230-9411
　　　　　　　　　　https://www.sanseido.co.jp/

〈犯罪・捜査英語・384pp.〉

落丁本・乱丁本はお取り替えいたします。

ISBN978-4-385-11035-6

本書を無断で複写複製することは，著作権法上の例外を除き，禁じられています。また，本書を請負業者等の第三者に依頼してスキャン等によってデジタル化することは，たとえ個人や家庭内での利用であっても一切認められておりません。

本書の内容に関するお問い合わせは、弊社ホームページの「お問い合わせ」フォーム（https://www.sanseido.co.jp/support/）にて承ります。